Anne C. Weihe

Politisches Spielen

VERLAG KARL ALBER

Anne C. Weihe

Politisches Spielen

Grundlegungen für
eine Theorie politischer
Handlungskreativität

Verlag Karl Alber Freiburg / München

Anne C. Weihe
Political Playing
Foundations for a theory of political creativity

All too easily *homo ludens* raises a feeling of distrust, as soon as we imagine him in the role of a politician. The author uses a novel systematic approach to examine how knowledge about elementary resources of political action is limited by a narrowed-down interpretation of the word *play*, which lets our political language focus on characteristics of *games* (e.g. Chess or Poker).

In contrast to this, a generalized term ›political playing‹ could strengthen our insight into the fundamental creativity of playfully unfolded political actions – a topic already discussed by Plato, Schiller, Plessner and Huizinga. Here, playing in politics becomes imaginable as a highly specific phenomenon that is neither compatible with the perception of politics as a mere game, nor with a concept confined to rationality of purpose or the friend-enemy-distinction. Instead, it appears as a mode of action which is opening up the chance for a free-of-purpose space for unforeseeable, respectful relationships even in highly antagonistic and serious situations. For this, the term ›political playing‹ overcomes the anthropology of inseparableness of playing and protected *spaces for play* on the one hand, and the economised and predominant ‚play'-concept, which is called *game theory*, on the other.

The Author:

Anne C. Weihe, born 1976 in Herford, studied political science (Berlin). After that: micropolitical commitment research (Bremen), and PhD at the graduate college „Cultural hermeneutics in relation to difference and trans-difference" (Erlangen). Currently: freelance phenomenological-anthropological research, qualifying as deacon, and working in psychiatric geriatric care.

Anne C. Weihe
Politisches Spielen
Grundlegungen für eine Theorie
politischer Handlungskreativität

Allzu leicht erweckt der Mensch als *homo ludens* Misstrauen, sobald man ihn in der Rolle des Politikers erahnt. Wie ein Erkunden seiner elementar politischen Handlungspotentiale durch tradierte Verengungen des Worts *Spielen* verhindert wird, die mitunter Rückgriffe der politischen Sprache auf Spiele-Vor-Bilder (z. B. Schach oder Poker) bewirken, dies weist die Autorin durch einen neuartigen Ansatz der systematischen Begriffsanalyse nach.

Demgegenüber könne ein Allgemeinbegriff ›politischen Spielens‹, der das spielanthropologische Spiel-Raum-Primat und den politikwissenschaftlich vorherrschenden ökonomisierten Spielbegriff überwindet, unseren Blick für jene originäre Kreativität spielend entfalteter politischer Handlungen stärken, an die bereits Platon, Schiller, Plessner und Huizinga heranführten. Darin wird das Spielen in der Politik als eine höchst spezifische und voraussetzungsvolle Erscheinung begreifbar, die weder mit der Vorstellung von Politik als *bloßem Spiel* noch mit einem auf Zweckrationalität oder das Freund-Feind-Schema begrenzten Begriff des Politischen vereinbar ist: als ein Handlungsmodus, dessen primärer Sinn darin besteht, selbst in hoch antagonistischen Ernstsituationen die Chance für einen zweckgelösten Freiraum der respektvollen Kommunikation allererst zu eröffnen, und damit die Genese unvorhersehbarer Beziehungen mit zukunftsfähigem Verbindlichkeitspotential zu befördern.

Die Autorin:

Anne C. Weihe, geb. 1976 in Herford. Studium der Politikwissenschaft (Berlin), anschließend mikropolitische Verbindlichkeitsforschung (Bremen) und Doktorandin im Graduiertenkolleg „Kulturhermeneutik im Zeichen von Differenz und Transdifferenz" (Erlangen). Aktuell: freischaffende phänomenologisch-anthropologische Grundlagenforschung, Ausbildung zur Diakonin und in der psychiatrischen Altenpflege tätig.

Ohne die großzügige Förderung durch die Deutsche Forschungsgemeinschaft wäre die vorliegende Arbeit nicht möglich gewesen.

Originalausgabe

© VERLAG KARL ALBER
in der Verlag Herder GmbH, Freiburg / München 2018
Alle Rechte vorbehalten
www.verlag-alber.de

Satz: SatzWeise GmbH, Trier
Herstellung: CPI books GmbH, Leck

Printed in Germany

ISBN 978-3-495-48952-9

*Dieses Buch ist Marc-Andor Lorenz gewidmet,
dessen Geist und Liebe mein Atem,
meine Flügel sind*

„Warum spielen wir? Der Mensch spielt,
um in der Bedrohung, die ihn umgibt,
einen souveränen Raum auszugrenzen
und mit einem Gesetz zu erfüllen,
das sein, des Menschen, Gesetz ist.
Hier schafft er sich eine Zone der Freiheit.
In dieser Zone gilt seine Ordnung.
Ihrem Zwang unterwirft er sich willig,
denn sie ist von ihm selbst gewollt."
(Jost Trier, *Spiel*, S. 462)

„Denn der Frieden wird nicht ein für allemal
hergestellt, er muß vielmehr immer wieder
neu gestiftet werden."
(Helmut Schmidt, *Menschen und Mächte*, S. 12)

Danksagung

Für die vorliegende Publikation habe ich das im März 2016 von der Philosophischen Fakultät und dem Fachbereich Theologie der Friedrich-Alexander-Universität Erlangen-Nürnberg als Dissertation angenommene Manuskript leicht überarbeitet. Die wichtigsten Anregungen hierzu verdanke ich meinen beiden Gutachtern Prof. Dr. Clemens Kauffmann und Prof. Dr. Frank Nullmeier, die meinen Forschungsprozess allzeit vertrauensvoll und mit wertvollen Ratschlägen begleitet haben.

Meine Freude darüber, die Früchte intensiver und erfüllender Forschungsjahre nun als Buch veröffentlichen zu dürfen, möchte ich vor allem auch mit all jenen teilen, die die Realisierung dieses Herzensprojekts aus nächster Nähe miterlebt und mir so den Boden für eine der schönsten Zeiten meines Lebens bereitet haben: mit meinem Lebensgefährten Marc-Andor Lorenz, mit meinen Eltern Keum-Jea und Dr. Wolfgang Weihe, mit meiner Oma Renate Weihe und mit meinen Freundinnen und Freunden Brigitte Fuhrmann, Dr. habil. Klaus Preisner, Dr. Philipp Klages, Dr. Philine Weyrauch und Dr. Milena Büchs. Darüber hinaus möchte ich mich bei Gert Habild und seiner Frau Elke Harnisch bedanken, die mich während meiner Promotionszeit für viele Monate in Nürnberg beherbergten, und nicht zuletzt auch bei den Mitgliedern des Erlanger Graduiertenkollegs „Kulturhermeneutik im Zeichen von Differenz und Transdifferenz" und des Bayrischen Promotionskollegs, die mir die Erfahrung einer Geistesgemeinschaft, in der Eigenes und Anderes ganz natürlich miteinander verbunden sind, geschenkt haben.

Inhalt

Einleitung 17

ERSTER TEIL
Semantische Studien für eine handlungszentrierte
Öffnung und allgemeinbegriffliche Weitung des
Spielbegriffs 31

1. Kristallisation einer verdeckten handlungstheoretischen
Problemstellung 39
1.1. Das Exklusionsparadigma einer politischen Spiel-
Deutung des Handelns 42
    *1.1.1. Spielraum-zentrierte Allgemeinbegriffe des Spiels
       am Beispiel von Fink, Caillois und Popitz* 45
    1.1.2. Spiel-Raum – Spiel-Handlung – Spiel-Welt 63
1.2. Das Universalisierungsparadigma einer politischen
Spiel-Deutung des Handelns 68
    1.2.1. Ankerstellen des „spieltheoretischen" Spielbegriffs . 76
    *1.2.2. Negation eines Begriffs der Spiel-Handlung im
       politisierten Handlungsbegriff Spiel* 88
1.3. Befund einer Sekundärstellung der Spiel-Handlung im
Begriff Spiel 90
    1.3.1. Ein phänomenologischer Erklärungsansatz 92
    *1.3.2. Zwei einander ausschließende Lösungswege und
       Untersuchungsfortgang* 96

Inhalt

2. Spiel nur als Handlung ‚hören' 101
2.1. Vom engen zum allgemeinbegrifflichen Spiel-
Verständnis 102
    *2.1.1. Gefahr einer verabsolutierenden Bedeutungs-
engführung in der Rede vom Spiel im Allgemeinen* 104
    2.1.2. Bedeutungsweite 111
    2.1.3. Von spilan *zum zäunenden Handeln* 114
2.2. Vom Spiel zum ›Spielen‹ 120
    *2.2.1. Interdependenz in der Differenz von Substantiv
und Verb* 121
    *2.2.2. Spielen im intransitiven oder transitiven Wort-
gebrauch* 125
    *2.2.3. Lorenz' Unterscheidung einer typisierenden von
einer modalen Grundauffassung des Spielens* ... 127

3. ›Spielen‹ als einen universalen Modus des Handelns
verstehen 133
3.1. Fragen nach dem Zweck oder nach dem Sinn 134
3.2. Spielen im Lichte von Buytendijks Verhaltensphänomenologie 140
    *3.2.1. Von der jugendlichen Verhaltensdynamik zum
Spiel* 142
    3.2.2. Spielend zur Spielsphäre 145
    *3.2.3. Zur pathisch-sozialen Kreativität des Spielens ohne
Spiel-Raum* 156
3.3. Plessners soziologisch erweiterte Philosophische
Anthropologie des Spielens 158
    3.3.1. Rollenspielen als spielendes Instrumentalisieren . 161
    *3.3.2. Facetten des Spielens als bezugsuniversale
Umgangsweise* 167
    *3.3.3. Zur verhalten-sozialen Kreativität des Spielens
ohne Spiel-Raum* 173
3.4. Das Eigentümliche des ›Spielens‹ in seinem Heraustreten
aus dem Schatten des Spiels 176

4. ›Spielen‹ in modaler philosophisch-anthropologischer
Auslegung als ein Ansatz zur Reflexion von politischen
Handlungsmöglichkeiten 179

ZWEITER TEIL
Politisches Handeln *sub specie ludi* deuten
– Ideengeschichtliche Grundlegungen – 183

1. Zur Einführung in den Themenkreis:
   Der grenzüberschreitend spielende Mensch in Platons
   Dialogen 186

2. Drei politisch integrative Konzeptionen des Spielens . . . 201
   2.1. Schiller über das Spielen als Modus eines konflikt-
   lösenden politischen Handelns 201
       *2.1.1. Begrenztheit der Vernunft als Quelle politischen
       Handelns* 202
       2.1.2. Der Spieltrieb als Partner politischer Vernunft . . 208
       *2.1.3. Spielen als Modus politisch-ästhetischen Handelns
       – Zwei Ausprägungen, ein Ziel* 218
       *2.1.4. Mit der Schönheit nur spielen als ein Prinzip
       politischer Inklusion oder: Spielend entfalteter
       politischer Handlungssinn 1* 225
       *2.1.5. Ein integrativer Denkweg – doch in Konflikt-
       Umgehung* 229
   2.2. Plessner über das Spielen als Modus eines regelbildenden
   politischen Handelns 231
       *2.2.1. Politischer Spielgeist wider den sozialen
       Radikalismus* 232
       *2.2.2. Vom Spieltrieb des Lebens zum Spiel der
       Gesellschaft* 240
       2.2.3. Politisch handeln für ein diplomatisches Spiel . . . 249
       *2.2.4. Gegenseitigkeit als ein Prinzip politischer
       Inklusion oder: Spielend entfalteter politischer
       Handlungssinn 2* 265
       *2.2.5. Ein integrativer Denkweg – doch in Negation der
       Verständigungsdimension politischen Handelns* . . 269
   2.3. Huizinga über das Spielen als Modus eines wett-
   kämpferisch-fortschrittlichen politischen Handelns . . 270
       2.3.1. Spielen als eine Urform sozialen Handelns 273
       2.3.2. Spiel und Kultur als Zwei-Einheit 281
       *2.3.3. Der Agon als Realisationsprinzip politischen
       Handelns* 289

2.3.4. *Das agonalisierte soziale Spiel als ein Prinzip
politischer Inklusion oder: Spielend entfalteter
politischer Handlungssinn 3* 299
2.3.5. *Ein integrativer Denkweg – doch in Ausgrenzung
des anderen* 302
2.4. Zwei-einheitlich gewobene Denkfiguren mit
gemeinsamer Kernstruktur 303

DRITTER TEIL
Wegmarken für ein integratives und ausbalanciertes Handlungsverständnis 313

1. Von der typisierenden zur allgemeinbegrifflichen
   semantischen Verbindung 317
   1.1. Drei Kriterien der Vermittelbarkeit von Spielanthropologie und politischem Handlungsbegriff ... 319
   1.2. Facetten des politischen Anfangens von Neuem mit
   Arendt aufnehmen 321
   1.3. ›Politisches Spielen‹ – Eine Perspektivierung 330

2. Spurensuche 333
   2.1. Ein ungewöhnlicher Abend im Mai 1973 335
   2.2. Jemandem die andere Seite des Krieges vor Augen führen 340
       2.2.1. *Politisch vereinnahmender Schein?* 342
       2.2.2. *Aufbruch des Scheins eines konfliktentlasteten
       Handlungsraums?* 344
       2.2.3. *Beantwortung des Widerstands durch politisch
       spielendes Eröffnen eines zwanglosen
       Darstellungsraums?* 346
       2.2.4. *Die neue Respektbeziehung als Breschnews
       Beitrag?* 349
   2.3. Der Entstehungsprozess politischer Respekt-
   beziehungen als ein in Frage kommender Ort
   ›politischen Spielens‹ 351

3. ›Politisches Spielen‹ als ein Erkenntnisgegenstand der
politikwissenschaftlichen Kreativitätsforschung 355
3.1. Der staatliche Amtsträger *in statu ludendi* 358
3.2. Das Mehr des Weniger 359
3.3. Nicht das Neue, sondern der andere 360

Schluss:
Für eine Erforschung des menschlichen ›Spielen‹-Könnens aus
politischer Sicht 363

Siglen 366

Literaturverzeichnis 367

Einleitung

Ausgangsfragen und Erkenntnisgegenstand

Menschen können spielen (lat. *homo ludens*, der spielende Mensch) – und sie können politisch handeln (lat. *homo politicus*, der politisch handelnde Mensch). Zwei jeweils eigentümliche Potentiale, Vollzugsformen und Sinnhorizonte einer gestalterischen Weltzuwendung scheinen zunächst durch den Umstand angesprochen zu werden, dass wir uns mitunter als Wesen begreifen, die sowohl zum Spiel[1] als auch zur Politik fähig sind. Liegt es jedoch auch in unseren Möglichkeiten, *auf eine spielende Weise politisch zu handeln*, ohne dass unser Tun dadurch zu einem ärgerlichen Beiwerk oder gar zur Pathologie einer demokratischen Grundwerten und Regeln verpflichteten Politik herabsinkt? Und ist das menschliche Spielvermögen darüber hinaus sogar – um hier ein Wort aufzugreifen, das seit dem Beginn des 21. Jahrhunderts zu einem politikwissenschaftlichen Leitbegriff erhoben worden ist – als eine Quelle der *Kreativität* politischen Handelns bedeutsam?[2] Der Kreativitätsbegriff bildet im vorliegenden Untersuchungsrahmen einen hintergründigen thematischen Leitfaden, weil er ein in der politischen Theorie weitgehend verloren gegangenes Bewusstsein für die „nichtdeterminierte Sphäre menschlicher Selbstgestaltung" wieder zu stärken vermag: ein Bewusstsein für eine „Wahlfreiheit von Ziel und Mittel", für eine „Dimension von Freiheit und Geist",[3] und damit für ein durch die

---

[1] Solange nicht anders ausgewiesen, folge ich der im Zuge der vorliegenden Untersuchung noch eigens zu behandelnden Haupttendenz des deutschen Sprachgebrauchs, neben dem Verb *spielen* und seiner substantivierten Fassung *Spielen* auch das Substantiv *Spiel* unter dem Schwerpunkt einer *Tätigkeitsbezeichnung* auszulegen.
[2] Bluhm/Gebhardt (Hg.), 2001.
[3] Bluhm/Gebhardt, 2001, S. 9.

Einleitung

Existenz individueller Personen als Handlungsträger verbürgtes Ermöglichungspotential politischen Wandels.[4]

Vieldeutig und umstritten sind die Begriffe des Spiels[5] und des politischen Handelns.[6] Trotzdem herrschen sogar über das Verhältnis beider Handlungsarten kaum in Frage gestellte und umso widerständiger fortlebende soziokulturell tradierte Deutungsmuster und Beurteilungen vor. Politiker, die *spielen*. Schenkte man den geläufigen politischen Gebräuchen des Spielbegriffs Glauben, wie sie insbesondere in der massenmedialen politischen Berichterstattung täglich erneut bekräftigt werden, so könnte kaum eine Erscheinung in der Politik offenkundiger, selbstverständlicher und kritikwürdiger sein. Doch schon ein Ernstnehmen der Paradoxien, in die sich die politische Sprache im Zuge ihres vielfältigen Verknüpfens von politischen Praktiken mit dem Spiel zugeschriebenen Attributen verwickelt, ihr allzu oft unentschiedenes Schwanken zwischen eigentlicher und metaphorischer Rede, und vor allem: ihr bereitwilliges Übernehmen von Ressentiments im Übergehen der Frage: *Was ist überhaupt Spiel? Was bedeutet Spielen?*, müssen solches ‚Kennen' grundlegend in Zweifel ziehen.[7]

„Spielen ist Verwandeln, obzwar im Sicheren, das wiederkehrt", so heißt es in Ernst Blochs *Das Prinzip Hoffnung* unter der Überschrift *Täglich ins Blaue hinein*.[8] Schon die in eine Grundvorstellung des allseits hegenden Raums gebettete Charakterisierung der Handlung *Spielen,* wie sie auch in der soeben zitierten Bestimmung Blochs nachdrücklich zum Tragen gebracht wird, müsste unseren Glauben an die Realisationsmöglichkeit des Spielens als *politisches* Handeln ins Wanken geraten lassen. Solches Wanken wiederum würde seinerseits unser Verfügen über hinreichende Erkenntnismittel, um faktische Berührungspunkte von Spielvermögen und politischem Handeln nachzuweisen und in ihrer Bedeutung zu erhellen, fragwürdig machen.

Heuristische Zugangsvoraussetzungen zum Bedeutungsschnittpunkt von Spielvermögen und politischem Handeln werden im Rahmen des hier vorgelegten Forschungsprojekts erstmals zum

---

[4] Eine genauere Betrachtung des Kreativitätsbegriffs im Kontext der zeitgenössischen Politikwissenschaft erfolgt gegen Ende dieser Untersuchung.
[5] Scheuerl, 1991, S. 9–12.
[6] Patzelt, 2013, S. 20–21 sowie Alemann, 1995, S. 140–148.
[7] Nähere Ausführungen zu den o.g. Aspekten erfolgen im Untersuchungsverlauf.
[8] Bloch, 1970, S. 21–22.

zentralen Gegenstand einer politologischen Begriffsarbeit erhoben. Bei der Wahl dieses Forschungsanliegens ging es mir nicht etwa darum, Ludwig Wittgensteins Argumentation gegen eine über „Familienähnlichkeiten" und „Sprachspiele" hinausführende anthropologische Spiel-Erkenntnis[9] in Bezug auf das Gebiet der politischen Handlungstheorie zu erhärten. Ganz im Gegenteil dokumentieren die folgenden Seiten den Versuch, die Sensibilität des politikwissenschaftlichen Begriffsinstrumentariums für Hinweise auf *konstruktive Relationen zwischen menschlichem Spielvermögen und politischem Handeln* zu erhöhen.

Problemstellung, Untersuchungsgegenstand und Hypothese

Die Grundannahme eines antagonistischen Verhältnisses von Spiel und Ernst, die unter anderem eine Unvereinbarkeitsbehauptung von Spiel und Arbeit einschließt, ist auch im politischen Denken tief verankert.[10] Der *Ernst politischen Handelns:* darunter will ich fortan im Zusammenschluss von drei gängigen Definitionszugängen all jene Anstrengungen verstehen, die erforderlich sind,

um im Umgang mit Konflikten,
die aus der „Gegnerschaft politischer Akteure",
deren „Auseinandersetzung um begehrte Güter oder Werte" erwachsen,[11]
„die Herstellung allgemeiner Verbindlichkeit, v. a. von allgemein
verbindlichen Regelungen und Entscheidungen in und zwischen

---

[9] Wittgenstein, 1977, S. 28–30, 56–60. Hierzu auch Abschnitt 1.3. des *Ersten Teils* der vorliegenden Untersuchung.
[10] Zum Konsens einer antagonistischen Verhältnisbestimmung von *Spiel und Arbeit* in der soziologischen Theorie: Arendt, 1998a, S. 151. Zur Unvereinbarkeit der Spiel-Handlung mit Mühe, Pflicht und Disziplin generell: Münch, 2007a, S. 340–342 (hierzu auch Unterabschnitt 2.1.1. der vorliegenden Untersuchung). Zur Unvereinbarkeit von Spiel und politischem Handeln im Besonderen heißt es in Wilhelm Hennis' Schrift über *Politik und praktische Philosophie* im Aufnehmen eines Satzes von Philipp Melanchthon – und darin auch der von Aristoteles beförderten Muße-Theorie des Spiels (Matuschek, 1998, S. 28–31) –, „[d]ie Kunst der inventio" sei „nicht dazu ausgedacht, daß man spielerisch müßigen und nicht ernst zu nehmenden Dingen nachspürt, sondern daß man ernste, große und verworrene Dinge klärt, die vom Gemeinwesen (respublica) an uns herangetragen werden" (Hennis, 2000, S. 86).
[11] Schmidt, 2010, S. 416–417.

Gruppen von Menschen" zu befördern,[12] getragen von „Verantwortungsgefühl", „Augenmaß" und „leidenschaftliche[r] Hingabe an eine ‚Sache'".[13]

Mit diesen drei Merkmalszügen politischen Handelns werden „*Spielelemente*" in der praktischen Politik[14] gewöhnlich nicht in Verbindung gebracht. Stattdessen wird der politische Diskurs maßgeblich geprägt durch politische Spiel-Auffassungen, die im Zeichen von Karrierismus und Machtstreben[15] – auch „Machtspiele" genannt[16] – stehen, die ihrerseits zum Typus des Demagogen führen können, den Max Weber gezielt mit dem *schauspielerischen* Politikerhandeln verband.[17] Eine im Bedeutungskreis von Schauspiel und Theater politisierte Spiel-Auffassung des Handelns steht aktuell auch im Zentrum des Gebiets zur Erforschung von sogenannter *symbolischer* bzw. *inszenierter Politik*, worin es um ein Identifizieren solcher politischer Handlungserscheinungen geht, die ein „verschwiegene[s] Als-ob" im Sinne eines manipulativen Machtpotentials enthalten.[18] Wie bereits betont wurde, richtet sich das Hauptaugenmerk der vorliegenden Untersuchung jedoch gerade nicht auf das Zustandekommen und die Berechtigung derartiger Negativzuschreibungen, sondern auf Realisationsformen spieleigentümlicher Handlungskreativität in den Bahnen eines politisch konstruktiven Handelns.

Sieht man einmal von der tradierten Grundbedeutung von *Spiel* im Sinne einer Tätigkeit zu vergnüglichem Zeitvertreib ab,[19] so muss auch Erstaunen hervorrufen, wie leicht sich die Vorzeichen

---

[12] Patzelt, 2013, S. 22. Die von Werner Patzelt vorgenommenen Kursivierungen wurden in der oben zitierten Passage aufgehoben. In der Regel entsprechen im Rahmen der vorliegenden Untersuchung alle Begriffshervorhebungen in Zitaten durch *Kursivschrift* dem Originaltext. Aufhebungen werden ausdrücklich benannt, eigene Hervorhebungen durch [m. Hv.] angezeigt. Von mir vorgenommene Änderungen (z. B. Wortauslassungen) in Zitaten werden stets durch eckige Klammern markiert. Hat ein zitierter Autor eckige Klammern verwendet, so wurden jene durch runde ersetzt.
[13] Weber, 1993, S. 62.
[14] Rohe, 1994, S. 77.
[15] Rohe, 1994, S. 77.
[16] Hennis, 2004.
[17] Weber, 1993, S. 64.
[18] Meyer, 1998, S. 9–10; vgl. a. ders., 1992 sowie Diehl/Koch (Hg.), 2007.
[19] *DWB*, Bd. 16, Sp. 2275. Nähere Ausführungen hierzu in Unterabschnitt *2.1.1.* des *Ersten Teils* der vorliegenden Untersuchung.

des spielenden Handelns umzukehren neigen, je mehr die von unzähligen Zwängen und Nöten belastete ‚Bühne' der Realpolitik in den Wirkkreis jenes Menschen rückt, der im Kontext von Spiel-Welten gerade als ein Inbegriff friedfertiger Freiheitsliebe und Schöpferkraft gilt. In der Besinnung auf die eigentümlichen Potentiale des *homo ludens* hat *Spiel* in der abendländischen politischen Ideengeschichte jedoch auch positive Bedeutungszuschreibungen erfahren: Flöte spielend schreitet der als fürsorglicher Hirte veranschaulichte Staatsmann in Platons *Politikos* seinen Untergebenen auf dem Weg zum guten und gerechten Leben voran.[20] Ob nicht in allem Handeln in stellvertretender Funktion – nicht nur auf der Theaterbühne, sondern auch überall sonst im Leben – notwendigerweise das Schauspielen-Können des Menschen zum Tragen gelange, so fragte Thomas Hobbes in *Leviathan*,[21] lange bevor Friedrich von Schiller den ganzen „Bau einer wahren politischen Freiheit" im Spielvermögen begründen sollte.[22] Bis heute sind Spuren einer lediglich noch nicht vorherrschend gewordenen Tradition spielanthropologisch integrativen politischen Denkens erkennbar, die auf die Gebiete der politischen Friedens-, Kultur- und Demokratieforschung führen.[23] So mag es in einer von Kriegen und Kriegsdrohungen tiefgreifend erschütterten Weltlage wie der gegenwärtigen nicht befremden, sondern vielmehr als naheliegend erscheinen, das menschliche Spielvermögen zum Gegenstand der politischen Handlungsforschung zu erheben.

Integrative Denkansätze, die die Spielthematik nicht in politische Planspiele, Simulationen[24] oder „Planungszellen"[25] verlegen, sondern in der Mitte politischer Ernstsituationen aufsuchen, haben bislang nicht zur Entfaltung einer politischen Spielforschung auf

---

[20] Platon, 2005, *Politikos*, 267b–c und 268b–c. Michael Kolb zufolge ist in der Schrift *Politeia* die erste philosophische Reflexion der Spielthematik überhaupt dokumentiert (Kolb, 1990, S. 2).
[21] Hobbes, 1998, S. 123.
[22] Schiller, 2004, S. 572.
[23] *Fundierend* noch im Rahmen dieser Einleitung eigens anzusprechende Arbeiten von Schiller, Plessner und Huizinga, des Weiteren: Buchstein, 2009; Combs, 2000; Krockow, 1983; Erikson, 1978; Marcuse, 1967, S. 171–194; Bally, 1966; Pieper, 1987. *Rezipierend:* Richter, 2005; Neuenfeld, 2005; Arnauld (Hg.), 2003; Nullmeier, 2000, S. 147–289, insb. S. 165–170; Neuberger, 1998; ders., 1992 sowie Ortmann, 1992.
[24] Herz/Blätter (Hg.), 2002.
[25] Dienel, 1978.

grundlagentheoretischem Niveau geführt.[26] Eine solche hätte spätestens aus der großen Blütezeit der spieltheoretischen Handlungstheoriebildung in der ersten Hälfte des 20. Jahrhunderts erwachsen können, die – beginnend mit John Deweys Überlegungen zu *Play and Work in the Curriculum* aus dem Jahre 1916[27] – zahlreiche Bemühungen darum beförderte, spieleigentümliche Handlungsfreiheit und Strukturen des Zwangs in ihren Relationen zu beleuchten. Wie nachfolgend begründet wird, geht die vorliegende Untersuchung davon aus, dass das bis heute währende Schattendasein der Spielforschung in der politischen Theorie eng zusammenhängt mit den vielfältigen Verdunkelungspotentialen, die dem *Begriff Spiel* eigen sind.

Begriffe können unsere Wahrnehmung der Wirklichkeit weiten und schärfen, aber auch verengen und verzerren.[28] Jede Erkenntnisbemühung müsse daher mit dem Versuch verbunden sein, hinter die „Macht der Gewohnheit" zu dringen, sich distanzieren können von vertraut gewordenen Bildern, die unsere Wörter umranken, so heißt es in Helmuth Plessners *Mit anderen Augen*.[29] Dass der Umgang mit dem Spielbegriff durch besonders zahlreiche, vielleicht sogar unauflösbare Fallstricke erschwert wird, darauf wird stets erneut hingewiesen.[30] So mag hierin ein Erklärungsansatz dafür liegen, dass auch der *Bedeutungsschnittpunkt von Spiel- und politischem Handlungsbegriff* oftmals verwirrt erscheint. Geht es etwa beim Spielen eines Strategiespiels wie Schach nicht ebenso wie beim politischen Handeln vor allem darum, den Sieg über den Gegner zu erringen

---

[26] Auf die Vernachlässigung des menschlichen Spiels als Erkenntnisgegenstand der Sozialwissenschaften insgesamt haben bereits Friedrich Pohlmann (Pohlmann, 2006, S. 45) und Gunter Runkel (Runkel, 2003, S. 3) kritisch verwiesen.
[27] Dewey, 2005, S. 228–242. Nähere Ausführungen hierzu in Unterabschnitt *2.1.1.* des *Ersten Teils* der vorliegenden Untersuchung.
[28] Wittgenstein bezeichnete Begriffe als „Muster" für „ein *so* und *anders* Sehen" (Wittgenstein, 1977, S. 62). Zur Grundannahme, dass wir das, was wir in unseren Begriffen nicht haben, auch schwerlich aufzufinden vermöchten in der Welt: Arendt, 1998b, S. 44. Zum innigen Zusammenhang von „Sache und Sprache" am Beispiel des Spielbegriffs: Scheuerl, 1959, S. 31–34 (hierzu auch Unterabschnitt *1.3.1.* des *Ersten Teils* der vorliegenden Untersuchung).
[29] Plessner, 1953a, S. 92.
[30] Matuschek, 1998, S. 1–23; Scheuerl, 1991; ders., 1990, S. 12–16; ders., 1959, S. 29–34; Eichler, 1979, S. 35–37 sowie Fritz, 2004, S. 5. Zur „semiotischen Relevanz von Spiel": Wenz, 2001, S. 276–280. Zum immerwährenden Spezifikationsbedarf des jeweiligen Interesses am *Spiel:* Neuenfeld, 2005, S. 10–12.

oder den größtmöglichen Gewinn zu erzielen? Nicht nur im politikwissenschaftlichen Sprachgebrauch, auch in der politischen Öffentlichkeit scheinen die Grenzen von Spiel und Nicht-Spiel oftmals nicht nur zu verschwimmen, sondern aufgelöst. Bemerkenswerterweise scheint dies vor allem dort zu geschehen, wo im Rekurs auf *Spiel* ein ökonomisiertes politisches Handlungsverständnis ungeachtet der Tatsache bestärkt wird, dass gerade das Spiel als „ein Gegenpol alles ökonomisch rationalen Handelns" gilt.[31]

Systematische Bemühungen um eine heuristisch fruchtbare Überwindung der mit dem Spielbegriff verbundenen Rezeptionsprobleme wurden aus politologischer Sicht bislang nur vereinzelt und kursorisch unternommen.[32] So wäre in diesem Zusammenhang zuallererst vordringlich, die Unmöglichkeitsbehauptung einer Verwirklichung originär politischer Handlungen *als ein Spielen,* wie sie die vorherrschende Position in der spieltheoretischen Grundlagenforschung nahelegt[33] – und damit nicht zuletzt eine Zurückweisung *aller* nichtmetaphorischen Rede vom Spiel in der Politik und vom politischen Spiel untermauert –, im Hinblick auf ihre Ausgangsvoraussetzungen zu prüfen. „Das Spiel", so fasste Roger Caillois in *Les jeux et les hommes (Le masque et le vertige)* den Kerngehalt jener Grundposition zusammen, sei „in der Tat eine abgetrennte und sorgfältig von dem übrigen Dasein isolierte Beschäftigung",[34] die keine Realisationsvoraussetzungen jenseits eines *Spielraums,* etwa einem „Mühle-, Schach- oder Damebrett", einem „Stadion" oder „Ring", einer „Rennbahn", „Bühne" oder „Arena" finde.[35] Wie der soeben angesprochene Bruch zwischen Spiel- und alltäglicher Handlungswirklichkeit im besonderen Bezug auf politisches Handeln sich äußern könnte, davon vermittelt der SPD-Politiker Peer Steinbrück in einem Interview mit der *Süddeutschen Zeitung* eine Vorstellung. Zum Verhältnis seiner Leidenschaft für das

---

[31] Einen „Gegenpol alles ökonomisch rationalen Handelns" nannte Max Weber das menschliche Spiel in *Wirtschaft und Gesellschaft* (Weber, 1980, S. 650–651). Gegenläufig zur hier getroffenen Grundannahme diagnostizierte Frank Schirrmacher eine auf Nutzenmaximierung zielende Ego-Zentrierung politischer Spielpraktiken (Schirrmacher, 2013) und bediente sich dabei einer fragwürdigen – aber im Journalismus ganz geläufigen – Politisierungsform des Spielbegriffs (Kaube, 2014).
[32] Richter, 2005, S. 200–210.
[33] Scheuerl, 1990, S. 67, 69. Hierzu auch Abschnitt 1.1. des *Ersten Teils* der vorliegenden Untersuchung.
[34] Caillois, 1960, S. 13.
[35] Caillois, 1960, S. 13.

Schachspiel und seiner parteipolitischen Arbeit befragt, antwortete Steinbrück:

„Für mich ist Schach entspannend, weil es eine völlig andere Konzentration erfordert als meine Arbeit. Ich kann dabei alles andere vergessen."[36]

Des Weiteren gälte es, politische Spiel-Deutungen des Handelns, die trotz der Eigenweltlichkeitsbehauptung von Spiel begründet wurden, nicht nur in ihrem Vermittlungsgelingen stärker zu würdigen, sondern auch in ihrer Heterogenität ernster zu nehmen. Bereits ohne politische Kontextualisierungen verweist der Spielbegriff auf heterogene Handlungsausprägungen, wie bereits im Vergleich von aleatorischen Spielen (z. B. Poker oder Roulette) mit musischen Spiel-Formen (z. B. dem Spiel von Geige oder Klavier) anschaulich zu werden vermag. Mit Blick auf politisch erweiterte Spiel-Interpretationen werden etwa mit Spiel-Formen der Diplomatie und des wettkämpferischen Handelns differente Dynamiken des Handelns angesprochen, wodurch sie nicht zuletzt auch Anlass geben, eine substantielle Einheit der hier in Rede stehenden Handlungsform *Spiel* prinzipiell in Zweifel zu ziehen bzw. durch einen inhaltsübergreifenden Spiel-Begriffs-Zugang eigens zu begründen.

Die Probleme einer politischen Spiel-Verbindung und einer umsichtigen politischen Spiel-Deutung in handlungstheoretischer Sicht fordern zu einem genaueren Verständnis der Begriffsbildungsarchitekturen von Handlungskonzeptionen des Spiels und des politischen Spiels heraus. Doch gerade auch dies scheint zu den zahlreichen Besonderheiten unseres Umgangs mit dem Spielbegriff zu gehören: dass zwar einerseits die Neigung besteht, seinen positiven Gehalt auf rigorose Antagonismen zu stützen *(Spiel ist nicht Ernst!)*, andererseits aber zugleich auch die Neigung, eine Missachtung dieser Antagonismen – z. B. in der geläufigen Rede vom (gewiss nicht allen Ernst entbehrenden) „Machtpoker"[37] – als ebenso selbstverständlich zu empfinden. So findet sich nicht nur in politischen Spieltheorien, sondern auch im herkömmlichen politischen Sprachgebrauch ein weitgehend ungestörtes Nebeneinander gegenläufiger und dennoch mit dem einen Namen des *Spiels* bezeichneter Handlungsdynamiken auf.[38]

---

[36] Steinbrück, 2008.
[37] Stöver, 2013, S. 17.
[38] In Stefan Matuscheks Analyse der „Verlockung […] des Wortes Spiel" wird der

Die soeben angesprochenen Beobachtungen haben mich zu der Grundannahme geführt, dass in den Schwierigkeiten des *Spiel-Begriffs-Zugangs* die Kernproblematik einer Erhellung des konstruktiven Bedeutungsschnittpunkts von Spiel- und politischem Handlungsbegriff entspringt. *Kriterien der Vermittelbarkeit von Spielanthropologie und politischem Handlungsbegriff* auf systematischem Wege zu erkunden, wurde so zu meinem zentralen Forschungsanliegen. Zur Bezeichnung dieses Untersuchungsgegenstands habe ich den Begriff der *Vermittelbarkeit* bewusst gewählt. Nachdrücklicher als die Frage nach Optionen der begrifflichen *Vermittlung* von Spiel- und politischem Handlungsbegriff rückt jene nach deren *Vermittelbarkeit* gerade das *Fragwürdige* einer konstruktiven Verbundenheit von Spielvermögen und politischem Handeln in den Reflexionsvordergrund. Durch ein Ernstnehmen so aufgerufener spieltheoretischer Positionen, die gegen eine tatsächliche Verbundenheit von Spielvermögen und politischem Handeln sprechen, so meine methodische Leitannahme, können spielanthropologische Perspektiven auf konstruktive Berührungspunkte mit politischem Handeln in einer terminologisch geschärften Form begreifbar werden.

Der Mangel an konzeptioneller Transparenz im Grenzbereich von Spiel- und politischer Handlungstheorie vermag das bestehende Schattendasein der Spielforschung in der politischen Theorie zu befestigen. Um den heuristischen Verlust dieses Umstands zu prüfen, habe ich mich von der Hypothese leiten lassen, dass im Hintergrund geläufiger Spiel-Vorbilder, wie sie mitunter die mannigfaltige Welt der geselligen und sportiven *Spiele* bietet,[39] ein bislang unermessbares Feld politisch elementarer Bedeutungen des Spielvermögens noch im Verborgenen liegt. Ein intensiviertes Bemühen darum, die Relevanz von Annahmen über das menschliche Spielvermögen für eine Erforschung politischen Handelns zu hinterfragen, wird bereits durch einen besonderen Grundzug spielend vollführter Handlungen herausgefordert, der in der Spielliteratur oft beschrieben worden ist, aber in der auch unter Politologen gängigen Forde-

---

o. g. Aspekt, der auf das Erfordernis einer Unterscheidung von Spiel und Nicht-Spiel drängt, nicht besprochen (Matuschek, 1998, S. 1–23).

[39] Eine besonders große Fülle von Spielarten – sei es etwa das „Skatspiel", „Doppelkopf, Mensch-ärgere-dich(-nicht?!) oder Fußball" – zog Ulrich Beck heran, um politische Ordnungen bzw. „Spielräume der Politik" zu charakterisieren (Beck, 1993, S. 205–207); vgl. a. Schäfer, 2008.

rung von größeren „Spielräumen für politisches Handeln"[40] notorisch überlagert wird. Dieser Grundzug offenbart sich in Begründungen der Möglichkeit, spielend nicht nur schon gesicherte Freiräume des Handelns auszuschöpfen, sondern solche – sei es in oder jenseits eines gespielten Spiels – auch *allererst zu eröffnen*.[41] So wird mit der Handlung *Spielen* mitunter die angeborene Fähigkeit des Menschen verbunden,

> sein Handeln „aus dem gewöhnlichen Leben" *herauszuheben*,[42]
> in „*Grenzen und Regeln eine freie Antwort* zu finden und zu erfinden",[43]
> ein „[F]reiwerden" im Wahren einer „*Ordnung*" zu realisieren,[44]
> fiktiv über gegebene „Widerstände" *hinauszugreifen*,[45]
> „*Stücke der Lebensrealität außer Kraft*" zu setzen[46]
> und „eine Beziehung zu stiften
> mit dem ‚Unbekannten'".[47]

Es liegt auf der Hand, dass durch ein näheres Verständnis solcher Merkmalszüge menschlichen Tätigseins nicht nur Facetten einer originären Spielkreativität des Handelns zum Gegenstand der Forschung werden, sondern darüber hinaus auch solche Handlungsmöglichkeiten, die – zumindest potentiell – von elementarer politischer Bedeutung sind.

Untersuchungsziel und Untersuchungsansatz

Das Ziel der vorliegenden Untersuchung besteht in dem Versuch, das Begriffsspektrum an der Schnittstelle von Spiel- und politischem Handlungsbegriff durch das systematische Eröffnen eines *Reflexionsfeldes* ein Stück weit aufzulichten. In der spieltheoreti-

---

[40] Bluhm/Gebhardt, 2001, S. 19.
[41] Auch heutige Politiker sprechen eher von einem „da sein" statt von einem *Schaffen* von „Spielraum". Vgl. hierzu z. B. den Wortgebrauch der amtierenden Bundeskanzlerin Angela Merkel im 2008 Peter Limbourg gegebenen Sommerinterview, online abrufbar unter: https://www.youtube.com/watch?v=pDPAQ-Q75Oc (Sequenz 0:01–0:21; zuletzt aufgerufen am 28.11.2017).
[42] Huizinga, 2004, S. 29.
[43] Caillois, 1960, S. 14.
[44] Bally, 1966, S. 7.
[45] Plessner, 1967a, S. 313.
[46] Popitz, 2000, S. 76.
[47] Buytendijk, 1933, S. 36.

schen Literatur bereits begründete oder darin nahegelegte Einsichten in positive Berührungspunkte von Spielvermögen und politischem Handeln sollen deutlicher als bisher hervortreten können und dadurch auch Ansatzpunkte verstärken, um solche zu mehren. Für die Erfüllung dieses Hauptanliegens konzentriert sich mein Untersuchungsinteresse, wie bereits erläutert wurde, auf die Gewinnung von *Kriterien der Vermittelbarkeit von Spielanthropologie und politischem Handlungsbegriff*. In den Grenzen eines in Kürze vorzustellenden Materialbestands sollen solche Kriterien auf dem Wege eines systematischen Destillationsverfahrens gewonnen werden. Dieses geht bewusst von der Suche nach einer adäquaten *Spielsemantik* – und nicht etwa von politischen Handlungsbegriffen – aus, denn zum einen kann nur auf diese Weise ein von Politisierungen verengtes Spielverständnis erkannt bzw. vermieden werden; zum anderen soll es gerade darum gehen, sich dem Feld des Politischen einmal ganz konsequent aus einer spielanthropologischen Sicht zu nähern – und diese dadurch in vollem Umfange ernst zu nehmen.

Die vorliegende Forschungsarbeit unternimmt – neben semiotischen und etymologischen Betrachtungen des Spielbegriffs – Streifzüge durch das Gebiet der philosophisch-anthropologischen Spieltheorien im weit verstandenen Sinne. Dabei nimmt sie jedoch lediglich einen stark begrenzten Materialfundus genauer in den Blick. Schon ein einziger spieltheoretischer Ansatz vermag eine schwer handhabbare Aspektfülle aufzurufen. Überdies konfrontieren Spieltheorien generell mit vielfältigen, auch „Paradoxien" einschließenden Handlungsinterpretationen.[48] Je mehr Spiel-Deutungen nebeneinander stehen, desto mehr zwingen sie daher in Erläuterungsbahnen, in denen die o. g. Kernproblemstellungen meiner Untersuchung überlagert zu werden drohen: jene der *handlungstheoretischen Spiel-Begriffs-Rezeption* und jene des *interkontextualen bzw. politischen Spiel-Begriffs-Transfers*. Nicht auf eine möglichst umfassende Berücksichtigung von Spiel-Deutungen zielen daher die für diesen Analyserahmen gewählten Forschungsquellen. Stattdessen habe ich meinem Forschungsgang, wie nun gleich deutlicher werden wird, eine *kaleidoskopische* Grundstruktur verliehen: Eine überschaubare Zahl von miteinander in Beziehung stehenden und deshalb schrittweise einzuführenden Themenkreisen soll dem

---

[48] Scheuerl, 1991, S. 9–11.

analytischen Blick auf das unüberschaubare Feld aus Assoziationen, die sich um das menschliche Spielen-Können und das Spielen als politischem Handeln ranken, einen systematisch gefestigten Standpunkt verschaffen.

Um eine Destillation von Kriterien der Vermittelbarkeit von Spielanthropologie und politischem Handlungsbegriff durchzuführen, habe ich mich an *drei Leitfragen* orientiert, die auch die dreiteilige Gliederung meiner Arbeit vorgeben:

Als unhintergehbare Ausgangsfrage einer politischen Spiel-Begriffs-Rezeption drängt sich das schon angeklungene Problem auf, wie es möglich ist, den Begriff Spiel überhaupt gelöst von Spielräumen und zugleich handlungszentriert zu verstehen. Die damit aufgeworfene Frage nach *spielsemantischen Differenzierungsoptionen* bildet den Gegenstand des *Ersten Teils*. Ihr wird – aus erst im Verlauf des Untersuchungsgangs ersichtlich werdenden Gründen – insbesondere anhand der philosophisch-anthropologischen Spielbegriffe von Eugen Fink, Roger Caillois, Heinrich Popitz, Hans Scheuerl, Kuno Lorenz, Frederik J. J. Buytendijk und Helmuth Plessner nachgegangen.[49] Darüber hinaus aber werden auch Betrachtungen zur in mathematisch-ökonomischen Annahmen verankerten „Spieltheorie" *(game theory)* erfolgen, die eine Subdisziplin des Rational-Choice-Ansatzes bildet (fortan stets durch Anführungszeichen markiert). So hat sich gezeigt, dass der „spieltheoretische" Spiel-Begriffs-Zugang aufgrund seiner eigentümlichen Begriffskomposition, die zur Einbindung des politischen Ernstfalls das Menschenbild des *homo ludens* durch die Konstruktion des *homo oeconomicus* ersetzt, zur Schärfung der semantischen Ausgangsproblematik des hier verfolgten Untersuchungsgegenstands beizutragen vermag.

Der analytischen Ausgangsfrage nach Voraussetzungen einer politischen Öffnung des Spielbegriffs wird eine zweite für eine Spieltheorie politischen Handelns grundlegende Leitfrage zur Seite gestellt: Wie ist es trotz bestehender Grundvorbehalte dennoch bereits gelungen, Annahmen über das Spielvermögen in den Horizont politischen Handelns ‚hineinzudenken' bzw. integrative Denkwege

---

[49] Mit Ausnahme der Ansätze von Lorenz und Plessner sind die o. g. Spielbegriffe dem Gebiet der *phänomenologisch-anthropologischen Spielforschung* zuzuordnen (vgl. Kolb, 1990, der die vorliegende Untersuchung auch im Bezug auf ihr hermeneutisches Verfahren eng verbunden ist).

zu bahnen, um Anzeichen für eine konstruktive Teilhabe des *homo ludens* an der Realisierbarkeit politischer Handlungsmöglichkeiten zu ent-decken? Zur Verfolgung dieser Frage besteht das Hauptanliegen des *Zweiten Teils* in einer theoriehistorischen Rückbesinnung auf entsprechende Denkfiguren in Friedrich von Schillers Briefen *Über die ästhetische Erziehung des Menschen* aus dem Jahre 1795, in Helmuth Plessners *Grenzen der Gemeinschaft. Eine Kritik des sozialen Radikalismus* von 1924 sowie in Johan Huizingas *Homo Ludens* von 1938, deren Spuren bis zu Platons Dialogen zurückführen.[50]

Beide zuvor skizzierten Hauptfragestränge möchte ich zunächst weitgehend gesondert entfalten und erst in einem *Dritten Teil* auf schlussfolgernde Weise gezielt verknüpfen. Schlussfolgernd zu denken bedeutet Charles Sanders Peirce zufolge, im Angesicht dessen, was wir schon kennen, zu etwas zu gelangen, das wir noch nicht kennen.[51] So möchte ich am Ende fragen: Lassen sich aus den im vorliegenden Untersuchungsrahmen betrachteten spielsemantischen Differenzierungen und integrativen Denkwegen Kriterien der Vermittelbarkeit von Spiel- und politischem Handlungsbegriff gewinnen und damit auch potentielle Ansatzpunkte für einen in *allgemeingültigen Kennzeichen des Spielens gründenden Begriff des politischen Handelns*? Im Anschluss an meinen Beantwortungsversuch dieser Frage werden die Untersuchungsergebnisse an einem Fallbeispiel erprobt und schließlich im Hinblick auf politiktheoretische Verankerungsoptionen im hierfür schon nahegelegten Problemkreis der Kreativität politischen Handelns als einem „Grundproblem der politischen Theorie"[52] befragt.

Zur Stärkung eines Brückenschlags zwischen den noch weitgehend unverbundenen Gebieten der Spielanthropologie und der politischen Handlungstheorie möchte ich in den skizzierten Bahnen einer spielsemantisch reflektierten theoriehistorischen Rückbesinnung beitragen. Dass mit diesem Vorhaben unweigerlich auch die Frage thematisch wird, ob *von vorbestimmten Zwecksetzungen ab-*

---

[50] Die doppelte Bezugnahme auf Plessner trägt der gerade aus politologischer Sicht unglücklichen Spaltung seines spieltheoretischen Schaffens Rechnung: Plessners Verankerung politischen Handelns im Spiel erfolgte im Vorfeld seiner grundlagentheoretischen Spielbegriffs-Bestimmung, die ihrerseits nicht mehr in den Themenkreis der politischen Theorie zurückgeführt wurde.
[51] Peirce, 2009, S. 64.
[52] Bluhm/Gebhardt, 2001.

sehende politische Handlungen möglich sind bzw. bereits in der politischen Handlungswirklichkeit existieren, die trotzdem – oder gerade deshalb – *politisch sinnvoll* sind, diese Entwicklungsrichtung der Analyse ist durch das in der Spielforschung vorherrschende Zweckfreiheitsgebot von Spiel-Handlungen bereits vorgezeichnet.[53] Durch diese Besonderheit verspricht der hier behandelte Untersuchungsgegenstand jedoch auch, eine eigenwillige, der Tradition nichtteleologischer Handlungstheorien[54] zuzuordnende Blickrichtung in die aktuellen Bemühungen um ein Vertiefen unserer Einsichten in die Kreativität politischen Handelns einzubringen. Im Rahmen des nun anhebenden Forschungsgangs möchte ich begründen, dass eine Möglichkeit, dies zu versuchen, in der Wortverbindung ›politisches Spielen‹ entspringen kann.

---

[53] Für einen mit John Lockes *Some Thoughts Concerning Education* von 1693 beginnenden, disziplinübergreifenden und anhand von Auszügen aus Originalschriften entfalteten Überblick über die Entwicklung spieltheoretischen Denkens, in dem auch das *Zweckfreiheitspostulat* als vorherrschender Leitfaden spieltheoretischen Denkens vor Augen geführt wird: Scheuerl (Hg.), 1991.

[54] Zur Tradition nichtteleologischer Handlungsinterpretationen im Lichte ihres Spannungsverhältnisses zu in Zweck-Mittel-Relationen verfahrenden handlungstheoretischen Ansätzen: Joas, 1996, S. 218–244.

ERSTER TEIL
Semantische Studien für eine handlungszentrierte Öffnung und allgemeinbegriffliche Weitung des Spielbegriffs

Was wir unter einer Handlung, die *politisches Spiel* sei, verstehen, muss auch gründen in einer Auffassung von *Spiel* (griech. παιδιά; lat. *ludus;* engl. *play, game;* frz. *jeu,* ital. *gioco*). Wie aber können wir *Spiel* als eine Handlung begreifen, die gegenüber hegenden Spielräumen unabhängig ist? Im Folgenden gehe ich dieser Frage anhand einer Reflexion von spielsemantischen Differenzierungsoptionen nach, die sich zur systematischen Auflichtung von solchen Spiel-Konzeptionen heranziehen lassen, die dem Zweckfreiheitsgebot verpflichtet bleiben. Aus nun zu erläuternden Gründen erfolgt dies am Leitfaden des *Substantivs Spiel,* wie es in der *deutschen Sprachgeschichte* ausgebildet worden ist.

Wie Johan Huizinga im Rahmen eines umfangreichen Sprachenvergleichs gezeigt hat, wird mit dem Substantiv *Spiel* gemeinhin zu allererst die Vorstellung einer *Tätigkeit* – nicht etwa die eines bestimmten Regelsystems, eines Schutzraums oder die eines subjektlosen, Kontingenzmomente bergenden Geschehens – verbunden.[1] Moritz Lazarus zufolge ist der Tätigkeitsschwerpunkt des Spielbegriffs im Deutschen jedoch besonders stark ausgeprägt.[2] Das Substantiv *Spiel* und das Verb *spielen* (bzw. *Spielen*) teilen demnach in der deutschen Sprache besonders ungehindert die Funktion einer *Handlungsbezeichnung* und sind entsprechend leicht austauschbar. So können wir mitunter im selben handlungszentrierten Sinne vom „Spiel des Politikers" wie vom „Politiker, der spielt" (bzw. vom „Spielen des Politikers"), sprechen.

Dass der soeben angesprochene Konnex in heuristischer Hinsicht – und daher auch für die Verfolgung meines Untersuchungsinteresses – bedeutsam ist, dies kündigt sich bereits in dem Umstand an, dass dem Tätigkeitsschwerpunkt des Substantivs Spiel im Deutschen eine gegenläufige semantische Besonderheit unmittelbar zur Seite steht. Gerade der deutsche Spielbegriff gilt in einem herausragenden Maße als mehrdimensional und bedeutungsvariabel. In *Homo Ludens* stellte Huizinga das „üppige Wachstum aus der Wurzel Spiel in den Sprachen der deutschen Gruppe" eigens heraus,[3]

---

[1] Huizinga, 2004, S. 37–51.
[2] Lazarus, 1883, zit. n. Scheuerl (Hg.), 1991, S. 65. Für allgemeine Belege des Tätigkeitsschwerpunkts des deutschen Spielbegriffs siehe: *DWB,* Bd. 16, Sp. 2275; *Brockhaus-Enzyklopädie,* 2006, S. 752; Lorenz, 2004, S. 35; Herlth, 1995, S. 111; Corbineau-Hoffmann, 1995, Sp. 1387; Pfeifer, 1993, S. 1324 sowie Plessner, 1956a, S. 704.
[3] Huizinga, 2004, S. 48.

während Lazarus sogar die Überzeugung vertrat, die deutsche Sprache verfüge über „den weitesten und umfassendsten und dennoch zugleich tiefsten Begriff des Spiels" überhaupt.[4]

Dass das Bedeutungsspektrum der deutschen Semantik von Spiel besonders weitläufig ist, wurde mitunter daran festgemacht, dass wir den Spielbegriff mühelos auch auf Unbelebtes anwenden können – etwa auf locker sitzende Maschinenteile oder wirbelnde Blätter.[5] Aber auch handlungsbezogene „Assoziationsfelder", die der Gedanke an *Spiel* aufzurufen vermag, erstrecken sich im Deutschen weiter als üblich. Exemplarisch vergegenwärtigt dies folgende vom Pädagogen und Phänomenologen Hans Scheuerl zusammengestellte Aufzählung von Verwendungsmöglichkeiten des Spielbegriffs, deren Spanne von schlichtesten Formen des instinktiven Spiels bis hin zu Formen des kunstvollen Spiels reicht:

„Man denkt an Kinder, die sich traumhaft versunken ihren Imaginationen hingeben; aber man denkt auch an Roulett – oder Glücksautomaten; man denkt an variable Gestaltungs- und Ausdrucksprozesse beim Bauen und Basteln, beim Schmücken oder Darstellen; oder an die interaktiven Strategien und Taktiken des Zusammenspiels von Mannschaften, des Wettkampfs von Gegnern, wo bis zuletzt für Überraschungen alles offen ist; man denkt auch an die streng sich wiederholenden Abläufe geregelter Rituale. Hochdifferenziertes artistisches Können auf ästhetischem oder sportlichem Feld kann Spiel sein, aber auch Domino oder Mummenschanz oder das linkische Springen und Tapsen und Torkeln junger Katzen, denen man bewegliche Dinge vor Augen hält."[6]

Bereits diese wenigen einführenden Betrachtungen zur Semantik des deutschen Spielbegriffs bringen zwei Grundprobleme der unmissverständlichen Spiel-Begriffs-Rezeption zu Bewusstsein: *Erstens* fällt die doppelte Grundtendenz der Spielsemantik ins Auge, auf eigentümlich verschlungene Weise handlungsbegriffliche Prägnanz und darüber hinausgehende, hochspezifische Strukturvorstellungen und Interaktionsprozesse unausgesprochen miteinander zu verbinden. Mit der allgemeinen Rede vom Spiel vermag sich somit nicht nur ein handlungszentrierter, sondern zugleich auch ein zu-

---

[4] Lazarus, 1883, zit. n. Scheuerl (Hg.), 1991, S. 64. Auf die Gründe, die Lazarus zu diesem Urteil führten, gehe ich in Unterabschnitt *2.1.3.* dieses Untersuchungsteils näher ein.
[5] Hierzu in diesem Untersuchungsteil Unterabschnitt *2.1.2.*
[6] Scheuerl, 1991, S. 9; vgl. a. ders., 1990, S. 12

tiefst heterogener Assoziationsraum aufzurufen. Wie das oben angeführte, von Scheuerl entfaltete Bezeichnungsspektrum des Spielbegriffs verdeutlicht, können dabei eine oder auch mehrere spezielle Spiel-Vorstellungen des Handelns unausgesprochen intendiert sein. Dass zugleich aber auch Bezüge auf konkrete Handlungssubjekte aufgelöst werden können, lassen etwa die Rede vom „Spiel der Farben" oder vom „Spiel von Licht und Schatten" anklingen.[7] Trotz solcher Verwicklungen ist die Geschichte der Spielliteratur Stefan Matuschek zufolge durch eine mühelose, teils sogar zwanghaft anmutende Spiel-Begriffs-Verwendung geprägt.[8] Vor diesem Hintergrund ist auch im vorliegenden Untersuchungsrahmen von einer *Prägnanzsuggestion* als heuristisch wirkmächtiger formaler Eigenschaft der Spielsemantik auszugehen.

Mit der Prägnanzsuggestion des Spielbegriffs vermag *zweitens* die weiterführende Tendenz einherzugehen, mit einer hintergründig spezifizierten Spiel-Vorstellung Verengungen des potentiellen Bedeutungsspektrums von Spiel mit zu übernehmen – allerdings ohne dabei auszuschließen, den Anschein ihrer Allgemeingültigkeit zu erwecken. Auf diese Irrtumsquelle macht Donald W. Winnicott in seiner Schrift *Playing and Reality* indirekt aufmerksam. So begründete Winnicott seine grundsätzliche „Abneigung", im Rahmen seiner spieltheoretischen Erörterungen „Beispiele anzuführen", damit, dass Beispiele für Spiel „bestimmte Muster" der Spiel-Interpretation manifestierten, die einen „Klassifikationsvorgang" in Gang setzten, „der eigentlich unnatürlich und willkürlich ist, während der wirkliche Gegenstand unserer Betrachtung doch allgemeingültig und unendlich vielfältig ist."[9] Mit dieser Beobachtung Winnicotts wird für eine prinzipielle Doppelseitigkeit der Semantik des Spielbegriffs sensibilisiert, auf die auch andere Autoren verwiesen haben. So heißt es etwa in Scheuerls Studie *Das Spiel. Untersuchungen über sein Wesen, seine pädagogischen Möglichkeiten und Grenzen*, stets stehe der Mannigfaltigkeit „Spiel" genannter Erscheinungen ein „gemeinsamer Grundgehalt" von Spiel gegenüber: ein *Allgemeinbegriff des Spiels*, der unabhängig von variablen empirischen Phänomenausprägungen bestehende formale Spiel-Kennzeichen im Sinne

---

[7] Diese spielsemantische Form steht im Mittelpunkt von Unterabschnitt *1.3.1.* dieses Untersuchungsteils.
[8] Matuschek, 1998, S. 2–22.
[9] Winnicott, 2006, S. 8.

unverzichtbarer Wesensattribute birgt.[10] Zur Erkundung dieses allgemeinbegrifflichen Merkmalgehalts in handlungstheoretischer Sicht müsste Heinrich Popitz zufolge „eine bestimmte Struktur des Handlungsablaufs in den verschiedensten Spielarten" aufgefunden werden.[11] Nicht nur würde so mannigfaltiges Spiel in einer Schau von Wesensmerkmalen der Handlung Spiel erweiterbar. Auch rechtfertige der Nachweis solch allgemeingültiger Merkmalszüge allererst, „den Begriff des Spiels als Einheit des Vielfältigen zu bilden."[12]

Die bisherigen spielsemantischen Betrachtungen verweisen nicht nur auf eine *Prägnanzsuggestion* und *Verallgemeinerungsneigung* als zwei Ausgangsschwierigkeiten der unmissverständlichen Spiel-Begriffs-Rezeption – wobei, wie gerade gezeigt wurde, unsere Tendenz, eine durch Spezifikation verengte Spiel-Deutung zu verallgemeinern, streng unterschieden werden muss vom Allgemeinbegriff des Spiels. Beide Irrtumsquellen lassen darüber hinaus deutlicher hervortreten, dass eine Beantwortung der Frage, wie wir den Spielbegriff in der Bedeutung einer bezugsrahmenoffenen Handlung auslegen können, von Beginn an auf die Lösung eines noch *grundlegenderen Problems* verwiesen ist. So werfen sie die im vorliegenden Untersuchungskontext unübergehbare Frage auf, unter welchen Voraussetzungen der Spielbegriff überhaupt *in den engeren Grenzen einer Handlung* verstanden werden kann. Mit anderen Worten: Wie lassen sich, um hier eine Formulierung Wittgensteins aufzugreifen, die „verschwommenen Ränder" des Spielbegriffs[13] in einer handlungstheoretisch fruchtbaren Merkmalsbestimmung bündeln?

Dass ein Verfolgen dieser Frage auch und gerade für die Rezeption von Spieltheorien notwendig ist, dies unterstreicht der in historisch und disziplinär weitreichender Spieltheorienschau gewonnene Befund Scheuerls, dass selbst unter Spieltheoretikern „fast jeder beim Klange des Wortes Spiel an etwas anderes [denkt]."[14] In

---

[10] Scheuerl, 1990, S. 12–16 sowie ders., 1959, S. 29–31; vgl. a. Plessner, 1956a, S. 704. In der „Schwierigkeit, die verschiedenen Formen, in denen Spiel auftritt, auf einen Nenner zu bringen", erblickte Plessner gerade eine zentrale Hürde der soziologischen Beschäftigung mit dem menschlichen Spiel (Plessner, 1956a, S. 704).
[11] Popitz, 2000, S. 61.
[12] Popitz, 2000, S. 61.
[13] Wittgenstein, 1977, S. 60.
[14] Scheuerl, 1990, S. 66.

Ernstnahme dieses Umstands erscheint aber auch dies evident: dass es hilfreich ist, über einen von spieltheoretischen Vorannahmen unabhängigen Handlungsbegriff in der Funktion eines operativen Orientierungsleitfadens zu verfügen, um sich einem allgemeinbegrifflichen Handlungsgehalt des Spielbegriffs anzunähern.[15]

Max Weber hat eine zweistufige Formaldefinition des Handelns vorgeschlagen, um menschliches Handeln in einer vom Handlungssubjekt ausgehenden Binnensicht anschaulich zu machen und dadurch zugleich auch von einem bloß reagierenden Verhalten zu unterscheiden:

„‚Handeln‘ soll [...] ein menschliches Verhalten (einerlei ob äußeres oder innerliches Tun, Unterlassen oder Dulden) heißen, wenn und insofern als der oder die Handelnden mit ihm einen subjektiven *Sinn* verbinden. ‚Soziales‘ Handeln aber soll ein solches Handeln heißen, welches seinem von dem oder den Handelnden gemeinten Sinn nach auf das Verhalten *anderer* bezogen wird und daran in seinem Ablauf orientiert ist."[16]

Dieser Allgemeinbegriff des Handelns – fortan wird in der Rede vom Handeln stets seine Möglichkeit mitgedacht, soziales Handeln zu sein – belässt nicht nur einer näheren Ausdeutung von *subjektivem Handlungssinn* und ihrer Fortdeutung im Horizont eines originär politischen Handlungsverständnisses weiten Raum. Auch Grundeigenschaften, die der Handlung *Spiel* zugeschrieben worden sind, bleiben darin, wie im Fortgang meiner Untersuchung noch vielfach zutage treten wird, vorbehaltlos aufgehoben. Die im vorliegenden Forschungsrahmen in den Mittelpunkt gestellte spieltheoretisch vorherrschende Tradition einer Deutung von Spiel unter den Vorzeichen eines *zweckfreien* Handelns mag zwar Webers Überzeugung widersprechen, alles Handeln ordne sich in der Relation von Zweck und Mittel – oder werde zumindest „zunächst" nur

---

[15] Mit dieser Entscheidung für die Einführung eines operativen Handlungsbegriffs soll nicht behauptet werden, die Wahl des Handlungsbegriffs selbst sei nicht diskussionswürdig oder gar beliebig vornehmbar, sofern sie Demonstrationszwecke erfülle. Es musste im vorliegenden Untersuchungsrahmen jedoch zuallererst dem Umstand Rechnung getragen werden, dass von der Suche nach einem klärenden Verständnis dessen, was *Spiel* ist, nicht abgelenkt werden sollte durch eine ihrerseits mit komplexen Problemstellungen belastete Diskussion darüber, welche Tätigkeiten als *Handeln* gelten dürfen. Wie nachfolgend deutlich werden wird, habe ich auch deshalb einen Handlungsbegriff gewählt, dessen herausragende Bedeutung für die politische Theoriebildung unumstritten ist.
[16] Weber, 1980, S. 1.

in dieser Form der objektiven sozialwissenschaftlichen Erkenntnis zugänglich.[17] Diese Bedingung wurde seiner oben zitierten Grunddefinition des Handelns jedoch nicht ausdrücklich unterstellt.[18] So kann jene auch als Rahmen einer handlungstheoretisch vermittelnden Begriffsschau fungieren, die für eine nichtteleologische Interpretation von Handlungen – bzw. für Begriffe und Theorien nichtteleologischen Handelns – offen ist.

Am Leitfaden des Substantivs *Spiel,* jedoch mit Webers zweistufiger Handlungsdefinition im Hintergrund, erfolgen in diesem Untersuchungsteil spielsemantische Differenzierungen des Spielbegriffs im deutschen Sprachgebrauch anhand der nun spezifizierbaren Leitfrage:

> Wie können wir Spiel nicht nur *bezugsrahmenoffen,* sondern zugleich
> auch *allgemeinbegrifflich* und *handlungszentriert* verstehen
> – und damit als potentielle Basis einer
> handlungstheoretischen Deutung *politischen* Spiels?

Eine Antwort wird nun im Durchgang durch drei inhaltlich aufeinander aufbauende Teil-Problemfelder gesucht: Auf eine Auseinandersetzung mit der bereits mehrfach angesprochenen *Spielraum-Problematik* (1. Kapitel) folgt zunächst eine Analyse des ‚Wortklangs' von Spiel (2. Kapitel), woran der Versuch einer Kristallisation philosophisch-anthropologischer Merkmalsbestimmungen des Spiel-Handelns anknüpfen kann (3. Kapitel). Wie bereits in der Einleitung zu dieser Untersuchung betont wurde, zielt all dies auf eine durch spielsemantische Unterscheidungen fokussierte Destillation von spielanthropologisch begründeten Handlungsmerkmalen.

---

[17] Weber, 1992, S. 187–188.
[18] Aus meiner Sicht verdient dieses Faktum eine deutlich größere Aufmerksamkeit, als es ihm in der bisherigen wissenschaftlichen Diskussion zukommt. Hatte Weber, statt eine Zweck-Mittel-Relation aller Handlungen als deren Wesensmerkmal anzunehmen, nicht vielmehr darauf hinweisen wollen, diese Relation sei ein unhintergehbarer Ausgangspunkt unserer sozialwissenschaftlichen Handlungs*erkenntnis* (vgl. o. bzw. Fn. 71)?

1. Kristallisation einer verdeckten handlungstheoretischen Problemstellung

Welche Einsichten in das Problem der Vermittelbarkeit von Spielanthropologie und politischem Handlungsbegriff lassen sich am Leitfaden der *Spielraum-Thematik* erschließen? Zunächst einmal vermag die Rede vom *Spielraum* jene tragende Teildimension der Großsemantik Spiel besonders treffend zu exponieren, mit der sich die – in unzählige Konkretionen gespielten Spiels (bzw. gespielter Spiele) auffächerbare – *Eigenweltlichkeitsbedingung* der Spiel-Handlung mitteilt. Auf Gründe für diese vorherrschende, wenn auch keineswegs zwingende Spielraum-Auffassung,[1] verweist die Sprachgeschichte.

Es wird angenommen, dass der Begriff *Spielraum* ursprünglich aus Betrachtungen mechanischer Vorgänge hervorgegangen ist und erst im 18. Jahrhundert zu einer im alltäglichen Sprachgebrauch gängigen Bezeichnung „ungefähr abgrenzbarer Handlungs-Spielräume von Möglichkeiten" sich verallgemeinert hat, als welche sie bis in unsere Gegenwart fortlebt.[2] Als wissenschaftlicher Terminus wurde der Spielraum-Begriff erstmals in Johannes von Kries' Erörterung der *Principien der Wahrscheinlichkeitsrechnung* aus dem Jahr 1886 verwendet,[3] worin er als Bezeichnung der „Unbestimmtheit bezüglich einer kleineren oder größeren Zahl einzelner Verhaltensweisen" fungiert, darin als Hinweis auf einen in der Urteilsbildung zu berücksichtigenden „gewissen *Spielraum des Verhaltens* […], der allerdings je nach besonderen Umständen ein scharf bestimmter, aber auch ein mehr oder minder unbestimmter sein kann."[4] In der Philosophie war der Spielraum-Begriff jedoch

---
[1] Einen alternativen Rezeptionszugang führt der in Unterabschnitt *1.1.2.* des aktuellen Untersuchungsteils zu behandelnde Spielraum-Begriff von Ernst Tugendhat vor.
[2] Knebel, 1995, Sp. 1390.
[3] Wolters, 2004, S. 36.
[4] Knebel, 1995, Sp. 1390.

schon früher geläufig. Vom Spielraum in der anthropologischen Primärdeutung eines „aktive[n] Vermögen[s] des Menschen", insbesondere im Sinne der menschlichen „Einbildungskraft", sprach mitunter schon Immanuel Kant.[5]

In der deutschen Sprachgeschichte, wie sie in dem 1854 von Jacob und Wilhelm Grimm begründeten *Deutschen Wörterbuch* besonders umfassend dokumentiert worden ist, werden vier Grundausprägungen der Verwendung des Spielraum-Begriffs unterschieden:

Erstens diene er zur Bezeichnung des „Raum[s], wo man spielt";[6] *zweitens* fungiere er genauerhin auch als Bezeichnung des „Raum[s] für dramatische Spiele";[7] *drittens* – und hier auf das oben angesprochene Gebiet der Mechanik weisend – verweise das Wort Spielraum auf den „Raum, innerhalb dessen sich ein Körper frei und ungehindert bewegen kann";[8] *viertens* – und dies „überaus häufig" und „in Übertragung" der vorangegangenen Bestimmung „in freierer Weise"[9] sowie darin auch wiederum der zuerst genannten Bedeutung „nahekommend"[10] – sei mit der Rede vom Spielraum „der Umkreis" gemeint, „innerhalb dessen sich jemand oder etwas entfalten, betätigen, wirken kann".[11]

In all diesen vier Auslegungen wird das Attribut der räumlichen Umgrenzung als Bezugsstruktur von Handlungsabläufen betont und damit jenes der *Hegung* bzw. der hegenden Struktur. Die Spielraum-Dimension des Spielbegriffs legt sich damit schon aufgrund der mit ihr verbundenen soziohistorischen Bedeutungseinlagerungen als eine zentrale Quelle der *antagonistischen* Verhältnisbestimmung von Spiel und politischem Handeln nahe.

Gegensätze erhellten einander, so heißt es oft. Helmuth Plessner vermutete, „daß sich an der Entwicklung des Bewußtseins der Arbeit", wie es im Zuge der Industrialisierung geschärft wurde, die *Spiel* genannte „Gegenregion" der menschlichen Daseinsgestaltung überhaupt erst „allmählich in das Bewußtsein der Menschen hinein-

---

[5] Knebel, 1995, Sp. 1390.
[6] *DWB*, Bd. 16, Sp. 2414.
[7] *DWB*, Bd. 16, Sp. 2414–2415.
[8] *DWB*, Bd. 16, Sp. 2415.
[9] *DWB*, Bd. 16, Sp. 2415.
[10] *DWB*, Bd. 16, Sp. 2414.
[11] *DWB*, Bd. 16, Sp. 2415–2416.

Kristallisation einer verdeckten handlungstheoretischen Problemstellung

gebracht hat."[12] Dass die positive Bedeutung von Spiel seit den intensivierten Anfängen der Spieltheorienentwicklung aus diesem Antagonismus schöpfte, muss gerade im vorliegenden Untersuchungskontext problematisch werden. So weisen sie auf die darin unbeantwortet bleibende Frage, wie sich *Verbindungen* zwischen Phänomenen erforschen lassen, die traditionell durch ihre Entgegensetzung Bestimmung erfahren.

In diesem Kapitel geht es darum, Konturen der soeben angeklungenen Problematik der Begriffsvermittelbarkeit zu schärfen, um so einen Ansatz für eine bezugsrahmenoffene, allgemeinbegriffliche und handlungszentrierte Begriffsbildung zu gewinnen. Dabei soll ebenfalls auf die erhellende Kraft der Entgegensetzung gebaut werden – nicht aber auf jene, die der Reflexionsgeschichte zum Grundverhältnis von Spiel und Arbeit entspringt. Als Bezugspunkt wähle ich stattdessen jenen weit weniger behandelten Gegensatz, in dem sich der Terminologie-Antagonismus von Spiel- und *politischer* Handlungstheorie in größtmöglicher Zuspitzung zum Ausdruck zu bringen vermag:

Während der Hauptstrom der Spielforscher die Leitannahme vertritt, alles Spiel-Handeln sei *zweckfrei* und bedürfe überdies zu seiner Realisierung *eigens abgegrenzter, hegender* Handlungsräume (hierzu Abschnitt 1.1.), ist im aktuellen politikwissenschaftlichen Begriffskanon in Form der „Spieltheorie" gerade ein Spielbegriff vorherrschend geworden, dessen besondere analytische Leistung darauf beruht, Handlungen in der Politik *zweckrational-strategisch* und zugleich bis tief in den militärischen Bereich hinein *konfliktbezogen* auszulegen – wodurch sich die Semantik von Spiel nicht nur mit dem Gebiet der praktischen Politik verknüpft, sondern darin sogar in einem weitreichenden Maße verallgemeinert (hierzu Abschnitt 1.2.). Eine Zusammenschau dieser beiden Lesarten des Spielbegriffs stellt vor diesem Hintergrund einen ersten politologisch bedeutsamen spielsemantischen Differenzierungsgewinn in Aussicht (hierzu Abschnitt 1.3.). So müsste sie Einsichten darüber erbringen, wie im Spiel-Begriffs-Gebrauch Handlungskontexte aufgebaut und Kontextübergänge gebahnt werden können, ohne dass

---

[12] Plessner, 1967a, S. 307. Auch Alois Herlth betont im *Staatslexikon*: „Die klassischen Erklärungsansätze interpretieren das Spiel vor allem aus seinem Gegensatz zu den stärker von den Lebenszwängen bestimmten Verrichtungen der Menschen heraus." (Herlth, 1995, S. 111)

wir dabei aufzugeben genötigt wären, im Namen des Spiels *ein Handeln* zu thematisieren. Es ergibt sich, dass dabei nicht zuletzt auch jene Voraussetzungen deutlicher hervortreten müssten, unter denen die Frag*würdigkeit* von konstruktiven Relationen zwischen Spielvermögen und politischem Handeln selbst überlagert zu werden droht.

1.1. Das Exklusionsparadigma einer politischen Spiel-Deutung des Handelns

Unüberschaubar facettenreich bietet sich die Geschichte des Nachdenkens über das Spiel dar. Theorien über das menschliche Spielvermögen zeichnen sich bereits im Rahmen der Aufklärungspädagogik ab,[13] streng systematisch verfahrende einzelwissenschaftliche Spieltheorien jedoch erst nach einer anschließenden Blütezeit klassischer und romantischer Spiel-Reflexionen,[14] d.h. im Zuge der maßgeblich durch Charles Darwin geprägten Evolutionsforschung des 19. Jahrhunderts.[15]

Mitte der 1950er Jahre hat Hans Scheuerl den Versuch unternommen, in der inzwischen durch hochgradige Interdisziplinarität geprägten Theoriegeschichte des Spiels eine ansatzübergreifende Motivlinie der Spiel-Deutung nachzuweisen – und damit zugleich eine Merkmalsessenz eines „Urphänomens" *Spiel*.[16] Der dabei von ihm herauskristallisierte Merkmalskern von Spiel wird zunächst – und darin der oben schon angesprochenen Traditionslinie der antagonistisch verfahrenden Spielbegriffs-Erhellung folgend – in einer Negativabgrenzung umrissen.

„Eines der hervorstechendsten Merkmale des Spiels, das von fast allen Theorien gesehen wird", besteht Scheuerl zufolge in seinem „*Freisein von etwas*".[17] Zur Implikationsfülle der hier gemeinten Freiheitsauffassung heißt es im Einzelnen:

---

[13] Scheuerl (Hg.), 1991, S. 13–31; vgl. a. Kolb, 1990, S. 2–7.
[14] Scheuerl (Hg.), 1991, S. 32–50.
[15] Scheuerl (Hg.), 1991, S. 51–73 sowie Plessner, 1956a, S. 704–705; vgl. a. ders., 1967b, S. 307. Zur späteren, zunehmend sozialwissenschaftliche Perspektiven aufnehmenden Spieltheorienentwicklung: Hildebrandt, 1987; Scheuerl (Hg.), 1991, S. 74–130; ders., 1988 sowie Wetzel, 2003.
[16] Scheuerl, 1990, S. 111.
[17] Scheuerl, 1990, S. 67, 69.

"Spiel verfolgt keinen außerhalb seiner selbst liegenden Zweck. Es ist dadurch von der Arbeit, vom Kampfe ums Dasein, von der Not und der Sorge, vom Ernst und den objektiven Wert- und Zweckordnungen abgehoben. Es ist von alledem frei. [...] Spiel ist frei von den Bedürfnissen des Daseinskampfes, von der Not des Sich-Wehrens. Spiel ist nicht Ernst im gewöhnlichen Sinne, was nicht ausschließt, daß es mit Ernst und mit Eifer betrieben werden kann. Es ist ohne Verantwortung und ohne Konsequenzen."[18]

Vor dem Hintergrund dieser negativen Grundbestimmung von Spiel fragte Scheuerl, wie „die Freiheit des Spiels positiv zu verstehen" sei.[19] Er gelangte zu dem Schluss, der Wesenskern von *Spiel* müsse im „*Urphänomen einer Bewegung*" erkannt werden, das sich „*hinter*" allen empirischen Erscheinungen" abzeichne, die wir zu Recht mit dem Namen des Spiels belegten, und die deshalb auch unser Sprachgefühl anleite.[20] Da Scheuerl in seiner Begründung dieses Befunds zugleich auch eine Vorstellung vom phänomenologischen Verfahren der Spiel-Erkenntnis vermittelt, die im vorliegenden Untersuchungsrahmen noch mehrfach von Bedeutung sein wird, sei die entsprechende Passage hier in ihrem zusammenhängenden Originalwortlaut wiedergegeben:

„Alles Bisherige weist darauf hin, dass sich Spiel als ein ‚Urphänomen' verstehen lassen müsse, d. h. als ein Letztes (oder Erstes), das sich nicht mehr aus anderen Erscheinungen ableiten oder erklären lässt. Als solches könnte es dem wahrnehmenden Auge grundsätzlich in allen Erscheinungsbereichen begegnen: im physischen wie im psychischen, im sozialen wie im objektiv-geistigen Raum. Es stünde hinter allen empirischen Erscheinungen und leuchtete gleichsam durch die einzelnen (möglicherweise kausal oder teleologisch ganz verschieden erklärbaren) Spielphänomene hindurch. Es wäre ein gegebenes und hinzunehmendes, die Struktur der gesamten Erscheinungswelt mitbestimmendes Prinzip, das sich zwar nicht definieren, wohl aber beschreiben und identifizieren ließe: Spiel wäre das Urphänomen einer Bewegung, die durch die Ganzheit jener sechs Hauptmomente gekennzeichnet ist: durch Freiheit, innere Unendlichkeit, Scheinhaftigkeit, Ambivalenz, Geschlossenheit und Gegenwärtigkeit."[21]

Spiel – das ist Scheuerl zufolge ein *Freiheit, innere Unendlichkeit, Scheinhaftigkeit, Ambivalenz, Geschlossenheit und Gegenwärtig-*

---
[18] Scheuerl, 1990, S. 67, 69.
[19] Scheuerl, 1990, S. 69.
[20] Scheuerl, 1990, S. 111.
[21] Scheuerl, 1990, S. 111.

keit vereinender Bewegungszusammenhang. Bereits im „subjektlosen Lichter- und Schattenspiel auf den Wellen" seien diese sechs Merkmale „anschaulich beisammen", so dass es uns möglich sei, ein tatsächliches „Spielphänomen" zu identifizieren, „wo immer wir ihm begegnen".[22] Damit aber wird an dieser Stelle auch jener am Beginn dieses ersten Untersuchungsteils herausgestellte Umstand nochmals bekräftigt: dass der Tätigkeitsschwerpunkt des Spielbegriffs mit einem weiter reichenden Phänomenbereich *Spiel* korrespondiert, der mitunter *kein Handeln* im engeren Sinne umfasst.[23]

Im Folgenden möchte ich das analytische Hauptaugenmerk auf die von Scheuerl hervorgehobene Merkmalsdimension der *Geschlossenheit* konzentrieren, weil in ihr ordnungsstiftende und umhegende Rahmenstrukturen von Spiel-Handlungen, d. h., *Spielräume* anklingen. So ansetzend können Spiel-Handlungen in doppelter Hinsicht zum Untersuchungsgegenstand werden: nicht nur als durch einen Raum für Spiel *ermöglichte*, sondern zugleich auch als *darin begrenzte* Handlungen. Ein aus dem Spielvermögen schöpfendes konstruktives politisches Handeln wäre demnach – gemäß der in der Einleitung zur vorliegenden Untersuchung eingeführten Grundbestimmung *politischen Handelns*[24] – umso weniger möglich, je enger die Spiel-Handlung an die dem Geschlossenheitsprimat eingeschriebene Eigenweltlichkeitsexistenz geknüpft wird. Diese Variante der Spiel-Begriffs-Konzeption soll daher fortan das *Exklusionsparadigma einer politischen Spiel-Deutung des Handelns* heißen.

Das Merkmal der *Hegung* bzw. der *hegenden Handlungsstruktur* bildet Scheuerl zufolge das Fundament der meisten Spieltheorien.[25] Mit Blick auf die spieltheoretische Forschung im 20. Jahrhundert gilt dies in besonderem Maße auch für die anthropologischen Spiel-Betrachtungen von Eugen Fink, Roger Caillois und Heinrich Popitz. Daher sollen sie nun verglichen werden, um ein vertieftes Verständnis der semantischen Binnenarchitektur des *Exklusionsparadigmas einer politischen Spiel-Deutung des Handelns* zu erbringen. Hierzu werden zunächst die Spielbegriffe der

---

[22] Scheuerl, 1959, S. 35–39.
[23] Vgl. o., S. 34.
[24] Vgl. o., S. 19–20.
[25] Scheuerl, vgl. o., S. 42–43.

drei genannten Denker nacheinander in ihren Grundzügen vorgestellt (Unterabschnitt *1.1.1.*), um sie anschließend in eine auf erste spielsemantische Differenzierungen zielende analytische Zusammenschau zu überführen (Unterabschnitt *1.1.2.*).

1.1.1. Spielraum-zentrierte Allgemeinbegriffe des Spiels am Beispiel von Fink, Caillois und Popitz

Irgendwo in der weiten Spanne zwischen bloßer Spielerei und heiligem Kult wird Spiel als ein Sehnsuchtsort erfahren. Eine so akzentuierte existentielle Würdigung der menschlichen Spielfähigkeit entfaltete Eugen Fink in *Oase des Glücks* aus dem Jahre 1957 sowie in seiner 1960 erschienenen Schrift *Spiel als Weltsymbol*.[26] Bereits diese beiden Werktitel kündigen einen zwiefältigen Spielbegriff an.

Finks Erkenntnisinteresse galt einerseits der konkreten Tätigkeit „Spielen" als „ein[em] wirkliche[n] Lebensvollzug des wirklichen Menschen";[27] andererseits dachte er aber auch aus der Metaperspektive über ein übersubjektives, Autonomie genießendes *Geschehen Spiel* nach. Beide Auslegungsrichtungen von Spiel greifen in seinem Denken aber auch ineinander, und dies nicht nur in inhaltlicher, sondern auch in methodischer Hinsicht. Denn indem Spiel als ein ins Kosmische reichendes Symbol des Weltganzen zum Gegenstand der Betrachtung werden könne, eröffnet sich Fink zufolge zugleich ein anthropologischer Erkenntniszugang *par excellence*.[28] Genauer gesagt: Spiel als ein Handeln eigener Art und Spiel als ein Spiegel, in dem das unsichtbare Reich von Geist und Seele handelnd ins Bild gesetzt aufscheinen und so der philosophischen Reflexion über das Menschsein zugänglich werden kann, beide Perspektiven bilden Fink zufolge untrennbare und wesensbestimmende Seiten des einen Großphänomens Spiel.

Das konkrete, d. h. stets auch empirisch anschaulich werdende Spiel des Menschen, wird nach Auffassung Finks in den fünf Formdimensionen „Spielstimmung, Spielgemeinde, Spielregel, Spielzeug und Spielwelt" verwirklicht.[29] In diesem Bezugsspektrum stellte er

---

[26] Siehe des Weiteren Finks Studie über *Das kindliche Spiel* (Fink, 1959).
[27] Fink, 1960, S. 63.
[28] Fink, 1960, S. 17–21, 54, 152 sowie Schenk-Mair, 1997.
[29] Fink, 1957, S. 43 bzw. S. 27–42.

der im vorangegangenen Absatz angesprochenen Doppelbedeutung von Spiel als *Handlung* einerseits und übersubjektives *Geschehen* andererseits eine zweite Ebene der Doppelbödigkeit an die Seite. Ihre Kennzeichen werden über die Tätigkeitsdimension des Spielbegriffs erschlossen.

Das „Spielenkönnen",[30] so Fink, sei eine Lebensräume stiftende Handlung originärer Art, weil sie es dem menschlichen Individuum ermögliche, in den herkömmlichen Lebensumständen unerfüllt gebliebene (oder unerfüllbare) Wünsche dennoch – wenn auch ‚nur' im Medium eines weder feststellbaren noch materiell ausbeutbaren Scheins – als konkret auslebbare Sinnhorizonte des Daseins zu verwirklichen.[31] Die „Spiel-Tätigkeit" sei folglich dadurch gekennzeichnet, dass sie stets *sowohl wirklich als auch fiktiv* sei:

„In der Spiel-Tätigkeit, vor allem sofern sie ein Darstellungsspiel ist, vollführt der Spieler auch wirkliche Handlungen, aber sie haben gleichsam einen ‚doppelten Boden': sie sind Handlungen des Spielenden und anders auch Handlungen des Spielers gemäß der ‚Rolle', welche er im Darstellungsspiel übernommen hat. Alles, was er tut, verläuft in einer seltsamen ‚Gleichzeitigkeit' auf zwei ‚Ebenen', ist ein wirkliches Benehmen des Menschen der ‚wirklichen Welt' und ist zugleich ein rollengemäßes Handeln in einer ‚unwirklichen Schein-Welt'."[32]

Für die Entfaltung des soeben charakterisierten Merkmalszugs ist es Fink zufolge konstitutiv, dass ein Spieler davon absieht, sein Handeln an die Funktion einer Zweckerfüllung zu binden. Der in Georg Simmels *Lebensanschauung* dargelegten Überzeugung, es sei der „eigentlich[e] Wert" des Menschen, „daß er zwecklos handeln kann,"[33] wachsen in Finks Spieltheorie originäre Fähigkeiten des Menschen in seiner Eigenschaft as *homo ludens* zu. Der im Zeichen der Zwecklosigkeit begriffene Wert des Menschseins wird dabei, wie gezeigt, in einer Begründung des Spiels als prädestinierte Fähigkeit zum realfiktiven Traumweltenbau vertieft. Diesem Wesensgehalt des Spielen-Könnens als ein tatsächlich imaginäres Schaffen steht der des Herstellens bzw. Arbeitens als gesellschaftliche Produktivkräfte klar entgegen – jedenfalls dann, wenn als das alleinige

---

[30] Fink, 1960, S. 16.
[31] Vgl. hierzu a. Fink, 1957, S. 23–25, 44.
[32] Fink, 1960, S. 64; vgl. a. Kolb, 1990, S. 327–331.
[33] Simmel, 1922, S. 41.

„Produkt" des Spielens die zwar bedürfnismotivierte, aber nicht planmäßig entstehende Schein-Welt des Spiels selbst gilt.[34]

Fink folgte demnach nicht jener durch Ferdinand Tönnies mitbeförderten Denktradition, die Spiel als einen Aspekt in *sämtlichen* Ausprägungsformen menschlichen Handelns zu erkennen glaubt. Tönnies hatte in seiner Erörterung von *Zweck und Mittel im sozialen Leben* die These aufgestellt, „daß selbst im Falle der klügsten Berechnung das Geschäft und die Unternehmung – im Kriege wie im Handel – Merkmale des ‚Spieles' behält."[35] Bei dieser Aussage hatte er das – mit wachsender Reichweite menschlicher Pläne zunehmende – Moment der „Chance" von Handlungserfolgen im Blick, bei deren Einschätzung doch „fast immer der Hoffnung und dem Vertrauen auf das ‚Glück' reichlicher Spielraum" verbleibe.[36] Mit anderen Worten seien Spiel und rational berechnendes Handeln unter der Voraussetzung als eine faktische Einheit zu begreifen, dass Spiel „das aleatorische Element" in allem Handeln bilde, wodurch „das am meisten rationale mit dem am meisten irrationalen Handeln" letztlich verbunden sei.[37]

Demgegenüber stand für Fink das Spiel als eine in rationales Handeln integrierte irrationale Handlungsdimension nicht zur Diskussion. Es sei vielmehr das Spezifische der Spiel-Handlung, dass sie sich niemals mit zweckgerichteten „anderen Lebenstätigkeiten des Menschen [...] in einer gemeinsamen Zielstrebung" vermenge, sondern stattdessen „die Kontinuität der zweckhaften Handlungen" gerade „unterbricht".[38] Zur Begründung heißt es hierzu: Spiel „hat seine Zwecke ganz in sich, und zwar so, daß die internen Zwecke der Spielhandlung nicht in die allgemeine und sonst durchgängige Strebung des Lebens sich zurückstellen." Entsprechend gelangte Fink zur allgemeinbegrifflichen Grundbestimmung von Spiel als einer *sich selbst gegen eine Umwelt abgrenzenden Handlung*:

„Die Spieltätigkeit grenzt sich selbst aus den anderen Tätigkeiten aus, riegelt sich gegen sie ab und hat in ihrem Medium des Scheins den in sich abgeschlossenen ‚Eigenbereich'."[39]

---

[34] Fink, 1957, S. 44.
[35] Tönnies, 1923, S. 240.
[36] Tönnies, 1923, S. 240.
[37] Tönnies, 1923, S. 240.
[38] Hierzu und zum Folgenden: Fink, 1960, S. 234; vgl. a. ders., 1957, S. 20.
[39] Fink, 1960, S. 234.

Kristallisation einer verdeckten handlungstheoretischen Problemstellung

Das spielräumlich unterlegte Zweckfreiheitspostulat der Tätigkeit Spiel sah Fink durch potentielle Regelbindungen der Handlung nicht berührt. Regeln strukturierten den Spielraum lediglich, verliehen ihm Grenzen und implizierten eine Form der „Bindung", die „nicht den Charakter des Unabänderlichen" habe.[40] Umso mehr wird dem Spiel ein tiefgreifender und unhintergehbarer Sozialcharakter zugeschrieben:

„Spielen ist eine Grundmöglichkeit sozialer Existenz. Spielen ist Zusammenspiel, ist Miteinanderspielen, eine innige Form der menschlichen Gemeinschaft. Das Spielen ist strukturell keine individuelle, isolierte Handlung – es ist offen für Mitmenschen als Mitspieler."[41]

Im Einklang mit diesen Zeilen resümierte Michael Kolb in *Spiel als Phänomen – Das Phänomen Spiel* den „Kern des Spiels" im Sinne Finks im Merkmal einer „meist gemeinschaftliche[n] Erzeugung einer imaginären Spielwelt".[42] Eine jede Spielwelt schließe zwar „die Spielregeln, Spielrollen und Spielzeuge" ein – dies jedoch als einen „Sinnrahmen für die gespielten Dinge, Handlungen und Verhältnisse".[43] In jenem Sinnrahmen anhebend aber wird die Entfaltung des Menschen in seiner Eigenschaft als *Spieler* gedacht. Der spielende Mensch im Sinne Finks, so Kolb, „geht in die selbstproduzierte Spiel-Sinnatmosphäre, die nicht Teil der Wirklichkeit ist, sondern in einer scheinhaften Ebene darüber schwebt, mit ein."[44] Dabei sei das „treibende Moment des Spiels" die „Einbildungskraft" des Spielenden, seine „Phantasie".[45] Im menschlichen Vermögen, eine nicht manifestierte Realität zu entwerfen, wird die Brücke gesehen, über die es gelingen könne, „der Realität zu entkommen und im Entwurf von Sinnhorizonten neue Handlungsräume aufzubrechen."[46]

Nur unter der Prämisse der „irrealen Spielwelt" wird das Spiel Fink zufolge zu einem allumfassenden Spiegel des menschlichen Daseins – nicht nur des ‚Realisierten', sondern auch und gerade des

---

[40] Fink, 1957, S. 31.
[41] Fink, 1957, S. 30.
[42] Kolb, 1990, S. 328.
[43] Kolb, 1990, S. 328.
[44] Kolb, 1990, S. 328–329.
[45] Kolb, 1990, S. 327.
[46] Kolb, 1990, S. 327.

Nicht-Realisierten, ‚nur' innerlich Realen.⁴⁷ Entsprechend konnte es ihm – ohne dabei seiner zuvor skizzierten spieltheoretischen Grundposition zu widersprechen – besonders auch darauf ankommen, die „Welt" gerade „als Spiel ohne Spieler" zu begreifen.⁴⁸ Es sei die spielende „Ausgrenzung" von Welt, die die Welt des Spiels „konstituiert".⁴⁹ So wird mit diesem Begriffsansatz eine gegenüber den gesellschaftlich-kulturellen und historischen Bedingungen von Sein und Nichtsein gewissermaßen vervollständigte Weltschau eröffnet. Indem nun gefragt werden könne: „Von welchen Zügen der Welt aus bestimmt sich das Spielhafte des menschlichen Spiels?",⁵⁰ wird das Faktum, dass sich Menschen dem Fiktiven mit der Eindringlichkeit des existentiellen Ernsts zuwenden, seinerseits als Hinweis auf einen Wesenszug des Menschseins und der Menschenwelt theoretisch ernst genommen.

Gerade in der Erörterung des Spiels sind Fink zufolge die begrifflichen Denkmittel zu gewinnen, „um Unterschied und Zusammengehörigkeit von Mensch und Welt ursprünglich zu begreifen".⁵¹ Eine gleichwertige Würdigung der spielgerechten und nicht spielgerechten Daseinsbereiche wird dabei als Voraussetzung dieses Zugangs zur anthropologischen Erkenntnis erachtet:

„In der metaphysischen Degradierung, wie in der mythischen Überhöhung der Spielwelt liegen einseitige, also abstrakte Momente der Wahrheit. Die Spielwelt ist nicht entweder ‚weniger' oder ‚mehr' im Vergleich zu den sonstigen Dingen, sie ist einzig dadurch, daß sie weniger ist, auch mehr. Sie ist im Medium des Scheins Symbol der Welt."⁵²

Dem Spiel als „Spielenkönnen"⁵³ stellte Fink das Spiel im Sinne eines Raums für durch Spielen-Können individuell gestaltbare Spiel-Welten gegenüber. So dient die Spielsemantik hier auch als Bezeichnung jenes kontingenten Geschehens, in dem „alle Spieler" auch als „selber nur gespielt" begreifbar werden.⁵⁴ Gegen eine vollständige Loslösbarkeit des Spiels – und mit ihm der Spielsemantik –

---

⁴⁷ Fink, 1960, S. 229.
⁴⁸ Fink, 1960, S. 230.
⁴⁹ Fink, 1960, S. 234.
⁵⁰ Fink, 1960, S. 237.
⁵¹ Fink, 1960, S. 18.
⁵² Fink, 1960, S. 234.
⁵³ Fink, 1960, S. 16.
⁵⁴ Fink, 1960, S. 242.

von konkreten *Personen* hat Ingeborg Heidemann in ihrer Studie über *Freiheit und Bindung im Spiel* argumentiert.[55] Es bleibt jedoch die versöhnende Möglichkeit bestehen, Spiel als die tätige Hingabe eines konkreten Handlungssubjekts zu deuten, das nicht schlichtweg *tut was es selbst will*, also seinen Willen durchzusetzen, nach seinem Willen etwas zu gestalten versucht, sondern empfänglicher Teil-Nehmer an einer größeren Sinnsphäre ist.[56] Eine solche Spiel-Begriffs-Auffassung entwickelte Hans-Georg Gadamer in *Wahrheit und Methode*.[57] Das „Subjekt des Spieles", so heißt es hier einerseits, seien – obwohl sich „von dem Spiel selbst das Verhalten des Spielenden" sicherlich „unterscheiden" ließe[58] – gar „nicht die Spieler, sondern das Spiel kommt durch die Spielenden lediglich zur Darstellung."[59] In jener spielsemantischen Scheidung, die das Spiel als Handlung von einem jenem übergeordneten Spiel als „ein eigenes Wesen", das „unabhängig von dem Bewußtsein derer, die spielen" existiert,[60] erschöpft sich Gadamers Spielbegriff jedoch nicht. So betonte er andererseits gerade die Notwendigkeit einer aktiven Hingabe der Individuen ans Spiel, die ihrerseits spielgemäß, d. h. mitunter unbedingt bereinigt von der „Schaulust der bloßen Neugierde", erfolgen müsse.[61] Mit dieser Doppeldeutigkeit steht auch der Spielbegriff Finks im Einklang.

Frederik J. J. Buytendijk wendete in *Das menschliche Spielen* gegen die Spiel-Interpretation Finks ein, sie übergehe die Tatsache, „daß der gesunde Mensch immer im Stande ist, in jeder ‚Einöde' Heiterkeit als Gestimmtheit zu *kultivieren*"[62] – und gerade in einem widerständigen *Kultivieren* einer solchen Leichtigkeit der Haltung von Handlungsträgern erblickte Buytendijk eine besondere Möglichkeit des menschlichen Spielens.[63] Mit Blick auf die nun zu be-

---

[55] Heidemann, 1959.
[56] Für eine Auflösungsmöglichkeit der hier nahegelegten Paradoxie sei auch verwiesen auf Scheuerls Definition des *spielenden Schaffens:* „Das aber ist spielendes Schaffen in höchster Form: Ein Schaffen, das reines Ereignis wird; ein Schaffen, das der Schaffende nur noch erleidet" (Scheuerl, 1990, S. 154).
[57] Gadamer, 1990, S. 107–126.
[58] Gadamer, 1990, S. 107.
[59] Gadamer, 1990, S. 108.
[60] Gadamer, 1990, S. 108.
[61] Gadamer, 1990, S. 131.
[62] Buytendijk, 1973, S. 112.
[63] Buytendijk, 1973. Dem Spielbegriff Buytendijks widmet sich Abschnitt 3.2. dieses ersten Untersuchungsteils.

trachtende soziologisch-anthropologische Spieltheorie von Roger Caillois könnte erwartet werden, dass der soeben angesprochene Kritikpunkt Buytendijks darin entkräftet werden kann, da jener nicht das metaphysische Spiel, sondern die Frage nach Fundamenten einer „vom Spiel ausgehenden Soziologie" in den Mittelpunkt der Aufmerksamkeit rückte.[64]

In seinem spieltheoretischen Hauptwerk *Les jeux et les hommes (Le masque et le vertige)* aus dem Jahre 1958 – es erschien bereits 1960 in deutscher Übersetzung unter dem Titel *Die Spiele und die Menschen. Maske und Rausch* – argumentierte Caillois für das Erfordernis einer zweistufigen systematischen Allgmein-Begriffs-Bildung: Auf der Basis einer detaillierten Beschreibung der empirisch-konkreten bzw. anschaulichen menschlichen Spiele in ihren gemeinsamen und differierenden Facetten könne, wie ich in Kürze genauer ausführen werde, zunächst ein Allgemeinbegriff des Spiels begründet und sodann in einem Klassifikationsschema der Spiele erweitert werden. Der Zweck dieses Schemas wird vor diesem Hintergrund dahingehend bestimmt, dass es die anfänglich allzu heterogen anmutende Fülle von „Spiel" genannten Phänomenen in eine Begriffsordnung überführt, die es sowohl erlauben soll, den allgemeingültigen – also stets formal, in Absehung von besonderen Spiel-Inhalten und -Formen bestimmten – Gehalt von Spiel als auch den je speziellen Gehalt von einzelnen Spielarten zu vergegenwärtigen. Dabei war es Caillois' besonderes Anliegen, einen Weg zu bahnen für eine zwischen Spiel- und Gesellschaftstheorie herauszukristallisierende Theorie des Spielens, die Spielen als ein absolut eigensinniges und freies Handeln zu verstehen sucht, das trotz – aber gerade auch wegen seiner antagonistischen Stellung zur zweckgerichteten Produktivität – sowohl für die individuelle Lebensentfaltung als auch für die Entwicklung der gesellschaftlichen Zivilisation elementar bedeutsam ist.

Caillois' Ansatz zur Gewinnung einer soziologisch fruchtbaren anthropologischen Spiel-Erkenntnis war eher in der Feinheit und Eigenart ihrer Ausführung als in ihren Leitgedanken neuartig. Gegen Ende des 19. Jahrhunderts hatte es bereits der Biologe Karl Groos im Rahmen seiner *Anthropologie des Spiels* unternommen, die Vielfalt der Spiele zu ordnen, wobei er „Kampfspiele", „Liebesspiele", „Nachahmungsspiele" und „soziale Spiele" voneinander

---
[64] Caillois, 1960, S. 18–47.

unterschied.⁶⁵ Darüber hinaus hatte Groos das menschliche Triebleben als Ankerpunkt seiner Spiele-Einteilung gewählt⁶⁶ und damit einen psychologisch-anthropologischen Erklärungsansatz, den auch Caillois zum Tragen brachte. In einem Punkt aber wird eine fundamentale Differenz beider spieltheoretischen Konzepte erkennbar: Groos hatte als – mit besonderem Blick auf „Jugendspiele" entwickelte⁶⁷ – Hauptthese vertreten, der Sinn von Spiel bestehe in erster Linie im *Einüben* lebensnützlicher Verhaltensformen, weshalb es als eine bloße „Ergänzung des Daseins" zu beurteilen sei.⁶⁸ Demgegenüber fühlte sich Caillois bei seinem Versuch einer „soziale[n] Bestimmung der Spiele" nachdrücklich einer nicht-utilitaristischen Lesart menschlichen Spiels verpflichtet.⁶⁹

Gerade das Entlastet-Sein der Spiel-Handlung vom Diktum der Zweckerfüllung und ihren Zugewinn an Freiheit durch ihre Folgenlosigkeit in der alltäglichen Lebenswirklichkeit gilt es Caillois zufolge in ihrem Eigenwert für den Einzelnen wie für die Kultur der Gesellschaft zutiefst ernst zu nehmen. Dieser als originär beurteilte Sinngehalt wird in seinem Allgemeinbegriff des Spiels entfaltet. Hatte Fink die fünf Spiel-Dimensionen Spielstimmung, Spielgemeinde, Spielregel, Spielzeug und Spielwelt unterschieden,⁷⁰ richtet der Spielbegriff von Caillois das Hauptaugenmerk stärker auf die *prozessuale* Phänomendimension, indem er formale Kennzeichen von Spiel zunächst und vor allem durch eine differenzierte Beschreibung der Spiel-Dimension des Handelns begründete.

Vier feststehende und zwei austauschbare bzw. einander ausschließende Kernmerkmale von Spiel bzw. der Spiel-Handlung wurden von Caillois unterschieden: Alles wahrhafte Spiel sei eine „*freie*", „*abgetrennte*", „*ungewisse*", „*unproduktive*" und überdies eine entweder „*geregelte*" oder „*fiktive*" Tätigkeit.⁷¹ Das Kennzeichen der *Freiheit* wird dabei ausdrücklich nicht nur im Sinne eines

---

⁶⁵ Groos, 1973, S. 216–464.
⁶⁶ Groos, 1973, S. 3. Groos hatte zwei soziale Triebe als „Grundlagen der Vergesellschaftung" unterschieden: den „*Annäherungstrieb*" und das „*Mitteilungsbedürfnis*" (a. a. O., S. 511–512).
⁶⁷ Groos, 1973, S. 511. Zum Übungswert des Spiels für die Erwachsenen: Groos, 1922, S. 11.
⁶⁸ Groos, 1973, S. 12. Für nähere Ausführungen zur „natürlichen Schule des Spiels": a. a. O., S. 516.
⁶⁹ Caillois, 1960, S. 47–53.
⁷⁰ Fink, vgl. o., S. 45.
⁷¹ Caillois, 1960, S. 16–17.

„*Freisein[s] von etwas*"[72] begriffen, sondern auch und zuallererst unter dem Schwerpunkt der freiwilligen Teilnahme des Handlungssubjekts an einem Spiel. Die Freiwilligkeit des Spielens und die Abgetrenntheit des Spielraums bilden demnach ein Korrespondenzverhältnis in der von Caillois vorgeschlagenen Basiskonzeption des Spiels.

Wie bereits in der Einleitung zur vorliegenden Untersuchung angeführt wurde, ist die Spiel-Voraussetzung der Abgetrenntheit des Spielablaufs Caillois zufolge genauerhin in der Grundvorstellung eines „reine[n] Raum[s]"[73] aufzufassen. Im Attribut der Reinheit des Spielraums wird die Schirmung der Handlung gegenüber den „verworrenen und verwirrenden Gesetze des gewöhnlichen Lebens" durch „räumlich und zeitlich genau festgelegte Grenzen" angesprochen, und damit auch Spiel-Strukturen *für Spiel,* in denen „alles, was sich außerhalb dieser idealen Grenze ereignet, seinen Wert [verliert]".[74] Es ergibt sich, dass die übrigen angenommenen Spiel-Dimensionen – die der *Ungewissheit,* der *Unproduktivität* und nicht zuletzt jene der *Regelbindung* oder alternativ: jene der *Fiktivität* – entsprechend als Satellitenattribute der Bedingung raumzeitlicher Abgegrenztheit der Spiel-Handlung einzuordnen sind, da letztere als Konstituens bzw. Ermöglichungsgrund allen Spiels gilt, die als solche auch den primären Spielsinn und -ablauf wesentlich mitbestimmt.

Auf seine Weise spannt Caillois' spieltheoretischer Ansatz einen Bedeutungshorizont der Spielkreativität menschlichen Handelns auf. Was Fink als „Spielwelt" im Sinne eines scheinhaft-wirklichen „Produkt[s]" des „Spielenkönnen[s]" beschrieb,[75] nannte Caillois in verallgemeinerter, verstärkt erlebnisorientierter Sicht „eine Quelle der Freude und des Vergnügens",[76] und in spezifizierter Hinsicht ein schöpferisches Ventil für vier psychologische Grundhaltungen menschlicher Tätigkeit. Diese Haltungen dienten Caillois als Leitfäden, um vertiefte Einsichten in hintergründigere Prozesse und Strukturen der mannigfaltigen Welt der Spiele zu erschließen.[77] Das Spielvermögen als ‚bloßer' Freudenquell wird da-

---

[72] Scheuerl, vgl. o., S. 42.
[73] Caillois, 1960, S. 13.
[74] Caillois, 1960, S. 13; vgl. a. a. O., S. 52–65.
[75] Fink, vgl. o., S. 46–47.
[76] Caillois, 1960, S. 12.
[77] Caillois, 1960, S. 18–46.

bei, wie nun näher betrachtet wird, nicht nur in klar voneinander unterscheidbaren Handlungskompetenzen, sondern auch in erweiterten Bedeutungskreisen fortgedacht.

Vier in ungezügelter Form destruktiv werdende Triebe bestimmen Caillois zufolge das menschliche Leben am stärksten:

Erstens der „Wunsch, sein hervorragendes Können auf einem Gebiet anerkannt zu sehen", der im Vollsinne spielgerecht in der Spielform des Wettkampfs *(Agon)* verwirklicht werde;[78] *zweitens* der Wunsch, als der vom Schicksal Begünstigte hervorzutreten, der eine „passive Hingabe an das Schicksal" fordere, spielgerecht verwirklicht in Glücksspielen *(Alea);*[79] *drittens* der Wunsch, „selber zu einer illusionären Figur zu werden", spielgerecht verwirklicht in Verwandlungsspielen *(Mimicry);*[80] und schließlich *viertens* das menschliche „Begehren nach Rausch", d. h. danach, „sich in einen tranceartigen Betäubungszustand zu versetzen, der mit kühner Überlegenheit die Wirklichkeit verleugnet", spielgerecht verwirklicht in Rauschspielen *(Ilinx).*[81]

Zur Klassifizierung dieser vier Grundausprägungen von Spielmotivationen und -formen in den Kategorien *Agon, Alea, Mimicry* und *Ilinx* kommen die einander ausschließenden Einteilungskategorien *ludus* und *paidia* hinzu, die das vierdimensionale Einteilungssystem der Spiele in der Spannung zweier Extrempole der *Handlungsausführungsweise* verankert. Mit *ludus* wird der Grad der Regelstrenge, die es von den Spielern zu befolgen gilt, angezeigt, mit *paidia* der Grad erlaubter Ausgelassenheit.[82]

Der positive Gehalt der genannten vier Triebe finde in den strikt in sich abgeschlossenen Spiel-Welten Entfaltungsräume. Insofern fällt ihr konstruktiver Wert mit den „Sinn"-Formen der Spiel-Handlung in eins.[83] Mit der Annahme dieses Konnex mag eng zusammenhängen, was Norbert Axel Richter den „paranoiden Zug" in Caillois' Spieltheorie nannte: die Radikalität, mit der Caillois für eine Trennung von Spiel-Handlungen und Spielräumen einerseits von den aus seiner Sicht korrumpierenden Verhältnissen der sozia-

---

[78] Caillois, 1960, S. 21–27.
[79] Caillois, 1960, S. 24–27.
[80] Caillois, 1960, S. 27–32.
[81] Caillois, 1960, S. 36.
[82] Caillois, 1960, S. 36–46.
[83] Caillois, 1960, S. 13. Zur Ausgrenzung des Heiligen aus dem Spielraum: Caillois, 1988, S. 202–216.

len Alltagswelt andererseits argumentierte.[84] Für den soziologischen Blickwinkel auf menschliches Spiel und damit für die Frage nach der Beschaffenheit der Beziehung von Spiel und Gesellschaft ergibt sich so eine zunächst einmal paradox anmutende Konstellation. Denn die elementare Funktion, die Caillois dem Spielen-Können und den Spielen zuschrieb, nämlich die Bändigung und Zivilisierung besagter Grundtriebe, fällt offenbar gerade nicht mit der Annahme eines unmittelbaren Gesellschaftsbezugs von Spielvermögen und Spiel-Handlung zusammen, sondern sie wird diesem Ansatz zufolge gerade durch ihr Trennungsverhältnis erfüllt.

Der für den vorliegenden Untersuchungszusammenhang bedeutsame Grundwiderspruch in der Argumentation von Caillois tritt im nachfolgenden Beispiel noch deutlicher hervor. So heißt es in *Die Spiele und die Menschen* einerseits, dass jede Welt des Spiels, die ihren Schutzraum verliert, zwangsläufig eine „Perversion" des Spiels generiere.[85] Andererseits wird mitunter bezogen auf die Geschichte des politischen Lebens betont, dass die „Fortschritte der Demokratie [...] allerdings genau denen der gerechten Konkurrenz, der Gleichheit der Rechte, der relativen Angleichung der Bedingungen [entsprechen] – und damit dem Prinzip des *Agon*,[86] mehr noch:

„In der Tat, der Geist des Wettkampfes hat gesiegt. Die anerkannte politische Regel besteht darin, jedem Kandidaten die gleichen legalen Möglichkeiten zur Brechung der Stimmenmehrheit der Wähler zu sichern. Ganz allgemein gesagt, strebt eine bestimmte Auffassung der Demokratie, die ziemlich verbreitet und sehr vernünftig ist, dahin, den gesamten Kampf der Parteien als eine Art sportlicher Rivalität zu betrachten. Eine Rivalität, die fast alle Merkmale der Kämpfe im Stadion, auf dem Spielfeld oder im Ring aufweisen müßte: begrenzten Einsatz, Achtung vor dem Gegner und den schiedsrichterlichen Entscheidungen, Loyalität, aufrichtige Zusammenarbeit der Rivalen nach dem einmal gefällten Urteilsspruch."[87]

Indirekt, nämlich in den geistig zu verwirklichenden Handlungsgrenzen im Bereich von subjektiver Haltung, Regelbindung und sozialem Ethos, scheinen in Caillois' Spieltheorie konstruktive Verbindungen von Spielvermögen und politischem Handeln auf. Mit

---

[84] Richter, 2005, S. 202.
[85] Caillois, 1960, S. 53.
[86] Caillois, 1960, S. 123.
[87] Caillois, 1960, S. 124–125.

der Explikation jenes Berührungspunkts bei gleichzeitiger Betonung der Unvereinbarkeit spielgerechter und gesellschaftlicher Lebensräume scheinen zunächst auch die von Caillois unternommenen Reflexionen auf das Verhältnis zwischen Spielen und Institutionen im Einklang zu stehen.[88] Im Vergleich von Spielen und Institutionen zeige sich ein Zugleich von „antagonistische[n] und simultane[n]" Aspekten.[89] Die simultanen Aspekte werden hier allerdings der strukturellen Seite der Handlungsbereiche zugeordnet, während die Antagonismen nun erstaunlicherweise gerade in die Dimension des sozialen *Handelns* fallen:

„Die Strukturen des Spieles und die Strukturen der Nützlichkeit sind zwar häufig identisch, aber die entsprechenden Betätigungen, die sie fordern, lassen sich für eine gegebene Zeit und einen gegebenen Ort nicht aufeinander zurückführen. Sie werden jedenfalls in nicht zu vereinbarenden Bereichen getätigt."[90]

Die soeben angesprochene zentrale Argumentationslinie in Caillois' spieltheoretischem Denken, die dadurch gekennzeichnet ist, gerade keine handlungstheoretisch vertiefte Lesart von Institutionen *als Spiel* zu erlauben, blieb in der mikropolitischen Rezeption dieses Spielbegriffs unberücksichtigt, wie nun genauer betrachtet werden soll.

Die mikropolitische Forschung bildet den bislang einzigen Forschungszweig in der Politikwissenschaft, der – kursorisch beginnend mit Michel Croziers und Erhard Friedbergs *L'Acteur et le Système* von 1977 als die Gründungsschrift einer spielbegrifflich gestützten Organisationstheorie[91] – einen in substantieller spieltheoretischer Forschung verankerten Spielbegriff in den Rang eines Fachterminus erhoben hat.[92] Wie Günther Ortmann ausgeführt hat, war es die Metapher der *Maschine* als ein lange Zeit vorherrschendes Paradigma der Organisationstheorie, die durch den Spielbegriff abgelöst wurde.[93] Annahmen über den Charakter von sozialen Spielen – darunter „Fußball, Baseball oder Crocket"[94] – bildeten den

---
[88] Vgl. z. B. Caillois, 1960, S. 74–78.
[89] Caillois, 1960, S. 73–74.
[90] Caillois, 1960, S. 74.
[91] Neuberger, 1998, S. 259.
[92] Neuberger, 1998.
[93] Ortmann, 1992, S. 22.
[94] Ortmann, 1992, S. 22.

Ausgangspunkt dieses sozialwissenschaftlichen Begriffstransfers. Dieser Ansatz wurde jedoch in Richtung einer allgemeinbegrifflichen Interpretation der Spiele fortentwickelt. Im *Wörterbuch zur Mikropolitik* wird von Oswald Neuberger eine „eigenartige Zwischenexistenz" der Spiele hervorgehoben, in der anstelle eines zweckrational-strategischen Denkens „Intuition und Improvisation" – aber auch mittels *fair play* begrenzte Trickserei – als Quellen der sozialen Spiel-Handlung gestärkt werden:

„Spiele führen eine eigenartige Zwischenexistenz: sie haben Regeln, leben aber von Intuition und Improvisation; sie haben ein klares Ziel, das aber auf verschlungenen Wegen erreicht werden kann; man spielt miteinander, aber jeder möchte gewinnen; es soll fair zugehen, aber man darf täuschen, bluffen, Vorteile nutzen ..."[95]

In der Betrachtung der Spiele, so Ortmann, offenbare sich als ihr Entfaltungsgrund eine „eigentümliche Verschränkung von Kontrolle und Konsens, von Zwang und Freiheit".[96] Neuberger zufolge wird damit zugleich ein Paradoxien der Lebenswirklichkeit erfassendes Prinzip des menschlichen Handelns innerhalb von gesellschaftlichen und politischen Organisationen zur Vorstellung gebracht, eines, das im auf Handlungsdeterminationen fixierten Bild der Maschine gerade nicht kenntlich zu werden vermöchte.[97] Ortmann versuchte, jenes auf eine Analogie der Handlungsweisen in und jenseits von sozialen Spielen hindeutende Paradoxon mit folgenden Worten zu veranschaulichen:

„Im Spiel kommen Spiel und Ernst, Vernunft und das Andere der Vernunft, Wirklichkeit und Wirklichkeitsflucht, schließlich: Freiheit und Zwang (Spielregeln) auf ganz merkwürdige Weise zusammen: fast wie im Leben."[98]

In Neubergers Schrift *Spiele in Organisationen, Organisationen als Spiele* aus dem Jahre 1988 wird nach meinem Kenntnisstand erstmals eine spieltheoretisch gestützte Reformulierung des bei Crozier und Friedberg noch streng strategisch-rational ausgelegten Spielbegriffs[99] angegangen. Es solle hierzu „gerade *kein* einheitliches

---

[95] Neuberger, 1998, S. 259.
[96] Ortmann, 1992, S. 20–21.
[97] Neuberger, 1998, S. 259.
[98] Ortmann, 1992, S. 24.
[99] Ortmann, 1992, S. 20–24.

Kristallisation einer verdeckten handlungstheoretischen Problemstellung

oder geschlossenes Spiel-Konzept" vorausgesetzt werden, so Neuberger.[100] Stattdessen plädierte er dafür, „möglichst unterschiedliche Anschauungen" des menschlichen Spiels, die in der Spielliteratur begründet werden, in den mikropolitischen Handlungsansatz aufzunehmen, „um möglichst viele neue Sichtweisen von Organisationsphänomen zu erzeugen".[101] Als Ansatz zur Vermittlung von Spielbegriff und organisiertem Handeln solle die Spieltheorie von Caillois fungieren, „weil sie nicht nur durch plastische Beschreibungen und inhaltliche Differenziertheit imponiert, sondern auch die gesellschaftliche Einbettung und Institutionalisierung der Spiele thematisiert.[102] Die unvereinbaren Aspekte beider Handlungsfelder oder vielmehr der in ihnen vollführten Handlungen, wie ich sie oben aufgewiesen habe,[103] werden somit übergangen. Demgegenüber soll im Fortgang der vorliegenden Untersuchung an der Position eines Antagonismus von spielebasierter und politischer Spiel-Reflexion zunächst einmal festgehalten werden, um die Suche nach einer solchen Auflösungsmöglichkeit zu befördern, die im interkontextuellen Spiel-Begriffs-Transfer nicht instrumentell wird, sondern phänomengerecht bleibt. Diesem Anliegen arbeitet auch der nun zu betrachtende Spielbegriff zu.

Bildete für Fink das handlungs- und weltumspannende *Großphänomen Spiel* den zentralen Bezugspunkt seines spieltheoretischen Fragens und waren dies für Caillois stattdessen die *Spiele* der Menschen, so scheint der spieltheoretische Gegenstand des Soziologen Heinrich Popitz von Beginn an direkter mit dem Erkenntnisinteresse der vorliegenden Untersuchung übereinzustimmen. So ließ Popitz sich von der Frage leiten:

„Was tun wir, wenn wir spielen?"[104]

Erstmals veröffentlicht wurden seine diesbezüglichen Gedanken im 1994 erschienenen Aufsatz *Spielen*.[105] Diese Schrift wurde später wortgleich in das Werk *Wege der Kreativität* eingebunden,[106] in dem neben dem *Spielen* drei weitere Grundmöglichkeiten des

---

[100] Neuberger, 1992, S. 68.
[101] Neuberger, 1992, S. 68.
[102] Neuberger, 1992, S. 68.
[103] Caillois, vgl. o., S. 56.
[104] Popitz, 1994, S. 5 bzw. ders., 2000, S. 52.
[105] Popitz, 1994.
[106] Popitz, 2000, S. 52–81.

menschlichen „Urheber"-Seins beleuchtet werden: *Gestalten, Sinnstiften* und *Phantasieren.*[107]

Die spieltheoretische Arbeit von Popitz weist eine lange, interdisziplinär gewobene Reihe von Inspirationsquellen auf,[108] darunter die Spieltheorien von Schiller, Mead, Piaget, Huizinga, Buytendijk, Heckhausen und auch jene von Caillois.[109] Doch war es sein Hauptanliegen, darüber zu einer eigenständigen allgemeinbegrifflichen Charakterisierung des Spielens zu gelangen. Was tut demnach Popitz zufolge ein Mensch, wenn er spielt? Seine unmittelbare gedankliche Fortführung dieser Ausgangsfrage offenbart bereits die Prämissen und Grundzüge seines Begriffsbildungsansatzes:

„Was tun wir, wenn wir spielen? Wir spielen etwas, wir spielen ein Spiel. Ein Spiel: das ist offenbar eine andere Art Wirklichkeit als die ‚normale' und das Spielen eine andere Tätigkeit als die normale. Was ist anders? Das ist die Frage, die ich klären möchte: Was ist diese merkwürdige andere Wirklichkeit, die wir spielend kreieren?"[110]

Popitz' Erkenntnisgegenstand wird hier – und darin mit Fink und Caillois übereinstimmend – als die Relation zwischen der Handlung Spielen und der Realisationsmöglichkeit einer spieleigentümlichen Welt bestimmt. Einmal mehr erscheinen somit die Handlungen des *homo ludens* immer schon in ein weiterreichendes Netz aus Bezugsstrukturen eingebunden, die ihrerseits im Namen des Spiels Bestimmung erfahren. In der so konstatierten Interdependenzbeziehung zwischen *Spielen* in der Bedeutung einer Handlungsbezeichnung mit einem *Spiel*, das auf „eine andere Art Wirklichkeit als die ‚normale'" verweist, neigen sich räumliche Assoziationsfelder – etwa Spieltische oder Spielfelder einschließlich der ihnen jeweils zugehörigen Spielregeln – mit zu vergegenwärtigen, denen nicht zuletzt auch die Vorstellung einer unweigerlich begrenzten Spiel-Zeit anhaftet. Der Begriff des Spielens muss sich folglich mit Vorstellungen einer *Spiel*-Ordnung und einem entsprechenden *Spiel*-Geschehen direkt verknüpfen. Damit aber bildet nicht die Frage: *Was tun wir, wenn wir spielen?*, den handlungstheoretischen Erkenntnisgegen-

---

[107] Popitz, 2000, S. 3–5. Für nähere Ausführungen zu Popitz' Theorie der Kreativität: Pohlmann, 2006, S. 42–47.
[108] Zu den vielfältigen Einflüssen auf Popitz' spieltheoretisches Denken siehe auch: Pohlmann, 2006, S. 45–47.
[109] Popitz, 2000, S. 198.
[110] Popitz, 2000, S. 52.

stand von Popitz' spieltheoretischer Reflexion, sondern die Frage: *Was heißt es, ein Spiel zu spielen?*

Ein Spiel zu spielen bedeutet Popitz zufolge, dass wir „uns spielend auf eine bestimmte Struktur eines Handlungsablaufs ein[lassen], auf eine ‚Spielform'."[111] Kennzeichen der Spielform werden im Lichte einzelner Spielarten untersucht, um daraus eine das Wesen allen Spiels erfassende allgemeingültige Spieldefinition abzuleiten. Popitz findet diesen formalen Grundcharakter von Spiel in der *Dialogstruktur spielend entfalteter Interaktionen* auf, die er folgendermaßen beschreibt:

„Fassen wir zusammen. Die formale Struktur des Spiels ist die modifizierte Wiederholung im ungewissen Dialog. Auf der Basis der Wiederholung entwickelt sich Variationsbreite durch Modifikation, Weltbezug durch den Dialog, Spannung durch Ungewißheit."[112]

Mit diesem Allgemeinbegriff des Spiels wird die Handlung Spielen im engeren, oben mit Weber umrissenen Sinne,[113] nur indirekt beschrieben. Sie zeichnet sich hierin als jene Aktivität des Menschen ab, die eben bedingt, dass auf der Basis einer wiederholbaren Handlungsstruktur ein *in Grenzen wandlungsfähiges, unberechenbares und dennoch weltoffen-kommunikatives* Spiel *allererst entstehen* und *fortentwickelt* werden kann.

Ein Sich-Einlassen und -Verlassen auf Bekanntes mit einem zweckfreien und dadurch äußerlich unbegrenzt intensivierbaren dialogischen Streben ins Unbekannte zu verbinden, dies kennzeichnet Popitz zufolge eine zentrale originäre Handlungskompetenz des spielenden Menschen. Dabei hat Popitz spieleigentümliche Handlungskreativität stets unter der bereits in den Spieltheorien von Fink und Caillois aufgefundenen Annahme einer Doppeldimension von Spiel verstanden. Motiviert durch eine „Spannung durch Ungewißheit", so heißt es im zuletzt angeführten Zitat aus Popitz' *Wege der Kreativität*, befördere die Handlung Spielen – oder vielmehr: ein Spielender – eine eigenlogisch in Gang gehaltene Parallelwelt zum Alltagsleben, die trotz ihrer Fiktivität und rasch drohenden Vergänglichkeit so ernst genommen werde, *als wäre sie real*. Um den Preis eines solchen kreativen Als-ob-Ernsts musste

---

[111] Popitz, 2000, S. 61.
[112] Popitz, 2000, S. 67.
[113] Weber, vgl. o., S. 37.

Popitz den Raum des Spielens und den Raum des im Hinblick auf seine strukturellen Voraussetzungen und Sicherungsmöglichkeiten nicht spielgerecht beschaffenen Alltagslebens als prinzipiell unvereinbare Sphären begreifen.

Es ergibt sich, dass mit dieser Trennung auch der Wirkkreis spieleigentümlicher Handlungskreativität in spiel-weltlichen Grenzen gehalten wird. Zwar bestehe ein zentrales Merkmal des Spielens darin, eine „soziale Brücke" zu sein.[114] Diese kommunikative, Verbindungen stiftende Handlungsfunktion erfülle sich jedoch nur in Gestalt einer „geformte[n] Unterbrechung dessen, was alltäglich ist".[115] Eine solche „geformte Unterbrechung" bilde die Spiel-Form. Die Möglichkeit eines in sonstige, z. B. im Berufsalltag vorkommende soziale Handlungsvollzüge eingegliedertes und damit *routinierte Interaktionsabläufe unterbrechendes* Spielen wird in dieser Merkmalsbestimmung ausdrücklich nicht mit einbegriffen. In alltägliche Praktiken der Lebensbewältigung eingestreutes Spielen sei nicht mehr als ein Auflockerungsphänomen, das sich nicht in der Tiefe mit dem aktuellen Handlungskontext und seinen Herausforderungen – etwa der substantiellen Schlichtung eines Interessenkonflikts – verbände. Solche Ausnahmeerscheinungen des nicht eigenweltlich kontextualisierten Spielens im engeren Sinne eines „Nebenbei-Verhaltens" bezeichnete Popitz daher auch als bloßes „spielerisches Verhalten".[116]

Wie Caillois befestigte auch Popitz die theoriehistorisch vorherrschende Position einer Eigenweltlichkeitsbedingung von Spiel-Handlungen mit dem Nachdruck einer dadurch begrenzten Reichweite des potentiellen Problembereichs der Spielforschung auf dem Gebiet der soziologischen Erkenntnis. Eine heuristisch fruchtbare Erweiterungsmöglichkeit bleibt vor diesem Hintergrund nur auf der Ebene einer *metaphorischen* sozialwissenschaftlichen Spiel-Terminologie bestehen, weil sie von der Spiel-Wirklichkeit entlastet ist und entsprechend frei über ‚bloße' Strukturanalogien nachsinnen kann. Dieses Erkenntnispotential ernst nehmend sind etwa Peter L. Berger und Thomas Luckmann in ihrem wissenssoziologischen Grundlagenwerk *Die gesellschaftliche Konstruktion der Wirklich-*

---

[114] Popitz, 2000, S. 67.
[115] Popitz, 2000, S. 67.
[116] Popitz, 2000, S. 60. Anders Michel de Certeau in *Kunst des Handelns:* Certeau, 1988, vgl. z. B. S. 13–16, 23–24 in Verbindung mit S. 65–76.

Kristallisation einer verdeckten handlungstheoretischen Problemstellung

keit[117] zu der Einsicht gelangt, dass der „Übergang von einer Wirklichkeit in die andere", von der Welt des Spiels zur Welt des Alltags, stets durch Grenzverläufe führe, die ihrerseits „durch fest umzirkelte Bedeutungs- und Erfahrungsweisen" vergegenwärtigt würden.[118] Vor allem eine besondere Form des Spiels der Erwachsenen, das Theater, versinnbildliche dies besonders anschaulich „durch das Auf- und Niedergehen des Vorhangs". Die Autoren führen somit eine Möglichkeit vor, wie im Bilde des eigentlichen Theaters dynamische Strukturen der eigentlichen Gesellschaft – und damit potentiell auch der wirklichen Politik – vergegenwärtigt werden können. Die Differenz des Spielraums schafft in diesem Zugriff demnach nicht eine durchgehende qualitative Differenz zwischen Handlungsstrukturen und -prozessen, sondern jene werden *in der metaphorischen Verknüpfung in ihren Gemeinsamkeiten erkannt*. Umso dringlicher aber müsste vor diesem Hintergrund gefragt werden: Warum sollte eine Dichotomie der Handlungsräume zwangsläufig auch eine Dichotomie von Handlungen begründen?

In einer Fink und Caillois ebenbürtigen Rigorosität wollte Popitz die *Zweckfreiheit* des menschlichen Spielens und mit ihr die Realität eines von entfremdender Vergesellschaftung, Ökonomisierung und Herrschaft prinzipiell unberührbaren Lebensvollzugs würdigen und im sozialwissenschaftlichen Bewusstsein wahren. Gerade dies sei „die eigentümliche, die eigentümlich bezaubernde Dimension des Spielens: daß der Mensch unproduktiv kreativ sein kann."[119] Den Preis einer Sonderung der Handlung vom Großbereich des menschlichen Lebens, in dem nicht ein Dasein von Freiraum, sondern ein Erringen oder Erhalten von subjektiv hinreichendem Freiraum vorrangig ist, zu zahlen, erscheint zur Bekräftigung jener Würdigung der Unproduktivität des Spielens ein Stück weit zwingend. Für Popitz steht die in ihr gelegene Möglichkeit des nicht fixierbaren – aber dafür auch nicht instrumentalisierbaren oder ausbeutbaren – Schaffens für die ‚bloße' Freude am Dasein selbst. In ihrer Reinheit wird ihre Kostbarkeit erblickt, in ihrem Absehen von Produkten die Entfaltungsgrundlage eines von Um-zu-Intentionen entbundenen Spielraums der Handlungsfreiheit. Al-

---

[117] Zur wissenspolitologischen Wendung dieses Ansatzes siehe: Zinterer, 2002, S. 1098.
[118] Hierzu und zum Folgenden: Berger/Luckmann, 1997, S. 28.
[119] Popitz, 2000, S. 81.

lein unter der Voraussetzung, dass „spielerisches Tun sich mit einem Erkunden, Gestalten oder Sinnstiften verbindet zum spielerischen Wissen, zur spielerischen Gestalt oder spielerischen Sinn", beständen hinreichende Voraussetzungen für „ein dauerhaftes Werk", so heißt es in *Wege der Kreativität*.[120] Dies aber weist in den Augen von Popitz, wie gezeigt, nicht auf eine minderwertigere Güte der Handlung Spielen. Gerade in der Scheidung von Spieldynamik und Werk, Spielen und manifestierendem Erschaffen, könnten wir die originäre, in dialogisch-kreisläufig wandlungsfreudiger Bewegung sich erschöpfende Handlungsqualität des Spielens verwirklichen, in der eine reine Idee schöpferischer Freiheit erfahrbar wird.

Im Einklang mit Popitz' bewegungsorientierter Auslegung des Spielens als ein *Unproduktivität mit ergebnisoffener Dialogizität vereinendes Handeln* steht das in Martin Seels *Versuch über das Glück* mitgeteilte Spiel-Verständnis. So heißt es hier, für die Handlung Spiel sei im Unterschied zur „Arbeit", bei der es „in erster Linie das *Vermögen* zu arbeiten ist, das als Selbstzweck erfahren werden" kann, gerade kennzeichnend, „daß sie nur als primär vollzugsorientierte Handlungsweis[e] überhaupt gelingen" könne.[121] Umso mehr aber gilt auch hier nachzufragen: Warum sollte eine solche Handlungsweise nur möglich sein unter Bedingungen, die ihr vollständige Entfaltungsfreiheit in Aussicht stellen? Warum sollte sie nicht auch unter restriktiveren Rahmenbedingungen und hier in entsprechend relativierter Form vorkommen und konstruktive Bedeutungen erfüllen können, d. h. auch im Zuge der Ausgestaltung und Bewältigung all jener Sozialbeziehungen, die *keine Spielräume* haben?

1.1.2. Spiel-Raum – Spiel-Handlung – Spiel-Welt

Wie nun genauer betrachtet wird, treten in der Zusammenschau der Spielbegriffe von Fink, Caillois und Popitz variable Zugangsmöglichkeiten zur spielsemantischen Allgmein-Begriffs-Bildung hervor, die dennoch in eine formal identische Grundformation zur Bestimmung originärer Merkmale der Spiel-Handlung führen.

---

[120] Popitz, 2000, S. 5.
[121] Seel, 1995, S. 159. Die o. g. Formaleigenschaft eint Seel zufolge das Spiel mit der Tätigkeit der „Betrachtung" (ebd.).

Kristallisation einer verdeckten handlungstheoretischen Problemstellung

Zwei für den vorliegenden Untersuchungskontext zentrale Themenstränge, die überdies in enger Verbindung stehen, finden sich in den Spiel-Konzeptionen von Fink, Caillois und Popitz auf: Auf der einen Seite geleiten alle drei Denker zu einer Charakterisierung spieleigentümlicher Handlungskreativität, die insofern im Einklang mit der von Scheuerl diagnostizierten Grundbestimmung von Spiel als ein *„Freisein von etwas"* steht, als sie in einem von den Nöten, Pflichten und Gesetzen des alltäglichen Lebens sich abgrenzenden Spiel-Welten-Bau sich verwirklichende gedacht wird.[122] Auf der anderen Seite machen die in Unterabschnitt *1.1.1.* erfolgten Ausführungen jedoch auch deutlich, dass alle drei Theoretiker vom Primat eines Spielraums im Sinne einer *Ermöglichungsstruktur der Handlung Spiel* immer schon ausgehen. Das Spielraum-Primat in der Funktion einer Konstitutionsvoraussetzung spielenden Handelns wird dabei nicht etwa aus einer handlungszentrierten Spiel-Interpretation abgeleitet, sondern Grundzüge der Handlung Spiel werden *im Bezugskontext einer Spielraum-Existenz* zur Vorstellung gebracht. So aber liegt in konzeptioneller Hinsicht auch das Folgende nahe: dass ein spielraumzentrierter Begriffsbildungsansatz sowohl den Erschließungsprozess von Realisationsvoraussetzungen von Spiel-Handlungen beeinflusst als auch die Bestimmung des jenen zugeordneten Bedeutungsgehalts, der in den hier betrachteten Modellen in einer *emphatischen Freiheitsauffassung* kulminiert.

Die soeben aufgestellte These eines Bedingungszusammenhangs zwischen *Kontextualisierung* und *Charakterisierung* der Handlung Spiel lässt sich durch detailliertere Betrachtungen der Binnenarchitekturen der Spielbegriffe von Fink, Caillois und Popitz weitergehend untermauern. So kann festgestellt werden, dass ihre jeweilige Auffassung vom unverzichtbaren Merkmalsgrund allen Tuns, das ihnen zufolge mit Recht *Spiel* heißen kann – in Übereinstimmung mit der am Beginn dieses *Ersten Teils* erfolgten Auseinandersetzung mit der einerseits handlungszentrierten, andererseits zugleich auch handlungsüberschreitenden Großsemantik von Spiel – eine Reihe von Bezugsebenen aufweist, die als verbunden gedacht werden, *nicht aber deckungsgleich sind*. So lässt sich der Spielbegriff Finks, Caillois' wie auch von Popitz semantisch untergliedern in eine Trias spielsemantischer Grunddimensionen: Neben der Dimension der *Spiel-Handlung* wird die Dimension eines *Spiel-*

---

[122] Scheuerl, vgl. o., S. 42.

raums[123] als einer hegenden und potentiell auch mehr oder minder genau regelnden Spiel-Struktur[124] sowie nicht zuletzt auch die Dimension einer jeden Spielraum übersteigenden *Spiel-Welt* im Sinne eines von Kontingenzmomenten durchzogenen und beflügelten Spiel-Geschehens aufgespannt.

In der soeben spezifizierten triadischen Binnenarchitektur der Spielsemantik werden aus schon genannten Gründen Konturen der Konnexbehauptung von Spiel-Handlung und Spielraum geschärft. Die Tragweite dieses Konnexes wird noch deutlicher, nimmt man an dieser Stelle den noch nicht angesprochenen Umstand hinzu, dass Fink, Caillois und Popitz ihren spieltheoretischen Ansätzen eine jeweils andere Leitbegrifflichkeit im Möglichkeitsraum der Spielsemantik zugrunde gelegt haben. Während Fink den ins Metaphysische hineinschillernden Großbegriff *Spiel* bevorzugte, bildeten für Caillois die durch hochspezifische Struktureigenschaften unterscheidbaren *Spiele* der Menschen den Hauptbezugspunkt seiner Argumentation, wohingegen Popitz seinen Ansatz der Spiel-Erkenntnis wiederum vornehmlich in den Bahnen des Worts *Spielen* entfaltete. So lässt auch diese Form der spielsemantischen Untergliederung in *Spiel, Spiele und Spielen* hervortreten, dass der Handlungsbegriff Spiel stets aus einem Mehrebenenkonglomerat abgeleitet sein kann, selbst dort, wo – wie im Falle der von Popitz begründeten Spieldefinition – ausdrücklich *das Spielen* zum Gegenstand der Betrachtung wird. Mit anderen Worten: Jede spieltheoretische Konzeption der Spiel-Handlung ist stets auch im besonderen Bezug auf ihren jeweiligen Dimensionsreichtum zu beurteilen, der in der bewussten semantischen Differenzierung zwischen den Worten *Spiel, Spiele* und *Spielen* vergegenwärtigt werden kann, im herkömmlichen Sprachgebrauch jedoch zugunsten einer freiheitsemphatischen – d. h. Spielraum und Spiel-Welt umfassenden –

---

[123] Eine veränderte Schreibweise des Spielraum-Begriffs wird am Ende dieses Abschnitts eingeführt.
[124] Ein Beispiel für die Möglichkeit einer Verselbstständigung der strukturell aufgefassten Spielraum-Dimension von Spiel gegenüber konkreten Handlungsträgern gibt der Spielbegriff von Jacques Derrida. Aus gespielter Struktur wird hier ein „Spie[l] der Struktur" (Derrida, 1999, S. 115; vgl. a. Sonderegger, 2000, S. 73–123). Spiel wird dabei als *Struktur ohne Zentrum* begriffen, die ein „Zerreißen der Präsenz" bedeute (Derrida, 1999, S. 137). Die (spiel-)raumschaffende Tendenz lässt sich so leicht verstehen als eine, die sich gegen Handlungssubjekte, die *ein Spiel der Struktur erleiden,* wendet.

Kristallisation einer verdeckten handlungstheoretischen Problemstellung

Deutung zu verschwimmen droht. Wie nachfolgend genauer betrachtet wird, birgt dieser Befund gerade für eine Untersuchung von Möglichkeit, Gestalt und Bedeutung einer politischen Spielkreativität des Handelns weitreichende Konsequenzen.

Aus der Einbettung der Handlung Spiel in ein triadisches semantisches Bezugssystem, das auf dem Spielraum-Primat basiert, kann eine *Extensivform einer originären Spielkreativität des Handelns* zur Vorstellung gebracht werden. Mit Fink, Caillois und Popitz erscheint spielräumlich gesichertes „*Freisein von etwas*"[125] zugleich als Konstituens eines darin grenzenlos werdenden Freiseins *für etwas*. Der Grad der Abwesenheit von Handlungszwang korrespondiert offenbar mit dem Grad der im Spiel möglichen Bewegungsabläufe, in denen von dem oder den Spielenden – in der von bloßer Freude an ihrer Möglichkeit als ein Sinn in sich selbst bis hin zu wettkämpferischem Kräftemessen reichenden Spanne der Handlungsweisen – potentiell alles ‚heraus-handelbar' scheint. So wird vorgeführt: Gerade indem sich der Spielbegriff gegenüber Formen der Routine und des Zwangs verschließt, vermag er sich für das Herausheben und Erhellen einer Fülle spieleigentümlicher Lebenszeugnisse zu öffnen. Die von Zweckbindungen und -absichten gelöste *Haltung* eines Spielers, auch dafür stehen die hier behandelten drei Theoretiker gleichermaßen ein, begründet und trägt den mannigfaltig ausgestaltbaren Prozess eines interaktiven *Spiel-Welt-Baus* bzw. die sowohl in Grenzen verlaufende als auch unabsehbare *Interaktionsform Spiel*. Geschlossenheit des Spielraums, einer Spiel-Struktur, wird zur Voraussetzung einer handelnd beförderten Kontingenzbewegung, der Genese von Neuem. Damit aber tritt mit der zweckfreien Spiel-Haltung auch die Spiel-Handlung als *Konstituens* jener Spiel-Welt hervor, die durch die Gegebenheit eines geschlossenen Spielraums die Möglichkeit birgt, eine Extensivform der Spielkreativität des Handelns zu verwirklichen: ein Freisein für „eine andere Art Wirklichkeit als die ‚normale'".[126]

Der soeben begründete Befund lässt sich vor dem Hintergrund eines Exklusionsparadigmas des politischen Ernsts wie folgt reformulieren: Im Lichte einer spielraumgebundenen Extensivform spieleigentümlicher Handlungskreativität werden Wegmarken eines politischen Exklusionsparadigmas der Spiel-Deutung des Handelns

---

[125] Scheuerl, vgl. o., S. 42.
[126] Popitz, vgl. o., S. 59.

greifbar als *Zugleich eines Zuviel und eines Zuwenig.* Die These einer nur durch den jeweils konkreten Spielraum selbst relativierten Handlungsfreiheit ist mit der These einer Unmöglichkeit einer Verknüpfung *dieser* Handlungsfreiheit mit nicht spielgerechten Bezugskontexten des Handelns innig verbunden; *sie bedingen einander.*

Wie bereits an früherer Stelle angeklungen ist, muss die auf äußerlich gegebene Strukturen der Hegung ausgehende Spielraum-Auffassung jedoch nicht als zwingende Bedingung angesehen werden. Zum Beispiel führt dies die Verwendung des Spielraum-Begriffs von Ernst Tugendhat vor. In seiner Schrift *Anthropologie statt Metaphysik* fand Tugendhat zu einer Konzeption von „Handlungsfreiheit", die die Spielraum-Idee in die Perspektive einer *Binnenkategorie* des menschlichen Handelns wendet. „Spielräume" des Handelns werden als *innersubjektive* „Ich-Spielräume" definiert, in denen Spannungen zwischen „Willensfreiheit" und „Verantwortlichkeit" einerseits und „Zwang" andererseits ausgetragen werden:[127]

„Ich stehe in zwei Arten von Spielräumen, erstens in einem Spielraum des Überlegens, des Abwägens von Gründen, zweitens in einem Spielraum von stärkerem oder schwächerem Ausgerichtetsein auf mein Ziel, und habe dabei das Bewußtsein: es liegt an mir, wie ich abwäge, es liegt an mir, wie stark ich mich auf das Ziel konzentriere."[128]

Tugendhat sensibilisiert so für die zur Verfolgung meines Erkenntnisinteresses relevante Möglichkeit, einen Spielraum des Handelns nicht nur unter der Betonung eines *gegebenen Raums,* sondern ebenso auch als ein handlungsintrinsisches aktives Prinzip, als ein geistiges Universalprinzip des Handelns zu verstehen. Dass ein jeder „immer in Handlungsspielräumen" stehe, dafür sorgt Tugendhat zufolge das „Zukunftsbewusstsein" des Menschen.[129] Nicht über Analogien von Spielräumen und Politik, sondern anhand einer Beantwortung der Frage, inwiefern Spiel und Politik von *irgendeiner* Idee einer „anderen Art Wirklichkeit" getragen sind, entschiede sich demnach, ob und in welcher Weise eine den Spielraum-Begriff aufnehmende Vermittelbarkeit von Spielvermögen und politischem Handeln ohne ein Abgleiten in einen metaphorischen oder instrumentellen Wortgebrauch begründbar ist.

---

[127] Tugendhat, 2010, S. 57–73.
[128] Tugendhat, 2010, S. 65.
[129] Tugendhat, 2010, S. 60.

Kristallisation einer verdeckten handlungstheoretischen Problemstellung

Vor dem Hintergrund der in diesem Abschnitt erfolgten Betrachtungen kennzeichnet ein insbesondere handlungstheoretisch frag*würdiger* Reduktionismus alle spielraumzentrierten Begriffe des Spiels. Aus diesem ersten Zwischenbefund wird im vorliegenden Untersuchungsgang die Konsequenz einer auch im Wortbild manifestierten terminologischen Unterscheidung gezogen. Im Rückbezug auf das der Untersuchung der Spielbegriffe von Fink, Caillois und Popitz vorangestellte analytische Leitmotiv der *Geschlossenheit* von Spiel möchte ich aufgrund der bisher erfolgten spielsemantischen Differenzierungen vorschlagen, fortan grundsätzlich – und dies auch im Schriftbild sichtbar – zu unterscheiden zwischen dem Spiel-*Raum* einer Handlung und einem Spielraum *des Handelns*. Während unter dem Spiel-*Raum* einer Handlung eine *extern gegebene* Struktur verstanden wird (die als solche überdies vielfältig relationiert gedacht werden kann: etwa als Bezugsstruktur von Handlungssubjekten oder höheren Mächten, als bloße Gegebenheit oder auch als selbsttätig bzw. autonom agierend), soll die Rede vom Spielraum *des Handelns* ein *handlungsintrinsisches* Potential bezeichnen, also das *Vermögen* eines Menschen.

1.2. Das Universalisierungsparadigma einer politischen Spiel-Deutung des Handelns

In diesem Untersuchungsschritt wende ich mich der mathematisch-ökonomisch fundierten „Spieltheorie" *(game theory)* zu.[130] Für eine erste spielsemantische Einordnung dieses in der Politikwissenschaft bis heute vorherrschenden Ansatzes der Spiel-Begriffs-Rezeption ist es hilfreich, sich drei Grundausrichtungen des Spiel-Begriffs-Zugangs zu vergegenwärtigen, die sich bereits in den überlieferten Anfängen eines Nachdenkens über (bzw. mit) Spiel abzeichnen.

Im vorangegangenen Abschnitt 1.1. der vorliegenden Untersuchung wurde die Spiel-Handlung in zwei Bezugskontexten thematisch: zum einen bezogen auf einen Spiel-Raum, in dessen Horizont mitunter die mehr oder minder leicht vollführbaren, mehr

---

[130] Wie bereits in der Einleitung zur vorliegenden Untersuchung festgelegt, werden Rekurse auf diesen Spezialtypus der Spieltheorie stets durch Anführungszeichen gekennzeichnet.

oder minder ruhmträchtigen, mehr oder minder unterhaltsamen *Spiele* ihre je besondere strukturelle Bestimmung erfahren; zum anderen wurde die Spiel-Handlung als Teil eines darüber hinauswachsenden schöpferischen Geschehens, einer Spiel-Welt, zum Gegenstand der Betrachtung. Beide Zugangsvarianten finden sich bereits unter den frühesten Zeugnissen eines Rekurses auf die Spielthematik auf:

Eingewoben in ein Künden vom Geheimnis göttlicher *creatio ex nihilo* geben die in jüdischer Überlieferung König Salomo zugeschriebenen alttestamentlichen *Sprüche* das vielleicht erste Zeugnis für Spiel als Bezeichnung einer Urverbundenheit von *Schöpfung und Spiel*. Bevor JHWH „die Himmel und die Erde" schuf,[131] habe er die „ewige Weisheit"[132] ins Leben gerufen, „als Anfang seines Weges, als erstes seiner Werke", als seine Begleiterin, sein „Schoßkind", das – während er „die Himmel feststellte" und „einen Kreis abmaß über der Fläche der Tiefe", „die Wolken droben befestigte" und „stark machte die Quellen der Tiefe", „dem Meer seine Schranke setzte" und „die Grundfesten der Erde abmaß" – „bei ihm" war: „spielend vor ihm allezeit" und „auf dem (weiten) Rund seiner Erde" zu seiner „Wonne Tag für Tag", wie sie selbst ihre „Wonne" gehabt habe „an den Menschenkindern".[133]

Die erste bekannte Textquelle, die demgegenüber von einer lebenspraktischen Bedeutung des Spiels in der spezifizierten Gestalt der Spiele berichtet, findet sich bei Herodot, im Anschluss an Cicero der „Vater der Geschichte" genannt.[134] In seinen *Historien* behandelte Herodot neben Kampfspielen und Olympischen Spielen im Besonderen[135] auch die Erfindung von Gesellschaftsspielen durch die Lyder. Diese seien gespielt worden, um in Notzeiten ein Stillen des Hungers möglichst lange aufzuschieben:

„Damals wurden das Würfel- und Knöchelspiel, das Ballspiel und alle anderen Spiele erfunden, nur nicht das Brettspiel, dessen Erfindung die Lyder nicht für sich in Anspruch nehmen. Durch diese Spiele vertrieben sie den Hunger in der Weise, daß sie einen ganzen Tag spielten, um die

---

[131] *Genesis* 1,1; zit. aus der Elberfelder Bibelübersetzung in der Ausgabe von 2004.
[132] Guardini, 2007, S. 63.
[133] *Die Sprüche* 8,22–31; zit. aus der Elberfelder Bibelübersetzung in der Ausgabe von 2004 (Salomo, 2004, S. 770–771).
[134] Bachmaier, 1995, S. 386.
[135] Herodot, 1971, S. 136–137 bzw. S. 170, 392, 426, 535.

Eßlust nicht aufkommen zu lassen, und den nächsten Tag aßen und nicht spielten."[136]

Die beiden soeben angeführten historischen Zeugnisse eines Rekurses auf die Spielthematik verdeutlichen: Mit Spiel kann ein überirdischer schöpferischer Vorgang, aber auch ein Geschöpf zur Bereicherung der irdischen Lebensführung thematisch werden. Neben diesen beiden Grundzugängen zur gegenständlichen Entfaltung des Spielbegriffs steht ein auf eine andere Zugriffsebene führender dritter Grundzugang mit besonders alten ideengeschichtlichen Wurzeln, der auch im vorliegenden Untersuchungskontext schon vielfach angeklungen war: jener der *Metaphorisierung*.

Aristoteles zufolge besteht das Kennzeichen der *Metapher* darin, dass sie einen Bezeichnungsgegenstand durch ein Wort fassbar zu machen suche, „das (eigentlich) der Name für etwas anderes ist".[137] Als das erste Beispiel einer so verstandenen metaphorischen Spiel-Begriffs-Verwendung gilt das 52. Fragment[138] des Heraklit von Ephesos. Darin wird die Herrschaft der „Zeit" als „ein Kind beim Brettspiel" zur Vorstellung gebracht[139] oder, wie es in der Übersetzung von Hermann Diels heißt: die „Lebenszeit" als „Knabe", der ein „Knabenregiment" führe, indem er „hin und her die Brettsteine setzt".[140] Im Bezug auf eine bestimmte Spielart – das Brettspiel – wird hier also etwas Ungreifbares im menschlichen Erfahrungshorizont – die Zeit bzw. Lebenszeit – in den Horizont der philosophischen Reflexion gehoben. Dabei wird die Bezugnahme auf Spiel vom potentiellen Objekt des Nachdenkens zu einem *Denkmittel* gewendet. Mit dieser Tradition der Spiel-Begriffs-Verwendung hat sich der Germanist Stefan Matuschek in seiner Arbeit über *Literarische Spieltheorie* eingehend auseinandergesetzt, wobei er seine diesbezüglichen Forschungsbefunde in eine Generalkritik der metaphorischen Spiel-Begriffs-Verwendung in der Wissenschaftssprache münden ließ.

---

[136] Herodot, 1971, S. 45. Mihaly Csikszentmihalyi stellte diese Passage seiner Studie über *Beyond Boredom and Anxiety – The Experience of Play in Work and Games* von 1975 voran (Csikszentmihalyi, 2008, S. 11).
[137] Aristoteles, 2008, S. 29.
[138] Nach einer 1903 von Hermann Diels eingeführten Zählung (Diels, 1954)
[139] Snell (Hg.), 2007, S. 19.
[140] Diels, 1954, S. 162.

Das Universalisierungsparadigma einer politischen Spiel-Deutung des Handelns

An den Ausgangspunkt seiner Kritik des wissenschaftlichen Spielwortgebrauchs stellte Matuschek die folgende Beobachtung:

„Kein Physiker, der zur Erklärung komplexer Bewegungsabläufe nicht gern vom Spiel der Kräfte, kein Historiker, der zur Erläuterung verwickelter politischer Situationen nicht gern vom Spiel der Interessen, kein Kunstkritiker, der bei der Wertung einer Komposition nicht gern vom Spiel der Formen, Farben und Töne spräche."[141]

Aus Matuscheks Sicht ist mit solchen notorisch erfolgenden Redeweisen kein fruchtbarer Erkenntnisprozess oder gar eine Vertiefung schon gewonnener Einsichten verbunden. Vielmehr diene hier das Wort Spiel seinen Verwendern als Vehikel einer von Eitelkeit nicht freien Erkenntnissuggestion, indem sich „[m]it einer Silbe" der Anschein „vollkommene[r] Erkenntnis" sowohl „behauptet" als auch „genießt".[142] Grund für diese Möglichkeit sei eine „Verlockung": nicht etwa jene „des Spiels, sondern [eine] des Wortes Spiel" bzw. der „Semantik von Spiel".[143] Diese Möglichkeit sei nicht rückführbar auf einen substantiellen Spielgehalt im Sinne einer abgrenzbaren phänomenalen Existenz von Spiel, doch dafür berge sie die eigentümliche Leistung, widerstrebende Prozesse in einer griffig anmutenden Weise auszudrücken. Denn charakteristisch für die Semantik von Spiel sei eine affektiv wie intellektuell in Versuchung bringende „anregende innere Gegensätzlichkeit", die überdies zwischen Vagheit und konkreter Vorstellbarkeit die anregendste Mitte hält":[144]

„Bei Naturphänomenen ist es die [innere Gegensätzlichkeit] von Zufall und Notwendigkeit, bei menschlichem Handeln die von Willkür und Gesetz. Einsicht ins Spiel der Natur heißt dann, im Rahmen der Naturgesetze die möglichen Variationen zusehen, Einsicht ins Spiel der Menschen, in den Regeln der Konvention die je eigene Willkür zu erkennen."[145]

Nicht als Gegenstand der Forschung, sondern als Medium der theoriebildenden Phantasie und damit das „Schlüsselwort der *theoria*",[146] konnte Matuschek vor diesem Hintergrund die spezifische

---

[141] Matuschek, 1998, S. 1.
[142] Matuschek, 1998, S. 1.
[143] Matuschek, 1998, S. 1 bzw. S. 22.
[144] Matuschek, 1998, S. 1 bzw. S. 22.
[145] Matuschek, 1998, S. 1.
[146] Matuschek, 1998, S. 1.

Leistung der Spielsemantik erscheinen – wobei selbst hier eine nur scheinbare Konstruktivität angenommen wird:

„Wer so vom Spiel spricht, bietet nach der Analyse die triumphierende Synthese, indem er das, was zuvor zu zergliedern war, wieder zusammenfaßt und insgesamt zum Gegenstand wissend befriedigter Betrachtung macht."[147]

Umso mehr sei es mit Blick auf die große Geschichte des Spielbegriffs in der abendländischen Literatur „fast unanständig fruchtbar" zu nennen, „wie hier ein Wort Theorie gebiert".[148]

Die nun zu betrachtende „Spieltheorie" des Handelns schreibt einerseits den metaphorischen Grundzugang der Spiel-Begriffs-Auffassung fort, verfällt dabei jedoch nicht in eine Erklärungssuggestion im Sinne Matuscheks. So werden mit dem „spieltheoretischen" Begriffsansatz nicht Forschungsergebnisse veranschaulicht oder suggeriert, sondern er selbst bildet das Analysemittel.

Die „Spieltheorie" ist als eine „Grundlage aller Sozialwissenschaften" gedacht.[149] Vor dem Erscheinen der Gemeinschaftsarbeit des Mathematikers John von Neumann und des Ökonomen Oskar Morgenstern *A Theory of Games and Economic Behavior* im Jahre 1944 und damit jenes Grundlagenwerks, das den Durchbruch des „spieltheoretischen" Denkens in der sozialwissenschaftlichen Forschung begründete, war Anatol Rapoport zufolge überhaupt nur „wenigen Menschen der Gedanke" gekommen, „Forschung mit Spiel zu verbinden."[150] Am Beginn des 21. Jahrhunderts gehört die „Spieltheorie" indessen längst auch in der Politikforschung zu den wenigen „elaborierte[n]" handlungstheoretischen Ansätzen überhaupt.[151]

Das allgemeine Ziel der „Spieltheorie" besteht in der Untersuchung „strategischen Handelns in sozialen Interaktionen".[152] Dabei bildet der *Konfliktbezug* ein entscheidendes Element der „spieltheoretisch" relevanten Situationen. „The most interesting situations and the most important are those in which there is a conflict of interest between the parties involved", so resümierte Tho-

---

[147] Matuschek, 1998, S. 1.
[148] Matuschek, 1998, S. 22.
[149] Diekmann, 2010, S. 7.
[150] Rapoport, 1976, S. 22.
[151] Bluhm/Gebhardt, 2001, S. 11.
[152] Diekmann, 2010, S. 7.

mas Schelling in *The Strategy of Conflict* sinngemäß das Kernanliegen der „spieltheoretischen" Handlungsanalyse.[153] Von hier aus legt sich bereits ein vielfältiger Bereich von Kontaktpunkten zwischen „Spieltheorie" und Dimensionen des politischen Handelns nahe, wovon einige bereits in der am Beginn der vorliegenden Untersuchung angeführten Definition des *Ernsts politischen Handelns* exponiert wurden.[154] „Spieltheoretisch" bearbeitete Themen finden sich in der politikwissenschaftlichen Forschungslandschaft entsprechend weit gestreut. Dennoch bleibt ein politologischer Kern des „spieltheoretischen" Denkansatzes kenntlich. Dieser kann in seiner Leistung erblickt werden, politische Konflikte – einschließlich der kriegerisch-militärischen – in einer bereichsuniversal anwendbaren Spiel-Terminologie in den Blick zu nehmen.[155] Wie nun in einem kurzen Exkurs in die politische Theoriegeschichte beleuchtet wird, war bereits der preußische General und Militärtheoretiker Carl von Clausewitz von einem unmittelbar praktischen politisch-militärischen Nutzen einer Handlungsstrategiebildung und -ausführung anhand der Vorstellung eines Spiels ausgegangen.

In seiner in den Jahren 1832–1834 veröffentlichten Schrift *Vom Kriege* hatte Clausewitz empfohlen, den Krieg „zum *Spiel* zu machen".[156] Die Bezugnahme auf Spiel erfolgt hier im Problemfokus der erfolgversprechendsten Strategieentwicklung. Das „*Wahrscheinlichkeitskalkül*" und der „*Zufall*" werden als zentrale Berührungspunkte von Krieg und Spiel benannt.[157] Hinzu kommt eine Reihe von Annahmen über *subjektive* Elemente ihrer wesenhaften Verbindung. Schauten wir nämlich „auf die *subjektive Natur* des Krieges", also „auf diejenigen Kräfte, womit er geführt werden muß", so müsste der Krieg uns Clausewitz zufolge „noch mehr als ein Spiel erscheinen."[158] Denn neben „kluger Berechnung" fordere auch der Krieg vor allem „*Mut*", genauer: ein „*Wagen*", ein „*Vertrauen auf*

---

[153] Schelling, 1957, S. 19.
[154] Vgl. o., S. 19–20.
[155] Seit ihren befestigten Anfängen unterhält der „spieltheoretische" Ansatz engste Verbindungen zur militärischen Praxis (Morgenstern, 1956 sowie Rapoport, 1957). Zum Bezug der „Spieltheorie" zu Problemen der „Kriegsführung": Vajda, 1962, S. 9–10.
[156] Clausewitz, 2005, S. 35, 41–42.
[157] Clausewitz, 2005, S. 34–35.
[158] Clausewitz, 2005, S. 35.

Kristallisation einer verdeckten handlungstheoretischen Problemstellung

Glück", aber auch *„Kühnheit"* und *„Verwegenheit"*.[159] Unter „allen Zweigen menschlichen Tuns" stehe der Krieg daher „dem Kartenspiel am nächsten".[160] Als ein „Spiel von Möglichkeiten, Wahrscheinlichkeiten, Glück und Unglück" betrachtet, zeige sich: Krieg und Spiel – vor allem eben das strategische Karten-Spiel – seien im Grunde ihres Wesens identisch.[161]

Vor diesem Hintergrund gelangte mit Clausewitz eine Semantik des Spiels auch in Verbindung mit einer Semantik des *politischen* Handelns, denn der Krieg dürfe nicht als ein *„selbstständiges Ding"* angesehen werden.[162] Er sei vielmehr „als ein politisches Instrument zu denken",[163] als eines, das „niemals von dem politischen Verkehr getrennt" ist:[164]

„[D]er Krieg ist Nichts als eine Fortsetzung des politischen Verkehrs mit Einmischung anderer Mittel. Wir sagen mit Einmischung anderer Mittel, um damit zugleich zu behaupten daß dieser politische Verkehr durch den Krieg selbst nicht aufhört, nicht in etwas ganz Anderes verwandelt wird, sondern daß er in seinem Wesen fortbesteht, wie auch die Mittel gestaltet sein mögen deren er sich bedient, und daß die Hauptlinien, an welchen die kriegerischen Ereignisse fortlaufen und gebunden sind, nur seine Lineamente sind, die sich zwischen den Krieg durch bis zum Frieden fortziehen."[165]

Das Karten-Spiel wurde von Clausewitz als ein prädestiniertes Mittel zur gedanklichen Voraberprobung möglicher Verlaufsvarianten zukünftiger Kampfhandlungen thematisiert, d. h. als politische Logik eines gedanklichen Vorausgreifens, eines möglichst umsichtigen Vorausschauens innerhalb einer potentiell tödlichen Gefahrenzone, die im Horizont eines weiten Möglichkeitsbewusstseins ‚spielend' abwägt, um tatsächliche Siegchancen zu optimieren. Nicht als unmittelbare Kriegshandlung im Sinne des physischen Gewaltkampfs, wohl aber als kriegerische Handlungen vorbereitendes und begleitendes und insofern konkretes Handeln tritt hier somit der von Clausewitz unternommene politische Spielrekurs auf. Nicht ein bloßer Begriff mit metaphorischer Reflexionskraft wird in An-

---

[159] Clausewitz, 2005, S. 35.
[160] Clausewitz, 2005, S. 35–36.
[161] Clausewitz, 2005, S. 35–36; vgl. a. a. a. O., S. 41–42.
[162] Clausewitz, 2005, S. 41.
[163] Clausewitz, 2005, S. 41.
[164] Clausewitz, 2005, S. 426.
[165] Clausewitz, 2005, S. 425–426; vgl. a. a. a. O., S. 26–28.

spruch genommen, sondern begründet wird vielmehr eine konkrete Praxis der Rationalisierung politischen Handelns im Bezugsrahmen einer spezifischen Art und Weise der Politikplanung, in der auf die Grenzen und Hegungen, die etwa Planspiele oder auch Planungszellen aufweisen,[166] gerade nicht vertraut werden kann. Mit anderen Worten: Das von Clausewitz propagierte Modell ist gerade kein Spiel-Raum zur versöhnenden Ausgleich schaffenden Konfliktbearbeitung, sondern es erhält – im Sinne eines Planungsmodus *einer* Spielpartei *in einem (todernsten) ‚Spiel'* – den Ernst der Gegnerschaft vollständig aufrecht und bezieht sein ganzes praktisches Gewicht, seine politische Bedeutung, aus ihm.[167]

Der Einzug des „spieltheoretischen" Denkens in die sozialwissenschaftliche Forschung hat sowohl unter Sozialwissenschaftlern als auch unter Spielforschern scharfe Kritik hervorgerufen. Dabei sind es aus naheliegenden Gründen vielmehr die Spielforscher gewesen, die sich, wie etwa Caillois, mit der fundamentalen Umdeutung der *Spielsemantik* durch den „spieltheoretischen" Zugriff kritisch auseinandergesetzt haben.[168] Doch nicht auf die Gründe für ein zwingendes Ausschlussverhältnis zwischen Spieltheorie und „Spieltheorie" richtet sich das Hauptaugenmerk der vorliegenden Untersuchung, sondern vielmehr folgt es einem systematischen Interesse in spielsemantischer Hinsicht. Dieses Interesse entspringt dem anders gelagerten Umstand, dass mit dem „spieltheoretischen" Begriffsmodell dem *Exklusionsparadigma einer politischen Spiel-Deutung* ein Paradigma zur *Universalisierung von Spiel in der Politik* gegenübersteht. Denn unter bestimmten, noch eigens zu erör-

---

[166] Vgl. o., S. 21, Fn. 24 bzw. Fn 25.
[167] Die durch Clausewitz vorgenommene Synthese von kriegerisch-politischer Rationalität und Spiel erscheint etwas weniger kühn und überraschend, stellt man die zu Clausewitz' Lebzeiten bereits lange währende und in Preußen gerade wieder auflebende Tradition in Rechnung, Gesellschaftsspiele als politische Planungsmittel einzusetzen – allen voran das *Schachspiel*. In mannigfaltigen Modifikationen hat das Schachspiel die Grenze zur politischen Realpraxis immer wieder überschritten. Zuletzt fand das Schachspiel in Gestalt des preußischen „Kriegsspiel[s]" realpolitische Anwendung. Jenes hatte sich aus dem im 18. Jahrhundert praktizierten „Kriegsschachspiel" entwickelt und „sich seit 1866 und 1870/71 auch in allen Staaten als ein Mittel zur taktischen Ausbildung der Offiziere Eingang zu verschaffen gewußt" (*Brockhaus' Conversations-Lexikon*, 1885, S. 618).
[168] Zur Kritik der Mathematisierung des Spielbegriffs aus spieltheoretischer Sicht: Caillois, 1960, S. 196–202. Zur generalisierten Kritik der „Mathematisierung der Sozialwissenschaften": Lüthy, 1970.

ternden Voraussetzungen erlaubt es die „Spieltheorie", *alle Erscheinungen in der Politik ‚als Spiel'*, und damit verbunden auch alle politischen Akteure als ‚*Spieler*' und deren Handlungen als ein ‚*Spielen*' aufzufassen. Gerade die Tatsache, dass es für den politikwissenschaftlichen Sprachgebrauch unproblematisch ist, Betrachtungen des politischen Handelns in den „spieltheoretisch" geprägten Namen des Spiels zu heben, muss als problematisch für einen Forschungsansatz angesehen werden, der auf Einsichten in konstruktive Relationen zwischen Spielvermögen und politischem Handeln zielt. Indem ich im folgenden Abschnitt Ankerstellen des „spieltheoretischen" Spielbegriffs genauer betrachte (hierzu Unterabschnitt *1.2.1.*), möchte ich daher diese Zone eines potentiellen Changierens der Spielsemantik zwischen Politikvermittlung und Spiel-Negation ein Stück weit erhellen (hierzu Unterabschnitt *1.2.2.*).

1.2.1. Ankerstellen des „spieltheoretischen" Spielbegriffs

In meiner Auseinandersetzung mit der Entwicklungsgeschichte des „spieltheoretischen" Spielbegriffs haben sich vier Stufen bzw. Schichten jener besonderen Variante der Vermittlung von Spiel- und politischem Handlungsbegriff herauskristallisiert, an denen sich meine Darstellung von Ankerstellen des „spieltheoretischen" Spielbegriffs orientieren wird:

Erstens Gründe zur Wahl des Namens „Spieltheorie", die *zweitens* zur „spieltheoretischen" Grundidee einer *Spiele-Sozialleben-Analogie* geleitet, woraufhin *drittens* das Akteursmodell des *homo oeconomicus* und die situative Leitkonzeption *strategischer Interdependenz* als zwei maßgebliche Stützpunkte der von jener Analogie abstrahierenden Spiel-Begriffs-Modifikation hervortreten.[169] Vor diesem Hintergrund kann *viertens* zur Erklärung eines „spieltheoretischen" Politisierungsgelingens fortgeschritten werden. Hierzu nehme ich im Bezug auf den von Renate Mayntz und Fritz W. Scharpf entwickelten *akteurzentrierten Institutionalismus*

---

[169] Der neben dem Akteursmodell des *homo oeconomicus* gewählte Hauptbezugspunkt der *strategischen Interdependenz* wird im Anschluss an Andreas Diekmann für den vorliegenden Forschungsrahmen übernommen (Diekmann, 2010, S. 11).

einen der hierzulande prominentesten „spieltheoretischen" Terminologietransfer genauer in Augenschein.

Anders als es das Deutsche vermag, verdeutlicht die „Spieltheorie" in ihrer englischen Namengebung *game theory* ihren spielsemantischen Hauptbezugspunkt. So erfasst der Ausdruck *game* gezielt jenen Sonderbereich des Spiels, den der deutsche Spielbegriff nur in der Verwendung des Plurals verdeutlicht: *Spiele*. Unter den Begriff *game* fallen sportive, den Wettbewerbsgedanken in den Mittelpunkt stellende Spiel-Formen der Interaktion wie Fußball und Tennis sowie auch jene Spielgattungen, die im deutschen Sprachraum unter *Gesellschaftsspiele* subsumiert werden: z. B. Schach, Glücks- und Geschicklichkeitsspiele.[170] Indem *game* auch Absicht und Vorhaben *(scheme* bzw. *plan)* bedeutet,[171] ist der Begriff mit Vorstellungen des strategischen Handelns besonders eng verbunden und darüber auch mit einer Weise der Handlungsinterpretation, die menschliches Tun vornehmlich in den Kategorien von Gelingen und Misslingen, Gewinn und Verlust, siegreich und unterlegen, erfolgreich und gescheitert etc. erschließt. Vor diesem Hintergrund unterhält der Ausdruck *game* eine Spannung zum Begriff *play*, den ihm der zwiefältige englische Spielbegriff zur Seite stellt.

Die Grundbedeutung von *play* verweist auf *amusement* (Vergnügen, Belustigung) und *gambling* (Spielen um Geld, Wetten),[172] wobei auch im letztgenannten Bedeutungsbezug vor allem eine besondere Art und Weise des Tuns und ein damit verbundenes Erleben anklingen, nicht die Frage nach Sieg oder Gewinn. Mit dieser grundlegenden semantischen Weichenstellung harmoniert, dass des Weiteren dem künstlerischen Bereich zugehörende Spielformen – etwa musisches und theatralisches Spiel – unter *play* und nicht unter *game* fallen.[173] Entsprechend bietet sich *play* auch als der schillerndere, weitläufigere Ausdruck dar, und damit als in stärkerem Ausmaße „difficult phenomenon to define".[174]

Obwohl *play* und *game* in nicht deckungsgleiche Bedeutungskreise führen, bildet *play* das dem Begriff *game* zugehörige Verbum: *to play a game*. Diese Ur-Bezogenheit von *play* auf *game* bleibt in

---

[170] Terrell, Peter u. a. (Hg.), 1999, S. 1363.
[171] Terrell, Peter u. a. (Hg.), 1999, S. 1363.
[172] Terrell, Peter u. a. (Hg.), 1999, S. 1653.
[173] Terrell, Peter u. a. (Hg.), 1999, S. 1653–1654.
[174] Henricks, 2007, S. 1007.

unserem heutigen Sprachgefühl auch unter der Voraussetzung einer „spieltheoretisch" formalisierten Fassung von *game* tendenziell bestehen. Genauer gesprochen: dass eine als „*game*" beschriebene soziale Handlungssituation zum Gegenstand der Analyse und Theoriebildung wird, geht im Sprachgebrauch mit der Rede von *players* sowie einer Bezeichnung ihrer Handlungen als *play* bzw. *playing* meist automatisch einher. Im Deutschen fällt hier überdies die Zweiteiligkeit der englischen Spielsemantik fort: Wir *spielen* ein *Spiel*.[175]

Die Bezeichnung „Spieltheorie" ist Martin Shubik zufolge „unglücklich gewählt".[176] Zwar sei die darin ausgedrückte „Analogie" zwischen Spiel und der nicht spielgerechten Welt sozialen Handelns „für viele Zwecke gut".[177] Zugleich beschwöre das „Wort ‚Spiel'" jedoch „zu viele unerwünschte Assoziationen" herauf:

„Im allgemeinen sind diplomatische Beziehungen kein Spiel im üblichen Sinne. Die Spieler nehmen nicht zu ihrem Vergnügen daran teil. Das Gemetzel auf den Schlachtfeldern und die Zerstörungen, die ein nuklearer Krieg verursacht, sind kein Gegenstand der Belustigung."[178]

Ein Brückenschlag vom Spiel zum Ernst – einschließlich des politischen Ernsts – aber sei mit Hilfe von Abstraktionen von großem analytischen Nutzen. „Games are abstractions of social situations," so kündigt sinngemäß die *Encyclopedia of International Relations and global politics* das Eigentümliche des „spieltheoretischen" Spielbegriffs an.[179] Im Unterschied zu diesem Ansatz, der eine inhaltliche Öffnung der Spielsemantik durch ihre Formalisierung erreicht, waren an den Anfängen des „spieltheoretischen" Denkens eigentliches Spiel und Spiel als analytisches Mittel jedoch noch eng verflochten.

Oskar Morgenstern zufolge liegen die Anfänge der „Spieltheorie" in der *Theodizee* des Universalgelehrten Gottfried Wilhelm Leibniz,[180] der die Epoche der *mathesis universalis* entscheidend mitprägte. Die in dieser Zeit vorherrschend gewordene Weltanschauung hatte Edmund Husserl folgendermaßen charakterisiert:

---

[175] Nähere Betrachtungen hierzu erfolgen in Unterabschnitt *2.2.1.* dieses ersten Untersuchungsteils.
[176] Shubik, 1965, S. 19.
[177] Shubik, 1965, S. 19.
[178] Shubik, 1965, S. 19.
[179] *Encyclopedia of International Relations and global politics*, 2005, S. 296.
[180] Morgenstern, 1956, S. 707.

Das Universalisierungsparadigma einer politischen Spiel-Deutung des Handelns

„Bloß jene Denkweisen und Evidenzen sind nun in Aktion, die einer Technik als solcher unentbehrlich sind. Man operiert mit Buchstaben, ... und nach *Spielregeln* ihrer Zusammenordnung, in der Tat im wesentlichen nicht anders wie im Karten- oder Schachspiel. Das *ursprüngliche* Denken, das diesem technischen Verfahren eigentlich Sinn und den regelrechten Ergebnissen Wahrheit gibt [...] ist hier ausgeschaltet."[181]

Obwohl sich in dieser Charakterisierung der damaligen Geisteshaltung durch Husserl andeutet, dass hier die wissenschaftliche Rationalität selbst sich ‚ins Spiel' hob, gilt Leibniz gerade auch als Urvater jener „spieltheoretischen" Leitidee, es müsse möglich sein, aus Beobachtungen des menschlichen Verhaltens in strategischen Spielen für soziales Handeln im Allgemeinen zu lernen, und jene Einsichten in einer mathematisch formalisierten Sprache auszudrücken.[182] Doch erst von Neumann war es in seiner 1928 in den *Mathematischen Annalen* veröffentlichten Schrift *Zur Theorie der Gesellschaftsspiele* gelungen, Leibniz' Vision in einem allgemein akzeptierten grundlagentheoretischen Modell zu verwirklichen.

Auch wenn es von Neumann war, der die „Spieltheorie" hoffähig machte, wurden die „ersten Ansätze der Spieltheorie im heutigen Sinne des Wortes" bereits kurz zuvor von dem Psychologen Emile Borel begründet.[183] Borel nahm menschliches Handeln unter dem Vorzeichen einer „method of *play*" in den Blick, und definierte diese im Sinne eines hochspezifischen Handlungscodes:

„Let us first define what we should understand by a method of *play*. It is a code that determines for every possible circumstance (supposed finite in number) exactly what the person should do."[184]

In Borels Rezeption des Begriffs *play* wachsen diesem bereits die Züge einer prognostizierenden Rationalität zu, während zweckfrei generierte Spiel-Merkmale des Handelns – etwa ein Neue-Lebensräume-Stiften-Können (Fink),[185] ein agonales Sich-als-der-Bessere-erst-Erweisen (Caillois)[186] oder auch ein Unterbrechen-Können des Alltäglichen (Popitz)[187] – verschwinden. Von Neumann, dem Borels

---

[181] Husserl, 1996, S. 48–49.
[182] Morgenstern, 1956, S. 707.
[183] Vajda, 1962, S. 7.
[184] Borel, 1953, S. 97.
[185] Fink, vgl. o., S. 46.
[186] Caillois, vgl. o., S. 54.
[187] Popitz, vgl. o., S. 61.

Kristallisation einer verdeckten handlungstheoretischen Problemstellung

Ansatz nach eigener Aussage nicht bekannt war,[188] läutete die Blütezeit der „Spieltheorie" in den Wirtschafts- und Sozialwissenschaften ein, indem er denselben Grundgedanken in einer eigenen mathematisch formalisierten Spiel-Terminologie fortführte, und damit die Basis von *A Theory of Games and Economic Behavior* schuf.

Was verstand von Neumann unter *Spiel*? Zunächst einmal ging auch er von einer nicht nur strukturellen, sondern auch substantiellen Analogie zwischen strategischen Handlungen in Gesellschaftsspielen „von der Roulette bis zum Schach, vom Bakkarat bis zum Bridge" und solchen Handlungsformen, die im Kontext des „täglichen Lebens" vollzogen werden, aus.[189] Zur Begründung dieser Gemeinsamkeit stellte er die folgende Zielbestimmung des *Gesellschaftsspiels* auf:

„n Spieler, $S_1, S_2, ..., S_n$ spielen ein gegebenes Gesellschaftsspiel G. Wie muß einer dieser Spieler, S_m, spielen, um dabei ein möglichst günstiges Resultat zu erzielen? Die Fragestellung ist allgemein bekannt, und es gibt wohl kaum eine Frage des täglichen Lebens, in die dieses Problem nicht hineinspielte [...]."[190]

Gesellschaftsspiele strategischer Art geben den Teilnehmern Gewinn oder Sieg als Handlungsziel vor. Diese Grundtendenz wird im Denken von Neumanns aufgenommen, jedoch in engen Grenzen. Denn wie auch Joachim Renn in seiner Arbeit über *Gesellschaftsspiele* in besonderem Bezug auf das Schachspiel erläutert hat, müsse auch in Strategiespielen eine spielgerechte von einer nicht spielgerechten Art, „ein möglichst günstiges Resultat zu erzielen", wie es von Neumann in der soeben zitierten Bestimmung formulierte, unterschieden werden.[191] „Das ‚gute' Spiel transzendiert die in der sozialen Semantik festgefahrene Entgegensetzung", so Renn am Ende seiner Betrachtungen,[192] nicht ohne auch auf die spezifisch gesellschaftliche Konsequenz dieses Befunds hinzuweisen:

„Das rein agonale *Gesellschafts*spiel führt [im Unterschied zum spielweltlichen Gesellschaftsspiel; m. Anm.] in die Agonie. Dann ist das Spiel

---

[188] von Neumann, 1928, S. 306, Fn. 9.
[189] von Neumann, 1928, S. 295.
[190] von Neumann, 1928, S. 295.
[191] Renn, 2008.
[192] Renn, 2008, S. 36.

zu Ende, und zwar nicht diese eine Partie, sondern die Art zu Spielen einer ganzen Lebensform."[193]

Die „spieltheoretisch" eröffnete Möglichkeit, die *Handlungsdimension* von Spiel in einem Allgemeinbegriff nicht spielgerechten Handelns zu überlagern, wird also nicht durch die Beurteilung einer Rahmenstruktur des Handelns als Spiel-Raum (bzw. Spiel-Struktur) bedingt, sondern dadurch, dass das ‚Spielen' des Gesellschaftsspiels im Akteursmodell des *homo oeconomicus* gedacht wird.

Mit *homo oeconomicus* wird eine Konstruktion des Menschen, nämlich „der Prototyp des rational handelnden Individuums" angesprochen, der „in jeder Entscheidungssituation eine (eindeutige) optimale Entscheidung treffen [soll]."[194] John Stuart Mill, der diesem Begriff in seiner 1836 erschienenen Schrift *On the Definition of Political Economy* den Weg in die Nationalökonomie bahnte, charakterisierte den *homo oeconomicus* bzw. „economic man" als

„[e]in Wesen, das unweigerlich dasjenige unternimmt, was ihm nach dem geltenden Stand des Wissens mit dem geringsten Aufwand an Arbeit und körperlichem Einsatz die größtmögliche Menge an lebensnotwendigen, praktischen und luxuriösen Gütern einbringt."[195]

Im aktuellen *Wörterbuch zur Politik* wird unter *homo oeconomicus* „der wirtschaftlich-rational denkende und handelnde Mensch" verstanden, „der aktiv und bewusst anhand eines „systematischen Abwägens der Kosten und Nutzen von Entscheidungsalternativen" seine Interessen verfolgt, seinen Nutzen zu optimieren sucht.[196]

In der in den angeführten Definitionen umrissenen rationalistischen ‚Perfektion' bildet der *homo oeconomicus* das „Menschenbild in der Wirtschaftstheorie".[197] Trotz aller Abstraktion muss es „Annahmen über den Menschen"[198] vermitteln, wenn auch auf eine Weise, die es erlaubt, durch eine Bereinigung der analytisch gewendeten Rezeption einer Spiel-Struktur von Spiel-Merkmalen des Handelns ein in der konkreten sozialen Praxis verfügbares Rationalitätsmodell zu gewinnen. Jenes Modell kann, mit anderen Worten, *vollständig ökonomisch rational sein,* weil es auf prozessualer Ebene

---

[193] Renn, 2008, S. 36.
[194] Amann, 1999, S. 5.
[195] Mill, zit. n. Kemp, 1989, S. 46.
[196] Schmidt, 2010, S. 343.
[197] Schmölders, 1972, S. 134–167.
[198] Etzrodt, 2003, S. 70.

der sozialen Interaktion und bis in den kognitiven und normativen Bereich der handlungszentrierten Begriffsebene hineinreichend *Spiel mit Nicht-Spiel vertauscht.* Die „anregende innere Gegensätzlichkeit", die Matuschek der Semantik von Spiel zuschrieb, kann somit auch im „spieltheoretischen" Denken wirksam bleiben, nur vollzieht es damit auch die Abwendung des analytischen Blicks vom Phänomen Spiel zum instrumentellen Spiel-Begriffs-Gebrauch. Entsprechend brachte von Neumann die „spieltheoretische" Kernfrage unter den handlungstheoretischen Vorzeichen des *homo oeconomicus* in die folgende Form eines „Hauptproblem[s]" der Nationalökonomie":

„[W]as wird, unter gegebenen äußeren Umständen, der absolut egoistische ‚homo oeconomicus' tun?"[199]

Wie oben bereits angeführt wurde, hatte von Neumann das Ziel des Gesellschaftsspiels definiert. Darüber hinaus formulierte er jedoch auch eine Formaldefinition des Gesellschaftsspiels aus der Sicht jenes „absolut egoistische[n]" Handlungsträgers *homo oeconomicus*, durch die die Brücke zu einer allgemeinen „spieltheoretischen" Grundkonzeption strategischen sozialen Handelns geschlagen werden solle:

„Ein Gesellschaftsspiel besteht aus einer bestimmten Reihe von Ereignissen, deren jedes auf endlich viele verschiedene Arten ausfallen kann. Bei gewissen unter diesen Ereignissen hängt der Ausfall vom Zufall ab, d. h.: es ist bekannt, mit welchen Wahrscheinlichkeiten die einzelnen möglichen Resultate eintreten werden, aber niemand vermag sie zu beeinflussen. Die übrigen Ereignisse aber hängen vom Willen der einzelnen Spieler S_1, S_2, ..., S_n ab. D. h.: es ist bei jedem dieser Ereignisse bekannt, welcher Spieler S_m seinen Ausfall bestimmt, und von den Resultaten welcher anderer (‚früherer') Ereignisse er im Moment seiner Entscheidung bereits Kenntnis hat. Nachdem der Ausfall aller Ereignisse bereits bekannt ist, kann nach einer festen Regel berechnet werden, welche Zahlungen die Spieler S_1, S_2, ..., S_n aneinander zu leisten haben."[200]

Im Einklang mit dieser Spieldinition heißt es in den Worten von Shubik zum „gemeinsamen Kern" allen „spieltheoretisch" begriffenen Spiels:[201]

---

[199] von Neumann, 1928, S. 295, Fn. 2.
[200] von Neumann, 1928, S. 296.
[201] Shubik, 1965, S. 20–52.

"Die Beschreibung eines Spieles bezieht sich auf die *Spieler* oder die einzelnen Entscheider, die *Auszahlung* oder die Werte, die den Ergebnissen des Spiels zugeordnet werden, und die *Regeln*, welche die Variablen festlegen, die jeder Spieler kontrolliert, die Informationsbedingungen und alle anderen relevanten Aspekte der Umwelt."[202]

Richtig ist aber offenkundig auch, dass die spielerzentrierte „spieltheoretische" Spiel-Begriffs-Fassung ein Spieler-Sein im anthropologischen Sinne negieren muss, um ihre analytische Funktion zu erfüllen – und um überhaupt eine Berührungsfläche zwischen Spiel und Gesellschaft bzw. zwischen Spiel und Politik zu schaffen. Zur vertieften Begriffsvermittlung in dieser Berührungsfläche fungiert das Konzept der *strategischen Interdependenz*.

Im Begriff *strategische Interdependenz* wird die „spieltheoretische" Grundannahme zusammengefasst, dass „[d]ie Handlungen der anderen [...] einen Einfluss auf das Ergebnis [haben], das ich durch meine Handlung erziele"; jene Handlungen der anderen also in der Wahl der je eigenen Strategie, soll sie erfolgversprechend sein, zu berücksichtigen sind.[203] Als solche umreißt das personenbezogene Situationsmerkmal strategischer Interdependenz den Handlungshorizont des *homo oeconomicus* als ‚Spieler' im Lichte der schon genannten handlungstheoretischen Leitfrage, was der *homo oeconomicus* unter entsprechenden Rahmenbedingungen tun wird.[204] Eine aus spieltheoretischer Sicht widersinnige Spiel-Deutung des Handelns unter den Vorzeichen des „economic behavior"[205] wird so zum analytischen Leitparadigma nicht *der* Situation, sondern der *Wahrnehmung* der Situation. Diese erweist ihren Vorzug nicht etwa darin, zum Beschreiten unwägbarer Handlungswege zu ermutigen, sondern darin, dass sie von als gesetzt betrachteten Interessen und Handlungsressourcen ausgehend der ebenfalls fixierten je eigenen Interessenerfüllung planmäßig zuarbeitet.

Vor dem Hintergrund der soeben entfalteten spielsemantischen Facetten des „spieltheoretischen" Spiel-Konzepts stellt sich die Frage, wie sich die Spiel-„Spiel"-Differenz im handlungstheoretisch

---

[202] Shubik, 1965, S. 21.
[203] Diekmann, 2010, S. 11. Zur *strategischen Interdependenz* als „Hauptmerkmal dieser Spiele": Vajda, 1962, S. 9.
[204] von Neumann, vgl. o., S. 82.
[205] von Neumann/Morgenstern, 1980.

relevanten *Strategiebegriff* genauer fassen lässt. Steven Vajda erläutert hierzu:

„Bei Spielen, die aus mehr als nur einem Zugwechsel bestehen, kann man annehmen, daß jeder Spieler über den nächsten Zug an Hand der jeweiligen Situation entscheidet. Oft ist es jedoch zweckmäßig, von einer anderen Voraussetzung auszugehen, nämlich davon, daß die Spieler von vornherein festlegen, was sie unter allen möglichen sich ergebenden Umständen tun werden. Ein Katalog solcher Entscheidungen für alle denkbaren Situationen heißt *Strategie*. In Spielen mit nur einem Zug ist die Strategie identisch mit diesem Zug."[206]

Indem von „unerwünschten Assoziationen" des Spielbegriffs bewusst abstrahiert wird,[207] kann sich die methodische Funktion der „Spieltheorie" erfüllen, die Berechenbarkeit und Kontrolle zukünftiger Handlungen zu erhöhen. Wie auch die oben zitierte Formaldefinition des Gesellschaftsspiels durch von Neumann unterstreicht, wird dabei von einer Transparenz der subjektiven und situativen Einflussfaktoren ausgegangen. Auch wenn spätere „spieltheoretische" Modelle wie der in Kürze zu behandelnde *akteurzentrierte Institutionalismus* von dieser Prämisse bewusst abrücken, bleibt die „spieltheoretische" Tendenz bestehen, Unbekanntes möglichst weitgehend in Bekanntes zu wandeln, Kontingenz zu reduzieren. Situative Überraschungsmomente, die sich in konkreten Interaktionen ergeben, Handlungszüge, in denen Akteure aus der vorab geleisteten Kalkulation ausscheren, werden so als Berechnungsfehler klassifizierbar, in deren Licht tatsächlich vollführte Handlungen als ‚fiktiv' und ‚irrational' erscheinen können:

„Auf Grund falscher Berechnungen, mangelhaften Lernens oder einer Fehleinschätzung der Umwelt können sich Individuen so verhalten, als befänden sie sich in einer anderen Situation als jener, in der sie tatsächlich sind."[208]

Ein besonderes Problem der „spieltheoretischen" Begriffsbildung wurde von Shubik darin verortet, dass politische Auseinandersetzungen, insbesondere „Verhandlungen", nicht durch streng geregelte, abwechselnd erfolgende „Züge", sondern mit „Worten" geführt

---

[206] Vajda, 1962, S. 9–10.
[207] Shubik, 1965, S. 19–20.
[208] Shubik, 1965, S. 67.

Das Universalisierungsparadigma einer politischen Spiel-Deutung des Handelns

werden, woraus ein unwägbarer Möglichkeitsraum der kommunikativen Beziehungsentwicklung resultiere:[209]

„Jemand kann zu irgendeinem Zeitpunkt sagen, er habe die Absicht, etwas Bestimmtes zu tun, und er kann seine Absicht später ändern. Wenn man sich beim Schachspiel dazu entscheidet, eine Figur auf ein bestimmtes Feld zu setzen, kann man nicht sagen, daß man den Zug machen wird, und dann noch seine Absicht ändern. Wie können wir verbale Erklärungen in die Sprache der Züge, Alternativen und Auszahlungen übersetzen und ihnen Werte und Wahrscheinlichkeiten zuordnen? Das ist ein zentrales Problem der Sprachcodierung und der Semantik, und es ist wesentlich für das Verständnis von Situationen, in denen viele der Züge Worte sind und Drohungen eher aus verbalen Erklärungen als aus konkreten Handlungen bestehen."[210]

Einen ungewöhnlichen Hinweis zum näheren Verständnis jener Umkehrungslogik des „spieltheoretischen" Spielbegriffs, vor allem aber für damit verbundene spieltheoretische heuristische Verluste, findet sich – mitunter neben Ausführungen zum Spiel als einer Bedrohung der staatlichen Ordnung – im Artikel *Spiel* des *Politischen Handwörterbuchs* aus dem Jahre 1923. So ist darin von einer „Doppelnatur" des Spiels die Rede,[211] die folgendermaßen beschrieben wird:

„Ihr Rechnung tragend wird der Begriff des Spiels als alles das umfassend gekennzeichnet, was einer wahren Wirtschaftstätigkeit, des Wirtschafts- und Lebensernstes entbehrt, aber dabei doch eine wirkliche Wirtschaftstätigkeit gewissermaßen nachahmt."[212]

Mit anderen Worten deutet dieser Hinweis auf die Möglichkeit einer Spiel-Begriffs-Verwendung hin, die eine Als-ob-Rationalität generiert. Diese Lesart kann zwar im vorliegenden Forschungsrahmen nicht vertieft werden. Sie macht jedoch die nicht nur spielsemantisch, sondern auch spieltheoretisch relevante Möglichkeit bewusst, dass dem „spieltheoretischen" Spiel-Begriffs-Zugang, der *kein Spielen* aufnimmt, die Möglichkeit zur Seite steht, dass Menschen auch ein eigentliches Spiel, etwa das Roulette-Spiel, nicht zwingend Spielen.

---

[209] Shubik, 1965, S. 9.
[210] Shubik, 1965, S. 9–10. Zu den Begriffen „Züge" und „Partie" vgl. a. Vajda, 1962, S. 8–9.
[211] Zimmermann, 1923, S. 657.
[212] Zimmermann, 1923, S. 657.

Kristallisation einer verdeckten handlungstheoretischen Problemstellung

Wie eine Als-ob-Rationalität im ‚Spielen' eines Glücksspiels Gestalt annehmen kann, das veranschaulicht eine Passage in Fjodor M. Dostojewskis *Der Spieler:*

„Das Rad drehte sich lange. Die Tante, die das Rad gespannt beobachtete, zitterte am ganzen Leib. ‚Kann sie wirklich glauben, daß zéro wieder gewinnen wird?' dachte ich, während ich sie erstaunt anblickte. Auf ihrem strahlenden Gesicht lag der Ausdruck der festen Überzeugung, daß sie gewinnen werde, der bestimmten Erwartung, es werde im nächsten Augenblick gerufen werden: ‚Zéro!' Die Kugel sprang in ein Fach. Zéro! Rief der Croupier. ‚Na also!' wandte sich die Tante mit einer Miene wilden Triumphes zu mir."[213]

Zur Absorbiertheit des ‚Spieler'-Bewusstseins der Tante in einem bloßen rationalen *Schein* wird an späterer Stelle ausgeführt:

„Die Tante befand sich in sehr ungeduldiger, reizbarer Stimmung; es war deutlich, daß sie an weiter nichts anderes dachte als an das Roulett. Für alles andere hatte sie keine Aufmerksamkeit übrig und war überhaupt im höchsten Grade zerstreut."[214]

Im Lichte der vorangegangenen Betrachtungen wird klar: Eine nicht modifizierte Implementation der „Spieltheorie" in eine politologische Handlungsanalyse impliziert zwangsläufig, politische Rationalität zu ökonomisieren bzw. Politik und Wirtschaft – oder auch Politik und „Geschäft" – gleichzusetzen. Eben dies aber erfolgt in der nun betrachteten Politisierungsvariante der „Spieltheorie" nicht.

In seinem Buch *Interaktionsformen* hat Fritz W. Scharpf den von ihm und Renate Mayntz entwickelten Ansatzes des *akteurzentrierten Institutionalismus* fortgedacht. Dabei wird betont, die „Spieltheorie" könne vor allem für die empirische Policy-Forschung[215] einen bedeutsamen politiktheoretischen Gewinn erbringen: eine an der politischen Handlungswirklichkeit geschulte Konzentration handlungsrelevanter Faktoren für ein zeitgemäßes politisches Handlungsverständnis. Dieses Zeitgemäße zeichne sich dadurch aus, dass es die institutionelle Einbettung politischer Akteure in das Zentrum der Aufmerksamkeit zu rücken und mit ihren darin beschlossenen Handlungsmöglichkeiten abzuwägen ver-

---

[213] Dostojewski, 2001, S. 124.
[214] Dostojewski, 2001, S. 139.
[215] Scharpf, 2006, S. 25–26.

möchte.[216] Hierzu gälte es, das Akteursmodell des *homo oeconomicus* aus dem Status des *Allwissenden* zu lösen.[217] Stattdessen müsse ein intentionales Handlungsverständnis gestärkt werden, das die „Handlungsorientierungen" der einzelnen Akteure in der Ausprägung von „Wahrnehmungen und Präferenzen" sowie ihre jeweiligen „Fähigkeiten" einbezieht.[218]

Gegenüber der Konstruktion des *homo oeconomicus* soll Scharpf zufolge eine Sicht auf Politik in den Bahnen von „Games Real Actors Could Play"[219] gestärkt werden. Den Überbau dieses Ansatzes aber bildet die *institutionelle* Sicht. Zwar gründet der *akteurzentrierte Institutionalismus* in der Überzeugung, „daß soziale Phänomene als das Produkt von Interaktionen zwischen intentional handelnden – individuellen, kollektiven oder korporativen – Akteuren erklärt werden müssen".[220] Doch diese Interaktionen erfolgten ihrerseits nicht frei, sondern seien „durch den institutionellen Kontext, in dem sie stattfinden, strukturiert" und in ihren Resultaten maßgeblich beeinflusst:

„Kurz, die Spiele, die in politischen Prozessen tatsächlich gespielt werden, sind in hohem Maße durch Institutionen bestimmt."[221]

So gibt der *akteurzentrierte Institutionalismus* ein Beispiel dafür, wie eine konsequente Entkernung des Spielbegriffs im Hinblick auf sein spieltheoretisch vorherrschendes *Zweckfreiheitsgebot* und eine zugleich vollzogene *Öffnung* des „spieltheoretischen" Handlungsträgers *homo oeconomicus* (in seiner klassischen, idealtypisch ökonomisch rationalen Version) für die institutionelle Seite von Politik sowie für ihre eigentümlichen Ressourcen, Anliegen, Konflikte und Ziele, ein aus der Semantik des Spiels schöpfendes politisches Handlungsverständnis erschließen kann. Allein: Die Erörterung einer Spiel-Dimension politischen Handelns erweist sich anhand der auf diesem Vermittlungsweg vorgenommenen konzeptionellen Weichenstellungen als ein überflüssiges Unternehmen. Man könnte

---

[216] Auf diesen Aspekt komme ich in Abschnitt 3. des *Dritten Teils* der vorliegenden Untersuchung zurück.
[217] Scharpf, 2006, S. 26.
[218] Scharpf, 2006, S. 95.
[219] Scharpf, 1990.
[220] Hierzu und zum Folgenden: Scharpf, 2006, S. 17.
[221] Scharpf, 2006, S. 80.

auch sagen: Der „Spieler" im Sinne Scharpfs[222] – und noch mehr in jeder strikteren Adaptionsform der „Spieltheorie" – wird als *politischer* „Spieler" unter der doppelt bestimmten Voraussetzung relevant, dass er in den politischen Interaktionsformen, auf die er handelnd sich einlässt und die er selbst mit hervorbringt, die Struktur und Logik eines strategischen Spiels erkennt, zugleich aber im gestalterischen Umgang mit den ihnen jeweils eingeschriebenen Zwängen und Widerständen gerade vermeidet, ein Spieler im eigentlichen Sinne zu *sein*.

1.2.2. Negation eines Begriffs der Spiel-Handlung im politisierten Handlungsbegriff Spiel

Der „spieltheoretische" Spielbegriff schlägt einen Bogen von der Metaphorisierung ins Instrumentelle und reiht sich damit ein in die Fülle der „Spiel-Modelle", die im Zuge des 20. Jahrhunderts in den sozialwissenschaftlichen Methodenkanon Einzug erhielten.[223] Mit diesem Transfer ist, wie zuvor schlaglichtartig nachvollzogen wurde, eine Entkopplung bzw. Abstraktion von potentiellen Spiel-Dimensionen verbunden. Genauer gesagt machen die vorangegangenen Betrachtungen zu Ankerstellen des „spieltheoretischen" Spielbegriffs deutlich: Kennzeichnend für den „spieltheoretischen" Grundzugang zur sozialen Handlungsdeutung ist vom Blickpunkt des hierin zum Tragen gebrachten Spielbegriffs sowohl die Abstraktion von individuell-konkreten Personen zugunsten des *homo oeconomicus* als auch die Abstraktion von der Geschehens-Dimension von Spiel bzw. von Spiel-Welten.[224] Mit der „spieltheoretischen" Spiel-Begriffs-Auffassung verbindet sich demnach nicht nur kein Spiel-Verständnis, das auf Einsichten *in Spiel* oder gar *in Spiel-Handlungen* zielt, sondern auch ein Ansatz, der mit Hilfe der Spielsemantik gezielt Handlungen analytisch zugänglich machen soll, die aufgrund ihrer ökonomischen rationalen Ausrichtung im tiefsten Sinne Nicht-Spiel sind. Daraus ergibt sich für den aktuell ent-

---

[222] Vgl. z. B. Scharpf, 2006, S. 27.
[223] Elias, 2000, S. 75–109; vgl. a. Ortmann, 1992, S. 22.
[224] An späterer Stelle werden im vorliegen Untersuchungsrahmen Beispiele für ‚nur' metaphorische politische Verwendungsformen des Spielbegriffs angeführt, für die gerade kennzeichnend ist, dass in ihnen die Geschehens-Dimension der Spielsemantik noch mitschwingt (hierzu S. 113).

wickelten Forschungsschritt der erste spielsemantische Befund, dass der Begriff Spiel offenbar auch die Möglichkeit birgt, in radikaler Vereinigung eines Antagonismus in einem Spielbegriff des Handelns *kein Spiel als Handeln* zu thematisieren.

Die „spieltheoretische" Spiel-Bestimmung und die anthropologische Spiel-Bestimmung sind unvereinbar. Handlungstheoretisch führen sie nicht nur zu verschiedenen, sondern zu fundamental gegensätzlichen Handlungsformen, -verläufen und -bedeutungen. Besonders deutlich zeigt dies die „spieltheoretische" Umkehrung des spieleigentümlichen Kontingenz- bzw. Überraschungsmoments. Die „Spieltheorie" führt die Möglichkeit vor, eine im Spielbegriff konzipierte Handlungsterminologie unter der Bedingung der Negation eines Spielbegriffs des Handelns in Geltung zu setzen und durch Sprachgewohnheiten zu überlagern, insbesondere durch die Neigung, wo *Spiel* sei, auch von *Spielern* zu sprechen. Dabei enthält in der „spieltheoretischen" Konzeption der Begriff des *Spielers* nicht den kooperativen Anteil spielgerecht gespielter Strategiespiele, wie ihn Renn erörtert hat.[225] Er tritt stattdessen mit der Zielsetzung auf, eine Erhöhung der Berechenbarkeit des zukünftigen Verlaufs einer sozialen Interaktion zu gewinnen. Sinngemäß heißt es bei Schelling:

„Players have to understand each other, to discover patterns of individual behavior that make each player's actions predictable […]."[226]

Im Voraussehbar-Machen als Leitmotiv der „spieltheoretischen" Auslegung sozialen Handelns wird der von Weber exponierte Aspekt der Sinn-Orientierung des Handlungssubjekts im Bezug auf das „Verhalten *anderer*"[227] streng in der Zweck-Mittel-Relation ausgelegt – und wirkt so gegenläufig zur Genese jenes Kontingenzbereichs, der in spielanthropologischer Sicht mit dem Geschehen Spiel bzw. der Spiel-Welt verbunden worden ist. Damit aber kündigt sich auch eine Berechenbarkeitssuggestion als potentielles, tragendes Moment von Spiel-Handlungen an, d.h., einer möglichen Verwechslung von Spiel und Nicht-Spiel im „spieltheoretischen" Deutungshorizont steht eine Verwechslung von Spiel und Nicht-Spiel im konkreten ‚Spielen' eines *Spiels* gegenüber. Im Unter-

---

[225] Renn, 2008, S. 24–35.
[226] Schelling, 1958, S. 204.
[227] Weber, vgl. o., S. 37.

Kristallisation einer verdeckten handlungstheoretischen Problemstellung

abschnitt *1.2.1.* wurde dies anhand einer Passage aus Dostojewskis *Der Spieler* veranschaulicht. Ein anderes Beispiel findet sich in Patrick Süskinds Erzählung *Ein Kampf*. Hierin geht es um den Verlauf einer vor Zuschauern ausgetragenen Schachpartie, wobei, verkörpert in den beiden Kontrahenten, eine strategische Konkretisierungsform eigentlichen Spielens neben einer weniger spielgerechten Form des Spielens beschrieben wird:

„Da wird ihnen [den Zuschauern] feucht in den Augen und warm ums Herz. Er spielt so, wie sie spielen wollen und nie zu spielen wagen. Sie begreifen nicht, warum er so spielt wie er spielt, und es ist ihnen auch egal […]. Aber sie wollen trotzdem so spielen können wie er: großartig, siegesgewiß, napoleonesk. Nicht wie Jean, dessen ängstlich zögerndes Spiel sie begreifen … Jeans Spiel ist vernünftig. Es ist ordentlich und regelgerecht und enervierend fad. Der schwarze hingegen schafft mit jedem Zug Wunder."[228]

So gelange ich am Ende dieses dem Universalisierungsparadigma einer politischen Spiel-Deutung gewidmeten Untersuchungsabschnitts zu dem zweiten spielsemantischen Befund einer Universalisierungstendenz von Spiel unter dem Vorzeichen der Spiel-Struktur, die ihren handlungstheoretischen Reduktionismus in der nur vermeintlich allgemeinen Rede vom Spiel gerade verbirgt. Ich möchte daher an dieser Stelle im Sinne eines ersten spielsemantischen Zwischenbefunds aus politologischer Sicht dafür plädieren, im politikbezogenen Kontext „spieltheoretischer" Betrachtungen die Bezeichnung politischer Akteure als „Spieler" sowie die Bezeichnung ihrer Handlungen als „Spiel" bzw. „Spielen" konsequent zu suspendieren.

1.3. Befund einer Sekundärstellung der Spiel-Handlung im Begriff Spiel

Lässt sich in der Zusammenschau der in den Abschnitten 1.1. und 1.2. erfolgten spielsemantischen Analysen das Problem der Vermittelbarkeit von Spiel- und politischem Handlungsbegriff genauer benennen?

Im Rückbezug auf die in der Einleitung zur vorliegenden Ar-

---

[228] Süskind, 2005, S. 26–27.

beit eingeführte Grundbestimmung politischen Handelns und seines ihm eigenen Ernsts[229] stehen sich in Form der betrachteten Variante eines *Exklusionsparadigmas der politischen Spiel-Deutung* einerseits und eines *Paradigmas der Universalisierung von Spiel in der Politik* nicht nur unversöhnlich gegenüber. Darüber hinaus wird durch beide Lesarten auch die Frage nach konstruktiven Relationen zwischen Spielvermögen und politischem Handeln als eine überflüssige stigmatisiert: Entweder erscheint es unmöglich, dass solche Relationen überhaupt entstehen könnten. Diese Position fundiert der Spieltheorienkanon gemäß dem Motto:

> *Politisches Handeln hat keinen Spiel-Raum* bzw.
> *Politik ist kein Spiel-Raum.*

Oder aber es wird suggeriert, ein maximaler Balancepunkt von Spiel- und politischer Handlungssemantik sei bereits bekannt. Diese Position vermittelt der „spieltheoretische" Sprachgebrauch gemäß dem Motto:

> *Alles politische Handeln ist –*
> *unter der situativen Voraussetzung strategischer Interdependenz –*
> *begreifbar als ein nutzenmaximierendes Spiel.*

So formieren beide Zugänge im Verbund einen ‚blinden Fleck' der politischen Spiel-Erkenntnis im Bereich der Dimension des Handelns. Wie lässt sich dieses spielsemantische Verdeckungsphänomen erklären?

Rückblickend tritt im Vergleich der Untersuchungsabschnitte 1.1. und 1.2. eine strukturelle Gemeinsamkeit der spiel-raum-zentrierten und der „spieltheoretischen" Spielsemantik zutage. Sie wird in einer besonderen Eigenschaft der Spielsemantik kenntlich: ihrer Tendenz, der Handlungsdimension Spiel im Begriff Spiel eine *Sekundärstellung* zuzuweisen. Sowohl die behandelten spielphänomenologischen Interpretationen von Spiel als auch die „Spieltheorie" ordnen in ihrer Begriffsbildung die Handlungsdimension von Spiel einem Spiel-Raum-Primat unter – nur das jene Schwerpunktsetzung einmal verbunden mit einer substantiellen Begriffsauslegung erfolgt, die die Spielkreativität des Handelns tendenziell hypostasiert, und einmal mit einer formalisierend-instrumentellen Begriffsauslegung, die alle Spielkreativität des Handelns zwingend

---

[229] Vgl. o., S. 19–20.

negiert. Diese Sekundärstellung der Handlungsdimension von Spiel kann offenbar selbst in Fällen wirksam werden, in denen Spiel primär und ausdrücklich als Handlungsbegriff fungiert – so etwa im Rahmen der „spieltheoretischen" Analyse und Theoriebildung.

Wie nachfolgend untersucht wird, bieten phänomenologische Spiel-Begriffs-Studien einen in besonderen Problemen der Spiel-Erkenntnis ankernden Erklärungsansatz für den durch die vorgenannten Aspekte der spielsemantischen Kombinatorik generierten ‚blinden Fleck' in der integrativen Sicht auf Spiel- und politische Handlungstheorie, wie ich ihn zuvor als eine potentielle Irrtumsquelle der politisch relationierenden Spiel-Auffassung des Handelns identifizierte.

1.3.1. Ein phänomenologischer Erklärungsansatz

Um Einsichten in allgemeine Wesenszüge und Sinngehalte von Spiel – und somit auch in solche von Spiel als Handeln – zu gewinnen, ist es aus phänomenologischer Sicht unumgänglich, der „innigen wechselseitigen Abhängigkeit" von „Sache und Sprache" besondere Aufmerksamkeit zu widmen, da sie ein Verzerren und Verbergen, aber auch ein Entdecken und Erschaffen von Wirklichkeiten bedinge.[230]

Buytendijk, Huizinga und Scheuerl zufolge ist alle Spiel-Erkenntnis in eine fundamentale Spannung gestellt. Die eine zur Diskussion gestellte Seite jenes Spannungsverhältnisses betrifft die auch im vorliegenden Untersuchungsrahmen schon mehrfach angesprochene stark heterogene Mannigfaltigkeit *Spiel* genannter Erscheinungen, die kaum auf einen generalisierbaren Merkmalskomplex zurückführbar scheint.[231] Weil in der empirischen Wirklichkeit überdies *nur* jene Spiel-Vielfalt und niemals ein eindeutig-konkreter Gegenstand Spiel – etwa in dem Sinne, wie sich dem Allgemeinbegriff Tisch oder Baum einzelne Tische oder Bäume leicht zuordnen lassen – vorliege, sei die Spiel-Erkenntnis stets auf die in den Sprachen der Völker schon kursierenden Gebräuche des Spielbegriffs als Hilfsmittel der Zuordnung von Begriff und Erscheinung

---

[230] Scheuerl, 1959, S. 31–32 sowie ders., 1990, S. 12–15.
[231] Vgl. o., S. 34–35. Siehe des Weiteren: Scheuerl, 1991, S. 9–12 sowie Buytendijk, 1933, S. 37–61.

angewiesen.[232] Aus diesem Grunde setzt ein „anthropologisches Verständnis des Spielens" nach Auffassung Buytendijks „unbedingt ein genaues Beobachten des vorläufig unklaren Zusammenhangs der Sachkenntnis mit der Umgangssprache" voraus.[233]

Der soeben skizzierten erkenntnistheoretischen Position zufolge kann niemals ein bestimmtes Spiel, sondern stets nur eine Idee von *Spielhaftigkeit* die Funktion eines heuristischen Leitfadens erfüllen. Dem versucht die Begründung einer allgemeinbegrifflichen Merkmalsdefinition Rechnung zu tragen. Aus o.g. Gründen muss jene jedoch ihrerseits aus dem Anschauungsmaterial jener Spielerscheinungssumme gebildet werden, an die wiederum das Sprachgefühl heranführt. In eine zirkelförmige Denkbahn führte demnach aller Versuch, das Spiel in der Fülle der menschlichen Lebensäußerungen zu erkennen und zu verstehen. Wie lässt sich darin ein Ansatz für Spielforschung finden?

Für die Erkenntnis des Spiels unter dem Schwerpunkt eines sozialen – und darüber hinaus kulturstiftenden – Handelns zog Huizinga aufgrund der angesprochenen Zirkelproblematik die methodische Konsequenz, es müssten gerade die bereits in spezifische Regelstrukturen eingefassten, somit verfestigte und überdies schon höher entwickelte Differenzierungsgrade aufweisenden Vollzugsformen der *sozialen Spiele* der Menschen sein, die den naheliegendsten und tragfähigsten Ausgangspunkt bilden, um das Spielhafte des menschlichen Spiels als *„ein freies Handeln"* zu ergründen.[234] Diese Grundorientierung an jenem Teilphänomenkreis von Spiel, dem auch die *Spiele* in dem von Caillois präzisierten Sinne von unbedingt eigenweltlichen Handlungskontexten zuzuordnen sind, ist in den meisten Spieltheorien kenntlich.[235] *Spiel* lasse sich „am ehesten über seine Strukturen begreifen", so heißt es auch in Wolfgang Isers Auseinandersetzung mit dem Spielbegriff von Jean Piaget[236] – und gibt damit auch ein Beispiel dafür, dass Bemühungen um Kategorisierungen in der spieltheoretischen Begriffsschau als vorrangig gelten.[237] Aber auch dort, wo ein offeneres Vorgehen präferiert wird,

---

[232] Scheuerl, 1990, S. 114–126; Buytendijk, 1933, S. 17–21 sowie Huizinga, 2004, S. 37–38.
[233] Buytendijk, 1973, S. 90. Eigens zum Wort *Spielen*: a.a.O., S. 89–90.
[234] Huizinga, 2004, S. 12, 15–16, 37.
[235] Vgl. Scheuerl (Hg.), 1991.
[236] Iser, 1993, S. 431–424, 444.
[237] Iser, 1993, S. 444.

findet das Spiel-Struktur-Primat Anwendung, nur indirekter, denn jetzt im Gewand einer methodischen Forderung. So wird etwa zur Lösung der Problematik, in unserer Erfahrungswirklichkeit Spiel-Handlungen neben anderen Handlungsformen allererst zu *erkennen*, von Kuno Lorenz ein experimenteller Versuchsaufbau zur *Versichtbarung* von Spiel-Handlungen empfohlen, der die Voraussetzungen eines Spiel-Raums erfüllen solle.[238]

An die andere Seite des Spannungsverhältnisses, mit dem alle Spiel-Erkenntnis aus spielphänomenologischer Sicht umzugehen habe, führt Ingeborg Heidemanns Hinweis heran, der Begriff Spiel werfe die „Fragen nach seiner [des Spiels] Seinsweise, seiner Struktur, seinem Ursprung und seinem Entstehen, nach seinem Sinn und seiner Bedeutung" *allererst auf*.[239] Wie Scheuerl im selben Themenkreis betonte, sei zunächst zu akzeptieren, dass der vom Sprachgefühl nahegelegte „gemeinsam[e] Grundgehalt" der von uns *Spiel* genannten Gegenstände und Vorgänge, sofern wirklich vorhanden, nur hintergründig und damit zu Recht ein zentraler Gegenstand und Streitpunkt der spieltheoretischen Auseinandersetzung ist.[240] Durch diesen Ausgangspunkt einer Durchbrechung der Selbstverständlichkeitssuggestion des Spielbegriffs aber vermag das tiefer greifende Problem in den Gesichtskreis zu treten, wie mit der Möglichkeit umzugehen ist, dass herkömmliche Verwendungen des Spielbegriffs auch irren bzw. mehr oder minder stark selektiv erfolgen könnten.

Buytendijk zufolge kann es bereits hinreichend sein, wenn ein Sprecher in der Betrachtung eines Gegenstands *einzelner Merkmalsausschnitte* gewahr wird, die er „mit dem Namen Spiel oder Spielen" verbindet, um ein Verwenden dieser Worte zu motivieren – obwohl „in ‚Wirklichkeit' kein Spiel oder Spielen vorhanden" sei.[241] In diesem von Buytendijk herausgestellten Hinweis auf die potentielle Selektivität der Verwendung des Spielbegriffs spricht sich bereits mit aus, dass ein Ineinandergreifen von kritischem Sprachvertrauen einerseits mit theoretisch fundierten Korrekturinstrumenten des Sprachgebrauchs, die über herkömmliche Wortauffassungen hinausführen, andererseits erforderlich ist, um eine er-

---

[238] Lorenz, 2006, S. 130.
[239] Heidemann, 1968, S. 3.
[240] Scheuerl, 1990, S. 12.
[241] Buytendijk, 1933, S. 18; vgl. a. a. a. O., S. 37–41.

scheinungsnahe und zugleich in einem allgemeingültigen Merkmalsfundus formalisierte spielbegriffliche Grundperspektive zu gewinnen.

Das soeben dargelegte Spannungsverhältnis von „Sache und Sprache"[242] im Kontext der Spiel-Erkenntnis legt nahe: Unabhängig davon, ob Spiel primär in der Perspektive von *Spielern* oder primär in der Perspektive eines autonomen *Geschehens* untersucht wird: die Spiel-Räume bzw. Spiel-Strukturen, in denen sich sowohl das eine wie das andere darbietet, stehen am Beginn der Spiel-Erkenntnis und müssten so immer schon eine Hierarchisierung der Bedeutungszuschreibungen zuordnenden Spiel-Ebenen befördern. Die damit nahegebrachte handlungstheoretische Konsequenz bringt die nachfolgende Position Scheuerls auf den Punkt:

„,Spieler' leitet sich von ,Spiel' ab – nicht umgekehrt!"[243]

Wie die obigen Ausführungen begründen, kann diese Auffassung Scheuerls auch als Ausdruck einer Verwechslung zwischen heuristischer Forschungsbedingung und Forschungserkenntnis gewertet werden. Wenn es also bei Scheuerl weiter heißt: „Niemals in irgendeinem ernsthaften Spiel ist die Tätigkeit bloße Funktion ihrer selbst. […] [W]o sich kein Schwebendes über dem Tun erhebt, da haben wir alles mögliche vor uns, aber kein Spiel",[244] so können wir vor dem Hintergrund der bisherigen Untersuchungsbefunde einerseits mit bejahen, dass in diesem Falle in der Tat „kein Spiel" den Gegenstand der Betrachtung bildete, zugleich aber müssten wir davon ausgehen, dass damit noch keine Grenzen *des Spielens* gezogen sind.

Für eine der Position Scheuerls entgegengesetzte Analyserichtung, die also einen Spieler bzw. die Handlung Spielen unabhängig vom Dasein eines Spiels zu thematisieren anstrebt, bedarf es im Lichte der in diesem Abschnitt erfolgten Überlegungen sowohl eines kritischen Sprachvertrauens als auch bewusster spielsemantischer Differenzierungen. Der 2. und 3. Abschnitt dieses ersten Untersuchungsteils werden jenen Anforderungen gezielt nachzukommen versuchen.

---

[242] Scheuerl, vgl. o., S. 92.
[243] Scheuerl, 1959, S. 41, 42.
[244] Scheuerl, 1959, S. 41, 42.

1.3.2. Zwei einander ausschließende Lösungswege und Fortgang der Untersuchung

Der soeben skizzierte spielphänomenologische Denkansatz wirft das folgende zur Verfolgung des Erkenntnisinteresses der vorliegenden Untersuchung bedeutsame Problem auf: Gerade dort, wo die handlungstheoretische Spiel-Erkenntnis den Gesichtskreis der Spiel-Räume und -Welten überschreiten soll, muss sich die Frage stellen, wie von einem konkreten, Vor-Bilder einbegreifenden Spiel-Verständnis zu einem vorbildlosen, allgemeinbegrifflichen Zugang übergewechselt werden kann. Ein Verfolgen dieser Frage kann dabei auch zur Auflösung des Problemgegenstands in seiner handlungsanthropologischen Fassung führen. Für diese Weggabelung können jene beiden Spiel-Konzeptionen stehen, die Tanja Wetzel zufolge im letzten Jahrhundert die „erneute Renaissance des Spielbegriffs" maßgeblich bestimmt haben:[245] Auf der einen Seite hebt Wetzel die Spiel-Deutung Huizingas heraus, die „im Spiel ein ursprüngliches kulturschöpferisches Verhalten [erkennt]", auf der anderen Seite die Spiel-Deutung Wittgensteins, die „den Spielbegriff in die Sprachtheorie [führt]."[246]

Erst wenn „sich eine bestimmte Struktur des Handlungsablaufs in den verschiedensten Spielarten wiederfinden läßt", ist es Popitz zufolge gerechtfertigt, „den Begriff des Spiels als Einheit des Vielfältigen zu bilden."[247] Eben dies aber ist Wittgenstein zufolge nicht möglich. In seinen *Philosophischen Untersuchungen* argumentierte der Sprachphilosoph gegen die Grundannahme, es ließen sich Wesenszüge von Spiel identifizieren, wobei er auf die bleibenden Unstimmigkeiten hinwies, die in der vergleichenden Betrachtung der vielfältigen *Spiele* der Menschen sich vergegenwärtigten:

„Wie würden wir denn jemandem erklären, was ein Spiel ist? Ich glaube, wir werden ihm *Spiele* beschreiben, und wir könnten der Beschreibung hinzufügen: ,das, *und Ähnliches,* nennt man ,Spiele'."[248]

Um zu begründen, dass dem Wort Spiel als sprachlichem Zeichen kein Phänomen Spiel im Sinne einer Sache, die jenseits ihrer sprach-

---

[245] Wetzel, 2003, S. 595–596.
[246] Wetzel, 2003, S. 595–596.
[247] Popitz, vgl. o., S. 36.
[248] Wittgenstein, 1977, S. 59.

Befund einer Sekundärstellung der Spiel-Handlung im Begriff Spiel

lichen Bezeichnung existiert, entspricht, gab Wittgenstein das Folgende zu bedenken:

„Betrachte z. B. einmal die Vorgänge, die wir ‚Spiele' nennen. Ich meine Brettspiele, Kartenspiele, Ballspiel, Kampfspiele, usw. Was ist allen diesen gemeinsam? – Sag nicht: ‚Es *muß* ihnen etwas gemeinsam sein, sonst hießen sie nicht ‚Spiele"' – sondern *schau*, ob ihnen allen etwas gemeinsam ist. [...] Schau z. B. die Brettspiele an, mit ihren mannigfachen Verwandtschaften. Nun geh zu den Kartenspielen über: hier findest du viele Entsprechungen mit jener ersten Klasse, aber viele gemeinsame Züge verschwinden, andere treten auf. Wenn wir nun zu den Ballspielen übergehen, so bleibt manches Gemeinsame erhalten, aber vieles geht verloren. – Sind sie alle ‚*unterhaltend*'? Vergleiche Schach mit dem Mühlfahren. Oder gibt es überall ein Gewinnen und Verlieren, oder eine Konkurrenz der Spielenden? Denk an die Patiencen. In den Ballspielen gibt es Gewinnen und Verlieren; aber wenn ein Kind den Ball an die Wand wirft und wieder auffängt, so ist dieser Zug verschwunden."[249]

Aus Wittgensteins Beobachtungen zum *Hervortreten* und *Verschwinden* von Merkmalszügen im Vergleich konkreter Spiel-Handlungen in unterschiedlichen Spiele-Kontexten, können zwei Schlussfolgerungen gezogen werden, in denen der nominalistische Zweifel auf gegenläufige Weise aufgelöst wird: Einerseits kann mit Wittgenstein dafür argumentiert werden, dass das Wort Spiel in Anschauung seiner Signifikate das Dasein eines Phänomens Spiel jenseits von bloßen „Familienähnlichkeiten" zwischen Handlungsvollzügen in variabel beschaffenen Bezugskontexten widerlegt,[250] und so seine eigentliche Natur und Bedeutung als „Sprach*spiel*" enthüllt.[251] Mit dem Begriff des Sprachspiels fällt die Kluft zwischen „Sache und Sprache"[252] auf eigentümliche Weise fort, indem die Sprache im Namen des Spiels zu einer Selbstbeschreibung im Aspekt ihrer schöpferischen Leistungen findet. Denn der Ausdruck Sprachspiel soll Wittgenstein zufolge zum Ausdruck bringen, „daß das Sprechen der Sprache ein Teil ist einer Tätigkeit, oder einer Lebensform".[253] So kann das Spiel in den Grenzen eines Spiels *der Sprache* als jenes menschliche Vermögen begriffen werden, welches das „Muster" des begriffsgeleiteten Sehens schöpferisch umorgani-

---

[249] Wittgenstein, 1977, S. 56–57.
[250] Wittgenstein, 1977, S. 57.
[251] Wittgenstein, 1977, S. 60.
[252] Scheuerl, vgl. o., S. 92.
[253] Wittgenstein, 1977, S. 28.

Kristallisation einer verdeckten handlungstheoretischen Problemstellung

siert.[254] Wir sähen sprachgeleitet nicht *Spiel* seiendes, aber wir sähen Seiendes *im Spiel-Raum der Sprache* und damit in einem über Bedeutungsdeterminationen hinausgehenden geistig-kognitiven Möglichkeitsraum entfaltet.

Auf der anderen Seite aber kann auf denselben Befund Wittgensteins die Grundannahme der Existenz eines *Spielvermögens* gestützt werden, das den vielfältigen Tätigkeitserscheinungen ein heterogen ausprägbares Grundgefüge verleiht. So könnte im Unterschied zu Wittgenstein und dafür mit Huizinga von der Existenz eines *Spielvermögens* des Menschen ausgegangen werden, das den mannigfaltigen, „Spiel" genannten Handlungserscheinungen nicht nur aus Spiele-Klassen abgeleitete „Familienähnlichkeiten",[255] sondern ein ihnen tatsächlich gemeinsames und doch ganz verschieden ausprägbares Grundgefüge verleiht. Mit anderen Worten führte dieser Ansatz unweigerlich zu der Grundannahme einer *metamorphischen Elementarqualität des Spielvermögens*.

Von allen Spielforschern wird – mehr oder weniger ausdrücklich – eine metamorphische Elementarqualität des Spielvermögens unterstellt, sofern sie anerkennen, dass die Realisationsformen von Spiel vielfältig sind. Es liegt auf der Hand, dass die Ernstnahme dieser Grundannahme eine direkte Verbindung zur Leithypothese der vorliegenden Untersuchung unterhält, die von der Möglichkeit ausgeht, dass ein bedeutsamer Teil von Berührungspunkten bzw. konstruktiven Relationen, die Spielvermögen und politisches Handeln unterhalten, noch im Dunkeln liegt.[256] Spezifischere Gründe zur Aufstellung dieser These, als sie am Beginn meiner Untersuchung angebbar waren, lassen sich an dieser Stelle benennen: *Erstens* könnte der Bezugskontext *Politik*, wie auch immer er genauer bestimmt wird, andersartige Konfigurationen eines daran orientierten Spiel-Handelns motivieren, als es *soziale Spiele* typischerweise fordern, erlauben und ermöglichen; *zweitens* gälte es somit zuallererst auch, die „Macht der Gewohnheit" zu hinterfragen, die Plessner zufolge unsere „sinnliche Anschauung verkümmern [läßt]", um ein „vertraute[s] Bild" für die Chance zur Wahrnehmung einer „neuen Wirklichkeit" zu öffnen.[257]

---

[254] Wittgenstein, 1977, S. 62; vgl. a. Scheuerl, 1959, S. 31–32.
[255] Wittgenstein, 1977, S. 57.
[256] Vgl. o., S. 25.
[257] Plessner, 1953a, S. 92; vgl. a. o., S. 22.

Befund einer Sekundärstellung der Spiel-Handlung im Begriff Spiel

Mit den soeben erfolgten Überlegungen soll nicht die oben angeführte These Huizingas verworfen werden, dass Beobachtungen der sozialen Spiele der Menschen wichtige Anhaltspunkte bieten können für das Verständnis eines von Spiele-Strukturen autonomisierten Handelns, das dennoch Spiel bleibt.[258] Wohl aber soll hier eine Problematik der Gebundenheit einer handlungstheoretischen Spiel-Erkenntnis an die in sich geschlossenen Spiele-Formationen der Spiel-Welt nochmals betont werden. So ist mit ihr die im Folgenden anleitend bleibende Annahme unmittelbar verbunden, dass eine Übertragung von aus Spiel-Welten entlehnten Spiel-Vorstellungen, wie sie im politischen Sprachgebrauch z.B. in der Rede von „klugen Schachzügen" geläufig ist, keinen grundlagentheoretisch tragfähigen Zugang zu einer politischen Spiel-Erkenntnis des Handelns eröffnen kann. Vielmehr müssten demgegenüber Erkundungsgänge im vorbildlosen Bereich der allgemeinbegrifflichen Spiel-Begriffs-Auslegung verstärkt werden.

In einen solchen vorbildlosen Bedeutungsbereich vermag im Lichte der zuvor behandelten phänomenologisch-anthropologischen Position nur ein von bewussten spielsemantischen Differenzierungen angeleitetes Sprachgefühl hineinzuführen. Denn nimmt man die oben behandelte phänomenologische Problematik der Spiel-Erkenntnis ernst, so muss sie gerade auch beim Versuch eines Transfers spieltheoretischer Einsichten in solche Handlungskontexte ins Gewicht fallen, die der besonders stark ausgeprägten Transparenz sozialer Spiele-Ordnungen entbehren. Eine Transparenz der Spiele-Ordnung zeigt sich gerade dort, wo – wie etwa im Falle des Schachspiels – nicht nur ein klar umgrenztes Spielfeld und eine auf nur zwei Personen begrenzte Spielerzahl, sondern überdies eng definierte und streng einzuhaltende Spielregeln existieren, die auch den Rahmen der Spielzeit festlegen. Demgegenüber sensibilisiert gerade der „spieltheoretische" Ansatz dafür, dass in der Realpolitik Handlungsanforderungen und -zwänge bestehen, die mit den Gelingensvoraussetzungen eines – fairen, schönen, spannenden, erholsamen etc. – Zusammen-Spiels konfligieren. So wirft der Versuch eines Spiel-Begriffs-Transfers nicht nur die Grundsatzfrage nach der Existenz hinreichender Realisationsbedingungen von Spiel als Handeln im politischen Handlungszusammenhang auf. Könnte jenes Vorhandensein hinreichender Realisationsbedingungen bejaht

---

[258] Huizinga, vgl. o., S. 93.

werden – etwa im Hinweis darauf, dass „Spielen" beinahe „jederzeit" möglich sei[259] –, so gälte es überdies, auch mögliche Konsequenzen eines Kontextwechsels für Verlaufsgestalt und Bedeutungsgehalt der als Spiel bzw. spielhaft wahrgenommenen Handlung zu bedenken. Eine vergleichende Betrachtung von mit dem Spielbegriff assoziierten Handlungen innerhalb unterschiedlicher Spiele-Ordnungen, wie sie Wittgenstein im obigen Zitat vollzogen hat, würde demnach nicht verschiedene Handlungsarten mit Ähnlichkeiten zutage fördern, sondern eine *bezugsrahmenabhängige Wandelbarkeit* von Spiel-Handlungen als Ausdruck des metamorphischen Potentials des Spielvermögens uns vor Augen führen.

An den Beginn dieses ersten Untersuchungsteils hatte ich die Leitannahme gestellt: Was wir unter einer Handlung, die *politisches Spiel* sei, verstehen, müsse auch gründen in einer Auffassung von *Spiel*. Daraufhin wurde gefragt, wie sich im facettenreichen „Klange des Wortes Spiel"[260] überhaupt die Grenzen eines Allgemeinbegriffs des Handelns vergegenwärtigen lassen, wie sie im vorliegenden Untersuchungsrahmen mit Weber gezogen wurden.[261] Nimmt man den in Abschnitt 1.3. diskutierten phänomenologischen Zugang auf, so ist es zur weiteren Verfolgung des Erkenntnisinteresses der vorliegenden Untersuchung nicht nur möglich, sondern sogar erforderlich, sich spieltheoretischen Begriffskonzeptionen mit Hilfe von spielsemantischen Wegmarken für eine bezugsrahmenoffene, allgemeinbegriffliche und handlungszentrierte Spiel-Begriffs-Rezeption zu nähern. Im Fortgang dieses ersten Untersuchungsteils soll daher in zwei aufeinander aufbauenden Teilschritten verfahren werden: Zuerst wird die Semantik von Spiel in weitgehender Unabhängigkeit von spielanthropologischen Begriffsauslegungen im Hinblick auf ein handlungszentriertes Sprachgefühl hin befragt (2. Kapitel). Dieser Leitfaden der Spiel-Begriffs-Rezeption wird anschließend als ein Auswertungsleitfaden der Spielanthropologien von Buytendijk und Plessner aufgenommen (3. Kapitel). Lassen sich auf diesem Wege in ihren Theorien über das Spiel allgemeingültige Konturen für eine Konzeption von Spiel als ein bezugsrahmenoffenes und entsprechend auch politikoffenes Handeln schärfen (4. Kapitel)?

---

[259] Popitz, 2000, S. 52.
[260] Scheuerl, vgl. o., S. 36.
[261] Weber, vgl. o., S. 37.

2. Spiel nur als Handlung ‚hören'

Ingeborg Heidemann sprach vom Spiel als einer „Möglichkeit jedes Menschen".[1] Diese Möglichkeit erscheine zuallererst als „ein Phänomen in der Welt, das jeder Mensch kennt und vielleicht auch jeder Mensch bejaht" – insofern also als „ein alltägliches Phänomen", das „ein Teil des Lebens" ist und als solches „ursprünglich und jedem zugänglich in der Lebenserfahrung".[2] Um das Handlungspotential des Spielvermögens zu ermessen aber gilt es den bisherigen Ausführungen zufolge jedoch offenbar auch, den selbstverständlich anmutenden Bedeutungskreis des *Begriffs Spiel* zu überwinden, und zwar sowohl durch die Einsicht in den exkludierenden Charakter freiheitsemphatischer Spiel-Auffassungen, als auch durch die Einsicht in den universalisierenden Charakter eines zweckrational formalisierten und darin bloß instrumentellen Spielbegriffs.

Wie in diesem 2. Kapitel untersucht wird, geleitet nicht die durch soziokulturelle Tradierungen Prägnanz gewinnende Rede vom Spiel *im Allgemeinen* – die, wie in Kürze näher auszuführen sein wird, der in unserem herkömmlichen Sprachgefühl geläufigen Neigung folgt, ein hochspezifisches Spiel-Verständnis als das allgemeingültige, alle Erscheinungsformen von Spiel umfassende irrtümlich auszuweisen –, zu solchen spielsemantischen Ansatzpunkten, die den Blick auf den unverzichtbaren Bedeutungskern von Spiel in den Grenzen eines Handelns schärfen, sondern allein der *Allgemeinbegriff Spiel* im Sinne eines mannigfaltige Spiel-Aspekte überlagernden universalen Merkmalskerns von Spiel-Formen, der somit auch die Anwendbarkeit des Spielbegriffs auf Unterschiede aufweisende Realisierungen von Spiel allererst rechtfertigt und damit auch alle heuristische Beurteilung einer Erscheinung als (wirkliches) Spiel.

---

[1] Heidemann, 1968, S. 119.
[2] Heidemann, 1968, S. 3; vgl. a. Fink, 1957, S. 5.

2.1. Vom engen zum allgemeinbegrifflichen Spiel-Verständnis

Unter einer Spiel-Begriffs-Verwendung im Bedeutungskreis von Spiel *im Allgemeinen* verstehe ich anknüpfend an eine im *Deutschen Wörterbuch* geläufige Ausdrucksweise[3] fortan die in einer Kultur am stärksten verbreitete Grundbedeutung des Worts, die sogar in aller unspezifizierten Rede vom Spiel und Spielen sich nahezulegen neigt. Als ein Deutungsmuster, das mit dem eines Allgemeinbegriffs des Spiels leicht verwechselt wird, ist sie auch im politikwissenschaftlichen Sprachgebrauch lebendig. Ein Beispiel für ein Unreflektiert-Bleiben jener Differenz – d. h., eine hochspezifische Spiel-Vorstellung wird im politischen Sprachgebrauch als allgemeingültige suggeriert – gibt Richard Münchs Kritik an Hans Joas' Theorie der *Kreativität des Handelns*.

Elemente der Spieltheorie Winnicotts hatte Joas einbezogen,[4] um Kreativität als eine Dimension in *allem* menschlichen Handeln nachzuweisen.[5] Von einer in den Augen Münchs gegebenen Kritikwürdigkeit des damit einhergehenden Rückgriffs auf das Spiel-Vorbild des kindlichen Phantasiespiels schloss dieser wiederum auf einen generellen Antagonismus von Spielvermögen und all solchen sozialen Handlungen, die – wie auch das politische Handeln – besondere Anstrengungen und Verpflichtungen abverlangen. So wendete Münch gegen Joas im Einzelnen ein, dass „Kreativität" – sie müsse aufgefasst werden „als die Fähigkeit, Neues, nicht Erwartbares und Überraschendes zu schaffen, Dinge anders zu sehen als bisher und gegen alle herrschende Erfahrung Dinge neu zu kombinieren" – überall, wo die lastende Wirklichkeit „Problemlösungen" fordere, „nicht nur eine spielerische Sache" sei: weder dort, wo es um „ein technisches Problem" gehe, dessen Bewältigung dem Menschen Mühsal und Disziplin abverlange, wodurch „eine Menge der ursprünglichen spielerischen Kreativität verschüttet" würde, noch bei der „Erneuerung von Moral, Wissen und Kunst".[6]

Zum Gegenstand seiner Kritik hatte Münch somit nicht die von Joas getroffene spezifische Wahl des spieltheoretischen Basis-

---

[3] Siehe hierzu die in Kürze am Beginn von Unterabschnitt *2.1.1.* dieses Untersuchungsteils angeführte Definition von *Spiel im Allgemeinen*, wie sie das *Deutsche Wörterbuch* anführt.
[4] Joas, 1996, S. 240–244.
[5] Joas, 1996, S. 15.
[6] Münch, 2007a, S. 340–342.

konzepts erhoben, sondern dessen Rekurs auf Spiel – und Spieltheorie – *im Allgemeinen*. Dabei bleibt Münch überdies einer aufklärungspädagogischen Grundauffassung des kindlichen Spiels verhaftet, die Winnicott schon überwunden hatte.[7] Auch Erik H. Eriksons Studie zur innigen Verbundenheit von „Kinderspiel und politischer Phantasie"[8] oder George Eisens Untersuchung des kindlichen „Spielens im Schatten des Holocaust" machen schnell die im herkömmlichen Sprachgefühl allzu leicht akzeptierten Verengungen deutlich, mit denen selbst die Erforschung des Spielvermögens im Kontext des Kinderspiels bis heute überall dort zu ringen hat, wo Entfaltungspotentiale kindlicher Spiel-Möglichkeiten von pädagistischen oder auch romantisierten Spiel-Raum-Bedingungen des Handelns abhängig gemacht werden.[9]

Mein Anliegen, semantische Anhaltspunkte für eine handlungszentrierte spielanthropologische Merkmalsdestillation zu verdeutlichen, wird nun in zwei aufeinander aufbauenden Analyseschritten vorbereitet: Der erste, aktuelle Analyseschritt zielt auf eine Destillation von Voraussetzungen einer *inhaltlichen Verallgemeinerung* der Spielbedeutung im allgemeinbegrifflichen Verständnis; der zweite, in Abschnitt 2.2. folgende Analyseschritt prüft hingegen Optionen für eine *formale Bedeutungsreduktion* des Spielbegriffs in den Bahnen eines handlungszentrierten Verständnisses. Letzteres erfolgt aufgrund der im bisherigen Untersuchungsverlauf bereits nahegebrachten Annahme, dass es erforderlich ist, zwischen den semantischen Spektren von *Spiel* einerseits und *spielen* bzw. *Spielen* andererseits gerade dort strenger zu unterscheiden, wo der Spielbegriff einen aus Spiel-Räumen hinausführenden Kontexttransfer durchlaufen und somit in einem vertieften, gegenüber gespielten *Spielen* autonomisierten allgemeinbegrifflichen Wortverständnis aufgenommen werden soll.

---

[7] So sprach Winnicott etwa von einer „direkten Entwicklungsfolge von Überphänomenen zum Spielen, vom Spielen zum gemeinsamen Spielen und von hier zum kulturellen Erleben" (Winnicott, 2006, S. 63) oder auch von (Spiel-)„Kreativität' als Tönung der gesamten Haltung gegenüber der äußeren Realität" (a. a. O., S. 78).
[8] Erikson, 1978.
[9] Eisen, 1993.

Spiel nur als Handlung ‚hören'

2.1.1. Gefahr einer verabsolutierenden Bedeutungsengführung in der Rede vom Spiel im Allgemeinen

Das *Deutsche Wörterbuch* dokumentiert in seinem 16., federführend von dem germanistischen Mediävisten und Lexikographen Moritz Heyne bearbeiteten und erstmals 1905 erschienenen Band die größte Sammlung historischer Verwendungsweisen des Spielbegriffs in der deutschen Sprachgeschichte. Wie die nachfolgenden Zeilen untermauern werden, wirken die hierin diagnostizierten Wegmarken der Spiel-Begriffs-Verwendung bis in unsere Gegenwart fort.

Dem *Deutschen Wörterbuch* zufolge verbindet das Deutsche – wie die meisten anderen Sprachen auch[10] – mit der allgemeinen Rede vom Spiel bzw. mit Spiel *im Allgemeinen* zu allererst die Bedeutung einer *unterhaltsamen Tätigkeit*:

„*Spiel* bezeichnet im Allgemeinen eine Tätigkeit, die man nicht um eines Resultats oder eines praktischen Zweckes willen, sondern zum Zeitvertreib, zur Unterhaltung und zum Vergnügen übt: *Spiel*, ludus, jeu. Überhaupt ein Tun, so zur Belustigung und Zeitvertreib angesehen."[11]

Durch diesen tradierten Grundgehalt gewinnt die eigentlich so weitläufige Spielsemantik auch ohne erläuternde Zusätze eine allgemeinverständliche Prägnanz. Dabei erhält sie jedoch selbst innerhalb ihres engen Bezugsrahmens der erbaulichen *Spiele* eine gewisse Vielschichtigkeit: neben kindlichem Spiel[12] werden mit dieser Spiel-Auffassung mitunter sowohl die „Kraft- und Geschicklichkeitsübungen" der Jugend[13] abgedeckt als auch die *„Gesellschaftsspiele"* der Erwachsenen, „die mehr eine spielende Tätigkeit und Übung des Geistes und gewissermaßen nur eine spezielle Form und eine Steigerung der Konversation sind".[14] Sogar vor Zuschauern dargebotene künstlerische Spiel-Formen sind in dem o. g. tradierten semantischen Bezugsrahmen einbegriffen. Letzteres rechtfertigt die Möglichkeit, in der Spiel-Begriffs-Rezeption zur *Publikumsper-*

---

[10] Huizinga, 2004, S. 37–56.
[11] *DWB*, Bd. 16, Sp. 2275. Für eine leichtere Lesbarkeit werden im vorliegenden Untersuchungsrahmen alle Zitate aus dem *Deutschen Wörterbuch (DWB)* in die heutige Schreibweise übertragen.
[12] *DWB*, Bd. 16, Sp. 2275, 2286–2287.
[13] *DWB*, Bd. 16, Sp. 2288.
[14] *DWB*, Bd. 16, Sp. 2289; vgl. a. a. O., Sp. 2287.

spektive zu wechseln. Besondere Anstrengungen und Fähigkeiten erforderndes Spiel – wie jenes von Musikinstrumenten oder auch das Theaterschauspiel – kann dennoch zur bloßen „Unterhaltung", zu „Zeitvertreib" und „Belustigung" dienen: aus der Sicht jener *anderen*, die solches Spiel zwar nicht hervorbringen, es aber als *so ein Spiel* erleben.[15]

Bis in die heutige Zeit hat sich die im *Deutschen Wörterbuch* exponierte Grundbedeutung von Spiel erhalten. So heißt es im *Staatslexikon*, Spiel bedeute „gemeinhin eine besonders lustvolle, ‚in sich selbst vergnügte' Tätigkeit", welche „um der Freude selbst willen geschieht und keine darüber hinausreichenden Zwecke verfolgt (‚zweckfreies Tun')."[16] Im *Etymologischen Wörterbuch des Deutschen* wird jedoch auch hervorgehoben, dass dem Unernst von Spiel, wie er aus der Außensicht erscheinen mag, ein der Spiel-Tätigkeit gewidmeter Ernst zur Seite steht. „Spiel" bedeute eine „nicht auf Nutzen ausgerichtete, vergnügliche", jedoch „mit Ernst betriebene Tätigkeit, Zeitvertreib, Vergnügen, Wettkampf."[17] Doch nicht der Ernsthaftigkeit der Spiel-Handlung in einem Spiel, sondern der Ernsthaftigkeit der Spiel-Handlung jenseits eines Spiel-Raums gilt das Interesse der vorliegenden Untersuchung.

Nicht zuletzt lebt auch jene Grundvorstellung von Spiel im heutigen Sprachgefühl fort, die das Primat einer zweckfreien Handlung mit der Bedingung eines spieleigenen Regelrahmens verknüpft. In der aktuellen *Brockhaus Enzyklopädie* heißt es, „Spiel" sei ein

„Verhaltensbereich bei Mensch und Tier, der dadurch gekennzeichnet ist, dass die spielerische Aktivität eigenen, von allem anderen Verhalten abgegrenzten Regeln folgt, sich frei von äußerer Zwecksetzung oder Zwang vollzieht und damit für den Menschen einen Bereich der Freiheit und Offenheit individuellen Handelns erschließt."[18]

Dass mit solchen „eigenen, von allem anderen Verhalten abgegrenzten Regeln" statt eines Spiel-Raums etwa im Sinne Tugendhats innerliche Prinzipien der Motivation eines Handlungssubjekts gemeint sein könnten, ist nicht intendiert.

Eine eigentümliche Mischung aus Aspekten eines unernsten Spiels und politischem Ernst sowie aus Aspekten der Realpolitik

---

[15] *DWB*, Bd. 16, Sp. 2292.
[16] Herlth, 1995, S. 111.
[17] Pfeifer, 1993, S. 1324.
[18] *Brockhaus-Enzyklopädie*, 2006, S. 752.

und der Spiele führt der Sprachgebrauch Karl Rohes in *Politik. Begriffe und Wirklichkeiten* vor. Rohe zufolge „kann kein Zweifel bestehen", dass in der Politik „Spielelemente" existierten,[19] denn

„[m]anche Jagd um Posten und Ämter, manche Aktivitäten und Maßnahmen kann man kaum verstehen, wenn man nicht davon ausgeht, daß sich die ‚politics'-Dimension bis zu einem gewissen Grade verselbständigt hat. Nicht immer stehen gesellschaftliche Interessen auf dem Spiel, wenn die politische Kampfarena von homerischen Schlachtgesängen erfüllt ist. Kurzum: Politische Konflikte können durchaus ‚aus Spaß an der Freude' oder aus den Interessen derer erwachsen, die nicht nur *für* die Politik, sondern auch *von* der Politik leben."[20]

Paradoxerweise verquickt Rohe in dieser Passage die Semantik des freizeitlichen Strategiespiels, das spiel-weltlich verankert ist, mit politischem Handeln, das kein Spiel-Raum ist. Der traditionsreiche Konnex von Tätigkeits- und Freiraumprimat in der Semantik von Spiel in der Bedeutungstradierung von Spiel im Allgemeinen findet demnach auch im politischen Denken eine Ankerstelle.

Unmittelbar auswirken muss sich das soeben behandelte Vorverständnis von Spiel auf Weichenstellungen zur antagonistischen Verhältnisbestimmung von *Spiel und Ernst* im Sinne eines nicht spielintrinsischen Ernstes. Wenn es im *Deutschen Wörterbuch* heißt, *Ernst* bedeute im Neuhochdeutschen „immer das wirklich Gemeinte, Wahre, Feste und Eifrige", so wird damit nicht etwa ein der Spiel-Handlung gewidmeter Ernst angesprochen, sondern der „Gegensatz von Scherz und Spaß".[21] Entsprechend heißt es weiter: Der „*ganze, volle, bittere Ernst*" werde „überall dem Scherz und Spiel entgegengestellt". Dabei lässt sich der so ausgerichtete Ernstbegriff in konkretisierte Unterformen einer ernsthaften Handlung oder Handlungshaltung aufgliedern, im Anschluss an Plessner etwa in „Kampf, Eifer, Anspannung, Mühe, heute: Arbeit".[22] Jene spezifizierten Formen des Ernsts müssen wiederum spezifiziertere Abgrenzungen zum Spiel nachsichziehen. Im Folgenden wird dies anhand von Deutungen des *Ernsts* in den engeren Fassungen von *Arbeit* und *Kampf* genauer untersucht.

Wie Plessner betont hat, ist in der Geschichte der Spielfor-

---

[19] Rohe, 1994, S. 77.
[20] Rohe, 1994, S. 77.
[21] Hierzu und zum Folgenden: *DWB*, Bd. 3, Sp. 924–925.
[22] Plessner, 1956a, S. 704.

schung der Ernst *des Spiels* – bzw. der Ernst seiner Unernsthaftigkeit – vor allem in philosophisch-ästhetischer Sicht thematisiert worden.[23] Wie die oben ausgeführte tradierte Spiel-Bestimmung unterstreicht, ist darin ein Hinweis auf einen anderen oder gar höheren Ernst von Spiel und Spiel-Handlungen wenn überhaupt nur andeutungshaft bewahrt worden. Dorothea Kühme hat im Rahmen ihrer Studie *Bürger und Spiel. Gesellschaftsspiele im deutschen Bürgertum zwischen 1750 und 1850* eigens auf einen Prozess der Auslöschung früher gängiger Bedeutungsfacetten des Spielbegriffs, insbesondere der ästhetischen, hingewiesen, wobei als Hauptgrund die soziokulturellen Veränderungen der Lebensräume aufgrund eines wachsenden Nebeneinanders von fortschreitender Industrialisierung und sich entfaltender bürgerlicher Freizeitkultur angeführt wird.[24] Mit dieser Entwicklung in Zusammenhang gebracht wird auch die im vorliegenden Untersuchungskontext schon angesprochene Stärkung eines Spiel-Bewusstseins im Spiegel eines gestärkten Bewusstseins für einen Zeit-Raum der Arbeit.

Gert Eichler hat die tradierte Entgegensetzung von Spiel und Arbeit auf die in der Epoche der Industrialisierung gestärkte Bindung des Spielbegriffs an den *Freizeitbegriff* zurückgeführt.[25] In der fortschreitenden Gleichsetzung von Spiel mit Freizeit habe die für den Freizeitbegriff charakteristische Betonung „*arbeitsfreier Zeit*" eine Verengung der mit Spiel verbundenen Freiheitsauffassungen befestigt.[26] Auch die räumliche Dimension des Freiheitsbegriffs wurde dadurch wohl betont. Jedenfalls stellte Iring Fetscher heraus, dass im Lichte freizeitlichen Spiels der Raum der Arbeit und Arbeit selbst im Aspekt „schwerer Mühe" und des „Unglück[s]" fixiert würden, während dem Raum des Spiels und dem Spiel-Handeln der Bedeutungsgehalt einer Gegenwelt zur Arbeit zuwachse.[27]

Von John Dewey wurde ein Ansatz zur Modernisierung der Spieltheorie begründet, der den Reduktionismus der soeben skizzierten Entwicklung wieder überwindet. In seiner eingangs schon erwähnten Studie über *Play and Work in the Curriculum,* die einen Teilabschnitt seines erstmals 1916 erschienenen Werks *Democracy*

---

[23] Plessner 1956a, S. 704.
[24] Kühme, 1997.
[25] Eichler, 1979.
[26] Eichler 1979, S. 16–17; vgl. a. Fetscher, 1983, S. 64–65 sowie Scheuerl, 1990, S. 13.
[27] Fetscher, 1983, S. 56.

Spiel nur als Handlung ‚hören'

and Education bildet, werden Freiheit und äußerlich erzwungene Bezugsfaktoren des Spiel-Handelns im Bedeutungskreis von *play*[28] und dennoch integrativ verstanden. Umrisse eines Handelns, das von Aspekten des Spiels wie auch der Arbeit durchdrungen ist, werden zur Vorstellung gebracht. Zur Gewinnung eines solchen Verständnisses forderte Dewey eine detailliertere Reflexion des intentionalen Spiel-Vorgangs:

„Persons who play are not just doing something (pure physical movement); they are *trying* to do or effect something, an attitude that involves anticipatory forecasts which stimulate their present responses."[29]

So zeigte Dewey in der Wahrnehmung einer eigentümlichen intentionalen Strebung des im Spiel begriffenen Menschen eine Verbundenheit von Spiel und Arbeit auf – und stützte darauf nicht zuletzt auch seine Überzeugung einer „immense moral importance of play".[30]

Die intentionale Strebung des Spielens wird von Dewey schwerpunktmäßig vertieft im Aspekt eines *Sich-Bindens* an etwas anderes sowie im Aspekt der Herausforderung von etwas anderem, zu *antworten*. Dewey untermauert so zum einen seine Einsicht, dass „[i]n their intrinsic meaning, play and industry are by no means so antithetical to one another as is often assumed [...].[31] Zum anderen erschloss sich ihm in der Annäherung von Spiel und Arbeit zugleich ein darin beförderter Gegensatz von Spiel und wirtschaftlichem Handeln:

„It is important not to confuse the psychological distinction between play and work with the economic distinction."[32]

Der Weg zu einer handlungstheoretischen Perspektive, der aufgrund einer gestärkten Einsicht in konstruktive Relationen von Spiel und Arbeit zur *Kunst* führt, aber bleibt offen und wurde von Dewey sogar als die höchste Verwirklichung ihrer Vereinigung begriffen:

„Work which remains permeated with the play attitude is art – in quality if not in conventional designation."[33]

---

[28] Vgl. o., S. 77.
[29] Dewey, 2005, S. 238.
[30] Dewey, 2007, S. 160.
[31] Hierzu und zum Folgenden: Dewey, 2005, S. 237–242.
[32] Dewey, 2005, S. 241.
[33] Dewey, 2005, S. 237–242.

Eng verschlungen doch auch widersprüchlich bieten sich die semantischen Bande zwischen Spiel und Ernst in seiner konkretisierten Fassung als Arbeit dar. Über das altdeutsche *ernust* verweist der Ernstbegriff jedoch auch auf den tödlichen Kampf bzw. auf den „Todeskampf".[34] Der „ernst[e] Kampf", „wo es ans Leben geht", bildete vor diesem Hintergrund einen geläufigen Gegenbegriff zu *spil*. *Spil* als der mitunter im Alt- und Mittelhochdeutschen gebrauchsübliche Ausdruck für Spiel,[35] steht im engeren Sinne für „bloßes Ritterspiel" und für „Turnier".[36] Dem zugehörigen Verb *spilen* werden im *Deutschen Wörterbuch* neben dem „Wettkampf" auch „Unterhaltung und Kraftübung" sowie das „Schauspiel" als Kernbedeutungen zugeordnet.[37] Nur in übertragener Bedeutung sei es auf den „wirklichen Kampfe" bezogen worden. „Häufig" bilde hierfür „ein deutlicher Vergleich mit einem andern Spiel" die Grundlage: ein Vergleich „mit dem Schachspiel" oder auch „mit einem Glücksspiel". In der heutigen politischen Sprache wird das Fortleben dieser Grundtendenz etwa dort bezeugt, wo vom Koreakrieg als „Machtpoker der Supermächte an der Peripherie des Kalten Krieges",[38] vom „Griechenland-Poker"[39] oder vom „Kampf um die Ukraine" als ein „Schachspiel im Minenfeld" gesprochen wird.[40]

Im Phänomenkreis des Kampfs haben sich in der politischen Ideengeschichte zwei einander entgegengesetzte Konkretisierungsmöglichkeiten mit einer Spielsemantik verbunden: Auf der einen Seite bildet der von Carl Schmitt charakterisierte, „die reale Möglichkeit der physischen Tötung" einbeziehende und darüber hinaus in „Feindschaft" begründete Kampf ein Anwendungsfeld des Spielbegriffs, und damit eine Form des Kampfs, aus dem – als „äußerste Realisierung der Feindschaft", welcher die „seinsmäßige Negierung

---

[34] Hierzu und zum Folgenden: *DWB*, Bd. 3, Sp. 924.
[35] *DWB*, Bd. 16, Sp. 2275.
[36] *DWB*, Bd. 3, Sp. 924; vgl. a. a. a. O., Bd. 16, Sp. 2360–2361.
[37] Hierzu und zum Folgenden: *DWB*, Bd. 16, Sp. 2360–2361.
[38] Stöver, 2013, S. 17.
[39] Siehe hierzu exemplarisch den Sprachgebrauch von Stefan Schultz im folgenden, auf *Spiegel online* veröffentlichten Artikel: http://www.spiegel.de/wirtschaft/unternehmen/griechenland-tsipras-rede-schickt-boerse-in-den-keller-dax-im-minus-a-1017446.html (zuletzt aufgerufen am 28.11.2017).
[40] Siehe hierzu exemplarisch den Sprachgebrauch von Uwe Klußmann im folgenden, auf *Spiegel online* veröffentlichten Artikel: http://www.spiegel.de/politik/ausland/kampf-um-die-ukraine-schachspiel-im-minenfeld-a-954527.html (zuletzt aufgerufen am 28.11.2017).

eines anderen Seins" im Wesen liege – der „Krieg" erwachse,[41] den Schmitt noch als ein „politische[s] Mittel", wenn auch „das extremste", begriff.[42] In dieser Analyserichtung des Kampfbegriffs hatte, wie bereits behandelt wurde, Carl von Clausewitz eine Relationierung zur Spielthematik vorgenommen.[43] Eine hierzu gegenläufige Spiel-Begriffs-Wendung im Kontext derselben Auslegungsrichtung der Kampfproblematik wird im *Zweiten Teil* der vorliegenden Untersuchung am Beispiel des von Plessner entfalteten Spielbegriffs politischen Handelns thematisch werden.[44]

Auf der anderen Seite steht die politische Spiel-Deutung des Kampfs in Gestalt des *Wettkampfs*, der im *Agon* als zu Ehren der Götter ausgetragener physischer oder auch geistiger Wettkampf in den Wettspielen der griechischen Antike seine historischen Ursprünge hat.[45] Wie Frank Nullmeier herausstellte, geht die Überführung des Begriffs *Agon* in die Rede vom *Agonalen*, welche allgemeine Grundmerkmale des *Agon* in einer formalen Wesensbeschreibung konzentriert und so allererst ermöglichte, *allerorts* das Dasein des Wettkämpferischen zu entdecken – etwa im Rahmen von „Kunst" und „Musik" wie auch „im Alltag", in „Politik" und „Gerichtswesen" und selbst „im Krieg" – auf Jacob Burckhardt zurück.[46] Der „Kern des Agonalen", so Nullmeier,

„ist der ohne Feindschaft und Schädigungsabsicht ausgetragene Wettkampf, ein *geordnetes Gegeneinander,* bei dem es darauf ankommt, die Überlegenheit über andere zu erzielen, die im Wettkampf als Gleiche erfahren werden. Die Grundstruktur des agonalen Kampfes ist die eines geregelten, von Dritten beobachteten und an einem gemeinsamen Maßstab beurteilten Sichmessens mindestens zweier Personen."[47]

Dieser Auslegungsrichtung wendet sich der *Zweite Teil* der vorliegenden Untersuchung am Beispiel der von Huizinga begründeten Spieltheorie der Kultur nochmals gesondert zu. Dabei wird auch zu verdeutlichen sein, dass Huizingas agonalisierter Spielbegriff, anders als es Francesca Rigotti dargestellt hat, gerade nicht als eine

---

[41] Schmitt, 2002, S. 33.
[42] Schmitt, 2002, S. 36.
[43] Vgl. o., S. 73–75.
[44] Hierzu im *Zweiten Teil*, Abschnitt 2.2.
[45] *LexAW*, Bd. 1, S. 68 und Bd. 3, Sp. 3271–3272.
[46] Nullmeier, 2000, S. 150–151.
[47] Nullmeier, 2000, S. 151.

Metapher im Bereich der „kriegerisch-militärische[n] Sprache der Politik" gedacht worden ist, sondern, ganz im Gegenteil, als Bezeichnung eines universalen Handlungsphänomens, das die größte kulturanthropologische Ernstnahme fordert.[48]

Schon die wenigen in diesem Abschnitt erfolgten Vertiefungen des Spiel-Ernst-Antagonismus in den genaueren Ausprägungen von Spiel und Arbeit sowie von Spiel und Kampf geben hinreichenden Anlass, um ein *prinzipielles Suspendieren der Rede vom Spiel im Allgemeinen* im politischen Sprachgebrauch – insbesondere in einem Theoriekontext – zu rechtfertigen. Gerade das ein politisches Exklusionsparadigma der Spiel-Deutung begründendes Spiel-Raum-Primat des Spielbegriffs wird allzu leichtfertig in der Rede vom Spiel im Allgemeinen zur Geltung gebracht und übernommen. Demgegenüber gilt es, im politischen Sprachgebrauch wider das Freizeit- und Kinderspiel eine allgemeinbegriffliche Spiel-Auffassung mit handlungstheoretischem Fokus zu stärken.

2.1.2. Bedeutungsweite

Moritz Lazarus zufolge ist allein der deutsche Sprachgebrauch fähig, mit dem Wort Spiel auch direkt „die Sache selbst" auszudrücken:

„Alles Spiel ist eine Tätigkeit. Es fragt sich, was für eine."[49]

Die Weitläufigkeit des deutschen Spielbegriffs offenbart sich jedoch gerade dort, wo er das Gebiet der Handelnden und des Handelns verlässt. Ein umfangreicher Teil der im *Deutschen Wörterbuch* dokumentierten Spiel-Bedeutungen verweist auf ein Spiel unbelebter Materien bzw. auf subjektlose Vorgänge. In diesen Zusammenhang gehört die Rede vom Spiel von Licht, Farben, Wellen und Blättern, oder auch die vom Spiel der Maschinenteile.[50] Nicht Handelnde, sondern *bewegte Dinge*, nicht Handlungen, sondern geheimnisumwobenes *Geschehen* werden in diesem Zugriff auf die Semantik von Spiel herausgehoben. Diese Subjekt- und Handlungsautonomie

---

[48] Anders Rigotti, 1994, S. 48–57.
[49] Lazarus, 1883, zit. n. Scheuerl (Hg.), 1991, S. 65. Hierauf wird in Kürze auf S. 115–116 nochmals zurückgekommen.
[50] *DWB*, Bd. 16, Sp. 2276–2278; Lazarus, 1883, zit. n. Scheuerl (Hg.), 1991, S. 65 sowie Scheuerl, 1990, S. 116–117.

Spiel nur als Handlung ‚hören'

von Vorgängen, die die Verwendung des Spielbegriffs zulässt, bedeutet im Umkehrschluss jedoch nicht, dass in so bestimmten Relationierungen jeglicher Bezug auf Handelnde suspendiert ist. So vermag die nun folgende Betrachtung dieses Umstands auch etwas dazu beitragen, spielsemantische Gründe für das politische Exklusionsparadigma des Spielbegriffs in der handlungsphänomenologischen Schicht des Sprachgefühls stärker zu vergegenwärtigen.

Im *Deutschen Wörterbuch* wird auf die erst seit dem 18. Jahrhundert nachweisbare Neigung des Spielwortgebrauchs hingewiesen, *Unpersönliches zu personifizieren*.[51] Diese Art der Rede vom Spiel wird anschaulich ein Spiel von „unpersönlichen Subjekten" genannt.[52] Sie könne sich auf Bewegungen einzelner Körperteile des Menschen beziehen – etwa auf ein Spiel der Augen und Blicke –, ebenso aber auch auf Naturereignisse – etwa das Spiel von Licht und Schatten –, auf ein Spiel „von Gegenständen, die der Mensch in Bewegung setzt", und nicht zuletzt auch auf seelisch-geistige Vorgänge.[53] Dass dieser Zugriff auf das Wort Spiel eine Zwischenform der Wortverwendung bildet, indem er primär ein Geschehen, ein komplexes, nicht rationalisierbares Zusammenwirken von Faktoren benennt, darin jedoch zugleich auch den Hinweis auf einen Handelnden anklingen zu lassen vermag, wird im *Deutschen Wörterbuch* nähergehend erläutert am Beispiel der Rede vom *„Spiel der Natur"*:[54]

„Die Natur erscheint hier fast personifiziert, wie ein Mensch, der neben seiner regelmäßigen Tätigkeit zur Unterhaltung unregelmäßige Dinge nach Willkür und Laune hervorbringt."[55]

Die Rede vom Spiel der Natur vermöchte die Vorstellung wachzurufen, vielleicht sogar zu intendieren, die Natur handele „wie ein Mensch", dies jedoch hintergründig, als eine allen Blicken verborgene Spielerin *ihres* Spiels.[56] So tritt im Namen des Spiels ein „hypostasiertes Subjekt" auf,[57] ein Handlungssubjekt zweiter Ordnung,

---

[51] *DWB*, Bd. 16, Sp. 2276–2280.
[52] *DWB*, Bd. 16, Sp. 2276.
[53] *DWB*, Bd. 16, Sp. 2277–2280.
[54] *DWB*, Bd. 16, Sp. 2279.
[55] *DWB*, Bd. 16, Sp. 2279.
[56] Zur gegenläufigen Möglichkeit, Spiel als *Kontrolle durch Natur* zu deuten: Eigen/Winkler, 1996.
[57] Scheuerl, 1990, S. 117.

das aber nicht metaphysischer Natur ist, sondern gerade ein Als-ob-Handlungssubjekt bzw. ein fiktives Handlungssubjekt. Darüber vermittelt erscheint – analog zu Heraklits 52. Fragment[58] – nicht nur Unbegreifliches greifbarer. Dieses greifbarer Werdende spricht sich seinerseits in einer *Handlungsbeschreibung* aus. Im Falle des Spiels der Natur wird ihr Spielen mit dem *Hervorbringen von Willkürlichem* assoziiert:

„*Die Natur spielt*, ,wenn sie zufällige Veränderungen unter den Geschöpfen hervor bringet'."[59]

Solches Spielen, in dem die Natur folglich als temporär aus ihrer eigenen Gesetzlichkeit herausspringende vorgestellt wird, steht demnach der eine existentielle Bedeutung des Zufalls steigernden Rede vom „*Spiel des Schicksals*" besonders nahe[60] – aber auch der Rede von einem sogenannten „Spiel der Kräfte in der Weltpolitik",[61] von einem Machtspiel im Hintergrund der Schaubühne *Politik*, auf der Menschen wie Marionetten auftreten,[62] oder von der „Politik" als *Vollführerin* eines „Schauspiel[s] absoluter Kreativität", von der Tilo Schabert in *Wie Weltgeschichte gemacht wird* spricht:[63]

„Die Politik vollführte vom Herbst 1989 bis zum Sommer 1990 auf der europäisch-atlantischen Bühne ein Schauspiel absoluter Kreativität. Ihre Akteure selbst, die Politiker im politischen Drama, hatten die größten Schwierigkeiten, damit zurechtzukommen, mitgerissen in einem Geschehen, das doch das von ihnen gestaltete Geschehen sein sollte."[64]

So tritt bereits an dieser Stelle des vorliegenden 2. Abschnitts ein zweiter Charakterzug der Spielsemantik mit besonderer Untersuchungsrelevanz neben der im Zuge von Abschnitt 1 herauskristallisierten *Tendenz einer Sekundärstellung der Handlungsdimension von Spiel im Begriff Spiel*[65] hervor: die gleichermaßen subtile

---

[58] Heraklit, vgl. o., S. 70
[59] *DWB,* Bd. 16, Sp. 2339.
[60] Vgl. *DWB,* Bd. 16, Sp. 2280.
[61] Grewe, 1970.
[62] Arendt, 1998a, S. 229. In soziologischer Verallgemeinerung findet sich das o.g. Motiv in Karl Marx' *Der achtzehnte Brumaire des Louis Bonaparte* aus dem Jahre 1852 (Brunkhorst, 2007, S. 9–10).
[63] Schabert, 2002, S. 283.
[64] Schabert, 2002, S. 283.
[65] Vgl. o., S. 90–92.

Tendenz zur Verlagerung der Handlungsdimension von Spiel hin zu einem fiktiven Handlungssubjekt zweiter Ordnung.

2.1.3. Von spilan zum zäunenden Handeln

Kennzeichen eines Allgemeinbegriffs, so wurde bereits angeführt, sei ein Destillat formaler Gegenstandsmerkmale, das als gemeinsamer Nenner einer Vielgestaltigkeit derselben Sache gelten kann.[66] Zu einer Schärfung der Problematik der Gewinnung eines Allgemeinbegriffs der Spiel-Handlung geleiten die vorangegangenen Betrachtungen zur Bedeutungsenge und zur Bedeutungsweite der Semantik von Spiel – kaum aber zu einer positiven Benennung von Handlungsmerkmalen.

Hannah Arendt zufolge führt eine Rückbesinnung auf die Ursprungsbedeutung eines Worts zu seinem Elementargehalt.[67] Doch weder gilt eine allen Sprachen gemeinsame etymologische Wurzel des Spielbegriffs als gegeben[68] noch ist der etymologische Ursprung des deutschen Spielbegriffs bekannt – er sei „von sprachgeschichtlich unbekannter Herkunft"[69] bzw. „ungeklärt".[70] Buytendijk zufolge weisen schon die ältesten überlieferten Gebrauchsformen des Worts Spiel „eine Mehrdeutigkeit" auf, „welche der Erscheinung entspricht".[71] Folgte man diesem Befund, so wäre die Uneindeutigkeit des Bedeutungsursprungs des Spielbegriffs – und die Uneindeutigkeit des Spielbegriffs überhaupt – nicht als Forschungsdefizit zu beurteilen, sondern vielmehr als dem Phänomen immanent; sie wäre nicht als Hindernis der Spielforschung anzusehen, sondern die heuristische Auseinandersetzung mit dem spielsemantischen Bedeutungsspektrum wäre ein natürlicher Bestandteil der Forschungsaufgabe.[72] Diesem Ansatz folgend werden nun im Bezug

---

[66] Vgl. o., S. 35–36.
[67] Arendt, 1998b, S. 44–45.
[68] Huizinga, 2004, S. 37–51. Zur sprachgeschichtlichen Bestimmung des Spielbegriffs nach Huizinga vgl. a. Kolb, 1990, S. 200–203. Zur Etymologie des Spielbegriffs vgl. a. Turner, 1989, S. 50–51.
[69] Corbineau-Hoffmann, 1995, Sp. 1383.
[70] Mackensen, 1985; ebenso Pfeifer, 1993, S. 1324.
[71] Buytendijk, 1933, S. 18.
[72] In diesem Sinne begriff auch Heidemann die Aufgabe der Spielforschung (Heidemann, 1968, S. 3).

auf etymologische Arbeiten von Moritz Lazarus und Jost Trier zwei prominente Versuche einer etymologischen Rekonstruktion der Grundbedeutung von Spiel befragt, die bereits in herausragendem Maße als eine Inspirationsquelle der spieltheoretischen Grundlagenforschung dienen.

Die Ursprungsbedeutung des deutschen Spielbegriffs – und damit der Grund für seine bereichsuniversale, nicht auf vorbestimmte Bezugsgegenstände und Bezugskontexte festgelegte Anwendbarkeit – liegt Lazarus zufolge im altdeutschen Wort *spilan*.[73] Wie nun genauer betrachtet wird, führt *spilan* über die engen Grenzen der tradierten Grundbedeutung von Spiel hinaus und hinein in ein Spiel-Verständnis, das fähig ist, der heterogenen Vielfalt der Spiel-Welten und Spiel-Formen einen ihnen gemeinsamen Ankerpunkt zu geben.

Spilan bedeute „eine leichte schwankende Bewegung".[74] Das Merkmal des Schwankens wird von Lazarus nähergehend begriffen als eine Dynamik, „welche in sich selbst zurückkehrt, zu keinem Ziele hinstrebt".[75] Die unterschiedlichsten Gesellschaftsspiele, das Erklingen-Lassen von Musikinstrumenten, Tänze, das Wirbeln der Herbstblätter, das freimütig-lustvolle Verändern von Perspektiven im Hin-und-Her-Wenden von Worten – all dies und vieles mehr könnten wir *Spiel* nennen, weil wir darin, bewusst oder unbewusst, jene fundamentale eigentümliche Art und Weise des Bewegtseins wiedererkennten: eine „freie, ziellose, ungebundene, in sich selbst vergnügte Tätigkeit", die „der eigentliche Kernpunkt im Charakter des Spiels" sei.[76] Spiel sei daher auch von der Kunst, die ein Werkschaffen impliziere, streng zu unterscheiden:

„Spiel ist eben Bewegung, und zwar solche Bewegung, die nicht auf ein bleibendes und dauerndes Resultat gerichtet ist. Das Kunstwerk bleibt."[77]

Im Lichte von *spilan* wird der Spielbegriff in den Merkmalsbahnen eines Bewegungsphänomens zu Bewusstsein gebracht. Ein Freiheitsbegriff wird darin umrissen. In seinen Briefen *Über die ästhetische Erziehung des Menschen* stellte Schiller heraus, dass der

---

[73] Lazarus, 1883, zit. n. Scheuerl (Hg.), 1991, S. 64.
[74] Lazarus, 1883, zit. n. Scheuerl (Hg.), 1991, S. 64.
[75] Lazarus, 1883, zit. n. Scheuerl (Hg.), 1991, S. 66.
[76] Lazarus, 1883, zit. n. Scheuerl (Hg.), 1991, S. 66.
[77] Lazarus, 1883, zit. n. Scheuerl (Hg.), 1991, S. 65–66 sowie Scheuerl, 1990, S. 100: „Erst im ‚game' wird aus der bloßen Bewegung ein Spiel."

„Sprachgebrauch [...] alles das, was weder subjektiv noch objektiv zufällig ist und doch weder äußerlich noch innerlich nötigt, mit dem Wort Spiel zu bezeichnen pflegt".[78] Lazarus hob hervor, dass in der empirischen Anschauung eines Vorgangs, der eine hin und her schwankende Bewegung, die zu sich selbst wiederkehrt, zeigt, der Eindruck sich mitteile, *als wäre* hier eine „völlig freie Bewegung" gegeben: eine Bewegung, in deren Betrachtung wir „nicht an Gesetz und Notwendigkeit [denken], weil wir keine Regel und keine Ordnung wahrnehmen."[79] Mit diesem Merkmalskern harmoniert auch Heidemanns Grundbestimmung von Spiel: Es sei „das Hin und Her einer in sich gebundenen Bewegung eines Ganzen, das wesentlich den Begriff bestimmt."[80]

In der etymologischen Wurzel *spilan* ist Lazarus zufolge die Einsicht mit angelegt, dass alles Spiel eine *Tätigkeit* „ist".[81] Wegen dieser Eigenschaft schrieb er dem deutschen Wort eine besondere Erkenntniskraft zu. Denn

„[d]ie griechische [Sprache] nennt mit ihrem Wort für Spiel gar nicht die Natur der Tätigkeit selbst, sondern die Personen, welche sie auszuüben pflegen; sie nennt ‚Spiel' das, was Kinder treiben. – [...] Die hebräische und die lateinische Sprache, auch das französische jouer = jocare bezeichnen ebenso nicht die Tätigkeit selbst, sondern deren Erfolg als Zustand der tätigen Personen. Die deutsche aber bezeichnet mit dem Namen die Sache: spielen heißt eine leichte, schwankende, ziellos schwebende Tätigkeit. [...] Ich lasse es dahingestellt, ob im heutigen Sprachgefühl diese Bedeutung des Wortes noch als die eigentliche empfunden wird, jedenfalls ist sie die ursprüngliche."[82]

Scheuerl hatte Lazarus' Fixierung von *spilan* in einer Tätigkeitsbezeichnung widersprochen. *Spilan* müsse *intransitiv* gehört werden und geleite nur in dieser Hörweise zu Wesenszügen von Spiel. Hierauf wird erst in Unterabschnitt 2.2.2. näher eingegangen. An dieser Stelle gilt es festzuhalten, dass Lazarus' Begründung des Spielbegriffs in *spilan* dem Begriff des *Spiel-Raums* eng verbunden

---

[78] Schiller, 2004, S. 616.
[79] Lazarus, 1883, zit. n. Scheuerl (Hg.), 1991, S. 65.
[80] Heidemann, 1968, S. 119. In jüngerer Zeit wurde dieser Begriffsansatz von Sybille Krämer für eine Spiel-Deutung als Bewegung der „Umkehrung" aufgenommen (Krämer, 2005).
[81] Lazarus, vgl. o., S. 111.
[82] Lazarus, 1883, zit. n. Scheuerl (Hg.), 1991, S. 65.

bleibt. Einen Schritt weiter geht in diesem Punkt der von Trier begründete etymologische Rekonstruktionsversuch der Ursprungsbedeutung von Spiel.

Die „Mehrdeutigkeit" Spiel genannter Erscheinungen[83] auf allgemeine Spiel-Charakteristika zurückzuführen, dies hatte Jost Trier[84] in seiner Schrift *Spiel* aus dem Jahre 1947 versucht. Von zahlreichen Lexika[85] sowie auch in spieltheoretischen Erörterungen – etwa bei Gadamer[86] und Rahner[87] – wurde betont, Trier habe die allgemeine Grundbedeutung von Spiel im *Tanz* begründet. Mit diesem Rückführungsschritt Triers, durch den Spiel mit einem *darstellenden* Bewegungssinn verbunden wird, berief dieser sich allerdings bereits auf Edward Schröder.[88] Er selbst hingegen wollte gerade über Schröder hinausgelangen, indem er den Tanz – damit den bei Schröder gefundenen Deutungsansatz verallgemeinernd fortführend – in weitere Begriffsfiguren bettet: Zunächst in jene des *Zauns* und des *Zäunens*,[89] die an späterer Stelle ihrerseits an den Phänomenkreis des *Chores* Anbindung fanden:[90]

„Damit kommen wir über Schröder hinaus. Nicht ‚Tanz' und ‚tanzen', sondern ‚Hegung' und letztlich wahrscheinlich ‚Zaun', ‚zäunen' ist die Grundbedeutung von *spil, spilon*. So entgehen wir dem Zwang, alle Bedeutungsentfaltungen von *Spiel* und *spielen* aus dem ‚Tanz' herzuleiten [...]."[91]

Der Zaun wurde von Trier als rundläufiger Zaun vorgestellt, der abschließt und hegt, darin aber auch Darstellungsräume eröffnet und als solches eine singend und tanzend hervorgebrachte „musische Urgestalt" sei:[92]

„Denn Tanzen, das ist in alter Zeit Hegen, Zaunbilden, bewegender Aufbau eines geweihten ausgegrenzten Raumes."[93]

---

[83] Buytendijk, vgl. o., S. 114.
[84] Zu Trier siehe auch: Scheuerl, 1990, S. 119.
[85] Corbineau-Hoffmann, 1995, Sp. 1383.
[86] Gadamer, 1990, S. 109.
[87] Rahner, 1990, S. 14.
[88] Trier, 1947, S. 450.
[89] Vgl. hierzu a. Triers Ausführungen zu *rym:* Trier, 1947, S. 424–425.
[90] Vgl. zu Letzterem: Trier, 1947, S. 457.
[91] Trier, 1947, S. 451.
[92] Trier, 1947, S. 419–420.
[93] Trier, 1947, S. 420.

Spiel nur als Handlung ‚hören'

Einerseits verallgemeinerte Trier die Grundbedeutung des Spielbegriffs unter dem Vorzeichen von Tanz in der Vorstellung von Zaun und Zäunen. Andererseits konkretisierte er ihn auch, wie bereits im Hinweis auf eine „musische Urgestalt" anklang. *Spiel* im Sinne von Tanz bzw. Tanzen und Zaun bzw. Zäunen wird auf eine ursprüngliche Spielform zurückgeführt, bestehend in *Schauspiel* und *Theater*.[94]

Mit *Spiel* in Gestalt des abendländischen *Theaters,* das wohl in den zwei Grundausprägungen des griechisch-antiken Dramas, der Tragödie und der Komödie entstand,[95] tritt eine besonders reiche Inspirationsquelle der Philosophiegeschichte[96] sowie der historisch-politischen Reflexion im Besonderen[97] hervor. Über die Bezeichnung einer Schaustätte im engeren, institutionalisierten Sinne eines öffentlichen Veranstaltungsorts wuchs die Wortbedeutung schon in der griechischen Antike in den Bahnen einer Metapher des menschlichen Lebens insgesamt bzw. einer „Daseinsmetapher"[98] hinaus. Hierfür prägte Johannes von Salisbury später im Rahmen seines Werks *Policraticus* aus dem Jahre 1159 die Rede vom *theatrum mundi,* vom Welttheater.[99]

Über seine drei „Begleitmetaphern" *Rolle, Maske* und *Zuschauer*[100] geleitet der Theaterbegriff zum Handlungsträger eines Schauspiels: zum *Schauspieler*. Trier zufolge wird mit dem Schauspieler der Urtypus des Spielers thematisch.[101] Der Begriff des Schauspielers umfasse zwei Grundbedeutungen: zum einen die eines „Antworter[s]", worin sich ausspreche, dass der Schauspieler einst aus dem „hegende[n], raumschaffende[n], raumausgrenzende[n] Ring des tanzenden Chores" hervorgegangen sei;[102] zum anderen aber sei der Schauspieler jedoch auch selbst ein „Zäuner" in doppelter Bedeutung des Worts: im Sinne des „Darsteller[s] im

---

[94] Vgl. Trier, 1947, S. 447.
[95] *LexAW,* Bd. 3, S. 3027.
[96] Langbehn, 2007.
[97] Demandt, 1978, S. 332–425.
[98] Konersmann, 1994, S. 84–168.
[99] González García/Konersmann, 1998, Sp. 1051.
[100] Langbehn, 2007, S. 443.
[101] Trier, 1947, S. 421–422; vgl. a. Langbehn, 2007, S. 443.
[102] Trier, 1947, S. 422.

Ring", den er verkörpert, und zugleich im Sinne des „,Akt[s] der Darstellung' im Ring", den er vollführt.[103]

Ein zweiter Zugang zum Begriff des Schauspielers eröffnet sich über das lateinische *persona*, das den Personbegriff begründet und „ursprünglich die Maske des Schauspielers" meint,[104] in römisch-antiker Auffassung fortgedeutet zur „Rolle, die jemand in der Gesellschaft spielt":[105]

„Die Maske zeigt das Typische und das Unveränderliche. Entsprechend meint persona immer das am Menschen, was überindividuell und charakteristisch ist: die Rolle, die er in den gesellschaftlichen Kommunikationsabläufen spielt. Person ist der Einzelne, sofern er ein allgemeines Rollenverhalten ausfüllt."[106]

Das *persona* zugehörige *persono* bedeutet im transitiven Gebrauch „etwas durchtönen, ertönen machen, mit Tönen erfüllen", und im intransitiven Gebrauch sowohl „widerhallen, laut ertönen oder erschallen",[107] während *personare* unter anderem bedeutet: „sich auf einem Instrumente hören lassen, spielen"[108] bzw. *(ein Instrument) spielen*.[109] Demnach verstärkt das Verb *personare* im Begriff *persona* eine Zweideutigkeit des Worts Maske und des aus ihm hervorgegangenen Rollenbegriffs. Es befördert, den Zug des Verbergens oder Verhüllens in unmittelbarer Beziehung zu einem durch sie *hindurchtönenden Hervorbringen* zu deuten. Auch in dieser Lesart werden somit prozessuale Merkmalszüge eines schauspielenden Spiels als schauspielendes Handeln zur Vorstellung gebracht.

Im Einklang mit den zuletzt erfolgten Ausführungen zum Personbegriff verengte auch Trier die Spielart des Schauspiels nicht in der Perspektive vom Theater als Institution. Dabei verallgemeinerte er das Schauspielen jedoch auch nicht im Rollenbegriff, sondern letztlich eben in der Bewegungsfigur des Zäunens. Trotz des besonderen Bezugspunkts seiner Spiel-Auffassung in theatralischem Spiel konnte er daher auch zu einer allgemeinbegrifflichen Charakterisie-

---

[103] Trier, 1947, S. 446.
[104] „Für die Lateiner laufen alle Wortbedeutungen von persona letztlich in deren Grundbedeutung Maske zusammen", so Martin Brasser (Brasser, 1999, S. 26).
[105] Burkard, 1999, S. 431.
[106] Brasser, 1999, S. 29–30.
[107] Menge-Güthling (Hg.), 1992, S. 562.
[108] Georges, 1992, Sp. 1643.
[109] *Pons Globalwörterbuch Lateinisch – Deutsch*, 1990, S. 753.

rung von Spiel in den engeren Grenzen eines Handelns finden. Den von ihm angenommenen originären Eigensinn der Handlung Spiel fasste Trier in seiner Antwort auf die Frage „Warum spielen wir?" wie folgt zusammen:

„Der Mensch spielt, um in der Bedrohung, die ihn umgibt, einen souveränen Raum auszugrenzen und mit einem Gesetz zu erfüllen, das sein, des Menschen, Gesetz ist. Hier schafft er sich eine Zone der Freiheit. In dieser Zone gilt seine Ordnung. Ihrem Zwang unterwirft er sich willig, denn sie ist von ihm selbst gewollt."[110]

Vom Motiv des *Tanzens* ausgehend beschritt Trier, wie gezeigt, einen Denkweg zum *darstellenden* bzw. *schauspielenden* und schließlich zum *zäunenden* Handeln. Auch die in Hobbes' *Leviathan*[111] erfolgte Bezugnahme auf *persona* lässt sich vor diesem Hintergrund vertiefend begreifen. Hobbes hat im Hinweis auf *persona* – von ihm als „Verkleidung" oder „äußere Erscheinung" eines Menschen" aufgefasst – zu bedenken gegeben, dass hier womöglich die treffende Einsicht des darstellerischen Grundcharakters jedweden Handelns in stellvertretender Funktion – auf der Theaterbühne wie z. B. auch im Gericht – sich ausspreche.[112] Eine „*Person*" zu sein sei demnach also „dasselbe wie ein *Darsteller*", „auch im gewöhnlichen Verkehr". Mit anderen Worten: Als eine „*Person auf[zu]treten*" bedeute „soviel[,] wie sich selbst oder einen anderen *darstellen* oder *vertreten*".[113] Was „eine Rolle [zu] spielen"[114] in der Politik heißen könnte, davon hatte somit bereits Hobbes eine das Negativbild des Demagogen[115] in eine konstruktive Sicht wendende Vorstellung.

2.2. Vom Spiel zum ›Spielen‹

Mit Lazarus' etymologischer Rückführung des Spielbegriffs auf *spilan* und Triers Begründung der Ursprungsbedeutung von Spiel im Bedeutungskreis eines zäunenden Handelns wurden zwei Vari-

---

[110] Trier, 1947, S. 462.
[111] Hobbes, 1998, S. 123.
[112] Hobbes, 1998, S. 123.
[113] Hobbes, 1998, S. 123.
[114] Brasser, 1999, S. 21, 72.
[115] Weber, vgl. o., S. 20.

anten einer allgemeinbegrifflichen Spiel-Auslegung vorgestellt. Während dabei im Zeichen von *spilan* die prozessuale Handlungsdimension von Spiel gestärkt, jedoch die Grundvorstellung des *gespielten Spiels* nicht überwunden wird, befördert Trier das Verständnis der Spiel-Handlung als ein raumschaffendes Handeln. Er verbindet die Spiel-Handlung dabei allerdings auch mit dem schauspielenden bzw. darstellenden Spiel, von dem vor dem Hintergrund anderer Spielarten zunächst angenommen werden muss, dass es auch in seiner Verankerung in der Idee des zäunenden Handelns nicht den Allgemeinheitsgrad der Semantik von *spilan* erreicht. Der Konnex von Spiel-Handlung und Spiel-Raum erscheint somit auch hier nicht vollständig aufgelöst.

Aus den soeben angeführten Gründen wird der im vorangegangenen Abschnitt beschrittene Weg zur *inhaltlichen Verallgemeinerung* des Spielbegriffs nun aufgrund eines analytischen Perspektivwechsels weiterverfolgt. So gilt es nun verstärkt, das Problem der Austauschbarkeit von Substantiv und Verb in der Funktion einer Handlungsbezeichnung in den Mittelpunkt des Untersuchungsinteresses zu stellen. Indem die nachfolgenden Betrachtungen um das eigentümliche Verhältnis von *Spiel* und *spielen* kreisen, zielen sie auf die Stärkung einer Spiel-Raum und Spiel-Welt-unabhängigen Interpretation des Verbs.

2.2.1. Interdependenz in der Differenz von Substantiv und Verb

Die „Grundbedeutung von *spielen*", so heißt es im *Deutschen Wörterbuch*, sei die „einer lebhaften, muntern Hin- und Herbewegung".[116] „Gewöhnlich" aber, so wird kurz darauf ergänzt, werde unter *spielen* nähergehend verstanden

„eine Bewegung oder Tätigkeit, die nicht um eines praktischen Zweckes oder Bedürfnisses willen, sondern allein zum Zeitvertreib und zum Vergnügen geübt wird, die aber doch im Allgemeinen von irgend welchen Vorstellungen oder Regeln geleitet ist".[117]

Während demnach die zuerst angeführte Auffassung des Verbs den von Lazarus im altdeutschen *spilan* verankerten Bedeutungsgehalt

---

[116] *DWB*, Bd. 16, Sp. 2325.
[117] *DWB*, Bd. 16, Sp. 2326.

aufnimmt, ist ihr in seiner deutschen Gebrauchsgeschichte zugleich auch der für das herkömmliche Grundverständnis des Substantivs charakteristische Verweis auf *unterhaltsames Spiel* eingelagert worden. Entsprechend wird die Grundbedeutung von „*spielen* im Besonderen" im *Deutschen Wörterbuch* wie folgt zusammengefasst:

„*Spielen* bezeichnet ferner besondere in bestimmte Formen gefasste und nach speziellen Vorschriften geregelte Arten der Unterhaltung."[118]

Unter einem „in bestimmte Formen gefasste[n]" Spielen wird wiederum, analog zum Substantiv Spiel,[119] Mannigfaltiges subsumiert, vom schlichtesten Ballspielen bishin zum virtuosen Spielen von Musikinstrumenten.[120]

Die „*Arten der Unterhaltung*" bzw. jede „Spielart" deuten jeweils auch auf eine spezifische „*Art und Weise zu* spielen"[121] hin, die sich bezugsvariabel zur Anschauung bringt.[122] Trier zufolge gleicht die Bedeutung des im Altniederländischen und Westflämischen gebräuchlichen Verbs *scheren* der Bedeutung von *spielen* im „darstellenden, mimischen Sinne", worin er wiederum das Motiv des „zäunende[n] Reigen" wiedererkannte.[123] Dieser Merkmalsstrang aber herrscht in der deutschen Sprachgeschichte nicht vor. Hier ist der Gebrauch des Verbs *spielen* vielmehr an die Grundvorstellung eines Spiels, das gespielt wird, bzw. an die Vorstellung eines gespielten Spiels gebunden. Die veraltete Redeweise „im Schach spielen" oder auch „im Brett spielen"[124] vermochte demgegenüber noch zu akzentuieren, dass das Spielen eines Spiels auf ein Spielen *in einem Spiel* im Sinne eines Spiel-Raum des Handelns weist. Sie verdeutlichte damit nicht nur den Dualismus von Spiel-Handeln und Spiel-Ordnung, die auch in der schlichten Rede vom Spiel leicht ineinandergreifen, sondern verweist dadurch indirekt auch auf alternative Realisationsstätten des Spielens.

---

[118] *DWB*, Bd. 16, Sp. 2352.
[119] *DWB*, vgl. o., S. 104–105.
[120] *DWB*, Bd. 16, Sp. 2352–2387.
[121] *DWB*, Bd. 16, Sp. 2320.
[122] Vgl. hierzu a. die auf S. 97 der vorliegenden Untersuchung wiedergegebene Beobachtung Wittgensteins zum Hervortreten und Verschwinden von Merkmalszügen der Spiel-Handlung in Abhängigkeit von der Art des jeweils gespielten Spiels.
[123] Trier, 1947, S. 425.
[124] *DWB*, Bd. 16, Sp. 2354.

Die Bedeutungsspektren von *Spiel* und *spielen* sind innig verbunden. Neben der sozialen Praxis des Spiele-Spielens als soziokultureller Primärzugang zum Spiel-Verständnis bietet die Wortbildung einen Erklärungsansatz. Sowohl im *Deutschen Wörterbuch* als auch von Huizinga ist hervorgehoben worden, dass das Verb *spielen* als Denominativbildung aus dem Substantiv *Spiel* hervorgeht.[125] Darunter wird verstanden, dass die treffendste Bezeichnung dessen, was jemand tut, wenn er *ein Spiel ‚praktiziert'*, in einer Verbbildung erfolgt, die das Substantiv wiederholend aufgreift, so dass das Verb *durch das Substantiv* gebildet ist: *spiel*en. Dem Verb *spielen* ist also die Semantik des Substantivs eingeschrieben. Zugleich erlaubt das herkömmliche Sprachempfinden, so stellte es auch Huizinga heraus, kein Verknüpfen eines alternativen Verbs mit dem Substantiv Spiel: „Man *spielt* ein *Spiel*."[126] Handlungen, die im Rahmen einer Spiel-Ordnung vollführt werden, etwa auf einem Fußballplatz, nicht als *spielen* zu bezeichnen, fällt unserem Sprachgefühl entsprechend schwer.[127] So vermag in diesem semantischen Konnex ein Erklärungsansatz dafür erblickt werden, dass in der bloßen Rede vom „Spiel" auch eine Handlung *spielen* stets mit anzuklingen neigt, aber auch in der bloßen Rede vom „spielen" ein *Spiel*, das gespielt wird, oder ein Im-Spiel-Begriffen-Sein.

Eine Sekundärstellung des Verbs *spielen* gegenüber dem Substantiv *Spiel* tritt in den vorangegangenen Ausführungen zu ihrem innigen semantischen Interdependenzverhältnis hervor. Wie auch der Sprachgebrauch von Popitz besonders unterstreicht, ist dem Verb *spielen* eine Zugehörigkeitsbehauptung der Handlung zu einer eigenen Welt des Spiels buchstäblich eingeschrieben.[128] Huizinga zufolge gibt der semantische Konnex zwischen *spielen* und *Spiel* im Zeichen der Denominativbildung des Verbs auch der Spieltheoriebildung den Hinweis an die Hand, „daß die Handlung von so besonderer und selbständiger Art ist, daß sie aus den gewöhnlichen

---

[125] *DWB*, Bd. 16, Sp. 2325 sowie Huizinga, 2004, S. 48.
[126] Huizinga, 2004, S. 48.
[127] Dies bekräftigen Negativformulierungen wie: „schlecht gespielt" oder „nicht schön" oder „nicht gut gespielt", auf die unser Sprachgebrauch ausweichen kann, um eine wahrgenommene Differenz zum – wie auch immer verstandenen – eigentlichen Spielen zu markieren, ohne imstande zu sein, das Wort gänzlich aufzugeben.
[128] Popitz, vgl. o., S. 59.

Arten von Betätigung herausfällt: *Spielen* ist kein *Tun* im gewöhnlichen Sinne."[129]

Auf die Verbundenheit von *Spiel* und *spielen* wurde bereits hingewiesen. Zur Verfolgung des Erkenntnisinteresses der vorliegenden Untersuchung noch bedeutsamer sind jedoch die Suggestionen, die jene Verbundenheit in der negativ gewendeten Bezugnahme auf *Spiel* und *spielen* heraufbeschwört. So besteht nicht nur die Tendenz, wo ein Spiel stattfindet auch das Stattfinden eines Spielens – und damit auch ein Dasein von Spielern – zu assoziieren. Umgekehrt kann die Feststellung, dass *kein* Spiel sei, die Annahme befördern, es sei auch *kein Spielen*. Neigt etwa in dem Ausruf „Das ist kein Spiel!" nicht unweigerlich sich mit auszusprechen: „Ich *spiele nicht!*" oder auch: „Du sollst (z. B. mit dieser Sache oder mit mir) *nicht spielen!*"? Kurzum: Schon im semantischen Konnex von *Spiel* und *spielen* ist die Neigung eingelagert, die Frage nach einem Spielen jenseits eines Spiels gar nicht erst aufzuwerfen. Die *Sekundärstellung des Verbs* gegenüber dem Substantiv – bzw. die Primärstellung des Substantivs gegenüber dem Verb – ist demnach in doppelter Richtung gegeben.

Aufgrund der im aktuellen Untersuchungsschritt erfolgten Betrachtungen bedarf es einer bewussten Operation, die Semantik des Verbs gelöst von Spiel-Anklängen in den Dimensionen von Spiel-Raum und Spiel-Welt aufzufassen. Um dieses Erfordernis im Wortbild zu markieren, sei fortan die substantivierte Fassung des Verbums, die *Spielen* als handlungszentrierten Begriff *großschreibt*, als hintergründiger und hier in Berührung mit Webers zweistufiger Formaldefinition des Handelns stehender spielsemantischer Leitfaden zur Gewinnung einer bezugsrahmenoffenen Handlungsterminologie und darin auch Spezifizierung meines Erkenntnisgegenstands gewählt: **(nur)** *Spielen*. Der längst sich anbahnende Abschied vom Substantiv Spiel als Handlungsbegriff wird damit vollzogen. Fortan soll die Großschreibung *Spielen* – von Rekursen auf den Sprachgebrauch anderer Autoren abgesehen – reserviert sein für die Bezeichnung eines *Handelns*, das sowohl spiel-raum-abhängig als auch in Autonomie gegenüber Spiel-Räumen verwirklicht werden kann. Der Gewinnung einer in diesen bezugsstrukturell verallgemeinerten Merkmalsbahnen *konzentrierten* (hierzu Unterabschnitt 2.2.2.) bzw. einer darin gestärkten *autonomisierten* Se-

---

[129] Huizinga, 2004, S. 48.

mantik des Spielens (hierzu Unterabschnitt *2.2.3.*) dienen die nun folgenden beiden Untersuchungsschritte.

2.2.2. Spielen im intransitiven oder transitiven Wortgebrauch

Die Möglichkeit, mit dem Begriff des Spielens nur eine Handlungsordnung, aber kein Spiel als Handeln auszudrücken, ist – Missverständnisse, wie sie im „spieltheoretischen" Sprachgebrauch vorkommen, ausgenommen – nicht gegeben. Anders aber steht es mit dem Verhältnis des Worts Spielen zur *Geschehens*-Dimension der Semantik von Spiel. Denn auch die Rede vom „Spielen" kann so erfolgen, dass damit *kein Handeln* bezeichnet wird.

Nicht nur *Spiel*, sondern auch *Spielen* vermag zur Bezeichnung eines subjektlosen, gegenüber Handlungseinflüssen autonomen Geschehens dienen bzw. ein solches zur Vorstellung zu bringen. Dies ist immer dann der Fall, wenn *Spielen* intransitiv statt transitiv gebraucht wird.

Der *intransitive* Wortgebrauch zeichnet sich durch einen mangelnden Objektbezug aus, mit dem auch der Subjektbezug in die Schwebe gerät.[130] Daraus resultiert mitunter, dass der folgende, in den Augen Scheuerls besonders bedeutsame Wesenszug von „‚echten' Spielen" durch den hier zur Geltung gebrachten eigentümlichen Wortklang exponiert wird:

„Die spielende Bewegung kann gleichsam ‚von selbst' geschehen, sie kann einfach ‚sich abspielen' […]."[131]

Sowohl die Relation zu einem *Subjekt*, das spielt, als auch der Hinweis, dass *mit* etwas oder jemandem gespielt wird, unterbleiben in der intransitiven Verwendung des Begriffs. Stattdessen wird die Bedeutung der Bewegung betont, die auf ein der Einflussnahme durch konkrete Subjekte entrücktes *Geschehen* weist.

Wählte man demgegenüber den *transitiven* Bezeichnungsmodus, so wird, wie Scheuerl ausführte, vielmehr das *Hervorbringen* der Bewegung betont, darin auch das Subjekt der Aktivität[132]

---

[130] Hierzu und zum Folgenden: Scheuerl, 1959, S. 34–35; ders., 1990, S. 117–121 sowie Buytendijk, 1973, S. 89.
[131] Scheuerl, 1990, S. 117.
[132] Scheuerl, 1990, S. 117.

Spiel nur als Handlung ‚hören'

und überhaupt: Spiel und Spielen als Tätigkeit im engeren Sinne, d. h., „wo Lebewesen mit etwas oder eben etwas spielen":[133]

„Die Musik spielt, – aber auch der Musiker spielt. Die Wellen spielen, – aber auch der Wind (als hypostasiertes Subjekt) spielt mit ihnen. Dem Spiel der Kräfte, Muskeln, Glieder, dem Spielbein, Wasserspielen, Farben- und Formenspielen steht das Spiel des Kindes, das Spiel des Fußballers oder des Hazardeurs gegenüber. [...] *Spielen kann unmittelbar als ein Pendeln, Kreisen, Schweben oder mittelbar als Tätigkeit des Erzeugens solcher pendelnden, kreisenden Schwebezustände verstanden werden.*"[134]

In grammatikalischer Sicht hängt die Unterscheidung zwischen intransitiver und transitiver Rede nur vom Objektbezug, nicht vom Subjektbezug ab, d. h. davon, ob sie ein Spielen *mit etwas* (transitiv) oder ‚nur' ein Spielen (intransitiv) bezeichnet. Wie das soeben angeführte Zitat Scheuerls verdeutlicht, ist im transitiven Wortgebrauch jedoch auch die Betonung von *jemandem*, der spielt, von jemandem, der das Spielen genannte Handeln *hervorbringt*, mitgegeben: das *Spielen* des Kindes bzw. das Kind *spielt*, das *Spielen* des Fußballers bzw. der Fußballer *spielt*, das *Spielen* des Pianisten bzw. der Pianist *spielt*, das *Spielen* des Politikers bzw. der Politiker *spielt*. Es könnte hier jeweils auch – so auch der Sprachgebrauch Scheuerls im zuletzt angeführten Zitat – vom *Spiel* des Kindes, des Fußballers, des Geigers oder etwa auch dem des Politikers gesprochen werden. Die aktive, prozessuale Ebene des Handelns wird jedoch in der Verwendung der Worte Spielen bzw. spielen stärker akzentuiert: Das *Spielen* von Person X bzw. Person X *spielt*. Die Frage, *was* oder *womit* gespielt wird, die der transitive Gebrauch von Spielen im Unterschied zum intransitiven nahelegt, kann prinzipiell gelöst von Bezügen auf eine *Spiel*-Ordnung und ein *Spiel*-Geschehen reflektiert werden – eine Grenzziehung, die eine entsprechende Ingebrauchnahme des Substantivs Spiel erschweren würde.

Eine doppelte Präzisierungsleistung kann aus einer Bewusstmachung der Kennzeichen des transitiven Wortgebrauchs für die Rezeption des Spielens als Handlungsbegriff gewonnen werden: Zum einen stellt er, anders als der intransitive Wortgebrauch, einen *aktiven Personenbezug* her: *Jemand* spielt, jemand *bringt* die Spielen genannte Handlung *hervor*; zum anderen ist darin – ausdrücklich oder hintergründig – auch der Hinweis auf ein Spielen *mit*

---

[133] Krämer, 2005, S. 11.
[134] Scheuerl, 1990, S. 117.

etwas mitgegeben, der seinerseits Eigenschaften des *Tuns* in den Mittelpunkt stellt, während der Bedeutungsschwerpunkt im Intransitiv nicht auf dem Erzeugenden, sondern auf dem Erzeugten liegt.

Eine erste präzisierende handlungszentrierte Schärfung erfährt die Trennlinie zwischen *Spiel* und *Spielen* demnach durch die konsequente Verwendung von Spielen im *transitiven* Wortgebrauch. In die oben am Ende von Unterabschnitt 2.2.1. eingeführte Leitsemantik der vorliegenden Untersuchung gehoben: Nur unter der Zusatzbedingung eines transitiven Gebrauchs wird eine handlungszentrierte Fassung von *Spielen* zum Ausdruck gebracht. Zur Vertiefung dieses spielsemantischen Analysepfades lasse ich fortan jene mitunter von Scheuerl vertretene spieltheoretische Position außen vor, die besagt, Spiel und Spielen/spielen müssten in der heuristischen Auseinandersetzung zuallererst intransitiv gehört werden, weil die Worte darin ihrer Ursprungsbedeutung *spilan* am nächsten kämen.[135]

2.2.3. Lorenz' Unterscheidung einer typisierenden von einer modalen Grundauffassung des Spielens

Im Lichte der bisherigen Ausführungen akzentuiert der transitive Gebrauch von *Spielen* ein objektbezogenes Handeln einer konkreten Person: ein *von jemandem* vollführtes Spielen *mit*. Wie nun erörtert wird, eröffnen sich hiervon ausgehend jedoch nochmals zwei unterschiedliche Zugriffsmöglichkeiten auf die Semantik des Spielens.

Um Einsicht in die allgemeinen Kennzeichen und Bedeutungen des Spielens zu erhalten, hat der Begründer eines *dialogischen Konstruktivismus* Kuno Lorenz in seiner im Jahre 2006 veröffentlichten Schrift *Spielen. Das Tor zum Kennen und Erkennen* dafür argumentiert, die Handlung Spielen zuallererst nicht als einen „eigenständigen Handlungstyp" zu verstehen, sondern als einen „Modus beliebiger Handlungen".[136] Das Erfordernis der Unterscheidung zwischen Spielen als einem *Typus* und einem *Modus des Handelns* wird erläutert anhand der Bedeutungsdifferenz zwischen

---

[135] Scheuerl, 1990, S. 118–126 sowie Gadamer, 1990, S. 109; vgl. a. Krämer, 2005, S. 11–12.
[136] Hierzu und zum Folgenden: Lorenz, 2006, S. 126.

einem „etwas spielen" und einem „spielend etwas tun". Während *etwas spielen* impliziere, Charakteristika eines bestimmten Bezugsgegenstands des Spielens gedanklich einzubeziehen und die Handlung dementsprechend zu *typisieren* – man spielte demnach Golf („Golfspielen") *oder* Schach („Schachspielen") *oder* Flöte („Flötespielen") etc. –, akzentuiere die modale Auffassung des Spielens im Sinne eines *Spielend-etwas-Tuns* gerade die Eigenlogik einer bezugsgegenstandsunabhängigen *Art und Weise des Umgehens mit etwas oder jemandem*. Demzufolge wird die gängigere Frage, *was* man tut, wenn man spielt,[137] in der modalen Sicht auf Spielen zur Frage danach, *wie* man etwas tut, wenn man es *spielend* tut, gewendet.

Der auf der Basis der soeben angeführten Grundunterscheidung von Lorenz begründete modale Allgemeinbegriff des Spielens lautet:

„Wer spielend etwas tut, hat sich (noch) nicht genau festgelegt, tut etwas gleichsam ‚auf Probe', ist beim Einüben der fraglichen Handlung noch offen für alternative Handlungsmöglichkeiten und in diesem Sinne ‚auf der Suche'."[138]

Vor dem Hintergrund des bisherigen Untersuchungsgangs betrachtet, tritt an dieser Stelle zweierlei hervor: *Erstens*, dass Lorenz' Bestimmung des Spielens einerseits mit dem Merkmalskern von *spilan* im Einklang bleibt, jenem jedoch überdies eine prozessuale Binnenperspektive auf den Handlungsvollzug in Autonomie gegenüber Spiel-Räumen verleiht. Darin löst sich auch das Attribut der *in sich selbst vergnügten* Bewegung auf. Andererseits bleibt jene Definition des Spielens auch mit Triers Verankerung des Spielens in der Idee eines zäunenden bzw. raumschaffenden Handelns im Einklang. Dies jedoch ohne die von Trier exponierte Konkretion der Handlung in den Bahnen eines Schauspielens bzw. Darstellens mitzuvollziehen. Entsprechend bringt der alternativ von Lorenz in das terminologische Zentrum gerückte allgemeinbegriffliche Gehalt von *Spielen* mit der Erhöhung seines Allgemeinheitsgrads zugleich auch eine Bedeutungsverschiebung mit sich. Sie zeigt sich im *zweiten* hier zu exponierenden Aspekt:

---

[137] Auch Popitz hatte so fragend seine spieltheoretische Reflexion begonnen: vgl. o., S. 58–59.
[138] Lorenz, 2006, S. 128.

Zweitens wird von Lorenz im Unterschied zu Fink, Caillois und Popitz die originäre Kreativität des Spielens in der Bedeutung eines Prozesse des Kennenlernens und Erkennen beförderden Handlungsmodus zur Vorstellung gebracht – eines Handlungsmodus, der, wie bereits betont wurde, im Vollsinne *universal*, d. h., unabhängig von spezifischen Bezugsgegenständen und -kontexten angewendet bzw. aufgerufen werden kann. Dabei wird von Lorenz auch begründet, dass auf spielende Weise vollführte Handlungen nicht zwingend implizierten, *mühelos* vollführte Handlungen zu sein.[139] Wohl aber sei ihnen eine Dimension des „als ob" eigen. Darunter sei, wie nun gleich illustriert werden wird, nicht unbedingt der Verzicht auf einen tatsächlichen Handlungsvollzug zu verstehen, wie es z. B. der Fall wäre, wenn eine Handlung ‚nur' pantomimisch zur Darstellung gebracht würde. Gemeint ist nach meinem Verständnis vielmehr die Möglichkeit, *derselben* Handlung verschiedene Ausführungsmodi, hier eine spielende oder eine nicht-spielende Art und Weise der Ausführung, angedeihen zu lassen.[140]

Als Beispiel für die Unterscheidbarkeit des spielenden und nicht-spielenden Ausführungsmodus derselben Handlung wird von Lorenz das Essen eines Apfels angeführt. Einen Apfel könne man essen, um seinen Hunger zu stillen oder um den Apfel zu schmecken. Indem ich ihn aber *esse*, um damit den Zweck zu erfüllen, meinen Hunger zu stillen oder den Apfel zu schmecken, möchte ich zugleich etwas „in Erfahrung [...] bringen": „den Geschmack des Apfels oder das Gefühl der Sättigung". Der Apfelessende isst den Apfel entsprechend *nur scheinbar*, um ihn *nur zu essen*. Er isst ihn, will aber auch etwas *erfahren*. Dieses Erfahren sei mit der bewirkenden Seite der Handlung nicht identisch, so Lorenz. Und es sei der Handlungsmodus des Spielens, der diese epistemische Qualität *versichtbare*. Denn esse man einen Apfel *spielend*, so gewinne das Anliegen des Etwas-in-Erfahrung-Bringens die Primärstellung der Handlungsbedeutung. Dass dabei ein Apfel auch konkret verbraucht wird, wird demgegenüber sekundär.

So aber ist es letztlich die *Haltung* eines Handelnden, die in dieser Sichtweise zum entscheidenden Differenzkriterium dafür wird, ob ein Handeln als spielendes gelingt oder die Grenze hin zu

---

[139] Hierzu und zum Folgenden: Lorenz, 2006, S. 126.
[140] Hierzu und zum Folgenden: Lorenz, 2006, S. 128.

einem Etwas-Erreichen-Wollen überschreitet.[141] Es muss demnach auch eine *kommunikative* Differenz erwartet werden, die durch ein Handeln im Modus des Spielens als Bezugspunkt sozialer Interaktionen realisiert wird. Mit den Worten von Lorenz: Im Modus des „Spielens" bleibe die Handlung im „epistemischen Status" und dürfe nicht umschlagen in den „bewirkenden Status". Damit aber legt dieser Ansatz auch dies nahe: dass im grenzüberschreitenden Akt des Spielens *nicht nur ein Freiraum für den Spielenden, sondern zugleich auch ein Freiraum für sein Gegenüber realisiert wird.*

Alles könne der Mensch (auch) *spielend* tun. Spielen bilde damit die Alternative sowohl zu einem absichtsvollen Handeln, das etwas *bewirken* wolle, als auch zu einem *expressiven* Handeln, das etwas Bestimmtes ausdrücken wolle.[142] Das Wahren-Können eines eigentümlichen Abstands zu solchem Wollen schreibt Lorenz dem spielend handelnden Menschen zu. Dieser Abstand von Setzungen in doppelter Hinsicht – bezogen auf eine Selbstfestlegung wie auch bezogen auf das Festlegen-Wollen des Interaktionsgegenstands oder -partners – wird verdeutlicht in der oben schon angeführten Charakterisierung des Spielens als ein Handeln „auf Probe",[143] oder auch als eines, das „in einem eigentümlichen Schwebezustand" verbleibe.[144] Gerade jene Nichtfixierung scheint demnach dem von Lorenz in den Vordergrund des Begriffs vom Spielen gerückten *epistemischen* Vorgang Raum zu geben: Durch ein Absehen vom bewirkenden und expressiven Status des Handelns werde eine erkundende Handlungsdynamik ermöglicht. Das Abstandnehmen der handelnden Person von Festlegungen tritt so als Wesenszug einer modalen Betrachtung des Spielens hervor. Solches Unterbinden bildet Lorenz zufolge zugleich die Entfaltungsvoraussetzung einer originären *epistemischen* Kreativität von im Modus des Spielens vollführten Handlungen aller Art.

Alternativ zur Rede vom Spielen als einem „Modus beliebiger Handlungen" spricht Lorenz mancherorts auch vom „Spielmodus des Handelns".[145] Meine Entscheidung gegen eine Übernahme dieser Alternative möchte ich verdeutlichen anhand von Lorenz' Be-

---

[141] So auch Plessner, 1956a, S. 704.
[142] Lorenz, 2006, S. 128.
[143] Lorenz, vgl. o., S. 128.
[144] Lorenz, 2006, S. 126.
[145] Lorenz, 2006, S. 128; vgl. a. a. a. O., S. 130 sowie ders., 2004, S. 35.

stimmung des Unterschieds zwischen einem „wirklichen Streit" und einem gespielten Streit".[146] Ein „gespielter Streit", so Lorenz, sei eben nicht der „wirkliche Streit":

> „Einen Streit etwa mag man gewinnen wollen, einen gespielten Streit hingegen zu gewinnen – dazu bedarf es vereinbarter Regeln – hat nichts mehr mit dem Gewinn ernsthaften Streitens gemein, ist höchstens sein Bild. Genauso wenig hat ein im Handeln gespielter Ausdruck, wie regelmäßig auf der Bühne, etwas mit dem echten Ausdruck zu tun."[147]

Die im Bezug auf den gespielten Streit in Lorenz' Terminologie Einzug erhaltende Thematik des *Spiel-Raums* und der *Spiele* überlagert die Autonomie-Dimension des Handlungsmodus *Spielen*. Mit der damit verbundenen Verengung des allgemeinbegrifflichen Bezugsrahmens werden, um hier Beobachtungen Plessners aufzunehmen, entweder „Modalitäten sozio-kulturellen Verhaltens in Kulturbereichen", die sich „isoliert" von „Ernstbereichen" realisieren, thematisch,[148] oder ‚nur' der Zusammenhang von „Spielcharakteren einer Kultur" mit den in einer Kultur gepflegten „Spielen".[149]

Es ergibt sich, dass im Rahmen der vorliegenden Untersuchung jene oben angeführte erweiterte Auslegung des Spielens im modalen Gebrauch in der Rede vom *Spiel*modus des Handelns gerade nicht förderlich ist, sondern bei der Leitsemantik *Spielen* verblieben werden sollte. Im Spielend-etwas-Tun wird der transitive Wortsinn in der Akzentuierung von *jemandem*, der spielt, gewahrt, doch zugleich wird der Objektbezug – ein Spielen *mit* bzw. ein *etwas* Spielen in der Perspektive einer *Art und Weise, etwas (Beliebiges) zu tun*, überwunden. Diese Vorzüge aufnehmend wird daher die am Ende von Unterabschnitt *2.2.2.* vorgeschlagene Grundauffassung des Spielens im transitiven Wortgebrauch als Leitsemantik meiner Untersuchung nunmehr abgelöst durch die Grundauffassung von *Spielen als ein Modus beliebiger Handlungen*. Mit anderen Worten:

> Unter ›**Spielen**‹ wird fortan verstanden: ein
> von Spiel-Räumen unabhängiger, bezugsuniversaler Handlungsmodus,
> der in der von Lorenz umrissenen formalen Merkmalsbahn
> eines *Spielend-etwas-Tuns* verwirklicht wird.[150]

---

[146] Hierzu und zum Folgenden: Lorenz, 2006, S. 126.
[147] Lorenz, 2006, S. 126.
[148] Plessner, 1956a, S. 705.
[149] Plessner, 1956a, S. 706.
[150] Aufgrund derselben Argumente, die mich soeben veranlassten, vom Begriff

Spiel nur als Handlung ‚hören'

Die durch Pfeile (› ‹) herausgehobene modale Begriffsfassung wird im weiteren Untersuchungsverlauf in programmatischer Bezeichnungsfunktion verwendet, nicht aber im Rahmen der Wiedergabe von Spiel-Auffassungen anderer Denker, da jene einer eigenen, nicht ohne Weiteres kompatiblen Bezeichnungslogik folgen.

Spiel zu jenem des ›Spielens‹ überzugehen, wäre es an dieser Stelle nur konsequent, fortan auch den Ausdruck *Spieler* zugunsten der Rede vom *Spielenden* (bzw. vom spielenden Menschen) zurückzuweisen. Im Fortgang dieser Untersuchung entstünde damit jedoch eine weitere ‚Schwebekategorie' neben der des ›Spielens‹ und des ›politischen Spielens‹. Daher verzichte ich im vorliegenden Forschungsrahmen auf diese mir ansonsten höchst sinnvoll erscheinende terminologische Differenzierung.

3. ›Spielen‹ als einen universalen Modus des Handelns verstehen

Die Auffassung von „Spiel als ausgezeichnete[r] Handlungsmodus menschlicher Rede- und Handlungszusammenhänge" bildet Lorenz zufolge eine Grundfigur vieler Spieltheorien.[1] Jedoch droht sie darin, wie auch im Zuge dieses Kapitels deutlich werden wird, ein hintergründiges Begriffsmuster zu bleiben. Aus dem bisher Gesagten ergibt sich, dass für eine so gerichtete Explikation nicht etwa mit Wolfgang Iser gefragt werden darf, „ob sich über das Wie des Spielens gleichermaßen allgemeine Strukturen ausmachen lassen, wie sie dem Spiel" zugedacht werden.[2] Stattdessen gilt es auf den letzten Seiten dieses *Ersten Teils* zu untersuchen, wie die nicht determinierte prozessuale Seite des ›Spielens‹ als ein eigentümlicher Handlungsmodus in einer spielanthropologischen Sicht Vertiefung erfährt. Für eine daran orientierte Auswertung von Spieltheorien soll also nicht in der Grundvorstellung eines ›Spielens‹ *im Spiel* verfahren werden, sondern in der eines ›Spielens‹ *ohne Spiel-Raum*. Am Beispiel der verhaltensphänomenologischen Spieltheorie des niederländischen Psychologen und Physiologen Frederik J. J. Buytendijk (hierzu Abschnitt 3.2.) und der Philosophischen Anthropologie des Spiels von Helmuth Plessner (hierzu Abschnitt 3.3.) soll dies versucht werden. Den so gerichteten Ausführungen, die in eine vergleichende Begriffszusammenschau münden (hierzu Abschnitt 3.4.), wird vorangestellt ein Abschnitt zum nichtutilitaristischen *Grundzugang des Fragens*. Einen solchen haben Buytendijk und Plessner nicht nur ihrer eigenen spielanthropologischen Forschung zugrunde gelegt, sondern sie beförderten ihn auch maßgeblich und bereiteten damit der größten Blütezeit einer sinnorientierten Spieltheoriebildung im 20. Jahrhundert einen nachhaltig tragfähigen Boden (hierzu Abschnitt 3.1.).

---

[1] Lorenz, 1990, S. 115, Fn. 65 sowie ders., 2004.
[2] Iser, 1993, S. 431.

3.1. Fragen nach dem Zweck oder nach dem Sinn

Wie kann ein Handlungsphänomen erforscht werden, in dessen Wahrnehmung sich als hervorstechendster Wesenszug seine Freiheit von äußeren Zweckbindungen darbietet? Ist es in den Bahnen des Zweck-Mittel-Denkens überhaupt begreifbar? Wie von Michael Kolb herausgestellt worden ist, binden vor allem phänomenologisch-anthropologische Spieltheorien diese Problemstellung in ihre Grundlagenreflexionen ein. Die daraus resultierende Differenz zwischen dem utilitaristischen und dem phänomenologisch-anthropologischen Zugang zur Spiel-Erkenntnis wird nun genauer betrachtet.

Bei aller Verschiedenheit im Einzelnen eint die Spielpädagogik der Aufklärung und die überwiegend darwinistisch geprägte evolutionsbiologische Spieltheorienbildung des 19. Jahrhunderts der *utilitaristische* Fragezugang.[3] Die klassische utilitaristische Denkweise im gesellschaftspolitischen Kontext ist John Rawls zufolge getragen von dem Grundgedanken, „daß die Gesellschaft recht geordnet und damit gerecht ist, wenn ihre Hauptinstitutionen so beschaffen sind, daß sie die größte Summe der Befriedigung für die Gesamtheit ihrer Mitglieder hervorbringen."[4] In seiner frühen spieltheoretischen Entwicklungsgeschichte bietet sich der Utilitarismus nicht als ein Gerechtigkeitsprinzip, sondern als ein Gleichgewichtsprinzip der natürlichen Lebensordnung – unter die durchaus auch Gesellschaft und Staat subsumiert werden – dar. Als solches wird das Spiel von Mensch und Tier sowohl im Rahmen der Aufklärungspädagogik als auch in der Evolutionsforschung in einer doppeldeutigen Weise zum Gegenstand der Betrachtung: Einerseits wurde, wie Scheuerl hervorhob, durchaus anerkannt, dass die Spiel-Handlung keine äußeren Zwecke verfolge; andererseits aber wurde eine Rechtfertigungsbedürftigkeit des Daseins jener zwecklosen Verhaltenserscheinung „durch Vernunftgründe" bzw. biologische Gründe empfunden.[5] Exemplarisch lässt sich im Folgenden durch einen Rekurs auf Spiel-Auffassungen von Immanuel Kant und Herbert Spencer jenes eigentümliche Argumentationsmuster genauer cha-

---

[3] Scheuerl, 1988, S. 34–35; ders., 1991 (Hg.), S. 13–31 sowie Kolb, 1990, S. 4–7.
[4] Rawls, 1979, S. 40. Zur Frage, was „Utilitarismus" bedeute, vgl. a. Arendt, 1998a, S. 178, 182–187, 206, 209.
[5] Scheuerl, 1988, S. 34–35 sowie Plessner, 1956a, S. 705–706.

rakterisieren, das das Zweckfreiheitsgebot allen Spiels mit der Grundannahme einer übergeordneten (Natur-)Zweckordnung von Spiel verknüpft und in einem methodischen Ansatz zur utilitaristischen Spiel-Erkenntnis verankert.

In seiner *Anthropologie in pragmatischer Hinsicht* aus dem Jahre 1798 dokumentierte Kant seine Gedanken *Über den erlaubten moralischen Schein*. Darin heißt es, die Menschen seien „umso zivilisierter, „umso mehr Schauspieler sind."[6] Getragen wird diese Auffassung von der Vorstellung einer „weiseren Natur", die dem Handeln des Menschen „ihre Zwecke hintergründig unterschiebt" – eine Vermutung, die später mitunter in Georg Simmels *Philosophie des Schauspielers* fortlebte.[7] Eine evolutionstheoretische Wendung dieses Denkmusters, das eine Handlung ohne erkennbaren Zweck gleichwohl unter eine Zweckordnung subsumiert, wurde bereits vier Jahre vor dem Erscheinen von Darwins Hauptwerk *Die Entstehung der Arten* in Herbert Spencers *The Principles of Psychology* von 1855 gegeben. Spencer ging von der Grundannahme aus, dass „[d]ie Körperkräfte, die Fähigkeiten des Geistes, die Instinkte, die Begehrungen und Leidenschaften und selbst die höchsten Gefühle […] alle als unmittelbaren oder entfernteren Zweck das organische Gleichgewicht des Individuums oder dann den Fortbestand der Art" zu erfüllen suchten.[8] Das Spielverhalten sei „nicht auf ein zukünftiges Wohlergehen" der Lebewesen gerichtet, trage „nicht unmittelbar zu den dem Leben förderlichen Prozessen" bei.[9] Spencer ordnete es daher denjenigen Betätigungen zu, die als einen „entfernteren Zweck" die Erfüllung einer Überlebensfunktion anstrebten. Denn die „Wirkung" von Spiel-Handlungen, so führte er aus, stimme „ganz überein mit den Wirkungen, die auch die primäre Betätigung der Fähigkeiten hervorbringt."[10]

Bestimmend für das darwinistische Denken war Plessner zufolge der

„Gedanke der natürlichen Auslese, die ihn beherrschende Vorstellung vom Wesen des Organischen und die Art, wie er seine Bestimmtheit durch Ursachen mit seiner Bestimmtheit durch Zwecke verbindet: Die Formen

---

[6] Kant, 2000, S. 40.
[7] Simmel, 1993.
[8] Spencer, 1855, zit. n. Scheuerl (Hg.), 1991, S. 55.
[9] Spencer, 1855, zit. n. Scheuerl (Hg.), 1991, S. 55.
[10] Spencer, 1855, zit. n. Scheuerl (Hg.), 1991, S. 55.

der Organismen seien ein Ergebnis der blind wirkenden Naturkausalität, ihre Planmäßigkeit ein unwillkürliches Ergebnis des Züchtungs- und Ausmerzungsmechanismus im Daseinskampf, und somit sei jede Eigenschaft eines Lebendigen nützlich, notwendig für das Lebendige, weil Überflüssiges oder gar Lebenswidriges automatisch zum Tode verurteilt ist."[11]

Der entscheidende Irrtum, der mit Darwin in die biologische Wissenschaft Eingang fand, besteht Buytendijk zufolge in der Grundannahme, „daß alle Lebenserscheinungen einen Zweck haben" und „sich in der Entstehung der Arten nur diejenigen Eigenschaften durchgesetzt haben, welche für die Erhaltung des einzelnen Individuums und der Art nützlich sind".[12] Diese Universalannahme der Zweckhaftigkeit der Lebenserscheinungen sei weder im Hinblick auf die Lebensäußerungen der Menschen noch im Hinblick auf die der Tiere und Pflanzen zutreffend:[13]

„Die Vögel singen viel mehr, als ihnen nach Darwin erlaubt ist."[14]

In *Wesen und Sinn des Spiels* stellte Buytendijk dem Zweckpostulat die verhaltensphänomenologisch entfaltete These entgegen, dass

„sich im Bereiche des Lebendigen ursprüngliche Kräfte [finden], welchen den Ablauf der Vorgänge mit zwingender *Notwendigkeit* bestimmen ohne irgend einem Zweck zu entsprechen."[15]

Plessner zufolge war es Wilhelm Preyer, der im Ausklang des 19. Jahrhunderts ein „Verständnis für die schöpferische Seite der vitalen Prozesse" und darüber auch die phänomenologische Grundanforderung einer „vorurteilslose[n] Anschauung der Phänomene" entscheidend beförderte.[16] Doch waren es er selbst und sein Kollege und Freund Buytendijk, die – anfänglich auch getragen von gemeinsamer Forschung[17] – die Wendung von der utilitaristischen

---

[11] Plessner, 1934, S. 8. Für eine Vertiefung der von Darwin beförderten Weltsicht siehe auch: Riedel, 1995; Eigen/Winkler, 1996, S. 187–190; Gierer, 1995; Weizsäcker, 1977, S. 152, 332, 441 sowie Scheler, 2007, S. 10, 16–17, 40–41.
[12] Buytendijk, 1933, S. 9–10.
[13] Buytendijk, 1933, S. 10.
[14] Buytendijk, 1959, S. 15.
[15] Buytendijk, 1933, S. 10.
[16] Plessner, 1956a, S. 705.
[17] Hierfür steht der 1925 erschienene Aufsatz *Die Deutung des mimischen Ausdrucks. Ein Beitrag zur Lehre vom Bewußtsein des anderen Ichs*, der Joachim Fischer zufolge parallel zu Plessners Schrift *Grenzen der Gemeinschaft* erarbeitet

zur im Zeichen des Zweckfreiheitspostulats entwickelten Spieltheoriebildung grundlagentheoretisch befestigten.

Für die Spiel-Erkenntnis erbrachte der phänomenologische Zugang Plessner zufolge vor allem eine Umkehrung der darwinistisch-evolutionstheoretischen Denkweise in dem Sinne, dass er „nicht das Spielerische die Beweislast tragen" lasse, „nicht nach seiner Möglichkeit von der Sphäre des Ernstes her [fragt]", sondern stattdessen „bei der ambivalenten, zwischen Bindung und Lösung sich haltenden Struktur lebendigen Verhaltens ein[setzt]."[18] Demnach verlagerte sich die Frage nach dem höheren *Zweck* oder *Nutzen* des Spielverhaltens von Mensch und Tier zur Frage nach dem intrinsischen *Sinn* von Spiel. Plessner spricht hier auch von einer „Bedeutungsverschiebung" der vitalen Dynamik von Spiel „ins Geistige",[19] mit der sich ein sinnorientierter Ansatz des Spielbefragens verband. Einem solchen Ansatz hat nach meinem Kenntnisstand zuerst der katholische Theologe Romano Guardini Konturen verliehen.

Viele Spielforscher – auch Buytendijk und Plessner – haben sich auf Romano Guardinis spieltheoretische Reflexionen bezogen.[20] In seinen erstmals im Jahre 1918 veröffentlichten Gedanken über die *Liturgie als Spiel* argumentierte Guardini dafür, dem zweckfreien Charakter des Spiels im „Begriff des Sinnes" Ausdruck zu verleihen.[21] In den Kategorien „Zweck" und „Sinn" erschlössen sich zwei gegenläufige Prinzipien menschlicher Gegenstandszuwendung und -erfahrung. „Zweck im eigentlichen Sinne", so Guardini,[22]

„nennen wir jenes ordnende Etwas, das Dinge oder Handlungen andern unterstellt, so daß eins auf das andere hinzielt, eins um des anderen willen da ist. Das Untergeordnete, das Mittel, hat nur insoweit Bedeutung, als es geeignet ist, dem Übergeordneten, dem Zweck, zu dienen. Der Handelnde weilt seelisch nicht in ihm; es ist ihm nur Durchgang zum andern, nur Weg; in jenem erst ist Ziel und Ruhe. Unter diesem Gesichtswinkel hat

---

worden war (Fischer, 2002, S. 137–138). Zur Freundschaft und Zusammenarbeit von Plessner und Buytendijk siehe: Plessner, 2001b sowie Dietze, 2006, insb. S. 50, 97–100, 123–128.

[18] Plessner, 1956a, S. 705.
[19] Plessner, 1956a, S. 705.
[20] Rahner, 1990, S. 50 sowie Kujawa, 1940, S. 8.
[21] Guardini, 2007, S. 59.
[22] Guardini, 2007, S. 57–60.

jedes Mittel sich darüber auszuweisen, ob und inwiefern es geeignet sei, den Zweck hervorzubringen. Solche Prüfung wird von dem Bestreben geleitet, alles auszuschalten, was nicht zur Sache gehört, nebensächlich, überflüssig ist. Es herrscht der wirtschaftliche Grundsatz, mit dem geringsten Aufwand an Kraft, Zeit und Sachen möglichst vollkommen den Zweck zu erreichen."[23]

Zwar falle in der Realität „tatsächlich alles irgendwie unter den Gesichtspunkt des Zweckes", doch zugleich „keine Erscheinung [...] ganz" – und „von vielen" sogar „nur ein kleines Stück".[24] Alle Dinge seien „auch – und manche sind es fast ganz – etwas in sich Ruhendes, sich selbst Zweck, soweit man den Begriff in dieser weiteren Bedeutung überhaupt anwenden kann".[25] Guardini bevorzugte hier die Rede vom *Sinn*.

Ihren Sinn erfüllten Dinge nicht, indem „sie eine außerhalb ihrer selbst liegende Wirkung hervorbringen, zum Bestand oder zur Veränderung von etwas Fremdem beitragen", sondern indem sie bei sich blieben, um ‚nur' „das zu sein, was sie sind".[26] Das Spiel des Menschen bilde die Lebenserscheinung *par excellence*, die „zwecklos, aber doch sinnvoll" sei.[27] Das Spiel sei nicht „Mittel", nicht „nur Durchgang" zu etwas anderem, sondern

„[d]as ist Spiel: zweckfrei sich ausströmendes, von der eigenen Fülle Besitz ergreifendes Leben, sinnvoll eben in seinem reinen Dasein. Und es ist schön, wenn man es ruhig gewähren läßt, wenn kein pädagogischer Aufklärlicht Absichten hineinträgt und es unnatürlich macht."[28]

Dass Guardini bei all dem – so wie auch Lorenz[29] – nicht davon ausging, dass Spiel stets *leicht* zu vollführen sein müsse, den handelnden Personen keinerlei unliebsame Anstrengung abverlangen dürfe, dies tritt besonders nachdrücklich hervor in seiner Arbeit über die Wesenszüge des *klassischen Geists*. So wird darin die Auffassung vertreten, dass der klassische Geist, wie ihn Goethe und Thomas von Aquin verkörpert und uns vor Augen geführt hätten, erst durch die „Kraft" zur „Überwindung der Schwere" und „zum

---

[23] Guardini, 2007, S. 57–58.
[24] Guardini, 2007, S. 58.
[25] Guardini, 2007, S. 58.
[26] Guardini, 2007, S. 58.
[27] Guardini, 2007, S. 58.
[28] Guardini, 2007, S. 63–64.
[29] Lorenz, vgl. o., S. 129.

Spiel" erblühen könne – eine Kraft, die Guardini zufolge „[e]ntbunden und gereift" sein muss „in der Zucht des ‚täglichen Dienstes'" und somit „in der stets neuen Überwindung der trägen Schwere, die in unserem Wesen wohnt."[30]

Ein Handeln, das *in sich selbst verweilt*, wie es Guardini der Wesensnatur von Spiel zuschrieb,[31] wird auch in Buytendijks und Plessners Grundlegung einer „Theorie des Ausdrucksverstehens" thematisch. In *Die Deutung des mimischen Ausdrucks. Ein Beitrag zur Lehre vom Bewußtsein des anderen Ichs* aus dem Jahre 1925 wird das Leib-Umgebungsverhältnis menschlicher Individuen als Bezugsrahmen ihrer Fähigkeit begründet, überhaupt kommunikativ in Beziehung treten zu können, sich einander mitzuteilen. Hierzu wird die zwischenmenschliche Beziehung als durch die „spielenden Formen des Verhaltens" konstituierte begreifbar gemacht.[32] Die Grundvorstellung einer umweltrelationalen, metamorphischen Elementarqualität des Spielens[33] erfährt dabei eine nähere Ausdeutung. So heißt es, dass alles, was eine Person einer anderen zu verstehen geben wolle oder vielleicht auch unwillentlich zu verstehen gibt, stets „erst aus der Situation und ihrem zweckhaft, zielgemäß oder in welchen Intentionen immer begründeten Sinn" sich erschlösse.[34] Erst der Situationsbezug mit seinen „bestimmten Möglichkeiten" verleihe einem Verhalten kommunikative Prägnanz, denn er „engt die Ausdrucksbedeutung ein".[35] Im Umkehrschluss bedeutete dies, dass in die konkrete Ausgestaltung all unserer Verhaltensformen gewissermaßen chamäleontisch einflösse, was und wie wir unsere Umwelt wahrnehmen und in Relation zu unserem Eigensinn – dabei Teilaspekte selektierend und gewichtend – interpretieren. Damit stellt die Verhaltensphänomenologie auch einen Ansatzpunkt in Aussicht, um das von Wittgenstein beobachtete bezugsrahmenabhängige Hervortreten und Verschwinden von Merkmalszügen konkreter Spiel-Handlungen zu erklären.[36]

Über das Spielen als ein „Muster des sozialen Handelns"[37] kur-

---

[30] Guardini, 1990, S. 25.
[31] Guardini, vgl. o., S. 137–138.
[32] Plessner, 1925, S. 123.
[33] Vgl. o., S. 98.
[34] Plessner, 1925, S. 126.
[35] Plessner, 1925, S. 126.
[36] Wittgenstein, vgl. o., S. 97.
[37] Brodkorb, 2003.

sieren in der sozialwissenschaftlichen Forschung die vielfältigsten Interpretationen. Zum Beispiel ist „Spielen" Christoph Wulf zufolge eine solche „Form sozialen Handelns", die

„auf praktischem Wissen beruht und [...] sich in einem Rahmen vollzieht, der seinen Als-ob-Charakter konstituiert, auf dessen Struktur die Organisationsprinzipen der Gesellschaft einen Einfluss haben, die wiederum in mimetischen Prozessen im Spiel gelernt, geübt und inkorporiert werden."[38]

Der nun unternommene Vergleich der Spieltheorien von Buytendijk und Plessner soll sich allgemeinen Merkmalen des Spielens im Bewußtsein der Spiel-Raum-Problematik und zugleich vorbildloser nähern. Hierzu können auch Rückbezüge auf die in Unterabschnitt *1.1.2.* exponierte triadische Basischarakterisierung der Semantik des Spielbegriffs einen unterstützenden Orientierungsrahmen an die Hand geben.

3.2. Spielen im Lichte von Buytendijks Verhaltensphänomenologie

Frederik J. J. Buytendijks Studie *Het spel van mensch en dier als openbaring van levensdriften* von 1932 galt Plessner als die „beste Analyse des Spiels, die wir besitzen".[39] Bereits 1933 erschien dieses Grundlagenwerk der modernen Spieltheorie unter dem Titel *Wesen und Sinn des Spiels. Das Spielen des Menschen und der Tiere als Erscheinungsform der Lebenstriebe* in einer deutschen Übersetzung, von der ich mangels anderslautender Angaben annehme, dass sie Buytendijk selbst geleistet hat. Der in *Wesen und Sinn des Spiels* entfaltete lebenswissenschaftliche Ansatz verbleibt ausdrücklich in einem „biologischen Gedankenkreise".[40]

Zur Identifikation des Spielens als zwecklose Lebensäußerung neben anderen Realisationsformen der Aktivität von Mensch und Tier ist dem Psychologen und Physiologen zufolge nicht „reiche Literaturkenntnis", sondern „persönliche Beobachtung" erforderlich.[41] In seiner Schrift *Das menschliche Spielen* von 1973, Buyten-

---

[38] Wulf, 2005, S. 20.
[39] Plessner, 1941, S. 286, Fn. 14.
[40] Buytendijk, 1933, S. 55.
[41] Hierzu und zum Folgenden: Buytendijk, 1933, S. 10–17.

dijks letzter spieltheoretischer Veröffentlichung, wird rückblickend auf die Geschichte der Spielforschung des 20. Jahrhunderts – und hier in direkter Bezugnahme auf Scheuerl – alle zwar beobachtungsgestützte aber unreflektierte Spiel-Begriffs-Bildung kritisiert:[42]

„Schon Husserl hat diese Naivität erkannt. Das unmittelbare und unkritische ‚Schauen‘, wie wir es im Alltag gelegentlich tun und wovon wir in der Umgangssprache reden, liefert keine Erkenntnis der ‚Phänomene‘, da ihre Sinngehalte zunächst und zumeist nicht gegeben sind. [...] Daher fordern der Ausgang der Analyse ebenso wie der Zugang zum Phänomen und der Durchgang durch die herrschende Verdeckung eine methodische Sicherung. In der Idee der ‚originären‘ und ‚intuitiven‘ Erfassung und Explikation der Phänomene liegt das Gegenteil der Naivität eines zufälligen ‚unmittelbaren und unbedachten Schauens‘."[43]

Drei Stützpfeiler für eine originäre und intuitive Spiel-Betrachtung werden in *Wesen und Sinn des Spiels* besonders herausgehoben: *Erstens* die Grundannahme einer Ungeschiedenheit „der psychischen und physiologischen Prozesse"; *zweitens* sei der Erkenntnisbereich zuallererst sprachgeleitet zu erschließen;[44] *drittens* müsse die Theorie der Spiel-Erscheinung der anschaulichen Vollzugslogik der Spiel-Erscheinung folgen, ihren der sinnlichen Wahrnehmung sich darbietenden „Ablaufsformen".[45] Die grundlegendste aller spieltheoretischen Fragen aber sei die nach der „Ursache" des Spielens.[46]

Aufgrund der Beobachtung, „daß die Wechselwirkung der Umgebung auf den Organismus für das Auftreten und besonders für die Form des Spielvorganges nicht gleichgültig ist",[47] gilt es Buytendijk zufolge die Möglichkeit zu erwägen, „daß die Ursache des Spielens gar nicht *im* Organismus selbst gelegen ist", sondern einem In-Beziehung-Treten des Lebewesens mit seiner unmittelbaren „Umgebung" entspringt, mit der es während seines Spiels offenbar in Verbindung bleibe, so dass jenes Wechselverhältnis auch für die je spezifische „Form des Spielvorganges" mit prägend sei.[48] In der „persönliche[n] Beobachtung"[49] eines Spiel-Verhaltens muss

---

[42] Buytendijk, 1973, S. 90–91.
[43] Buytendijk, 1973, S. 91.
[44] Hierauf wurde bereits in Unterabschnitt *1.3.1.* eingegangen.
[45] Buytendijk, 1933, S. 23.
[46] Buytendijk, 1933, S. 10–14.
[47] Buytendijk, 1933, S. 13.
[48] Buytendijk, 1933, S. 13.
[49] Buytendijk, 1933, S. 15.

demnach die Annahme eines synthetisierenden Vorgangs von innerer Strebung und Umwelt ein interpretatorischer Leitfaden sein. Entsprechend wird das Ziel der spieltheoretischen Grundlagenforschung in *Wesen und Sinn des Spiels* wie folgt bestimmt:

„Eine Untersuchung des Spielens wird uns eine Einsicht in das Verhalten, das Tun der Menschen und der Tiere bringen müssen, wie diese sich in jedem Individuum von innen heraus entwickelt und von der Umwelt mitgeformt wird. Wir befinden uns also einer Funktion gegenüber, die aus dem Zusammenhang der Triebe ihren Ursprung nimmt und durch die Ausbildung des Organismus in Beziehung zu der Umgebung ihre bestimmte Erscheinungsform erhält."[50]

Von einer von Beginn an *umweltrelationalen Ausprägung der Handlung Spielen* ging Buytendijk aus. Der innerliche Anlass solchen In-Beziehung-Tretens von Subjekt und Umwelt aber müsse seinerseits „aus den allgemeinen Merkmalen des Jugendlichen" erklärt werden.[51]

3.2.1. Von der jugendlichen Verhaltensdynamik zum Spiel

Es ist die Hauptthese von *Wesen und Sinn des Spiels*, „daß das Wesen des Spiels nur zu verstehen ist aus dem Wesen des Jugendlichen, mit Notwendigkeit aus diesem hervorgeht."[52] Das Wesen des Jugendlichen führt nach Auffassung Buytendijks „das Kind und das junge Tier und unter Umständen auch das erwachsene Individuum in die Sphäre des Spiels."[53] Jugendlichkeit wird somit nicht als eine lebensperiodische Begrenzung der Spielfähigkeit verstanden, sondern als ein dynamisches Zusammenwirken von Verhaltensmerkmalen, das im Jugendalter lediglich besonders gehäuft und klar hervortrete.

Die jugendliche Verhaltensdynamik und die Dynamik des Spielens sind Buytendijk zufolge beide Ausdruck des natürlichen Freiheitsdrangs der Lebewesen, nicht aber deckungsgleich.[54] Als

---

[50] Buytendijk, 1933, S. 16.
[51] Buytendijk, 1933, S. 47; vgl. a. a. a. O., S. 22–36, insb. S. 24.
[52] Buytendijk, 1933, S. 24.
[53] Buytendijk, 1933, S. 36.
[54] Denn „[w]as [...] ganz besonders das Wesen des Spielens bestimmt, ist die Eigenart des Spielgegenstandes" (Buytendijk, 1933, S. 36).

die Hauptmerkmale der anschaulich fassbaren Merkmale der jugendlichen Verhaltensdynamik nennt Buytendijk: „*Ungerichtetheit*",[55] „Bewegungsdrang"[56], „Instabilität",[57] eine pathische Haltung und „Schüchternheit".[58] Jeder dieser Faktoren wird durch Zusatzeigenschaften charakterisiert,[59] die hier jedoch nicht weiter ausgeführt werden müssen.

Im Lichte der soeben genannten Aspekte gelangte Buytendijk zu einer Beschreibung der spezifisch jugendlichen Verhaltensdynamik, die er schließlich im Motiv einer von gegenläufigen Spannungen durchdrungenen, „doppelsinnige[n] – ambivalente[n] – Haltung" eines „Hin und Zurück" zusammenfasste,[60] auf die ich an späterer Stelle näher eingehen werde. Buytendijk zufolge eröffnet die jugendliche Verhaltensdynamik die Einsicht in „eine bei allen Tieren und Menschen mögliche Beziehungsform zu Gegenständen".[61] Diese Beziehungsform müsse, so heißt es unter Berufung auf Erwin Straus, gründen in einer „*pathische[n] Einstellung*" des Handlungssubjekts zu seiner Umgebung.[62] Wie bereits angeführt wurde, erblickte Buytendijk bereits im *Anlass* zu Spielen die Wirksamkeit eines Zugleich von subjektivem Bewegungs- bzw. Freiheitsdrang einerseits und dem Drang zu einer außersubjektiven Bindung andererseits.[63]

Die Ablaufsformen eines Spiels bzw. Spielens seien weder durch völlige Hingabe des Handlungssubjekts geprägt noch durch ein vollständiges Distanzwahren zum Bezugsgegenstand bzw. Spiel-Partner. Dies unterstreicht der von Buytendijk gebildete *Allgemeinbegriff des Spiels*. In ihm wird eine Wendung der jugendlichen Verhaltensdynamik des „Hin und Zurück" zur spielend entfalteten Interaktionsform in der Bewegung eines „Hin und Her" vollzogen.[64] Ein Bewegungsphänomen, wie es im vorliegenden Untersuchungsrahmen bereits im Bezug auf das altdeutsche *spilan* the-

---

[55] Buytendijk, 1933, S. 24.
[56] Buytendijk, 1933, S. 28.
[57] Buytendijk, 1933, S. 29.
[58] Buytendijk, 1933, S. 33.
[59] Buytendijk, 1933, S. 25–36.
[60] Buytendijk, 1933, S. 34.
[61] Buytendijk, 1933, S. 47.
[62] Buytendijk, 1933, S. 29–33.
[63] Buytendijk, vgl. o., S. 141.
[64] Zum „spielerische[n] Hin und Her" siehe auch: Buytendijk, 1973, S. 93–96.

matisch wurde,⁶⁵ kündigt sich hier in einer verhaltensphänomenologischen Interpretation an. Im Wortlaut Buytendijks erfährt das Spielen von Menschen und Tieren als Erscheinungsform der Lebenstriebe darin die folgende Grundbestimmung:

„Jedes Spiel fängt mit einer Bewegung an, deren Folge nicht völlig berechenbar ist, ein überraschendes Element in sich trägt. Das rührt daher, weil die Bewegung sich an dem Spielgegenstand (etwa einem Ball) vollzieht oder auf einen Mitspieler gerichtet ist, und weil dieser Gegenstand oder Mitspieler *selbst* dynamische Eigenschaften besitzt, die nur teilweise berechenbar sind. Ein Ball und ein Mitspieler sind tückisch und erweisen sich als *eigen*-sinnig, und aus eigenen inneren Gründen sich bewegend. Zweitens findet man, daß die vom Spieler ausgegangene, dem Spielgegenstand mitgeteilte Bewegung, den Erfolg hat zum Spieler zurückzukehren. Was das Spielding (oder der Mitspieler) *tut*, löst wiederum die Aktivität des Spielers aus. Diese läuft also nicht regelmäßig – wie in einer fortschreitenden Handlung – ab, sondern wird immer wieder von neuem geweckt, erregt. Der Impuls, welcher vom Spieler *weg* gerichtet war, kehrt als Effekt zu ihm *zurück*. *Hin und Her* ist als notwendige Folge der Unberechenbarkeit des Spielens, die in den Eigenschaften des Spieldings gelegen ist, auch die Grunddynamik jedes Spiels. [...] Kurz gesagt: *Spielen ist also nicht nur, daß einer mit etwas spielt, sondern auch, daß etwas mit dem Spieler spielt*. Je mehr auch diese letztere Forderung hinreichend erfüllt ist, um so intensivere, dauerhaftere Form nimmt das Spiel an."⁶⁶

Buytendijks Charakterisierung des Spiels und des Spielens macht vor dem Hintergrund des hier entwickelten Analysegangs deutlich: In *Wesen und Sinn des Spiels* wird in erster Linie nicht eine Theorie des *schon gelungenen Spiels* begründet, sondern vielmehr eine Theorie des Spiels und des Spielens unter dem Vorzeichen der *Spiel-Welt-Genese*. Viel detaillierter als es die spieltheoretischen Ansätze von Fink, Caillois und Popitz zeigen, suchte Buytendijk das in spielendem Interagieren zwischen Handlungssubjekten – aber auch im Umgang mit Dingen – beförderte Entstehen einer *Spielsphäre* zu beschreiben.

In Buytendijks Allgemeinbegriff des Spiels kündigt sich der Handlungsmodus des ›Spielens‹ zuallererst im Merkmal der *anfänglichen Bewegung*, „deren Folge nicht völlig berechenbar ist", an.⁶⁷ Spielen erscheint dabei aber nicht als bezugsuniversal, sondern als

---

⁶⁵ Scheuerl, vgl. o., S. 115–116.
⁶⁶ Buytendijk, 1933, S. 116–117.
⁶⁷ Buytendijk, vgl. o.

der Beginn eines Zusammen-Spiels, als die initiierende und überdies die Ausbildung einer Spielsphäre entfaltende und wahrende Kraft:

„Man denke z. B. daran, wie ein Fußballspiel anfängt oder etwa ein Musikspiel, ein Liebesspiel. Ihr allmählicher Beginn hat mehrere Gründe. Erstens sind Spieler und Spielobjekt einander fremd, zweitens sind die ersten Spielbewegungen eigentlich Versuche, um die *Art* der Möglichkeiten zu entdecken." [68]

So müsste sich anhand der Spieltheorie Buytendijks auch dies besonders detailgenau studieren lassen: die bereits in der Auseinandersetzung mit den Spiel-Deutungen von Fink, Caillois und Popitz aufgekommene Einsicht in eine potentielle Verbundenheit aber nicht zwingende Deckungsgleichheit von Spiel-Handlung, Spiel-Raum und Spiel-Welt, durch die die Eigenbedeutung des ›Spielens‹ in den Grenzen eines Handelns geschärft zu Bewusstsein gelangen kann. Hierzu im Folgenden eine genauere Betrachtung der Bezugsebenenarchitektur des von Buytendijk begründeten Spielbegriffs.

3.2.2. Spielend zur Spielsphäre

Das *Wesen* des Spiels liegt Buytendijk zufolge in einer zweckgelösten und dadurch erwünschte Kontingenzmomente bergenden Interaktion, während der *Sinn* des Spiels in der Verwirklichung einer Spielsphäre selbst erscheint: als ein Zusammen-Sein im Hin-und-Her der eigensinnigen Interaktionspartner, für das gemeinschaftliche Bande eingegangen, gewahrt und miteinander fortentwickelt werden. Als das Konstituens von all dem aber erscheinen die subjektiven Akte des Spielens selbst, denn diese bilden die alle Spiel-Stufen realisierende Aktivität. *Spielen*, gespielte *Spiel-Struktur* und *Spielsphäre* erscheinen in Buytendijks Allgemeinbegriff des Spiels somit als verbundene und doch differente Dimensionen *eines* Vorgangs. So sollen sie nun in ihrer jeweiligen Eigenart genauer betrachtet werden.

Zur näheren Charakterisierung der originären Dimension des *Spielens* werden von Buytendijk folgende sechs Hauptmerkmale benannt: [69]

---

[68] Buytendijk, 1933, S. 152.
[69] Vgl. hierzu und zum Folgenden auch: Buytendijk, 1973, S. 88–123.

Erstens – jugendliche Ungerichtetheit und Voraussetzungslosigkeit des Spielens:[70] Eine Spielsphäre, insbesondere dann, wenn sie dauerhafte Formen ausbilden soll, unterliege, wie oben behandelt wurde, einer Vielzahl von Bedingungen. Nicht so das Spielen, das Buytendijk zufolge in jeder „Einöde" begonnen werden kann,[71] also dort, wo es nichts zu gewinnen gibt. Den von äußeren Zielen unabhängigen Impuls zu spielen erhellt das Merkmal jugendlicher *Ungerichtetheit*. Unter einem „Ungerichtet-sein" solle verstanden werden „das Fehlen einer Steuerung, einer festen Führung, eines Gerichtet-sein nach einem Ziel."[72] Wohl aus diesem Grunde unterhält dieser Zug auch die engste Verbindung zur „Fülle", ein Begriff, den Buytendijk von Guardini übernommen hat:

„Diesen Begriff entlehne ich von *Romano Guardini*, er bedeutet den Gegensatz zu dem Begriff der ‚Form'. Die ‚Fülle' deutet auf einen ungeformten Drang und ist wesentlich an Ursprünglichkeit (im Gegensatz zu Regel) und Immanenz (im Gegensatz zu Transcendenz) gebunden."[73]

Zweitens – jugendlicher Bewegungsdrang und Meiden von Fixierungen beim Spielen: Der „jugendliche Bewegungsdrang" intensiviere „das Erlebnis der eigenen Existenz"[74] und sei Ausdruck von einem ursprünglichen „Befreiungsdrang".[75] Aber ein „Bewegen ist noch kein Spielen".[76] Erst verbunden mit einem rhythmischen „Spannungs-Lösungswechsel" werde die originär spielende Ausdrucksform des Bewegunngsdrangs gebildet; er bestimme „die *wesentliche* Dynamik des Spielens".[77] Wie die nachfolgenden Merkmale des Spielens deutlicher hervortreten lassen werden, erfährt diese Dynamik durch eine besondere Umgangsweise mit dem Spiel-Gegenstand bzw. Spiel-Partner eine vertiefende Charakterisierung.

Der Eigencharakter des Spielens sei nicht in der Um-zu-Relation begreifbar, denn die Handlung sei darauf angelegt, *fortzudauern*.[78] Alle Fixierungen hemmten den Spieldrang, so dass auch das Erfüllen vorgegebener Spiel-Ziele nicht als ein Kennzeichen der

---

[70] Hierzu und zum Folgenden: Buytendijk, 1933, S. 24–28.
[71] Buytendijk, 1973, S. 112; vgl. a. o., S. 50.
[72] Buytendijk, 1933, S. 24.
[73] Buytendijk, 1933, S. 26.
[74] Buytendijk, 1933, S. 79.
[75] Buytendijk, 1933, S. 73.
[76] Buytendijk, 1933, S. 79.
[77] Buytendijk, 1933, S. 75.
[78] Hierzu und zum Folgenden: Buytendijk, 1933, S. 47–48.

Handlung Spielen begriffen werden kann. So lässt sich hier auch eine Differenz zwischen einem Nur-Spielen und einem Ein-Spiel-Spielen bezeichnen. Das *Beenden* eines Spiels, wie es in vielen Spielen etwa im Sieg einer Partei über eine andere definiert ist, gehört Buytendijk zufolge gerade nicht zu den Grundtendenzen des *Spielens* und wäre entsprechend als ein durch einen bestimmten Spieltypus ‚künstlich' eingebrachtes Telos zu qualifizieren.

Drittens – Unendlichkeit und Ziellosigkeit des Spielens: Dem Merkmal des spielenden Meidens von Fixierungen kann das Merkmal der *Unendlichkeit* gesondert zur Seite gestellt werden.[79] Dieses wurde im vorliegenden Untersuchungsrahmen bereits im Kontext von Scheuerls Spiel-Auffassung angesprochen.[80] Im Unterschied zu Scheuerl verortete Buytendijk das Attribut der Unendlichkeit jedoch vielmehr in der Handlung Spielen als in der handlungsübersteigenden Spiel-Welt:

„[E]ine Bewegung hin und zurück, auf und ab, nach rechts und links ist ziellos, endlos, wiederholbar. Auch diese Art der Bewegung ist dem Jugendlichen wesentlich und wird im Spiel als Grunddynamik erhalten."[81]

Ein Spiel kann man *gewinnen* – und damit auch *beenden* – wollen. Die Handlung Spielen – und mit ihm auch eigentliches Spiel – aber sei gerade auf ein Fortdauern des Interagierens ausgerichtet.[82] Fixierende Vorgänge, etwa zielgerichtete Tätigkeiten, minderten die Spielneigung oder höben sie auf.[83] Sie bewirkten einen Funktionswandel des Spielens: einen Wandel vom Spiel zum Sport. Da das Spielmoment durch alles Fixierende zurückgedrängt werde, sei es streng zu unterscheiden vom Sport. Die Entwicklung vom Spiel zum Sport skizzierte Buytendijk anhand von drei Stadien des Ballspiels:

„Statt mit dem Ball zu spielen, diesen zu werfen, aufzufangen, wird das Werfen und Greifen durch bestimmte Regeln fixiert oder es wird mit dem Ball auf ein Ziel geworfen. In einem späteren Stadium kommt es zu einem stets genaueren Innehalten der Vorschriften [...] Im dritten Stadium gesellt sich dazu eine umschriebene Zielsetzung, entweder in der Form einer maximalen Leistung oder einer Vollkommenheit in der Ausführung der

---

[79] Buytendijk, 1933, S. 70.
[80] Scheuerl, vgl. o., S. 43–44.
[81] Buytendijk, 1933, S. 70.
[82] Buytendijk, 1933, S. 69–70, 125.
[83] Hierzu und zum Folgenden: Buytendijk, 1933, S. 47–48.

Bewegung selbst. Dann ist die sportive Ausbildung der Tätigkeit erreicht [...] Dieser Aspekt bildete auch die Kerndimension von *spilan*, das eine kreisende, in sich selbst zurückfließende Bewegung betont."[84]

Vor dem Hintergrund der soeben erfolgten Ausführungen wird deutlich, wie das Merkmal der Unendlichkeit des Spielens in Buytendijks Spielanthropologie innigst zusammenhängt mit seiner konstruktiven Deutung von *Ziellosigkeit* im Sinne eines Merkmals von kreativem Handeln. Was also ist Buytendijk zufolge eine „wirklich ziellose Bewegung"?[85] Es ergibt sich, dass seine Antwort zugleich den Gegensatz zu allem teleologischen Handeln vor Augen führt:

„Eine wirklich ziellose Bewegung, welche also nicht irgendwo hinführt, ist eine Bewegung, welche nach ihrer Anfangsstelle zurückkehrt."[86]

Die Rückkehr zum Anfang birgt die Möglichkeit der Wiederholung, der Verfeinerung und variabel modifizierten Ausführung einer Handlung. Buytendijk zufolge ist ein solcher Antrieb gerade nicht aus äußeren Handlungszielen oder Spiel-Regeln zu erklären, sondern aus dem Drang eines Lebewesens zu *spielen*.

Viertens – Verankerung des Spielens in einem Ethos des Pathischen: Der Begriff des Pathischen bezeichnet in der Verhaltensphänomenologie Buytendijks sowohl die Haltung eines Handlungssubjekts, als auch eine Eigenschaft, die Objekten des Umgangs innewohnt.[87] Buytendijk zufolge birgt die pathische Haltung dabei stets eine besondere ethische Dimension: die der Wertungsfreiheit. Sie gewinne auch und gerade im Sinne eines Ermöglichungsgrunds für ein unverstelltes In-Erscheinung-Treten-Können eines beliebigen Handlungsobjekts an Bedeutung, das entsprechend, selbst wenn es ein materielles Ding ist (z. B. ein Ball), so behandelt wird, *als wäre* es ein Handlungs*subjekt:*

„Der Spielfreiheit im Umgang mit Bildern entspreche einer „höheren Wahrheit", „nämlich der, daß der Reichtum der wirklichen Schöpfung sogar gegenüber dem Reichtum der für unsere Einbildungskraft möglichen Bilder noch um eine Unendlichkeit größer ist als dieser gegenüber der nur minimalen von uns gekannten Teile der Schöpfung. [...] *Gespielt wird nur mit Bildern*. Der Spielgegenstand hat nie den Charakter eines

---

[84] Buytendijk, 1933, S. 48; vgl. a. o., Scheuerl, S. 115.
[85] Buytendijk, 1933, S. 69.
[86] Buytendijk, 1933, S. 69.
[87] Hierzu und zum Folgenden: Buytendijk, 1933, S. 29–33, 51–52, 129–133.

intellektuell bestimmten Objektes, es ist nicht ein Etwas, sondern ein Wie, das sich aber erst im Kreisprozeß der Lockung und der Lockungsbeantwortung, des Bewegens und Bewegtwerdens bildet, sei es auch, daß der Spieler von diesem Werden nichts weiß."[88]

Dieses Ethos wird Buytendijk zufolge nicht erst durch die Regeln eines Spiels gefordert, sondern müsse schon im spielenden Spiel-Beginnen wirksam sein.[89] Es gründe in einer Zweckfreiheit in der näheren Ausdeutung von Absichtslosigkeit, die Buytendijk zufolge auch entscheidend ist für die Unterscheidung von Spiel und Nicht-Spiel.

Fünftens – Absichtslosigkeit:[90] Nur unter der Voraussetzung von Absichtslosigkeit könne Spielen ein Entdecken unbekannter Möglichkeiten, ein Stiften von Beziehungen mit dem Unbekannten sein:

„Das Spiel hat keinen voraus bestimmten Ausführungsplan, wie er bei jeder Handlung vorliegt. Das Spiel ist absichtslos, zwecklos; es fehlt ein Schema der Ausführung."[91]

Spielen erscheint als *Konstituens* allen Spiels, jeder Spielsphäre, Absichtslosigkeit als unhintergehbares Konstituens des Spielend-etwas-tun-*Könnens*. Denn die Absichtslosigkeit im Spielen sei insbesondere zu verstehen als eine Absichtslosigkeit den Bildern gegenüber:[92]

„Das Bild erscheint im So-sein seiner Gegenwart und dem Menschen ist die sittliche Forderung gestellt, dem Bild mit Ehrfurcht zu begegnen, mit ihm zusammen zu sein, mit ihm zu leben, aber vor allem es zu lieben, und es mit der Phantasie zu umkleiden, der es das Dasein verdankt ... aber alles ohne Absichten. [...] Das Menschenleben geht durch den Geist über das biologisch Zweckmäßige und Zwangsmäßige hinaus. Und so hat das Spiel für den Menschen noch einen besonderen Sinn."[93]

Worin erblickte Buytendijk den Mehr-Sinn des menschlichen Spielens? Hier nun beleuchtet er den wohl tiefsten Aspekt des Sinns des

---

[88] Buytendijk, 1933, S. 130–132.
[89] Hierzu in Kürze Unterabschnitt *3.2.3*.
[90] Hierzu Buytendijk, 1933, S. 46, 125, 147, 164–165.
[91] Buytendijk, 1933, S. 147.
[92] Buytendijk, 1933, S. 164–165.
[93] Buytendijk, 1933, S. 164.

Spielens für die Menschen: das sich Üben in *Absichtslosigkeit* als der Boden auf dem die Fähigkeit zum liebevollen Umgang gedeiht:

„Der Mensch soll von der Kindheit an spielen und *gut* spielen, d. h. in der Spielsphäre – der Sphäre der Bilder – bleiben, indem er sich übt, alle Absichten gegenüber dem Spielobjekt, so wie es in seiner Bildhaftigkeit mit seinem Reichtum an verborgenen Möglichkeiten erscheint, und die es nur im intimen Zusammensein des Spielens offenbart, zu unterdrücken."[94]

Darin etwas oder jemandem absichtslos zu begegnen, darin liege die *Sittlichkeit* des Spielens, seine „sittliche Forderung".[95]

Sechstens – *Schüchternheit* und das Versuchen, *eine Beziehung mit dem Unbekannten zu stiften*: Das Wesen des Spiels erkannte Buytendijk darin, dass es die prädestinierte „Erscheinungsform des Dranges nach Selbständigkeit, der Bindung mit der Umwelt" sei, seinen Sinn vielmehr darin, dass es einen „Weg zur vitalen Erkenntnis" bilde.[96] Ein beziehungsstiftendes und ein epistemisches Merkmal erscheinen so in der Bewegung der Handlung des Spielens zu verschmelzen. Zur näheren prozessualen Ausdeutung dieses Merkmalszugs heißt es genauer: Einerseits sei Spielen nur im Beibehalten von Bindungen realisierbar. Andererseits bedeute Spielen stets ein Vorwagen in Neues und dies unter ständiger Hervorrufung von neuen (Ver-)Bindungen. Neues entdecken durch Spielen zeigt sich hier vor allem als ein Suchen und Finden *neuer Bindungen*. Mensch und Tier wagten sich „aus der Gemeinschaft des Bekannten hinaus, um dort aber *spielend* immer *wieder neue Bindungen zu suchen und zu finden* [m. Hv.]."[97] Grundlegend hierfür sei der aus der jugendlichen Verhaltensdynamik stammende Verhaltenszug der *Schüchternheit*:

„Wir wollen uns hier nur mit dem konkreten anschaulichen Phänomen der Schüchternheit befassen, mit dem ambivalenten Verhalten, welches in verschiedener Art und Weise in fast jeder jugendlichen Bewegung sich auswirkt. Es ist eines der Wesensmerkmale dieser Dynamik, daß sie die Intention zum Ausdruck bringt eines Suchens und Beibehaltens der Bindung mit einer schon existierenden Lebensgemeinschaft – sagen wir mit dem ‚pathischen Bekannten' – und zu gleicher Zeit eine Beziehung zu stiften mit dem ‚Unbekannten'."[98]

---

[94] Buytendijk, 1933, S. 165.
[95] Buytendijk, 1933, S. 164.
[96] Buytendijk, 1933, S. 164; vgl. a. a. O., S. 146.
[97] Buytendijk, 1933, S. 144.
[98] Buytendijk, 1933, S. 35–36.

Nicht äußerlich gesicherte Bindungen sind hier demnach gemeint. Vielmehr sei das Bindungsmoment des Spielens zuallererst als ein *Sich*-Binden des *Spielenden* zu verstehen. Eine pathische Beziehung zu etwas oder jemandem in der Umwelt muss Buytendijk zufolge als eine entscheidende subjektive Motivation, überhaupt zu spielen, begriffen werden. Schon in der Handlungsdimension des „subjektiven *Sinn*[s]"[99] wäre demnach ein Handlungs*motiv* angelegt, das nicht im bloßen Eigeninteresse des spielenden Lebewesens, sondern erst in seiner Bezugnahme auf etwas anderes entspringt.

Eine paradox anmutende Grundbewegung der Handlung *Spielen* wird in diesem sechsdimensionalen Merkmalskanon eingefangen. So wird für eine prozessuale Deutung dieses Handlungsmodus einerseits ein *Meiden von Fixierungen* besonders herausgestellt, andererseits auch sein Drang, *Beziehungen mit dem Unbekannten zu stiften*. Beide Tendenzen des Spielens sind gegenläufig, werden in Buytendijks Theoriekonzeption jedoch zusammengehalten.

Aus den vorangegangenen Überlegungen folgt, dass eine pathisch-soziale Interdependenzbeziehung das dynamische Fundament allen Zusammen-Spielens bildet. Dies gelangt auch in Buytendijks Überzeugung zum Ausdruck, dass es „niemals ein für sich allein Spielen" gäbe; Spielen, das sei *„immer ein Spielen mit etwas"*.[100] Zum einen wird mit dieser Aussage auf die umweltrelationale Entfaltungsdynamik der Handlung zurückverwiesen. Vor allem aber wird hier auch die konstitutive Bedeutung der *pathischen Haltung* des Spielenden nochmals bekräftigt. Genauer gesprochen: Nur im Verbund von subjektivem Freiheitsdrang und pathischer Haltung löst sich Buytendijk zufolge der vermeintliche Widerspruch auf, spielend handelnd sowohl Fixierungen zu meiden als auch Beziehungen mit etwas Unbekanntem zu stiften und durch solches Zugleich eine *Freiheit des Individuums in der Bindung* zu verwirklichen. Die so charakterisierte Handlungsfreiheit erschließt sich im Lichte der Spieltheorie Buytendijks demnach nicht erst im gelungenen Spiel etwa im Sinne einer schon realisierten Interaktionsform spielender Individuen. Diese Freiheit gilt vielmehr bereits als konstitutiv für das spielende Beginnen allen Spiels, bei dem das Entstehen einer „dauerhafte[n] Form" somit noch ungewiss ist.[101]

---

[99] Weber, vgl. o., S. 37.
[100] Buytendijk, 1933, S. 44.
[101] Buytendijk, vgl. o., S. 144.

Folglich gälte es auch, allem Spielen ohne Spiel-Raum – und damit einem handlungstheoretischen Vollbegriff des ›Spielens‹ – jenen eigentümlich-freiheitlichen Wesenszug zuzuschreiben.

Auch in *Das menschliche Spielen* wird die zuvor dargelegte Lesart unterstützt. Dies erfolgt in der Auseinandersetzung mit Gadamers Ästhetik des Spiels. Gadamer hatte darauf insistiert, dass die Möglichkeit des Spielens nicht im engen Sinne voraussetze, dass auch etwas mit dem Spieler tatsächlich *spielt*. Vielmehr sei es völlig ausreichend, dass es jemanden oder etwas gebe, das dem Spielenden „antwortet".[102] Buytendijk stimmte dem wider seine frühere Position zu und unterstrich so, dass seine Anthropologie des menschlichen Spielens nicht nur im Horizont einer Theorie des Spiels einen Ort hat, sondern auch in einer Theorie des ›Spielens‹ als einem universal anwendbaren Modus des Handelns. Von diesem Blickwinkel ergibt sich auf der Basis des bisher Gesagten überdies, dass ein Berührungspunkt besteht zwischen Buytendijks Charakterisierung des anfänglichen Spielens und Lorenz Bezeichnung des Spielens als ein „epistemisches Handeln", dem Lorenz zuschrieb, in einer die Ungewissheit auf Erfolg in sich wahrenden, schwebenden Bewegung eines Auf-Probe-Handelns zu verfahren.[103]

Aus den soeben behandelten Merkmalen des Spielens im Sinne Buytendijks ergeben sich auch geschärfte Abgrenzungen des Spielens gegenüber anderen Verhaltensformen. Im Bezug auf das jugendliche Verhalten stellte Buytendijk heraus, dass ein Spielen insofern über jenes hinausgehe, dass in ihm die Tendenz überwiege, mit dem Bezugsgegenstand oder Interaktionspartner – wider alle Fixierungen – eine *fortlaufende* Beziehung zu unterhalten.[104] Aufgrund dieses Merkmals seien etwa auch Tanzen, Üben, Springen und Hüpfen nicht als ein Spielen klassifizierbar.[105] Weitere Abgrenzungen begründete Buytendijk in Bezug auf jede Form des sportiven, des virtuosen und des ästhetischen Handelns – und auch gegenüber dem vernünftigen Handeln.[106] Dass Buytendijk das Spielen dennoch im Kern als einen Akt begriff, in dem eine „verstehende" Begegnung

---

[102] Gadamer, 1990, S. 111; vgl. a. Buytendijk, 1973, S. 92.
[103] Lorenz, vgl. o., S. 128–130. Zur Bestimmung von „Wesen und Sinn des menschlichen Spielens" im o.g. Sinne auch: Buytendijk, 1973, S. 110–121.
[104] Buytendijk, vgl. o., S. 147.
[105] Zu Abgrenzungen des Spielens „gegenüber anderen Handlungen": Buytendijk, 1933, S. 44.
[106] Buytendijk, 1933, S. 129–130, 137.

sich ereignet,[107] dies verdeutlichen die nachfolgenden Betrachtungen zu Eigenmerkmalen von *Spiel-Raum* und *Spielsphäre* als der von Buytendijk gewählte Ausdruck zur Bezeichnung einer spielend hervorgebrachten Spiel-Welt.

Alles Spiel braucht Buytendijk zufolge „ein Spielfeld, einen Spielplatz, eventuell Spielregeln",[108] d. h. in der Begrifflichkeit der vorliegenden Untersuchung: Spiel-Raum. Diese Voraussetzungen bestimmten jedoch nicht die Dynamik des Spiels, sondern sie bildeten lediglich die notwendigen „Grenzen", durch die sich ein Hin- und-Her-Spielen ermögliche:

„Wenn die Dynamik des Spielens immer eine Hin- und Herbewegung ist, muß es Grenzen geben, an denen die Bewegungen zurückprallen."[109]

Im Hinblick auf „Spielregeln" impliziere dies, dass diese gerade „keine Bewegungsgesetze" des Spielens seien.[110] Spielregeln legten nicht fest, „was geschehen *muß*, sondern nur was *nicht* geschehen darf".[111] Die spezifischen Gründe der „Freiheit des Handelns",[112] die das Spielen zeige, können Buytendijk zufolge entsprechend nicht im Hinblick auf ihre äußeren Bedingungen erfasst werden. In der Annahme von Spielregeln einen Kontingenzraum des Handelns und der Handlungsfolgen zu ermöglichen, erst darin werde die originäre Qualität des Spielens deutlich:

„Das ist gerade ein Merkmal des Spiels, daß es innerhalb gewisser Grenzen *unbestimmt* ist, undeterminiert, im Gegensatz zu vielen Handlungen wie die instinktiven Tätigkeiten niederer Tiere oder die technische Arbeit, deren Ablauf bis ins Einzelne vorgeschrieben ist."[113]

Spielfeld, Spielplatz und Spielregeln bilden Ausprägungen der strukturellen Verfestigung eines Spiels. Buytendijk hebt hervor, dass die Bedingung der Möglichkeit einer „dauerhafte[n] Form" des Spiels im Intensitätsgrad einer Spieldynamik liegt[114] – mit anderen Worten: Die Manifestationsmöglichkeit eines Spiels hinge von dem Grad ab, in dem aus einem Nur-Spielen ein Zusammen- oder Mit-

---

[107] Hierzu in Kürze S. 155.
[108] Buytendijk, 1933, S. 118.
[109] Buytendijk, 1933, S. 118.
[110] Buytendijk, 1933, S. 119.
[111] Buytendijk, 1933, S. 119.
[112] Buytendijk, 1933, S. 119.
[113] Buytendijk, 1933, S. 119.
[114] Buytendijk, 1933, S. 100.

einander-Spielen sich entwickelt hat. Erst in solchem Gelingen wiederum wird Buytendijk zufolge jene ‚Kreation' gesehen, die er, wie nun näher betrachtet werden soll, die „Spielsphäre" nennt.

Die „Spielsphäre", so Buytendijk, sei „die Sphäre der *Bilder* und damit die Sphäre der *Möglichkeiten* und der *Phantasie*".[115] Sie könne nur dort entstehen, wo ein Individuum Dingen oder anderen Individuen absichtslos begegnet.[116] In der Zurückhaltung der Absicht erkannte Buytendijk die Eröffnung eines Wahrnehmungsraums, in dem ein Gegenstand bildhaft erscheinen kann. Darunter wird verstanden, dass die Handlung in ihrem „pathischen Charakter" sich erschließen, d. h., ihren Adressaten ‚treffen' kann, indem sie ihn an-rührt.[117] In so gestimmter Spielsphäre sah Buytendijk nicht eine Zielerfüllung des Spielens. Die Spielstimmung schaffe vielmehr den Boden, von dem Akte des Erkundens, des Kennenlernens ihren Ausgang nähmen im Sinne eines „Weg[s] zur vitalen Erkenntnis"[118] – auch unter dem Begriff einer „vitalen Phantasie" gefasst.[119] Erst auf diesem erfüllten sich „Wesen und Sinn" des Spiels.[120] Was verstand Buytendijk unter vitaler Erkenntnis bzw. vitaler Phantasie?

Ein Gegenstand des Spielens ist Buytendijk zufolge niemals – etwa „intellektuell" – vorbestimmt, niemals „ein Etwas, sondern ein Wie", dessen Bedeutung sich allererst in der spieleigenen Dynamik herausbilde.[121] Im spielenden Interagieren werde also auch nichts Bekanntes manifestiert, sondern es sei die prädestinierte Interaktionsform, in der Unbekanntes „entdeckt" werden könne. Das Spielen des Menschen – aber auch der Tiere – bedeutet Buytendijk zufolge stets „Entdeckung", d. h.

„das Finden von etwas, das vorher nicht als solches bekannt war und zwar sammelt der Spieler vitale, nicht Verstandeserfahrung. Das Kind – und auch der Erwachsene – entdeckt die ‚Möglichkeiten', welche die Bildhaftigkeit des Spielgegenstandes enthält."[122]

---

[115] Buytendijk, 1933, S. 129.
[116] Buytendijk, 1933, S. 164–165.
[117] Buytendijk, 1933, S. 131.
[118] Buytendijk, 1933, S. 164.
[119] Buytendijk, 1933, S. 131.
[120] Buytendijk, 1933, S. 164.
[121] Buytendijk, 1933, S. 132.
[122] Buytendijk, 1933, S. 133.

Die „Sphäre des Spiels", so Buytendijk, sei eine spielende Fortführung der jugendlichen Dynamik in einer kreisförmig in sich abgeschlossenen, interaktionsorientierten Handlung eigener Art,[123] wobei sie selbst, wie schon betont wurde, als die primäre Kreation spielenden Tuns in Erscheinung tritt:

„In der Spielsphäre liegt zusammen das Mögliche nicht ganz Wirkliche mit dem wirklich-Wirklichen. Die Bilder, welche diese Sphäre ausfüllen, werden (wie in unserem Beispiel) durch „Probieren" gebildet, beim Menschen entspringen sie auch der produktiven Phantasie. In dieser Spielsphäre will das Jugendliche bleiben und wird in dieser gehalten, einerseits durch die Bindung, die es hinein gelockt hat, andererseits durch die Angst, wiederum in die Sphäre des wirklich-Wirklichen, des Unbekannten zu treten."[124]

Die Kreation des zwischenmenschlichen bzw. sozialen Spiels in der Spielsphäre besteht Buytendijk zufolge nicht in feststellbaren Produkten, sondern zuallererst in der noch Unbekanntes potentiell aufrufenden „Einheit spielender Individuen" selbst, die „eine verstehende" sei.[125] „Spielendes Zusammenarbeiten zweier Menschen oder Tiere", so Buytendijk, „ist der Beziehung unserer Hände analog, wenn wir eine komplizierte Bewegung ausführen. Spielende Tiere bilden eine Einheit, so geschlossen wie die Glieder eines einzigen Individuums."[126]

Die „reinste" Verwirklichung von Spiel sei das „Liebesspiel".[127] Doch auch jede andere Beziehungskonstellation lasse sich, in Einhaltung der benannten Voraussetzungen, ins Spiel heben – so auch der „Kampf".[128] Auch wenn auf einer vitalen Ebene begriffen, fallen in Buytendijks Begründung ihrer Genese die Annahme eines subjektiven „Dranges nach Selbständigkeit" und der Drang „nach der Bindung mit der Umwelt" in eins.[129] Im Beibehalten-Wollen von Bindungen gibt sich die Spiel-Handlung als einem Freiheitsdrang folgende somit selbst eine Grenze. Sie birgt Buytendijk zufolge ein *Ethos*, das insofern als moralisch indifferent betrachtet werden soll, als es ‚nur' dadurch bestimmt ist, etwas oder jemandem nie um einer

---

[123] Buytendijk, 1933, S. 36, 68–70.
[124] Buytendijk, 1933, S. 144.
[125] Buytendijk, 1933, S. 149.
[126] Buytendijk, 1933, S. 149.
[127] Buytendijk, 1933, S. 120–125.
[128] Buytendijk, 1933, S. 125.
[129] Buytendijk, 1933, S. 146.

Absicht willen zu behandeln[130] – mit den Worten Guardinis: einen Spielgegenstand oder -partner niemals nur als „Durchgang für eine weitergehende Bewegung, nämlich die auf das Ziel hin"[131] wahrzunehmen –, da sich die Spielkreativität des Kennenlernens des Bezugssubjekts sonst gar nicht erst entfalten könne.[132] So ist es auch in dieser Spielanthropologie gerade der Verzicht auf Zweckfixierungen, aus dem Spiel-Kreationen – hier: Beziehungen mit Unbekanntem – entspringen.

Summa summarum: Die Spielsphäre im Sinne Buytendijks ist ein entwicklungsoffener Beziehungsraum, der durch spielende Interaktion aufgerufen, aber nicht durch einzelne Spieler kontrolliert werden kann. Er ist der Raum der Kontingenz, der Überraschung, des Neuen und fällt insofern zusammen mit der Ebene der oben am Beispiel von Fink, Caillois und Popitz untersuchten *Extensivform spieleigentümlicher Kreativität*.[133] Demgegenüber erweist sich das Spielen als eine Handlungsweise, die das Potential der Ausbildung einer Spielsphäre hat, aber nicht zwingend verwirklichen muss. Dass diese biologisch umrissene relativierte – und dadurch zugleich in ihren Anwendungsbereichen erweiterte – Deutung des Spielens nicht nur soziologisch-anthropologische Fortführungen erlaubt, sondern auch eine ins Politische weisende Theorieentwicklung, dies wird an späterer Stelle die Auseinandersetzung mit Plessners Spieltheorie zeigen.

3.2.3. Zur pathisch-sozialen Kreativität des Spielens ohne Spiel-Raum

In *Die Kreativität des Handelns* hatte Joas das „Spiel" als „Elementarform menschlichen Handelns" bezeichnet.[134] Die vorangegangenen Betrachtungen verdeutlichen, dass Buytendijk dem Spielen-Können überdies eine natürliche, ursprüngliche *Sozialität* als eine Kerneigenschaft zuschrieb. In seiner Spielanthropologie erfährt sie nähere Bestimmung im Rekurs auf das Einnehmen einer pathischen

---

[130] Buytendijk, 1933, S. 163–164.
[131] Guardini, 2007, S. 59.
[132] Buytendijk, 1933, S. 165.
[133] Vgl. o., S. 66.
[134] Joas, 1996, S. 244.

Haltung des Handlungsträgers. Darüber hinaus machte Buytendijk die Kreativität des Spielens konzeptionell begreifbar im *Versuch, eine Beziehung mit dem Unbekannten zu stiften*. Darunter verstand er, wie dargelegt wurde, ein beziehungsstiftendes Eröffnen von Handlungsräumen: Durch die *pathisch-soziale Kreativität des Spielens* lebten „vitale Erkenntnis" und „vitale Phantasie" auf, dies aber nicht willkürlich oder grenzenlos, sondern auf die interaktive Ausbildung einer *verstehenden Einheit* absichtslos ‚hinwirkend'.

In Buytendijks Spielanthropologie erweisen sich demnach die Kreativität eines gespielten Spiels und die Kreativität des Spielens als nicht deckungsgleich. Im Lichte seiner Forschung wird Spielen als das Konstituens eines jeden Spiels im Sinne der Spielsphäre verdeutlicht – und vielleicht muss die Charakterisierung dieses Handlungsmodus durch die Merkmale eines beobachtbaren Spiels der notwendige Ausgangspunkt aller Spielforschung sein. In Buytendijks Wahrnehmung bildet Spielen in diesem Kontext die *anfängliche* sowie die eine spielend entfaltete Interaktion *fortführende Bewegung*. Es wird begreifbar gemacht als *ein unfixiertes, pathisches, beziehungsstiftendes, interaktives, erkundendes Handeln*. Davon ausgehend aber können auch formale Merkmalszüge des Handlungsmodus ›Spielen‹ erschlossen werden, d. h. ein Allgemeinbegriff des Spielend-etwas-Tuns, in dem auch Formen des Spielens ohne Spiel-Raum mitbedacht werden:

›Spielen‹ sei
*ein Modus des Handelns,
der nicht durch äußere Zwecke motiviert ist,
sondern mit einem freiwilligen Akt der Selbstbindung an
etwas oder jemanden anhebt,
um einen subjektiven Sinn zu erfüllen,
statt etwas Bleibendes zu schaffen,
weshalb die Handlung in der Schwebe gehalten bleibt,
in der nicht nur eigene Fixierungen gemieden werden,
sondern zugleich auch solche des Bezugsgegenstands oder
der Bezugsperson(en),
damit allem so vollführtem „Hin"
auch die Chance eines „Her"
innezuwohnen vermag.*

Weber zufolge kann all jenes menschliche Verhalten ein soziales Handeln heißen, das „seinem von dem oder den Handelnden gemeinten Sinn nach auf das Verhalten *anderer* bezogen wird und daran in seinem Ablauf orientiert ist."[135] Diese Forderung löst Buytendijks Deutung des Spielens eines Spiels zweifellos ein. Und je weiter man Buytendijks Allgemeinbegriff des Spiels gewissermaßen ‚rückwärts' liest und erkennt, dass das Eigentümliche der Handlung Spielen zwar im Zielhorizont einer Spielsphäre allererst dem verstehenden Denken zugänglich wird, dann jedoch umso klarer hervorzutreten vermag, je stärker dieser Bezugspunkt begrifflich gerade geschieden wird, desto leichter fällt es überdies, originäre Züge eines Nur-Spielens und damit auch eines Allgemeinbegriffs des ›Spielens‹ zur Vorstellung zu bringen.

Es ergibt sich aus der soeben erfolgten Lesart, dass damit auch ein grundlagentheoretisch verankerter Stützpunkt sich herauskristallisiert, um das *politische Exklusionsparadigma* sowie das *politische Universalisierungsparadigma der Spiel-Deutung* zu unterwandern. Wie Buytendijks spätere Hinwendung zum „sogenannte[n] Rollenspiel in der Gesellschaft"[136] bezeugt, sah auch er selbst die Möglichkeit, von einer Theorie des Spielens eines Spiels zu einer Theorie des Spielens ohne Spiel und damit wenigstens zu einer soziologisch-anthropologisch verallgemeinerten Theorie des ›Spielens‹ überzugehen. Nicht am Ende, sondern schon am Anfang steht ein so erweiterter Ansatz in der nun zu betrachtenden Spielforschung Helmuth Plessners.

3.3. Plessners soziologisch erweiterte Philosophische Anthropologie des Spielens

„Spielen ist Verwandeln, obzwar im Sicheren, das wiederkehrt," so heißt es bei Bloch.[137] Von einer spiel-raum-gebundenen Deutung des Spielens entfernt sich Plessners Philosophische Anthropologie weitestmöglich zugunsten einer soziologisch-anthropologischen Fragerichtung, die er in den Bahnen der transzendentalphilosophischen Reflexion entfaltete. Hierzu wird von der Phänomenologie bewusst ein Stück weit abgerückt, denn:

---

[135] Weber, vgl. o., S. 37.
[136] Buytendijk, 1973, S. 96–102. Zu den im rollensoziologischen Transfer thematisierten „genetischen Beziehungen" zwischen „Spielen und sich verpflichten": a. a. O., S. 102–110.
[137] Bloch, vgl. o., S. 18.

„Nicht alles, was ist, wird schon in der Erscheinung ansichtig."[138] Stärker als es die erscheinungszentrierte phänomenologische Lesart erlaubt, könne das menschliche Spielen als eine „grundkategoriale Struktur"[139] allen menschlichen Verhaltens zum Gegenstand der Reflexion werden.

Plessner wollte seine Philosophische Anthropologie nicht als Lehre vom Menschen, sondern als eine Verfahrensweise verstanden wissen.[140] Sie basiert auf drei Grundgesetzen, die auch in seiner Theorie des Spielens zum Tragen kommen: *Erstens* wird eine „methodische Gleichwertigkeit aller Aspekte" gefordert, *zweitens* ein Wahren ihrer „Einheit" und *drittens* die Unantastbarkeit der Annahme einer „Unergründlichkeit des Menschenmöglichen".[141]

Wie nun nachvollzogen wird, beleuchtet Plessner – verteilt über eine Vielzahl von Schriften – das Spielen auf unterschiedlichen soziokulturellen Entfaltungsebenen: Im Kontext einer *biologisch verankerten Verhaltenslehre*, die das Vermögen zu spielen als Bedingung der Möglichkeit menschlichen Ausdrucks und der Mitteilung reflektiert, des Weiteren in *rollenanthropologischer Perspektive*, die eine Dynamik der subjektiven Selbstverwandlung als Basis einer situationsgebundenen und -flexiblen Mitteilungs- und Handlungsfähigkeit begründet, und nicht zuletzt wird das Spielen in einer noch gezielteren handlungstheoretischen Sicht reflektiert: als ein *hochspezifisches, aber bezugsrahmenvariables Umgehen mit etwas oder jemanden.*

In Plessners Hauptwerk *Die Stufen des Organischen und der Mensch. Einleitung in die Philosophische Anthropologie* (im Folgenden auch nur kurz: *Stufen*), das erstmals 1928 erschien und dessen sozialwissenschaftliche Bedeutung Volker Gerhardt zufolge auch am Beginn des 21. Jahrhunderts noch längst nicht ausgeschöpft ist,[142] heißt es, der Mensch müsse sich unter allen erdenklichen Mühen und Anstrengungen auf die Ebene seiner Fähigkeiten „hinaufspielen".[143] Wie in den nachfolgenden Abschnitten begründet wird, exponiert diese Begriffswahl zum einen bereits Plessners

---

[138] Plessner, 1928, S. 180.
[139] Plessner, 1967a, S. 310.
[140] Plessner, 1937, S. 38.
[141] Plessner, 1937, S. 39.
[142] Gerhardt, 2003, S. 36–40.
[143] Plessner, 1928, S. 71.

spielanthropologische Leitidee. Zum anderen wird mit dieser Passage auf eine Ankerstelle von Plessners Anthropologie des Spielens in seiner in den *Stufen* fundierten philosophisch-anthropologischen Basiskonzeption, der „*Exzentrizität*" der Daseinsweise des Menschen, verwiesen, durch die die erst später exponierte fundamentale Stellung des Spielvermögens im menschlichen Verhalten erklärbar wird.

Der Begriff der „*Exzentrizität*" stehe für eine dem Menschen immer schon auferlegte „charakteristische Form seiner frontalen Gestelltheit gegen das Umfeld",[144] darin auch für eine existentielle Spannung, einen Existenzkonflikt, die aber durch spezifische Verhaltens- und Mitteilungsformen gelöst werden könnten.[145] Ein spezifisches Verhältnis des Menschen zu seiner sozialen „Umwelt" wird demnach begründet und in seinen Spezifika hinterfragt. Dabei wird hervorgehoben, dass sich die äußere Umgebung dem Menschen niemals eine bloße „Außenwelt", sondern stets auch eine „Mitwelt" darbiete: als eine Welt, bevölkert von anderen Menschen, auf die ein jeder bezogen sei, die sich auf ihn beziehe, und von der her er auch – als sein eigener Zuschauer – auf sich selbst zurückzublicken vermöchte. Das Schlüsselmedium jener Beziehungsmöglichkeiten bilde der „Körper" des Menschen.[146]

In der Mitte des Themenkreises der menschlichen Körperlichkeit, und hier insbesondere in der Mitte der von Plessner untersuchten Körper-Leib-Differenz, wird auch die Thematik des menschlichen Spielens verankert. Seine „Philosophische Anthropologie erkundet" in den Worten Hans-Peter Krügers „diejenigen Möglichkeiten, die zur Entfaltung der menschlichen Lebewesen eigenen Körper-Leib-Differenz nötig sind: den Kategorischen Konjunktiv."[147] Ihre „spielphilosophische Antwort" führe „vom Verhaltensspiel (im Unterschied zum Spielverhalten der Tiere) über das elementare Schauspiel soziokultureller Rollen durch Medien hindurch bis zu gemeinschaftlichen und gesellschaftlichen Machtspielen." So gilt es im Folgenden, Plessners Kernaussagen über modale Qualitäten des ›Spielens‹ in besonderer Berücksichtigung der

---

[144] Plessner, 1928, S. 364.
[145] Hierzu in Kürze die Unterabschnitte *3.3.1.* und *3.3.2.*
[146] Plessner, 1928, S. 365.
[147] Hierzu und zum Folgenden: Krüger, 2001, S. 13–14.

Bezugsrahmenvariabilität, die seine Allgmein-Begriffs-Konzeption des Spielens kennzeichnet, nachzuvollziehen.

3.3.1. Rollenspielen als spielendes Instrumentalisieren

Nicht auf die soziale „Rolle als Schauspiel",[148] sondern auf das *Rollenspielen* als die Basiskategorie von Plessners Philosophischer Anthropologie des Spielens richtet sich nun das Erkenntnisinteresse. Denn das Spielen sozialer Rollen wird hier von der Bedingung des Spiel-Raums entbunden vorstellbar und kann so auch direkt als Alternativmodell des *homo sociologicus* in der Gesellschaftstheorie zur Diskussion gestellt werden.[149] Plessner hatte diese Offenheit der Rollenkategorie ihrerseits aus dem anthropologischen Studium des Theaterschauspielers hergeleitet.[150] Zur Lösung der in Abschnitt 1.3. der vorliegenden Untersuchung dargelegten Zirkel- und Transferproblematik der Spiel-Erkenntnis, wie sie in phänomenologischer Sicht aufgeworfen wird, setzte Plessner somit auf dem Wege einer spiel-raum-unabhängigen Analyse eines Spiel-Raum-Spiels an.

Man finde „in der schauspielerischen Aktion" den prädestinierten Untersuchungsgegenstand vor, um „typische Bedingungen menschlichen Daseins" aufzudecken,[151] so heißt es in der Schrift *Zur Anthropologie des Schauspielers* von 1948. Daher müsse es möglich sein, vom Spielen im Spiel-Raum des Theaters für ein Verständnis des rollengebundenen Handelns im Feld der Gesellschaft zu lernen. Um dieser Hypothese einer identischen Kompetenz zur Realisierung sozialer Handlungen auf die Spur zu kommen, ging Plessner von der Frage aus, wie es denn möglich sei, dass ein so „künstliche[r] Vorgang" wie der des Schauspielens „die Illusion einer Menschlichkeit uns vor Augen" zu führen vermöchte.[152]

In der schauspielerischen „Verwandlungskunst" werde ein Vorgang anschaulich, der „menschliches Sein figurierend ins Spiel hebt".[153] Demnach begriff Plessner das Schauspielen als einen Akt

---

[148] Krüger, 1999, S. 134.
[149] Vgl. Plessner, 1960a und 1960b.
[150] Plessner, 1948, S. 404.
[151] Plessner, 1948, S. 415.
[152] Plessner, 1948, S. 410.
[153] Plessner, 1948, S. 418.

der Selbst-Gestaltung oder auch: der Selbst-Gestaltgebung. Im Schauspielen mache sich „die menschliche Existenz [...] bis auf den Grund durchsichtig [...], indem sie sich verwandelnd selbst schöpft".[154] Der Begriff des Schöpfens verweist hier nicht auf einen existentiellen Schöpfungsakt, sondern vielmehr auf den für empirisches Verhalten bedeutsamen Akt des Heraufholens, Aneignens und Bergens von „subjektivem *Sinn*", der ja auch – wie bei einer übernommenen Theaterrolle – ein von einem anderen angeeigneter Sinn sein kann. Entsprechend heißt es bei Plessner im Hinblick auf die Quelle des Rollenspielens in dieser Hinsicht ganz deutungsoffen, der Schauspieler führe in besonders reiner Form die Möglichkeit eines Verhaltens vor Augen, „das *menschliches Sein* selber gestaltet [m. Hv.]".[155] Dass solche Gestaltung einen Wirklichkeitsanspruch erhebt, dies wird in einer alternativen Formulierung unterstrichen, wenn es heißt:

„Hier wird ein Mensch durch eine Figur zum Leben erweckt [...]."[156]

Durch eine Figur werde ein Mensch *zum Leben* erweckt. Dieser Gedanke erinnert an die im vorliegenden Untersuchungsrahmen erfolgten Betrachtungen zum lateinischen *persono*, das die Idee eines spielenden *Durch-Tönens* enthält.[157] In Plessners Konzeption des Rollenspielens finden sich viele Spuren dieser Vorstellung wieder, und dies eben gerade dort, wo der Körper-Leib als Zugriffsmedium eines Verwandlungsvorgangs in den Blick genommen wird. Krüger zufolge wird in diesem Zusammenhang buchstäblich ein „Spielen der Körper-Leib-Differenz" thematisch, da hier jene subjektiven Sinngebungsakte zum Gegenstand der Aufmerksamkeit werden, durch die die menschliche Körperlichkeit zur kommunikativen Leiblichkeit beseelt zu werden vermag.[158] So gelingendes Erweckt-werden eines Menschen „durch eine Figur",[159] das aufgrund seiner Orientierung am Verhalten anderer Menschen vom Blick-

---

[154] Plessner, 1948, S. 404.
[155] Plessner, 1948, S. 404.
[156] Plessner, 1948, S. 410.
[157] Vgl. o., S. 119.
[158] Krüger, 1999, S. 130–138. In Heinrich von Kleists Schrift *Über das Marionettentheater* findet sich Rolf Strube zufolge jene für Plessner bedeutsame „Vision einer wiederzugewinnenden Einheit von Körper und Geist" (Strube, 1995a, S. 46; vgl. a. Plessner, 1948, S. 416 sowie ders., 1967a, S. 310).
[159] Plessner, vgl. o.

punkt der Handlungssoziologie Webers gewiss als ein *soziales Handeln* qualifizierbar ist,[160] wird nachfolgend im Begriffsmuster eines *spielenden Instrumentalisierens* nähergehend charakterisiert. Indem dieses nun in Kürze zum Gegenstand einer genaueren Betrachtung wird, können auch die Differenzen zu soziologischen Konzeptionen des Rollenspielens z. B. von Erving Goffman oder auch von Pierre Bourdieu klarer hervortreten, die beide weder über einen substantiellen Allgemeinbegriff des Spiels, noch über einen positiven Begriff des zweckfreien Spielens verfügen.

Weder Goffman noch Bourdieu haben nach meinem Kenntnisstand die *Frage, was Spiel sei*, aufgeworfen, geschweigedenn diskutiert, gleichwohl beide Theoretiker intensiv auf den Spielbegriff rekurrieren. In Goffmans Schrift *The Presentation of Self in Everyday Life* aus dem Jahre 1959 – sie erschien 1974 unter dem deutschen Titel *Das Individuum im öffentlichen Tausch*, der später wiederum ersetzt wurde durch *Wir alle spielen Theater: Die Selbstdarstellung im Alltag* – wird, die „Theatervorstellung" zum Vorbild der Sozialtheorie nehmend, untersucht,

„wie in normalen Arbeitssituationen der Einzelne sich selbst und seine Tätigkeit anderen darstellt, mit welchen Mitteln er den Eindruck, den er auf jene macht, kontrolliert und lenkt, welche Dinge er tun oder nicht tun darf, wenn er sich in seiner Selbstdarstellung vor ihnen behaupten will".[161]

Zur einer *ökonomischer* Logik folgenden Deutung des Rollenspielens durch Goffman führte Richard Münch aus: Der Einzelne erscheint hier als *Stratege*, „der in eine Situation gestellt wird, in der er mit den Erwartungen anderer klar kommt und erfolgreich jede Art der günstigen Ich-Identität annehmen kann".[162] Daneben weist in Bourdieus Umgang mit dem Spielbegriff bereits der darin zum Tragen gebrachte strukturalistische Denkansatz und hierin insbesondere seine „Habitus"-Konzeption auf die Unvereinbarkeit seines Spielbegriffs mit aller Spiel-Erkenntnis im Zeichen des Zweckfreiheitsgebots. Vor diesem Hintergrund konnte der Soziologe nicht zuletzt jene ‚Spiel' und ‚Spielen' sozialtheoretisch verabsolutierende Position vertreten, in der auch der Idee eines befreienden Rollenspielens keinerlei Raum belassen bleibt:

---

[160] Weber, vgl. o., S. 37.
[161] Goffman, 2003, S. 4.
[162] Münch, 2007b, S. 305.

"[I]n sozialen Feldern, die im Ergebnis eines langwierigen und langsamen Verselbständigungsprozesses sozusagen Spiele an sich und nicht länger Spiele für sich selbst sind, [entscheidet man sich] nicht bewußt zur Teilnahme, sondern wird in das Spiel hineingeboren, mit dem Spiel geboren, und ist das Verhältnis des Glaubens, der *illusio*, des Einsatzes um so totaler und bedingungsloser, je weniger es als solches erkannt wird."[163]

Die schauspielerische Aktivität ist Plessner zufolge nicht auf dem Wege von Zweck-Mittel-Relationierungen begreifbar. Im Unterschied zu einer Tätigkeit, die durch Indienstnahme geeigneter Mittel einen bestimmten Zweck zu erfüllen sucht, spricht Plessner vom Körper des Menschen als „das Instrument[,] auf dem er spielt".[164] Eine von der Dynamik des musischen Spielens oder genauer: dem *Spielen von Musikinstrumenten* inspirierte Auffassung des *Instrumentalisierens* wird hier der herkömmlichen Auffassung des Instrumentalisierens im Zeichen eines zweckgerichtet-herstellenden Handelns entgegengestellt. Dies erfolgt, wie bereits angesprochen wurde, im Kontext der Begründung eines spielenden Subjekt-Körper-Verhältnisses, das Plessner zufolge die vor allem in sozialer Hinsicht elementare Möglichkeit der Selbstverwandlung birgt. Auch Max Scheler hatte zur musikalischen Beschreibung des Menschen gegriffen, indem er die „menschliche Person" als „ein symphonisches Kunstwerk" bezeichnete.[165] Prozessualer und darin auch handlungszentrierter gewoben aber sind demgegenüber die von Plessner gewählten Termini. Denn wenn es etwa in *Der Mensch im Spiel* von 1967 heißt, die „Charakterisierung des Homo faber erschöpft die des Homo ludens nicht ganz,"[166] so vermag hier nicht nur ein Bild bzw. eine Metapher zur Erläuterung dienen, sondern die oben umrissene Grundkonzeption eines *spielenden Instrumentalisierens* als ein bezugsuniversal anwendbarer Handlungsmodus.

In der etymologischen Verbindung des Worts *persona* mit der Bedeutung „Maske" liegt Plessner zufolge eine tiefe anthropologische Wahrheit: Durch das „Versenktsein" in seinen Körper sei dem menschlichen Individuum einerseits ein unmittelbares Sich-Zeigen verwehrt; andererseits diene ihm sein Körper als „Instrument", um

---

[163] Bourdieu, 1993, S. 123.
[164] Plessner, 1967b, S. 319.
[165] Scheler, 1994.
[166] Plessner, 1967a, S. 313.

sich ausdrücken, sich mitteilen und Handeln zu können.[167] Nur *mit dem Körper* und ihn darin durch subjektiv angeleitete Akte der Gestaltgebung *überschreitend*, trete eine Person – für sich und andere – *in Erscheinung*. Solches könne im Sozialleben nicht frei erfolgen, wolle der Mensch – in den Augen anderer – nicht ein Nichts, sondern „etwas" sein. Er müsse sozial normierte „Rollen" adaptieren und eine soziale Rolle spielen, was Plessner zufolge das Erfüllen einer Aufgabe fordert, die mit der zentralen Aufgabe eines Theaterschauspieler identisch ist:

„Ein Mensch verkörpert einen anderen".[168]

Vor diesem Hintergrund hielt Plessner der Menschenbild-Konstruktion des *homo sociologicus*,[169] aber ebenso auch der des *homo oeconomicus*, den Menschen als *homo ludens* entgegen.[170] Denn wer *eine Rolle spiele*, sei weder determiniert noch vollständig souverän. Vielmehr müsse er aus dem Vermögen schöpfen, „Freies und Erzwungenes" ausdrucksvoll und damit stets auch potentiell kommunikativ zu verbinden.[171] Die äußeren Rahmenbedingungen des Handelns bedingten die Aufrufbarkeit dieses Vermögens nicht. Vielmehr sei es in „jedem ernsthaften Tun" möglich, dass ihm „ein spielerisches Element innewohnt", so Plessner, zumindest

„insoweit […], als es dem Menschen, der sich als Quellpunkt seines Tuns begreift, nicht verwehrt ist, jede Art von Mühe und Arbeit im Aspekt der Freiheit zu sehen."[172]

Den Menschen *seiner selbst* zu berauben, sei niemals gelungen, auch nicht im Rahmen seiner Arbeitsverhältnisse.[173] Denn stets „mischt" er Plessner zufolge „in das Bild der Rolle seine eigene Individualität oder durchtränkt die eigene Individualität mit dem Bild einer Rolle".[174] Entsprechend wird das soziale Rollenspielen in Plessners Phi-

---

[167] Plessner, 1957, S. 442.
[168] Plessner, 1948, S. 403.
[169] Zur Kritik der funktionalistischen Rollentheorie siehe die beiden 1960 erschienenen Schriften *Das Problem der Öffentlichkeit und die Idee der Entfremdung* (Plessner, 1960a) und *Soziale Rolle und menschliche Natur* (Plessner, 1960b). Zum Einfluss Plessners auf die rollensoziologische Debatte: Fischer, 2002, S. 140–141.
[170] Plessner, 1960b, S. 238.
[171] Plessner, 1967a, S. 309–313.
[172] Plessner, 1956a, S. 704.
[173] Plessner, 1960b, S. 233, 237, 238–240.
[174] Richter, 2005, S. 197.

losophischer Anthropologie des Schauspielers als ein *kreativer* Prozess des *Verkörperns* gesellschaftlich vorgegebener Rollen kenntlich, auch wenn dieser „einem mehr oder weniger feststehenden *Bildentwurf* [folgt], der in repräsentativen Lagen bewußt durchgehalten werden muß".[175] Wie Norbert Axel Richter dargelegt hat, sind in dieser Kreativitätskonzeption des sozialen Rollenspielens ausdrücklich auch *Berufe* als Vehikel eben solcher Bildentwürfe einbegriffen.[176]

Bei all dem hielt Plessner die Bühne des Theaters und die ‚Bühne' der Gesellschaft zwar für vergleichbar, doch setzte er sie nicht gleich. Sowohl der Theaterschauspieler als auch der in eine gesellschaftliche Mitwelt gestellte Mensch sähen sich Rollen und damit jeweils verbundenen Erwartungen bzw. Normen gegenübergestellt, mit denen sie als individuelle Personen nicht identisch seien. Auch interagierten „Spieler und Zuschauer" hier wie dort. Doch werde jenes Spieler-Zuschauer-Verhältnis nicht im Theater, wohl aber im täglichen Leben zur „Basis seines Ernstes":[177]

„Denn was ist schließlich dieser Ernst der Alltäglichkeit anderes als das Sich-einer-Rolle-verpflichtet-Wissen, welche wir in der Gesellschaft spielen wollen?"[178]

Wenn Plessner drei Grunddimensionen des Spielens einer Rolle, sei es im Theater, sei es in der Gesellschaft, begründete, so muss dabei bereits mitbedacht gewesen sein, dass dieser Allgemeinbegriff des Rollenspielens nicht von einer Gleichheit der Handlungsräume zeugen soll, sondern von einer Identität des hier wie dort sich geltend machenden Handlungs*vermögens*. Drei Hauptdimensionen des rollenspielend entfalteten sozialen Handelns werden von Plessner benannt:[179] *Erstens* fordere die Realisierung eines wahrhaften Rollen*spielens* vom Handlungsträger einen „Abstand" zwischen sich und seiner Rolle, denn „nur in solchem Abstand spielt er"; *zweitens* müsse der in diesem Abstand entspringende Freiraum für Originalität, Individualität und Persönlichkeit gewahrt bleiben, denn „stets muss die Freiheit eine Rolle spielen können"; und *drittens* bedürfe es eines körperlich-sinnlich vermittelte Synthetisierens

---

[175] Richter, 2005, S. 198.
[176] Richter, 2005, S. 199.
[177] Plessner, 1948, S. 411.
[178] Plessner, 1948, S. 411.
[179] Hierzu und zum Folgenden: Plessner, 1960b, S. 229–240.

aus Eigenem und Nichteigenem in einer spielend formierten Verbundenheit von „Freiem und Erzwungenem", in der eine Person zugleich verborgen und „gebrochen" sichtbar sei.

Vor dem Hintergrund dieser Merkmalsbestimmung gewinnt menschliches Spielen-Können als Frucht eines Freiheitsvermögens unter dem Gesichtspunkt des Rollenspielens Konturen im Sinne eines Entfaltungsmodus von Ausdruckshandlungen, durch den *sich jemand im anderen für einen anderen zu zeigen vermag*. Mit anderen Worten: Ein persongebundener Prozess des Sich-Öffnens im Geschlossenen, ohne den distanzierenden Schutz der Abstand wahrenden Formen preiszugeben, wird von Plessner behauptet und veranschaulicht. Spielen als *freiraumschaffende kreative Handlungsweise in der Selbstverwandlung* bringt sich dabei auch in einem kommunikativen Bedeutungsspektrum zur Vorstellung, in dem – zumindest darin den Spielbegriffen von Fink, Caillois und Popitz wiederum sehr nahekommend – das Fiktive solchen Spielens zugleich wirklich, und die Wirklichkeit auf eine befreiende Weise ins Fiktive erweiterbar erscheint. Anders als in den im Rahmen des Exklusionsparadigmas einer politischen Spiel-Deutung behandelten Ansätze aber bietet sich der Begriff des Fiktiven bei Plessner *verallgemeinert* dar, indem er eine nicht nur *in Spielen* sondern allerorts abrufbare „nichtdeterminierte Sphäre menschlicher Selbstgestaltung", eine „Wahlfreiheit von Ziel und Mittel", eine „Dimension von Freiheit und Geist"[180] umfasst.

3.3.2. Facetten des Spielens als bezugsuniversale Umgangsweise

In der bereits erwähnten Schrift *Der Mensch im Spiel*[181] erweiterte Plessner sein rollentheoretisches Leittheorem, das aus den zuvor genannten Gründen im vorliegenden Untersuchungskontext ein *spielendes Instrumentalisieren* heißen soll, in einer Handlungskonzeption des Spielens als einer *bezugsuniversalen Umgangsweise*. Darin bleibt das Motiv eines „Zwang[s] zur Verkörperung" tragend.[182] Dieser Zwang wird nun jedoch verstärkt unter dem

---

[180] Bluhm/Gebhardt, vgl. o., S. 17.
[181] Eine um die Thematik des Sports erweiterte Fassung dieses Texts erschien im Jahr 1966 unter dem Titel *Spiel und Sport* (Plessner, 2001a).
[182] Plessner, 1967a, S. 310.

›Spielen‹ als einen universalen Modus des Handelns verstehen

Schwerpunkt der Grundannahme entfaltet, dass sich der Mensch „*alles* zum Mittel [m. Hv.]" mache.[183] Plessner gelangt in diesem Zusammenhang erstmals zu einer zusammenhängenden allgemeinbegrifflichen Definition des „Spiels", in deren Hintergrund nicht zuletzt auch das Bemühen um eine Verdeutlichung der fundamentalen Differenz zwischen *homo ludens* und *homo faber* steht:[184]

„Manipulieren heißt mit ‚Objekten' umgehen können, d. h. mit Gebilden begrenzter Sprödigkeit, die gewisse Möglichkeiten gewähren und andere versagen. Sie bilden dadurch einen geschlossenen, aber verschiebbaren Umkreis, an den das Verhalten jeweils stößt und über den es fiktiv hinausgreift. An diesem Modell ist jedes Spiel orientiert, vom simplen Ballspiel bis zur theatralischen Szene: Begrenzung des Schauplatzes, Begrenzung der Mittel. Insofern ist jedes Spiel ein Abtasten von Möglichkeiten unter Wahrung einer geschlossenen Immanenz, ob nun mit Schachfiguren oder mit lebendigen Menschen gespielt wird."[185]

Ein universales, von Bezügen auf Spieltypen gelöstes Grundmodell spielenden Handelns wird in dieser Bestimmung in den Merkmalsbahnen eines *Widerstandshandelns* anschaulich gemacht, das *eine von Zweckbindungen und -absichten gelöste Eigendynamik* voraussetzt. Der Begriff des Rollenspielens wird dabei ausdrücklich um die Dimension äußerlich-objektgebundener sozialer Interaktionen verlängert. Das Gelingen einer rollenspielenden ‚Darbietung', die Plessner zufolge schon das schlichteste Handeln versinnbildlicht, wird zugunsten eines *grundlegenderen* Vorgangs, dem eines *Verwandelns, das Züge eines Anverwandelns birgt,* zurückgenommen. Auf diese Weise wird mitunter begründbar, dass etwa der Roulette- oder Fußballspieler keine schauspielerischen Existenzen seien, aber dennoch *Spieler*.[186] Gleichwohl sah es Plessner für *sämtliches* Verhalten des Menschen – und „nicht nur in Spielen"[187] – als grundlegend an, dass es die jeweilige Person „durch eine Figur" zugleich als Rollenträger und als individuelle Person (vor anderen) zum Erscheinen bringt. Schauplatz und verfügbare Mittel variieren, doch die oben besprochenen allgemeinen Grundvorgänge, sich an ihnen zu stoßen und fiktiv über sie hinauszugreifen, die in der Aktivität

---

[183] Plessner, 1967a, S. 313.
[184] Plessner, 1967a, S. 313.
[185] Plessner, 1967a, S. 313.
[186] Plessner, 1967a, S. 312.
[187] Plessner, 1967a, S. 313.

eines durch Widerstände motivierten Freiraum schaffenden Grenzüberschreitens verschmelzen, bleiben Plessner zufolge konstitutiv.

Im soeben skizzierten Sinne und nicht im Sinne eines Herstellens spricht Plessner also von „Manipulieren". Der manipulative ludische Objektumgang wird prozessual durch ein *fiktives Hinausgreifens* über Feld- und Mittelbegrenzungen sowie durch ein darin vollführtes „Abtasten von Möglichkeiten" gekennzeichnet. Ein gelockertes Verhältnis zur Zweckerfüllung ist hierfür grundlegend. Nur wenn eine Zweckbestimmung der Handlung nicht feststeht, wird die Entdeckung von Möglichkeiten selbst zum Ziel. Die Suche nach solchen Möglichkeiten wird von Plessner als eine im Handeln des *homo ludens* Raum gewinnende zur Vorstellung gebracht. Ganz gegenläufig zu Popitz bildet somit nicht das Spielen eines Spiel,[188] sondern tatsächlich das ›Spielen‹ als ein eigensinniger Universalmodus des Handelns den von Plessner beleuchteten Erkenntnisgegenstand.

Wie gezeigt verfügt Plessner über einen philosophisch-anthropologischen Begriff des ›Spielens‹, denn er beurteilte diese Handlungsform als konstitutiv für *jeden* Umgang mit etwas oder jemandem, sofern darin eine lebendige Suche nach unbekannten Möglichkeiten und somit auch ein originäres Menschsein erfolgen bzw. gewahrt bleiben soll. Feld-Mittel-Begrenzungen erscheinen dabei lediglich als Voraussetzungen, als notwendiger Anfang eines darüber hinaus strebenden Handelns. Der Mensch *müsse* spielen,[189] eine Freiheit im Zwang verwirklichen und damit den *Zwang zur Freiheit* wandeln: um seines Menschseins willen bzw. um seine „Überlegenheit [...] über jede Art von Immanenz, die ihn auf sich zurückwerfen und in sich isolieren will", zu erweisen.[190] Denn eben dies sei der *Ernst* des menschlichen Spielens: im Angesicht aller Kräfte, die ihn festlegen wollten, um den Preis seines Menschseins zu spielen, d. h. für ein Hinein-Verwandeln bzw. „[H]inaufspielen"[191] seiner Menschlichkeit in alles, was ihn umgibt.

In einer Reihe von Schriften hat Plessner Vorgänge des Spielens beschrieben und dabei verschieden konkretisierte Möglichkeiten eines spielenden Schmiedens von Sinnsphären beleuchtet. Zu ver-

---

[188] Popitz, vgl. o., S. 59.
[189] Plessner, 1967a, S. 310.
[190] Plessner, 1967a, S. 313.
[191] Plessner, vgl. o., S. 159.

tieften Einsichten führen hier seine Studien zum mimischen Ausdruck einschließlich seiner Bedeutung für das „Ausdrucksverstehen" und des Sprechens im *Konjunktiv*.

Bereits in der gemeinsam mit Buytendijk entwickelten „Theorie des Ausdrucksverstehens"[192] wird – indem, wie bereits an früherer Stelle der vorliegenden Untersuchung erwähnt wurde, das Leib-Umgebungs-Verhältnis menschlicher Individuen als durch die „spielenden Formen des Verhaltens" konstituiertes begriffen und darin auch als Voraussetzung zwischenmenschlicher Mitteilung und Begegnung überhaupt verstanden wird[193] – ein fiktives Hinausgreifen über Widerstände als ein Grundzug des Spielens thematisch.[194] Schon mimische, d. h. wortlose menschliche Ausdrucksmöglichkeiten in Gesichtszügen und Gebärden als „Zusammenspiel der Muskulatur", erschlössen durch ihr Erscheinen als „Bewegungsbilder" Wege zu einem „Bewußtsein des anderen Ichs".[195] Dies wird in späteren Arbeiten unter den dann schon spezifizierten Vorzeichen seiner Philosophischen Anthropologie vertieft.

In *Das Lächeln* aus dem Jahre 1950 heißt es, im Spielen des Ausdrucks ereigne sich ein Auflockern der Physiognomie, ein von Bedeutung erfülltes Überschreiten ihrer Begrenzungen durch Haltung und Bewegung.[196] Im „Lächeln", dem das menschliche Gesicht das „Spielfeld" gebe, hatte Plessner die höchste Form des menschlichen Mienen-Spielens gesehen, den reinsten Ausdruck von Menschlichkeit. Lächelnd kreiere eine Person einen wahrnehmbaren Ausdruck ihrer selbst durch verhaltene Offenheit, indem sie lächelnd „im Ausdruck zum Ausdruck Abstand wahrt":

„Im Lächeln [...] malen *wir* unsere Regung, *geben* ihr Ausdruck im Spielfeld des Gesichts. [...] Durch seine Distanziertheit gewinnt das Lächeln Bedeutung als Mittel und Ausdruck der Kommunikation. Man gibt sich lächelnd zu verstehen: gemeinsames Wissen um etwas, Gemeinsamkeit überhaupt, auch in der Form des Getrenntseins wie Triumph und Niederlage, Überlegenheit, Verlegenheit, Demut. Das Lächeln reagiert auf die Situation und bestätigt zugleich sich selbst und dem Anderen, daß man die Situation begreift und insofern ihre Bindung wieder gelockert hat."[197]

---

[192] Plessner, 1925, S. 128; vgl. a. Fischer, 2002, S. 137–138.
[193] Plessner, 1925, S. 123.
[194] Plessner, vgl. o., S. 168–169.
[195] Plessner, 1925, S. 77–78.
[196] Hierzu und zum Folgenden: Plessner, 1950, S. 427–428.
[197] Plessner, 1950, S. 427–428.

Die von Plessner vorgenommenen Betonungen des persongebundenen Hervorbringens der Regung bekräftigen deren Charakterisierung als Spielen. Voraussetzungen eines intersubjektiven Sich-Mitteilens, etwa Gefühle, werden in einer spielenden Ein-Bildung konkreter Situationsbezüge in die Formen des Verhaltens verortet.[198] Ein jeder, der sich verhalte, erzeuge umweltrelational „Ausdrucksbilder" als unverzichtbare Grundform subjektiven Erscheinens. Entsprechend würden Verhaltensbedeutungen – bis auf wenige Ausnahmen, nämlich Lachen und Weinen[199] – auch erst über den Kontext ihres umweltrelationalen Entstehens verständlich, sowohl in den tatsächlichen Lebensvollzügen wie auch vom Blickpunkt der wissenschaftlichen Analyse.[200]

Plessner zufolge beinhaltet „[u]nsere Vorstellung von dem, was allen Menschen gemeinsam ist und sie von anderen Wesen unterscheidet", einerseits das *„Lachen* und *Weinen"*, denn jene seien von „nicht entwicklungsfähigem Charakter".[201] Andererseits beinhalte unsere Vorstellung vom Menschen *„planmäßiges Handeln", „variables Gestalten"* – und *„Sprechen"* als „Arten des Verhaltens, die entwicklungsfähig sind und die geistig-geschichtliche Existenz der Menschen, auf welchem Niveau und unter welcher Auffassung von Kultur auch immer, vermitteln".[202] Die „Sprachhandlung", so heißt es in *Die Deutung des mimischen Ausdrucks,* nehme eine „Mittelstellung" zwischen Ausdrucksbewegung und Handlung ein.[203] Situationsgebundenheit und Starres auflockerndes Überschreiten kennzeichnen jedoch auch Plessners Deutungen des Spielens im sprachlichen Medium. In seiner Reflexion von Huizingas Annahme des Rätselspiels als Ursprung und Entfaltungsform des Philosophierens hob Plessner sowohl die Situationsgebundenheit philosophierenden Tätigseins hervor[204] als auch ein interaktives Vordringen in Unbekanntes, darin eine Kreativität des Spielens als situativ spezifizierter Vorgang „mit- und nachschöpferischen Denkens", als Wesensmerkmal des „Philosophierens" selbst.[205]

---

[198] Plessner, 1925, S. 77–89.
[199] Plessner, 1941, S. 285–290.
[200] Vgl. o., S. 139.
[201] Plessner, 1941, S. 207.
[202] Plessner, 1941, S. 207.
[203] Plessner, 1925, S. 93.
[204] Plessner, 1947, S. 189.
[205] Plessner, 1947, S. 187.

Auf das Thema des geistig-schöpferischen Spiel-Raums der Sprache kam Plessner viele Jahre später nochmals zurück. In *Der kategorische Konjunktiv. Ein Versuch über die Leidenschaft* von 1968 heißt es, die menschliche Sprache vermöchte „zwei Formen von Möglichkeit" zu unterscheiden und entsprechend auszudrücken: das „Kann" und das „Könnte".[206] Nur die zweitgenannte Möglichkeit, ein Sprechen im Konjunktiv schaffe „dem Spiel der Phantasie Raum".[207] Der Konjunktiv wird als diejenige Sprechweise begriffen, die nicht im Modus des Kann und dem ihm zugehörigen Verweis auf das *Nichtkönnen* festlegt, sondern jene „Starrheit" lockere.[208] Sprechend, so Plessner, *kann* mit Hilfe des „Könnte" das Be*kann*te mit den Mitteln der Phantasie zu Einsichten in Unbekanntes erheben. Auch hier wird somit die Grundbewegung des spielenden Überschreitens ins Fiktionale angesprochen, das auflockernd gegen Widerstände wirke und in jener Leichtigkeit das „Menschliche" ansichtig macht, das Gebrochene *in unfestgestellter Form zu Einem fügt*.

Im „Könnte" sah Plessner zugleich auch die menschlichen „Leidenschaften" sich entzünden – und darin begriff er wiederum einen Grundzug des menschlichen Spielens. Leidenschaft sei nicht mit Gewissheit, sondern mit dem „Könnte" innerlich verbunden. Ein Roulettespieler setze nicht einer trügerischen Siegesgewissheit wegen seine Existenz aufs Spiel, sondern aus Leidenschaft, d. h. aus dem Bewusstsein heraus, dass er gewinnen „könnte".[209] So zeige sich auch hier, dass der Mensch als ein Lebewesen begriffen wird, das darauf angewiesen ist – mit welchen Ausdrucks- und Handlungsmitteln auch immer – „zu probieren".[210] Entsprechend muss die *Haltung* bzw. „Auffassung des Tuns" einer handelnden Person im Sinne Plessners das entscheidende Unterscheidungskriterium

---

[206] Plessner, 1968, S. 346–347. Zum „Konjunktiv" als „Spielraum innerhalb des Möglichen" siehe auch: Accarino, 2003, S. 31.
[207] Plessner, 1968, S. 348.
[208] Plessner, 1968, S. 347–349.
[209] Plessner, 1968, S. 346; vgl. a. a. O., S. 351. Und demnach wäre das Roulette der Tante bei Dostojewski eben *kein Spielen* (vgl. o., S. 86). Mit anderen Worten: Man könnte an dieser Stelle einen Erklärungsansatz versuchen, der die Differenz zwischen dem *Spielen* eines Spiels und der Spiel-*Sucht* erhellt, wie sie in der an früherer Stelle der vorliegenden Untersuchung in Dostojewskis Gestalt der Tante angesprochen wurde (vgl. ebd.). Die Sieges*gewissheit* der Tante jedenfalls scheint dem Wesenszug des ‚Könnte' diametral zu widersprechen.
[210] Plessner, 1967b, S. 322.

und den Umschlagpunkt von „Spiel" und „Ernst" bilden,[211] und damit auch das Vehikel einer Unterscheidbarkeit von Spielen und Nicht-Spielen.

Den soeben vorangegangenen Überlegungen entsprechend heißt es im von Plessner verfassten Artikel *Spiel* des *Handwörterbuchs der Sozialwissenschaften*, nicht der „äußere Habitus" sei der Ermöglichungsgrund des Spielens als zweckfreies Tun.[212] Der Haltungsbegriff wird in diesem Zusammenhang fundamentaler gefasst als der triebpsychologische Haltungsbegriff von Caillois, der ohne vertiefende Erläuterung wirkmächtige Triebe und „Spiele" in einem interdependenten und untrennbaren Zusammenhang sah.[213] Plessner verstand die Haltung eines Menschen vielmehr als ein basales Gestimmtsein, mit dem innig und untrennbar zusammenhänge, was er als die originäre „Möglichkeit jedes Menschen"[214] ansah: *alles* „im Aspekt der Freiheit zu sehen".[215]

3.3.3. Zur verhalten-sozialen Kreativität des Spielens ohne Spiel-Raum

Die dem spielend vollführten Handeln zugrunde liegende *Haltung* des Handlungsträgers impliziert der Argumentation Plessner zufolge stets ein *An-halten*, ein Distanz-Halten, wie auch ein darin verwirklichtes *Herausbringen* von zuvor (situativ) nicht Dagewesenem, einen Akt des Hineintragens von Neuem, das fiktiv über eine Grenze, einen Widerstand hinausgeht, aber dort bleibt, schwebend, ohne sich festzusetzen. All dies brachten die bisherigen Ausführungen bereits ans Licht. Zugleich wurde deutlich: Dies *verhalten bleibende Sich-Verhalten* gilt nur als möglich aufgrund des Abstands, der vom Handlungsträger gegenüber Zweckabsichten eingehalten wird, so dass hier, wenn man so wollte, die Handlungshaltung selbst wie ein Spiel-Raum erscheint.[216] Im besonderen Hinblick auf Sozialbeziehungen könnte man mit Kant auch sagen: Nur

---

[211] Plessner, 1956a, S. 704.
[212] Plessner, 1956a, S. 704.
[213] Caillois, vgl. o., S. 54.
[214] Heidemann, vgl. o., S. 101.
[215] Plessner, vgl. o., S. 165.
[216] An dieser Stelle sei erinnert an das von Tugendhat begründete *Spielraum*-Verständnis (vgl. o., S. 67).

durch eine Abstandnahme davon, den anderen als bloßes „Mittel" zur Erfüllung eines Zwecks statt als Selbstzweck zu betrachten,[217] eröffnet sich der eigentümliche Möglichkeitsraum des Spielens. Darin ist es dem hier geschilderten Ansatz zufolge stets *Chance* und *Wagnis* zugleich. Denn zum Spielend-etwas-Tun gehöre stets auch die spannungsreiche *Ungewissheit des Erfolgs*. Dies ist nach meinem Verständnis nur als Resultat der von Plessner diagnostizierten doppelten Freiheit des Spielens zu verstehen, darin bestehend, eine *Freiheit des Spielenden* unter Berücksichtigung der *Freiheit des Anderen* zu sein.

Plessners Konzeption des Spielens zeigt somit Züge eines *integrativen Grenzüberschreitens*. Darin wird der prozessuale, eigentümlich schöpferische Grundzug des Handlungsmodus Spielen genauerhin als ein *Widerstandshandeln* begründet, das Neues zu ermöglichen vermöchte, indem es Festlegungen des Gegenübers, z.B. durch Drohungen, gerade *meide*. Solches Vermeiden wird im Bezug auf die subjektiv gewollte Abstandnahme vom Impetus des Etwas-Bewirken-Wollens zugunsten eines nicht fixierenden, dafür ausdrucksvollen Darstellens – das etwa im Sprechen Züge des Erkundens mit verwirklichen kann – begriffen. Ein Eröffnen von neuen kommunikativen Beziehungen und somit auch von Handlungsfreiräumen könne sich so ereignen, oder genauer gesagt: eine Realisierung der *Chance* auf solches Handlungsfreiraum-Eröffnen erfolge durch ein spielend grenzüberschreitendes Mitteilen, das in einer Bindung an den anderen und damit integrativ bleibt. Spielen als *integratives Grenzüberschreiten* bedeutete vor diesem Hintergrund: dass im Modus des Spielens eine Freiheit der Person einhergehen muss mit ihrer Offenheit für den anderen in seiner Freiheit.

Sowohl Plessner als auch Buytendijk erkannten eine integrative Dynamik des Spielens in seinem Verwirklichen eines *Zugleich* von Akten des Sich-Bindens und des Sich-Lösens zugunsten neuer Bindungen. Aus der Logik des Spielens in Bezug auf Situationen ohne Spiel-Qualität ergibt sich hier jedoch, dass sie nicht durch den Spielenden erreichbar, sondern nur durch Annahmeakte des – möglicherweise nicht-spielenden – Interaktionspartner aus der Flüchtigkeit in den Status der Kreation gehoben werden können. So argumentiert bliebe ein Verständnis vom Spielen als Handlungsmodus

---

[217] Kant, 1997a, S. 61, 66. Hierauf wird auf S. 202 der vorliegenden Untersuchung zurückgekommen.

auf eine Kreativität des Versuchens, gegen Widerstände durch integratives Grenzüberschreiten neue Beziehungen zu stiften, begrenzt. ‚Kreationen' des Spielens, wollte man denn unbedingt von solchen sprechen, wären entsprechend wiederum ‚nur' Anfänge von Neuem. So kann mit Plessner ein auch ohne Spiel-Raum vollführtes Spielen, d. h. ›Spielen‹ wie folgt bestimmt werden:

>›Spielen‹ sei
ein freiwillig angenommener Modus sozialen Handelns,
der keines Spiel-Raums bedarf,
sondern gerade durch Widerstände motiviert ist,
um sich in spielend-instrumentalisierender Relationierung
mit ihnen zu entfalten,
sie in zweckgelöster Bewegung zu überschreiten,
nicht um Bleibendes hervorzubringen,
sondern um für jemanden einen subjektiven Sinn darzustellen,
ohne damit Festlegungen zu verbinden,
so dass ohne ein Brechen mit bereits eingegangenen Verbindungen
das Gegenüber aus seiner Freiheit heraus antworten kann
und damit die Chance des Eröffnens
einer zuvor nicht gegebenen
sozialen Beziehung
verwirklicht.

Damit rückt eine Konzeption *relationaler* und darin *relativierter* Freiheitsgewinnung in das Zentrum des Begriffs ›Spielen‹, in der die prozessuale Seite des Handelns im Vergleich mit Buytendijks Spiel-Terminologie an Tiefenschärfe gewinnt. Mit Blick auf Webers Handlungsbegriff wird dabei ein weiter, Allgemeingültigkeit beanspruchender Horizont sensitiver, kognitiver und darin auch kommunikativer menschlicher Vermögen eingebracht, wie er wohl nur in einer sozialwissenschaftlichen Fortführung der Spiel-Betrachtung über den „biologischen Gedankenkreise"[218] hinaus zum Reflexionsgegenstand zu werden vermag. Damit aber gehen nicht nur vertiefte Einsichten in konstruktive Relationierungsmöglichkeiten von Spielvermögen und sozialem Handeln, sondern auch solche von Spielvermögen und politischem Handeln einher. Einerseits wird im Bezug auf das politische Exklusionsparadigma der Spiel-Deutung eine handlungszentrierte Unterwanderungsmöglichkeit des Spiel-Raum-Primats aufgezeigt, die unseren Blick für andere,

---

[218] Buytendijk, vgl. o., S. 140.

als solche aber nicht minder kostbare soziale Kreativitätspotentiale des ›Spielens‹ weitet; andererseits kann mit Plessners Hilfe *jedwede* Universalisierung von Spiel auf politische Phänomene, die nicht metaphorisch sondern substantiell gemeint ist, als eine unmögliche zurückgewiesen werden.

3.4. Das Eigentümliche des ›Spielens‹ in seinem Heraustreten aus dem Schatten des Spiels

Sowohl Buytendijk als auch Plessner differenzieren zwischen Spiel als Interaktionsform und Spielen als Handeln. Spielen wird als das Konstituens von Spiel charakterisiert, ohne dabei das Primat einer Spiel-Welt, eines Spiel-Raums, zwingend zu unterstellen. Je stärker die Perspektive des *Spiels* zurückgenommen wird, desto klarer und deutlicher tritt hervor, was in den Spiel-Konzeptionen von Fink, Caillois und Popitz nur eine Sekundärstellung innehat: das Eigentümliche des Spielens. Eine beziehungsstiftende Qualität des Spielens tritt nun in den Vordergrund der Betrachtung: Bei Buytendijk im besonderen Hinblick auf die Genese einer Spielsphäre, bei Plessner in bezugsuniversaler handlungszentrierter Sicht. Somit widersprechen Buytendijks und Plessners Begriffe des Spielens einander nicht. Vielmehr sind sie in einem *Ergänzungsverhältnis* deutbar, in dem sich Ansatzpunkte für eine sozialwissenschaftliche Erweiterung spiel-raum-zentrierter Spiel-Vorstellungen abzeichnen.

Als originärer Grundzug des Handlungsmodus Spielen tritt im Lichte der Verhaltensphänomenologie Buytendijks die Dynamik eines *integrativen Grenzüberschreitens* hervor. Diesen Merkmalszug stützen auch Plessners Betrachtungen des Spielens. Aufgrund der durch Plessner gestärkten Autonomisierung des Spielens gegenüber Spiel-Räumen und Spiel-Welten formiert jener Zug sich dort jedoch zu einer Bewegung des *integrativen Widerstandshandelns*. Mit anderen Worten zeigt Plessner in Erweiterung der von Buytendijk begründeten Sicht einen Weg auf, das Wesen und den Sinn des Spielens als grundkategoriale Struktur des Verhaltens *jenseits von Spiel-Räumen zu verstehen*. Im Übergang von der Buytendijk'schen zur Plessner'schen Perspektive auf das menschliche Spielend-Handeln-Können scheinen Metamorphosen eines weder über *Spiel-Räume* verfügenden noch auf die Genese einer *Spielsphäre* hinzielenden Spielens auf. Konturen eines aus dem Schatten des Spiels heraustretenden ›Spielens‹ werden in solchem Nebeneinander geschärft. Mit anderen Worten: Im Fortfallen eines Spielens *für und in einem Spiel* zeichnet sich ein *integratives Grenzüberschreiten* als grundlegender Merkmalszug des ›Spielens‹ ab:

> Im vorliegenden Untersuchungsrahmen wird fortan
> unter ›Spielen‹ verstanden:
> *ein Modus des Handelns,*
> *der bezugsuniversal*
> *und widerstandsbedürftig ist*
> *sowie auf die Fortführung einer Interaktion*
> *statt auf feststehende Ergebnisse zielt,*
> *wozu auf der Basis einer Vollzugsdynamik,*
> *die ein integratives Grenzüberschreiten vollführt,*
> *ein potentiell sozial-integratives*
> *Ausdruckshandeln ‚kreiert' wird.*

Im Anschluss an Buytendijk und Plessner erhalten wir somit einen bezugsrahmenoffenen Allgemeinbegriff des ›Spielens‹, d.h. eine Anschauung des Spielens auch ohne gegebene Spiel-Räume. Diese wird von der Dynamik integrativer Grenzüberschreitungen getragen und kann daher auch ein *integratives Widerstandshandeln* heißen, eine Formulierung, die auch eine weite Auffassung des Begriffs Widerstand betonen soll. Plessner hat lediglich besonders deutlich gemacht, was wir auch in anderen Spielanthropologien finden: *Alles* Spielen geht mit Grenzerfahrungen um, die motivierend auf die Handlung wirken. Zugleich ist jedoch auch von einer bezugsrahmenrelationalen Verstärkung der Intensität des Widerständigen auszugehen, die mit dem Absenzgrad eines hegenden Spiel-Raums unmittelbar korreliert. Dabei scheint der so zur Vorstellung gebrachte Handlungsmodus in jeder Konkretisierung in Peter Handkes Rede vom Spielen als einem Handeln, das nicht zugreifen will, aufgehoben zu bleiben:

„keine Gier mehr, kein Greifen mehr in den Händen, nur noch ein Spielen".[219]

Und auch Gustav Bally war zu einem damit übereinstimmenden Grundzug des ›Spielens‹ gelangt:

---

[219] Handke, 2001, S. 54.

›Spielen‹ als einen universalen Modus des Handelns verstehen

„Jede Gier, jede Sucht, sei es nach Macht, Reichtum oder Genuß, gefährdet die innerste Voraussetzung der offenen Menschenwelt, die Achtung vor der Würde des Nächsten."[220]

Somit aber haben die in diesem ersten Untersuchungsteil erfolgten spielsemantischen Differenzierungen zu einem Bedeutungskreis des ›Spielens‹ geführt, der – auch wenn dabei zunächst eher an Gegensatzverhältnisse gedacht werden sollte – unmittelbar an Kernbegriffe der politischen Theorie rührt.

---

[220] Bally, 1966, S. 114.

4. ›Spielen‹ in modaler philosophisch-anthropologischer Auslegung als ein Ansatz zur Reflexion von politischen Handlungsmöglichkeiten

Was wir unter einer Handlung, die *politisches Spiel* sei, verstehen, müsse auch gründen in einer Auffassung von *Spiel*. Dieser Leitgedanke wurde an den Beginn des nun an sein Ende gekommenen ersten Untersuchungsteils gestellt. Im Durchgang durch drei Teilproblemfelder, die jeweils auf ein Herausarbeiten von Eigenheiten der Semantik von Spiel im Hinblick auf Fragen ihrer Konzentrierbarkeit auf einen Handlungsbegriff nach dem Vorbild der von Weber vorgeschlagenen Grenzziehungen zielten, wurden spielsemantische Fallstricke aber auch positive Wegmarken für ein vom theoriehistorisch traditionsreichen Spiel-Raum-Primat gelöstes und dadurch potentiell für politiktheoretische Reflexionen anschlussfähiges Begriffsverständnis identifiziert. Von einem vielseitigen Ausschreiten der Großsemantik von Spiel gelangte ich so zu einer modalen Auffassung des *Spielens*. Im Zuge dieses handlungstheoretisch rekonstruierenden Versuchs einer Merkmalsdestillation auf der Basis bestehender spieltheoretischer Konzepte zeichnete sich schließlich ab, wie mit Modifikationen der Ansatzbeschaffenheit andere Merkmalszüge des Erkenntnisgegenstands Spiel in den Vordergrund rücken können – und so nicht zuletzt auch in jenen Bereich Licht bringen, der am Ende des 1. Abschnitts als ‚blinder Fleck' bezeichnet wurde: ein ‚blinder Fleck' im potentiellen Assoziationsraum des Begriffs Spiel, der dadurch gekennzeichnet ist, dass in ihm die Frag*würdigkeit* – und somit auch die Wirklichkeit – konstruktiver Relationen zwischen Spielvermögen und politischem Handeln selbst durch zwei antagonistische Spiel-Bestimmungen überlagert wird: einerseits durch das freiheitsemphatische Paradigma des Spiels, andererseits durch Formen seiner zweckrationalen Formalisierung, als deren prominenteste Variante die mathematisch-ökonomische „Spieltheorie" gelten darf.

Durch eine der Spieltheorienanalyse vorangestellte spielsemantische Differenzierung des ‚Wortklangs', die erfolgte, um einen handlungszentrierten Auswertungsfaden zu gewinnen, kristallisierte sich ein in einer terminologischen Wahlentscheidung begründbarer und darüber hinaus auch spielanthropologisch ausdeutbarer Begriffsrahmen heraus. Gestützt auf Lorenz besteht dieser, wie bereits festgelegt wurde, in der *modalen Rezeption des Begriffs Spielen im substantivierten Gebrauch:*

›Spielen‹.

Als handlungstheoretischer Leitfaden einer politologischen Spieltheorienanalyse angenommen, löst er die Frage nach Realisationsmöglichkeit und Kennzeichen einer Handlung, die politisches Spiel heißen könne, ab durch ein Fragen anderer Art: ein Fragen nach Existenz und Bedeutung einer Handlungsweise, die nicht *etwas – die Politik –* spielt, sondern im Bereich der Politik und neben bzw. alternativ zu anderen Formen des Handelns *politisch spielend etwas tut*, und in diesem hochspezifischen Sinne, schlichter gesagt, durch ein Fragen nach Eigenheiten

›politischen Spielens‹.

Im Unterschied zu alternativ denkbaren Redeweisen wie etwa „spielend Politik betreiben" hebt die Wortverbindung ›politisches Spielen‹ zum einen den integrativ differenzierenden Charakter der Verbindung beider Vermögen, um den es im vorliegenden Forschungsrahmen geht, besonders hervor: Dadurch, dass ›Spielen‹ einem politischen Bezugskontext folgt, so die darin verankerte Grundannahme, wachsen ihm Merkmale zu, die es etwa vom ›Spielen‹ eines Strategiespiels oder Theaterschauspiels unterscheidbar macht; dadurch, dass politisches Handeln in seiner Entfaltung auf das ›Spielen‹-Können sich bezieht, wachsen ihm Merkmale ›spielend‹ vollführter Handlungen zu, die es von anderen politischen Handlungsformen, insbesondere von solchen, die zweckrational erfolgen, abgrenzt. Demnach ist es der Hinweis auf solch wechselseitiges Changieren der Bedeutungshorizonte von ›Spielen‹ und politischem Handeln unter der Voraussetzung, dass die politische Intention, nicht eine spiel-weltliche, die Richtungsgeberin des Handelns ist, der aus meiner Sicht im Ausdruck ›politisches Spielen‹ am besten zum Ausdruck gelangen kann.

Zum anderen wird durch das Festhalten am Begriff des Spielens als politischer Leitterminus – statt, wie es alternativ auch möglich wäre, zu fordern, *nur noch vom Politisch-spielend-etwas-Tun* zu sprechen – die Notwendigkeit einer nicht nur im Politikbezug, sondern umfassend zu leistenden Korrektur und Vertiefung des herkömmlichen Sprachgefühls unterstrichen: Nicht nur im Politikbezug, sondern generell sollte Spielen (dies gilt freilich auch für *spielen, spielt* etc.) zuallererst konsequent modal, d. h., als *spielend etwas tun* ‚gehört' werden. Dabei schreibt die im Bezug auf Lorenz in den vorliegenden Untersuchungskontext übernommene Bevorzugung der substantivierten Fassung gerade nicht im Verbum *das Spiel* groß, sondern ganz im Gegenteil: die prinzipielle Autonomie der Handlung gegenüber allen Spiel-Räumen – auch im Politischen.

›Spielen‹ und ›politisches Spielen‹ bleiben im Zuge des nun folgenden zweiten Untersuchungsteils überwiegend hintergründige Leitkategorien. Erst im *Dritten Teil* nehme ich eine gezielte Merkmalszuordnung vor, indem die hier gewonnenen Befunde zum ›Spielen‹ als Modus des Handelns und jene, die aus den nun erst zu unternehmenden Betrachtungen von integrativen Denkwegen hervorgehen, zur Stärkung von Einsichten in ›politisches Spielen‹ verbunden werden.

ZWEITER TEIL
Politisches Handeln
sub specie ludi deuten[1]
– Ideengeschichtliche Grundlegungen –

---

[1] In Abwandlung von Huizingas Deutung von „Kulturen und Perioden ‚sub specie ludi'" (Huizinga, 2004, S. 189).

Wie sind Annahmen über das menschliche Spielen-Können im Horizont politischen Handelns fortgedacht worden? Und welche politischen Handlungsbedeutungen werden dabei zur Vorstellung gebracht? Diesen zweiten Hauptfragestrang der vorliegenden Untersuchung möchte ich nun aufnehmen. Damit wird an die schon bestehende Tradition politisch integrativen spieltheoretischen Denkens angeknüpft.[2] Wie im *Ersten Teil* soll auch in der nun anstehenden Betrachtung integrativer Denkwege auf *Übergänge* von Spielanthropologie und politischem Handlungsbegriff ein besonderes Augenmerk gerichtet sein.

In den Themenkreis ›politischen Spielens‹ geleiten in ideengeschichtlicher Sicht erstmals Platons Dialoge. Zwar wird darin keine Deutung politischen Handelns als ›Spielen‹ begründet; wohl aber wird hier die erste überlieferte bezugsuniversale anthropologische Grundauffassung spielenden Handelns konturiert, die seither auch eine wichtige Inspirationsquelle der Spielforschung bildet.[3] Als eine leitmotivische Einführung steht daher der bei Platon entfaltete Spielbegriff am Beginn dieses Untersuchungsabschnitts (1. Kapitel). Anschließend folgt eine Analyse der integrativen Denkwege in Friedrich von Schillers Briefen *Über die ästhetische Erziehung des Menschen,* Helmuth Plessners *Grenzen der Gemeinschaft* sowie von Johan Huizingas *Homo Ludens* (2. Kapitel).

Zu allen soeben angeführten Werken existiert eine große Rezeptionsgeschichte. Zur Verfolgung des Erkenntnisinteresses der vorliegenden Untersuchung möchte ich mich den in ihnen enthaltenen politisch-integrativen Spiel-Begriffs-Architekturen jedoch in erster Linie anhand der im *Ersten Teil* gewonnenen semantischen Weichenstellungen für eine Handlungskonzeption ›politischen Spielens‹ einschließlich der in Unterabschnitt *1.1.2.* begründeten Trias der Spielsemantik aus *Spiel-Handlung* – nunmehr: ›Spielen‹ –, *Spiel-Raum* und *Spiel-Welt* nähern. Hierzu werde ich mich im Wesentlichen auf den Wortlaut der Primärtexte der angeführten Autoren stützen bzw. im Falle der Werke Platons und Huizingas auf den Wortlaut der jeweils ausgewählten Übersetzungen.

---

[2] Vgl. o., S. 21.
[3] Gundert, 1967, S. 18; Fink, 1960, S. 77–112; Erikson, 1978, S. 13; Iser, 1993, S. 481–485 sowie Schmitt, 2008, S. 276–278.

1. Zur Einführung in den Themenkreis: Der grenzüberschreitend spielende Mensch in Platons Dialogen

Wie Huizinga dargelegt hat, kennt das Griechische unterschiedliche Ausdrücke für Spiel, Spiele und das Spielen.¹ Mangels eigener Griechischkenntnisse vertraut sich die in diesem Kapitel unternommene Auseinandersetzung mit dem Spielbegriff im Werk Platons der renommierten Übersetzung ins Deutsche durch Hieronymus Müller und Friedrich Schleiermacher an.

Platon wird die „erste grundlegende Besinnung auf das Spiel" zugeschrieben.² Vielgestaltig treten in seinem Werk die thematischen Zusammenhänge und auch die Beurteilungen des Spielens hervor. Einen Leitfaden zur Rekonstruktion des in Platons Dialogen konturierten Spielbegriffs bietet *Paidiá* (παιδιά), das gängigste Wort für Spiel in der griechischen Sprache.³ *Paidiá* verweist etymologisch auf die Bedeutung „was zum Kinde gehört" zurück und lässt hierin Freude, Fröhlichkeit und Freiheit von Sorgen anklingen.⁴ Am geradlinigsten wird an diesen Sinngehalt im zweiten Buch der *Nomoi* angeknüpft, in dem über den Drang junger Menschen und Tiere zum „Hüpfen" bzw. zum „Springen" (ἁλλόμενα), „geradeso als tanzten und spielten sie vor Lust", nachgedacht wird.⁵ Im hier erfolgenden Verweis auf den *Sprung*, gleichwohl damit kein Verweis auf παιδιά verbunden worden ist, findet aus der Sicht von Erikson sowohl das „Urbild des echten Spieltriebs" Bestimmung⁶

---

¹ Huizinga, 2004, S. 39–40.
² Gundert, 1967, S. 14; vgl. a. Plessner, 1967a, S. 307.
³ Huizinga, 2004, S. 39.
⁴ Huizinga, 2004, S. 39. Matuschek stellt das Kindisch-Unvernünftige als Bezugspunkt des Worts *Paidiá* heraus (Matuschek, 1998, S. 13), obwohl das Griechische, wie Huizinga eigens hervorhob, für die abwertende Rede von „Kinderei" ein durch eine Akzentsetzung von *Paidiá* unterschiedenes Wort bereithält – παιδία (Huizinga, 2004, S. 39).
⁵ Platon, 2005, *Nomoi II*: 653d–e
⁶ Erikson, 1978, S. 13; vgl. a. Huizinga, 2004, S. 48, Fn. 8 und S. 174–175.

als auch „[d]ie kürzeste und beste Definition des Spiels überhaupt".[7]

In vielerlei Wendungen werden in den bei Platon auffindbaren Rekursen auf Spiel Erweiterungen der Kernbedeutung von *Paidiá* vorgenommen. Dabei offenbaren die Reflexionen über Eigenheiten mimetisch-künstlerischer Tätigkeiten, die ihrerseits einem weit verstandenen Bereich des Musischen[8] zugeordnet werden – so umfasst dieser mitunter auch „Reden"[9] –, eine tiefgreifende Ambivalenz des bei Platon auffindbaren Spielbegriffs. So verweisen diese auf ein nun näher zu beleuchtendes Spannungsverhältnis zwischen destruktivem Spiel und erhabenem Spiel als die „höchste Möglichkeit des Menschenwesens überhaupt".[10]

Die Schattenseite des Spiels als Mimesis wird bei Platon im Bild des Spiegels gefasst. Eine Verbindung zwischen Spiel und dem Spiegelhaften kündigt schon der *Kratylos*-Dialog an. Dort wird die Frage erörtert, ob es „eine natürliche Richtigkeit der Wörter" gibt,[11] oder alle Wortbedeutung „auf Vertrag und Übereinkunft gründet".[12] Sokrates äußert in diesem Zusammenhang die Vermutung, die Ursprungsbedeutung des Worts „Spiegel" liege im Wort Spiel:

„So wie in ‚Spiegel' [Κατόπτρῳ], scheint dir da nicht auch ganz ungereimt das ge hineingesetzt zu sein?"[13]

Die in dieser Überlegung des Sokrates angelegte Botschaft, Eigenschaften des Spiegels glichen denen des Spiels, führt heran an Platons Kritik darstellender Mimesis als Quelle irdisch-selbstreflexiver Trugbilder, die zerstörerisch auf den menschlichen Wahrheitssinn

---

[7] Erikson, 1978, S. 13.
[8] Vgl. hierzu Huizinga, 2004, S. 174–178.
[9] Platon, 2005, *Politeia II:* 376e– *III:* 398a.
[10] Gundert, 1967, S. 17.
[11] Platon, 2005, *Kratylos:* 383a–b.
[12] Platon, 2005, *Kratylos:* 384d.
[13] Platon, 2005, *Kratylos:* 414c. Das griechische Wort für Spiegel lautet wie oben angeführt. Anders als in der oben zitierten Übersetzung ins Deutsche von Hieronymus Müller und Friedrich Schleiermacher weisen die griechischen Wortlaute von Spiegel und Spiel somit erst einmal nicht die in jenem Gedanken des Sokrates angesprochenen Parallelen auf. Wie also wird ihre Nähe semantisch begründbar? Einen Erklärungsansatz könnte hier das Verb κατοπτρίζω bieten, das *wider*spiegeln bedeutet und darin die traditionell mit dem Spiel assoziierte Hin-und-Her-Bewegung anklingen lässt.

Zur Einführung in den Themenkreis

wirken könnten.[14] Hauptadressaten dieser Kritik sind darstellende Dichter, vor allem Homer. Homers menschenähnliche Darstellung der Götter stieß Platon besonders auf. Für ihn war „Gott wesentlich gut und auch so darzustellen!"[15] Vom „Bösen"[16], selbst wenn es existierte,[17] solle ein Dichter schweigen, denn er sei zum Dienst an der Entfaltung der menschlichen Sittlichkeit verpflichtet.[18]

Indem Platon die Dichtkunst als *Paidiá* (im altgriechischen Original: παιδιάν) bezeichnete,[19] nahm er eine gegen den Homer, aber auch Hesiod und andere Dichter[20] verehrenden Zeitgeist gerichtete provokative Erweiterung des Spielbegriffs vor,[21] die sich im Bild des Spiegels zur philosophischen Kritik wendet. Diese Kritik richtet sich gegen alle nachbildenden Künste.[22] Auch „Malerkunst" und „Tonkunst" seien „Spielwerk" (παιδιᾶς), d. h. ein „Schmuck" oder eine „Nachbildung nur zu unserem Vergnügen".[23] Das zentrale Attribut des Spiegels, das dabei zur Geltung gebracht wird, besteht nach Auffassung Finks, der besonders eingehend Platons Spiel-Spiegel-Analogie zu erhellen suchte,[24] in seiner bloßen Zurückspiegelung sinnlicher Erscheinungen, in denen Ausblicke auf die wahren Ideen verwehrt blieben.[25] Die Gefahr des Verlusts eines Unterscheidungsvermögens zwischen bloßem Schein und dem in ihm noch verborgenen Wahren komme vor diesem Hintergrund jedoch erst mit dem *Wahrheitsanspruch* des Dichters hinein.[26] Sein künstlich geschaffener Spiegel des Wahren ahme in Wirklich-

---

[14] Vgl. z. B. Platon, 2005, *Politeia IX:* 595b.
[15] Platon, 2005, *Politeia II:* 379b und 380b–c; vgl. a. a. O., *Politeia II–III:* 377d–392a.
[16] Platon, 2005, *Politeia II:* 379b–c.
[17] Platon, 2005, *Politeia II:* 378d–e.
[18] Gundert, 1967, S. 14.
[19] Platon, 2005, *Politeia X:* 602b.
[20] Platon, 2005, *Politeia II:* 377d.
[21] Gundert, 1967, S. 24; vgl. a. a. O., S. 16.
[22] Platon, 2005, *Politeia X:* 602b.
[23] Platon, 2005, *Politikos:* 288 b–c. In dem o. g. Zusammenhang ist die vielleicht erste überlieferte Abgrenzung des Spiels vom „Geschäft" zu finden: „Denn nie wird etwas davon eines Geschäftes wegen, sondern nur zum Spiel gemacht." (A. a. O.: 288d)
[24] Fink, 1960, S. 89–112.
[25] Fink, 1960, S. 97.
[26] Fink, 1960, S. 90–91.

keit nur das trügerisch Irdische nach – er sei Vorspiegelung, die sich als solche aber gerade zu verbergen verstehe.[27]

Finks Deutung des Spiegels als Platons „Leitmodell einer Deutung des Spiels als Mimesis"[28] unterschlägt aus meiner Sicht zweierlei: zum einen die Möglichkeit, dessen Kritik des mimetischen Spiels als *Vortäuschung einer Spiegelung* – und deshalb ist der Spiegel *Spiel* – zu interpretieren, worauf auch die von Fink selbst herausgestellte Möglichkeit, einen Spiegel *künstlich* zu verfertigen, hindeutet. Gadamers Interpretation von Platons Unterscheidung zwischen Herstellen und Kunst, die darin kulminiert, dass die Kunst den von der Natur nicht determinierten „Leerraum" ausfülle,[29] legt vielmehr eine Position nahe, die sich aus Finks Insistieren auf einer ihm zufolge von Platon gemeinten „Gleichzeitigkeit von Original und Abbild"[30] löst. Zum anderen wird von Fink – und dies mag mit dem vorgenannten Einwand zusammenhängen – die in Kürze zu betrachtende *konstruktive* Seite mimetischer Tätigkeiten, wie sie Platon im Kontext des Bildungswesens herausgestellt hat, nicht berücksichtigt.

Im *Philebos*-Dialog zeigt sich das undurchschaute spiegelhafte Spiel zur Bezeichnung einer in den Wirrungen des Irdischen befangenen Lebensführung erweitert: Wie die Figuren im Trauer- und Lustspiel sei auch das alltägliche Handeln der Menschen gemischten Lust- und Unlustgefühlen ausgesetzt und durch diese irritierbar.[31] So wurde von Sokrates das Geschehen auf der Schauspielbühne mit dem menschlichen Leben im Allgemeinen analogisiert,[32] womit das erste Zeugnis einer Übertragung des Schauspiels auf das menschliche Dasein dokumentiert ist.[33] Doch wird im Zuge seiner Ironisierung des menschlichen Lebens als „Trauerspiel und Lustspiel" (τραγῳδίᾳ καὶ κωμῳδίᾳ)[34] zugleich deren Absolutheitsanspruch im Sinne unentrinnbarer Daseinskonstellationen durchbrochen. Indem

---

[27] Gadamer vertrat die Auffassung, gerade Platons Lehre von der Wiedererinnerung (Anamnesis) an die wahren Ideen zeige – gegen seine eigene Kritik der mimetischen Darstellung – die zentrale Bedeutung von Nachahmung und Darstellung als Weg zu Einsichten in das Wahre („Hervorholung") (Gadamer, 1990, S. 119–120).
[28] Fink, 1960, S. 95.
[29] Gadamer, 2006, S. 16.
[30] Fink, 1960, S. 105.
[31] Platon, 2005, *Philebos*: 48c–50b.
[32] Platon, 2005, *Philebos*: 50b.
[33] Dahrendorf, 1974, S. 136.
[34] Platon, 2005, *Philebos*: 50b.

Zur Einführung in den Themenkreis

nämlich ihre Ursache in einer Verweigerungshaltung des Menschen gegenüber der delphischen Forderung, *sich selbst zu erkennen*, benannt wird[35] – eine Verweigerung, in der auch der Ursprung des „Lächerlichen" des Menschen verortet wird –, kommt die Philosophie als Ausweg aus der Schattenhöhle des sinnlichen Scheins[36] in den Blick. Mit der Philosophie wird bei Platon somit, wie nun genauer betrachtet wird, eine die Semantik des Spiegels überwindende Auffassung konstruktiven Spiels engstens verbunden.

Der Mensch trage „mehrere Seelen" in sich, darunter „eine wohltätige und eine, die das Gegenteil zu bewirken vermag".[37] Im Rahmen der Erziehung bzw. Bildung *(Paideia)* einer wohltätigen Seele sollen, als ihr wichtigstes Mittel, Spielformen des Musischen mitwirken.[38] Die musische *Paideia* (παιδῶν παιδείαν) sei für die Erziehung der „Seele" und als solche dem Ziel gewidmet, „die Lust und Liebe [...], ein vollkommener Staatsbürger zu werden", wachzurufen;[39] zur Erziehung des „Leib[s]" sei demgegenüber „die Gymnastik".[40] Als Keimzelle menschlicher Tugenden wiesen die Spielformen des Musischen sich durch ihre Orientierung am Guten aus. So gerichtet bildeten „Reden",[41] „Gesänge", „Tonarten", „Taktarten" und Musikinstrumentenspiel[42] den Boden, um der Seele „Wohlberedtheit und Wohlklang und Wohlanständigkeit und Wohlgemessenheit"[43] entstehen zu lassen. Die musikalische Seelenentwicklung münde „in die Liebe zum Schönen".[44] Mit zunehmender Reife werde diese Liebe auch der „vernünftige[n] Rede" zuteil.[45] *Sie* werde der musisch Gebildete „am meisten lieben [...], da er sie an der Verwandtschaft erkennt".[46]

Nachahmendes Tun, so Gundert, werde von Platon unter einer Bedingung positiv als menschliches Grundvermögen, das zu Einsichten hinleitet, beurteilt: sofern es orientiert an der „Wahrheit der

---

[35] Platon, 2005, *Philebos:* 48c–d.
[36] Vgl. Platon, 2005, *Politeia VII:* 514a–518b.
[37] Platon, 2005, *Nomoi X:* 896e.
[38] Platon, 2005, *Politeia III:* 401d–402a.
[39] Platon, 2005, *Nomoi I:* 643e.
[40] Platon, 2005, *Politeia II:* 376e.
[41] Platon, 2005, *Politeia II:* 376e–398a.
[42] Platon, 2005, *Politeia II:* 398c–400c.
[43] Platon, 2005, *Politeia II:* 400d–e.
[44] Platon, 2005, *Politeia II:* 403c.
[45] Platon, 2005, *Politeia II:* 402a.
[46] Platon, 2005, *Politeia II:* 402a.

Idee" erfolge.[47] Besonders deutlich tritt dieser Umschlagpunkt von bloßem Spiel in fruchtbares Spiel in den Reflexionen zur Erziehung der *Wächter des Staats* hervor. Jene Wächter sollten eine „zugleich sanfte und hocheifrige Gemütsart" haben.[48] „Reden", nicht nur „wahre", sondern auch „falsche" (z. B. „Märchen"), könnten der Erziehung förderlich sein.[49] Ob sie auf Wahres gerichtet oder wenigstens Gutes zu erwecken vermöchten, darauf komme es an. Das Kriterium moralischer Förderlichkeit anzulegen, wird auch im Bezug auf erlaubten Gesang, Tonarten und das Musikinstrumentenspiel gefordert. Unzulässig seien etwa klagende und jammernde Tonarten,[50] gut aber solche, die dem Staatswächter helfen, dass er im Krieg und in anderen Gewaltverhältnissen „sein Schicksal besteht" und in friedlicher Zeit „besonnen und gemäßigt [...] sich beträgt".[51]

Wie Clemens Kauffmann erläutert hat, erfüllt sich Platons Handlungsverständnis im Begriff der Praxis im Sinne einer Beförderung des Guten.[52] Im Lichte der vorangegangenen Ausführungen hat das musische Spiel an der Bildung solchen Handelns entscheidenden Anteil. Platons Spiel-Auffassung greift jedoch noch tiefer in die Sphäre der Praxis ein, als es der Gesichtskreis der musischen *Paideia* einsichtig macht. In den *Nomoi* erfährt menschliche Selbsterkenntnis, die als eine unverzichtbare Quelle gerechten Handelns im Sinne Platons gelten darf,[53] durch eine Charakterisierung des Menschen als spielendes und in einem Spiel begriffenes Wesen nähere Ausdeutung.

Der Mensch wird in den *Nomoi* „als eine Marionette der Götter" gedacht,[54] „als Spielzeug Gottes geschaffen"[55] – und dies sei „in der Tat das Beste an ihm":[56]

„Ich meine dies: auf das Ernste soll man Ernst verwenden, auf das Nichternste aber nicht; seiner Natur nach ist aber Gott alles seligen Ernstes

---

[47] Gundert, 1967, S. 15.
[48] Platon, 2005, *Politeia*: 375c.
[49] Platon, 2005, *Politeia*: 376e–377b.
[50] Platon, 2005, *Politeia*: 398d–e.
[51] Platon, 2005, *Politeia*: 399a–c.
[52] Kauffmann, 1993, S. 107–114; vgl. a. ders., 2001, S. 126.
[53] Vgl. Kauffmann, 1993, S. 199–202.
[54] Platon, 2005, *Nomoi I*: 644d.
[55] Platon, 2005, *Nomoi VII*: 803c.
[56] Platon, 2005, *Nomoi VII*: 803c; vgl. a. Rahner, 1990, S. 15–16.

Zur Einführung in den Themenkreis

würdig; der Mensch dagegen ist, wie wir früher gesagt haben, als Spielzeug Gottes [θεοῦ τι παίγνιον] geschaffen worden, und dies ist in der Tat das Beste an ihm. Dieser Rolle nun sich fügend und die allerschönsten Spiele spielend [παίζοντα ὅτι καλλίστας παιδιάς], muß ein jeder, Mann und Frau, sein Leben zubringen in einer der jetzt herrschenden entgegengesetzten Denkweise."[57]

Nicht Fremdbestimmung durch göttliche Mächte, sondern die Aufgabe menschlicher Selbstbefreiung durch Einsicht – einerseits in die eigene Begrenztheit, andererseits in den nur vermeintlichen Ernst der irdischen Angelegenheiten,[58] darunter des Kriegs[59] – steht im Mittelpunkt dieser Charakterisierung des Menschen:

„Heutzutage glaubt man, die ernsten Dinge müsse man der Spiele wegen treiben; denn man meint zum Beispiel, das Kriegswesen, eine ernste Sache, müsse um des Friedens willen gut geordnet werden. Doch im Krieg hat sich uns noch nie ein wirkliches Spiel [οὖν παιδιά] oder gar eine nennenswerte Bildung gezeigt, weder jetzt noch künftig; und gerade dies ist doch, wie wir behaupten, für uns die ernsteste Sache. Also muß jeder das Leben im Frieden möglichst lange und möglichst gut zubringen. Welches ist nun hierzu der richtige Weg? Man muß sein Leben mit bestimmten Spielen [παιδιάς] verbringen, mit Opfern, Singen und Tanzen, so daß man imstande ist, sich die Götter gnädig zu stimmen und andererseits die Feinde abzuwehren und im Kampf zu besiegen [...]."[60]

Dem Sinnbild der „Marionette" ist der Hinweis auf die *Art und Weise einer Gewinnung* solcher Einsicht als elementare menschliche Aufgabe eingegliedert. So heißt es, die Marionette sei „Zügen" und „Zugkräfte[n]" ausgesetzt.[61] Verwirrung stiftende „Gefühle" werden im Bild vieler „Sehnen oder Schnüre" veranschaulicht.[62] Doch in all dem verbleibe ihr ein Eigenes.[63] So sei unter all den „Zügen" auch *dieser eine*, dem „ein jeder stets folgen [müsse] und [...] auf keinen Fall loslassen und so gegen die anderen Sehnen anstreben" solle: „die goldene und heilige Leitung der vernünftigen Über-

---

[57] Platon, 2005, *Nomoi VII:* 803c.
[58] Platon, 2005, *Nomoi VII:* 803b, 804b–c.
[59] Platon, 2005, *Nomoi VII:* 803d–e.
[60] Platon, 2005, *Nomoi VII:* 803d–e.
[61] Platon, 2005, *Nomoi I:* 645b.
[62] Platon, 2005, *Nomoi I:* 644d–e.
[63] Später wird Plotin den Menschen ein „lebendiges Spielzeug" nennen (Rahner, 1990, S. 28).

legung, die man das gemeinsame Gesetz des Staates nennt".[64] Die Aufgabe eines jeden wird vor diesem Hintergrund dahingehend bestimmt, „in sich selbst eine wahre Ansicht über diese Zugkräfte zu gewinnen und ihr folgend leben".[65] Selbstbeherrschung sei hierzu notwendig.[66] *So erkenne sich der Mensch selbst:* indem er einsehe, was es bedeute, „sich selbst überlegen und unterlegen [zu sein]".[67]

In Hannah Arendts *Vita activa* wird im Hinweis auf Platons Rekurs auf das „Puppenspiel" eine andere Interpretation jener Überlegungen zum Menschen als einer „Marionette" in den Händen der Götter gegeben.[68] Arendts Ausführungen streichen heraus, wie in der Ersetzung des Schauspielers durch Marionetten *das Spiel* in eine jenen verborgene „unsichtbar[e] Hand" gegeben werde, die die „Drähte" zieht, an denen sie hängen, und deren Zügen sie folgen müssten, ohne eigenes Leben zu haben. Übertragen auf die Menschen verweise so vorgestelltes Schauspiel auf eine erzwungene Preisgabe ihres je eigenen Handelns zugunsten „eines hinter dem Rücken der Menschen handelnden Unbekannten". In einer so anschaulich werdenden Verlagerung des *Spielers* eines Schauspiels von der Bühne hinter die Bühne, von wo her jener folglich auch nicht schauspielend tätig wird im unmittelbaren Sinne eines Auftretens als „Darsteller im Ring",[69] sondern nach seinem Willen ‚spielen' lässt, formiert sich der theatralisch gefasste Spielbegriff zu einem Inbegriff der Herrschaft. Diese Herrschaft wäre entweder eine totalitäre, diktatorische oder aber gerade eine nicht mehr personalisierbare, die als im Namen des Spiels begriffene Herrschaft – etwa von Verhältnissen und Strukturen oder eines unsichtbaren Gottes – den Beiklang eines mystischen *Geschehens* und somit vielleicht auch den einer abgefallenen oder erstarrten Spiel-Welt erhält.

Neben Arendt interpretierte auch Fink die eben behandelte Passage einseitig, indem er „Spiel" als „die Weise, wie die Götter mit den Menschen umgehen" begriff.[70] So ließ er außen vor, dass Platon Spiel ebenso als eine „Weise" *des Menschen* beschrieb, um – orientiert am Göttlichen, Wahren – mit sich selbst und dem Leben

---

[64] Platon, 2005, *Nomoi I:* 644e–645a.
[65] Platon, 2005, *Nomoi I:* 645b.
[66] Platon, 2005, *Nomoi I:* 644b–c.
[67] Platon, 2005, *Nomoi I:* 645b.
[68] Hierzu und zum Folgenden: Arendt, 1998a, S. 229–230.
[69] Trier, vgl. o., S. 118–119.
[70] Fink, 1960, S. 93–94.

umzugehen.⁷¹ Indem er sein Leben mit den „allerschönsten Spielen" zubringe, „mit Opfern, Singen und Tanzen", gewinne er die Leichtigkeit, den wahren, göttlichen Ernst zu begreifen.⁷²

Die soeben angesprochene Leichtigkeit des spielenden Menschen kann im Licht der im vorliegenden Kontext dargelegten Interpretation als der Ur-Sprung eines Abstands zum Schauspiel des Lebens angesehen werden, um mit heiterem Gemüt, darin eigentlichem Ernst, den Weg zu Einsichten in die Welt der wahren Ideen zu beschreiten. In diesem Verständnis trägt Hugo Rahner zufolge der spielende Mensch bei Platon die Züge eines „ernstheiteren Menschen[s]".⁷³

Auch Sokrates' Bemerkung im *Symposion*, der rechte Dichter müsse „Tragödiendichter" *und zugleich* „Komödiendichter" sein,⁷⁴ weist auf ein *Durchschauen des falschen Spiels*, Ausdruck findend im den vermeintlichen Ernst transzendierenden humorvollen Blick, und nicht auf ein Aufgehen des menschlichen Lebens insgesamt in einem als Schauspiel bezeichneten Dasein. Auch für Rahner zielt der Hinweis auf die Komödie auf den Gottes- bzw. Wahrheitsbezug,⁷⁵ wobei im ausschließlichen Verweis auf den *Philebos* der epistemische Aspekt der Komödie im hier nicht gut wegkommenden „Lustspiel"⁷⁶ zu verschwimmen droht. Demgegenüber deutet Gadamer die *Aufhebung* der Unterscheidung von Bühne und Leben als Ausdruck gewonnener Eichsicht in „den Sinn des Spieles",⁷⁷ die gemäß der obigen Ausführungen hingegen als eine *Wiedergewinnung* dieser Unterscheidung gedacht werden muss. Wenn in Platons *Nomoi* die Politik als „die einzig wahre Tragödie" bezeichnet wird,⁷⁸ so ist es wohl eine positive Auslegung des Tragödienbegriffs, die, wie in Kürze dargelegt wird, dem *Vorrang der Politik* vor dem ‚eigentlichen' Schauspiel als Geschöpf bloßer Dichtkunst Ausdruck verleiht. Eine positive, freiheitliche und überdies politische Qualität der Tragödie als Schauspielgattung wird Bernhard Greiner zufolge darin erkennbar, dass sie sich als *Zuschauern* dar-

---

⁷¹ Vgl. o., S. 191–192.
⁷² Rahner, 1990, S. 17.
⁷³ Rahner, 1990, S. 13.
⁷⁴ Platon, 2005, *Symposion*: 223d.
⁷⁵ Rahner, 1990, S. 28.
⁷⁶ Platon, 2005, *Philebos*: 50b.
⁷⁷ Gadamer, 1990, S. 117–118.
⁷⁸ Platon, 2005, *Nomoi VII*: 817a–e; vgl. a. Gerhardt, 2009.

gebotene *Vorstellung* als Medium menschlicher Selbsthinterfragung verwirklicht:

„Die Tragödie verhandelt vor einem Publikum, im antiken Griechenland vor den Bürgern der Polis, d. h. als öffentliche, ‚politische' Angelegenheit, den Freiheitsspielraum des menschlichen Handelns, und indem sie den Menschen auf sein Vermögen zu Selbstverfügung und Selbstverantwortung hin befragt, ist sie selbst ein Akt, der diesen Freiheitsspielraum erweitert, zumindest befestigt. Was die Tragödie zu ihrem Gegenstand macht, das Moment der Selbstverfügung im menschlichen Handeln bei Anerkennen der vielfältigen Determinationen, denen es unterliegt, das vollzieht sie selbst, dessen Subjekt ist sie mithin zugleich. In solcher Einheit von Hervorgebrachtem und Hervorbringen manifestiert die Tragödie eine Autonomie, die dem Gegenstand ihrer Verhandlung, der Selbstverfügung des Menschen, eine enorme Evidenz verleiht."[79]

Vor diesem Hintergrund scheint die folgende Passage aus den *Nomoi* zum Vorrang der Politik vor den Tragödiendichtern und ihren Werken von einer originären Kreativität der politischen Praxis zu künden, darin bestehend, das Neue nicht in gesonderten Werken, sondern im ‚gewöhnlichen' Leben aller Menschen und damit im Eigensinn einer *Veränderung der Lebensverhältnisse* zu befördern:

„‚Ihr besten Fremdlinge', sollten wir sagen, ‚wir sind selber Dichter einer Tragödie, die, soweit wir dazu fähig sind, die denkbar schönste und zugleich beste ist. Jedenfalls ist unsere gesamte Staatsverfassung eine Darstellung des schönsten und besten Lebens, und gerade das, behaupten wir, ist in der Tat die einzig wahre Tragödie. Dichter seid also ihr, Dichter aber auch wir selbst, und zwar derselben Gattung, eure Rivalen als Künstler und als Darsteller im schönsten Drama, das ja nur das wahre Gesetz seiner Natur vollenden kann, wie unsere Hoffnung lautet. Bildet euch also nicht ein, daß wir euch je so leicht gestatten werden, eure Bühnengerüste auf unserem Markt aufzuschlagen und Schauspieler mit schönen Stimmen auftreten zu lassen, die lauter tönen als wir, und daß wir euch erlauben werden, öffentlich zu den Kindern und Frauen und zum ganzen Volk zu sprechen und über dieselben Einrichtungen nicht dasselbe zu sagen wie wir, sondern meist sogar überwiegend das Gegenteil. […]'"[80]

In der *Politeia* findet sich ein weiterer Verweis auf Spiel, dessen Gehalt sich indes von den zuvor besprochenen Bedeutungszuschreibungen deutlich unterscheidet. Platon zieht das „Brettspiel" (πετ-

---

[79] Greiner, 2012, S. 12–13.
[80] Platon, 2005, *Nomoi VII*: 817a–d.

τεύειν) heran, um den Konflikt zwischen Philosophen und in der Philosophie „Ungeübten" im Horizont seiner politischen Implikationen zu veranschaulichen.[81] Bot sich das Spiel als vernünftiges Gespräch nicht als Machtkampf, sondern als ein Miteinander-Ringen im Dienste eines gemeinsamen Anliegens dar, zeigt sich in der Auseinandersetzung zwischen Philosophen und Nichtphilosophen die Kraft der vernünftigen Rede als eine Macht, durch die letztere „wie die im Brettspiel Ungeübten von den Starken am Ende eingeschlossen werden und nicht wissen, wie sie ziehen sollen":

„Und wie die im Brettspiel Ungeübten von den Starken am Ende eingeschlossen werden und nicht wissen, wie sie ziehen sollen, so glauben auch sie am Ende eingeschlossen zu sein und nicht zu wissen, was sie sagen sollen in diesem anderen Spiel [πεττείας], nicht mit Steinen, sondern mit Reden, aber in Wahrheit verhalte es sich deswegen doch nicht weniger (eher) so."[82]

Diese Überlegung will nach meinem Verständnis auf die Ohnmacht philosophischen Handelns im Rahmen der Etablierung des guten Staats hinaus. Im Umgang mit Andersdenkenden erweist es sich als hilflos und dies gerade dadurch, dass es sich im „Spiel, nicht mit Steinen, sondern mit Reden"[83] so trefflich zu behaupten weiß.[84] In dieser zum Brettspiel spezifizierten Rede vom Spiel, die im Übrigen keine Verbindung mit dem Wort *Paidiá* eingeht, kann demnach kein Sinnbild des Philosophierens erblickt werden. Stattdessen verleiht es der spezifischen Konstellation einer Auseinandersetzung zwischen Teilnehmern mit antagonistischen Grundhaltungen Ausdruck, die auf ein ohnmächtiges Spiel um bloßen Sieg oder Niederlage hinauszulaufen droht.[85] Zur Stützung dieser Lesart tragen Betrachtungen über das „vernünftige Spiel" bei, die in Kürze erfolgen.

Zunächst einmal gilt es herauszustellen, dass ich bei der soeben behandelten Passage nicht mit der von Matuschek vertretenen Lesart übereinstimme, derzufolge die soeben angesprochenen Ausfüh-

---

[81] Vgl. vor allem Platon, 2005, *Politeia VI*: 487b–487e.
[82] Platon, 2005, *Politeia VI*: 487b–c.
[83] Platon, 2005, *Politeia VI*: 487c.
[84] Vgl. a. Voegelin, 2002, S. 117.
[85] *Nicht* durch „vernünftiges Spiel", sondern in ein Strategiespiel eingebunden droht das philosophische Überzeugen-Wollen sich selbst zu einem Über-Zeugen gegen einen nicht gleichstarken anderen herabzusetzen (vgl. a. Arendt, 1998a, S. 234; Kauffmann, 2001, S. 124–125, 125–126, 135, 137; vgl. a. a. a. O., S. 136, 138–140).

rungen Platons zum Brettspiel „deutlich positiv konnotiert" sind.[86] In Matuscheks Begründung wird der engere Zusammenhang der Äußerungen von Sokrates ausgelassen. Mit den „Ungeübten" sind, wie oben dargelegt, nicht die philosophischen Gesprächspartner des Sokrates gemeint, wie Matuschek annimmt,[87] sondern jene, die im philosophischen Gespräch nicht geübt sind. In dieser Deutung kann das Brettspiel nicht als Metapher für die „sokratische Methode"[88] verstanden werden. Soll das philosophische Gespräch ernsthaft als ein Weg aufgefasst werden, auf dem sich Menschen der Wahrheit annähern, so ist jenes nicht in den Kategorien von Sieg und „Niederlage"[89] fassbar.

Platon zufolge führt das Schöne an das Wahre heran.[90] Während einerseits angenommen wird, die Erziehung durch schönes musisches Spiel vermöchte die Liebe zur vernünftigen Rede zu erwecken, hebt Platon andererseits auch das gemeinsame Philosophieren im Gespräch selbst in den Begriff des Spiels. In den *Nomoi* heißt es, über die Gesetze, die „Staaten geordnet haben", solle ein „uns Alten angemessenes vernünftiges Spiel"[91] gespielt werden (παίζοντας παιδιὰν), auch „das vernünftige Spiel der Greise" und „[e]ine schöne ernste Beschäftigung für Männer" genannt.[92]

Anknüpfend an Matuschek kann in Platons Rekurs auf „vernünftiges Spiel" eine Analogie zu seinen Reflexionen über den Menschen als „Spielzeug Gottes" darin erkannt werden, dass in beiden Passagen „das Menschenmaß an Weisheit" thematisch wird.[93] Zeigte sich die „Marionette" zum einen in ihre „Rolle" *sich fügend*, darin nach Selbsteinsicht suchend, zum anderen in den „allerschönsten Spielen" begriffen,[94] wird der Mensch im vernünftigen Spiel als dialogisch mit anderen nach Weisheit Suchender beleuchtet.[95] Ein über die Bildung der handlungsanleitenden Seele und über Formen des

---

[86] Matuschek, 1998, S. 28.
[87] Matuschek, 1998, S. 28.
[88] Matuschek, 1998, S. 28.
[89] Matuschek, 1998, S. 28.
[90] Eine am *Phaidros*-Dialog entfaltete Erläuterung gibt Gadamer (Gadamer, 2006, S. 19; vgl. a. Fink, 1960, S. 89–90).
[91] Platon, 2005, *Nomoi III*: 685a–b.
[92] Platon, 2005, *Nomoi VI*: 769a.
[93] Matuschek, 1998, S. 26–28.
[94] Platon, vgl. o., S. 192.
[95] Rahner zufolge ist hier vom Spiel als „eine Art von unermüdlicher Bastelei an dem höchst erreichbaren Ideal des Staatswohles [die Rede], so wie ein nie ganz mit

mimetischen Spiels im Allgemeinen hinausgehender[96] schöpferischer Aspekt von Spiel tritt damit hervor, der nicht im Erfinden von Neuem, sondern in der dialogischen Bewegung, die dem Finden zuvor unbekannter Wahrheit dient, liegt. Das hierbei zum Tragen kommende Wort *Paidiá* scheint in dieser Wendung den größten bei Platon auffindbaren Abstand zu seiner im kindlichen Spiel verankerten Grundbedeutung einzunehmen. Sie bleibt jener aber sowohl im Hinblick auf die konstitutive Bedeutung der musischen Hinführung zur Philosophie wie auch auf die Bedingung eines heiteren Geists, welcher die selbsteinsichtige „Marionette" zum Philosophieren freisetze, auf das Engste verbunden. Einen offenkundigen Hinweis darauf, wie durch philosophisches Handeln ein Übergang vom „Brettspiel" in „vernünftiges Spiel" befördert werden kann, hat Platon nicht gegeben. Stattdessen wird diese Problematik in einer anderen Ausprägung von Spiel beleuchtet. So wird das musische Spiel mit einem Mittel politischen Handelns in Verbindung gebracht, das *andere* zum Wahren und Guten verlockt. Im *Politikos*, der von der „Kunst des Staatsmannes"[97] handelt, heißt es, die Staatskunst sei eine der „hütenden Künste"[98] und der Staatsmann als „Hüter und Aufzieher der menschlichen Herde" einem Hirten vergleichbar,[99] der musizierend seine Herde locke, besänftige und ermuntere.[100]

Ein „politisches Handeln" nach Maßgabe der „philosophischen Lebensweise" hat Platon Kauffmann zufolge nicht im Auge gehabt, sondern „die besonnene Selbstbeschränkung philosophi-

---

dem Werk zufriedener Künstler ‚spielend' immer wieder neu beginnt und probt" (Rahner, 1990, S. 33).
[96] Finks Auffassung, Platon habe Spiel „grundsätzlich als Abbild und als Nachahmung erklärt, als Mimesis bestimmt" (Fink, 1960, S. 101; vgl. a. a.a.O., S. 102-103), kann daher nicht zugestimmt werden.
[97] Platon, 2005, *Politikos*: 267a.
[98] Platon, 2005, *Politikos*: 267d.
[99] Platon, 2005, *Politikos*: 267b–c.
[100] Platon, 2005, *Politikos*: 268b-c. Bei Aristoteles heißt es: „Denn der Regierte ist wie ein Flötenfabrikant, der Regierende ist aber der Flötenspieler, der das Instrument anwendet." (Aristoteles, 2006, S. 110; vgl. a. a.a.O., S. 122) „Ziel des Staates ist also das edle Leben, und jenes andere ist um dieses Zieles willen da." (A.a.O., S. 118) „Es ergibt sich daraus, daß in der Tat die Musik den Charakter der Seele zu beeinflussen vermag. Kann sie dies, so muß man auch die jungen Leute zu ihr hinführen und in ihr erziehen." (A.a.O., S. 257–262)

scher Ansprüche im Bewußtsein von politischer Verantwortung".[101] Zu beidem, dem philosophischen wie dem besonnen selbstbeschränkten politischen Handeln aber bedarf es, wie Kauffmann darlegt, desselben: der „Selbsterkenntnis"[102] und der Einsicht in das Gerechte als Leitstern, dem sich das politische Handeln des Staatsmanns, soweit es vermag, anzunähern suche – nicht um „Ruhm" zu erlangen, sondern „für die rechten Handlungen um ihrer selbst willen".[103] Von hier aus aber wäre es demnach nur noch ein kleiner Schritt zu einem Brückenschlag zwischen politischem Handeln und einer *als Spiel* gedachten philosophischen Praxis.

Die vorangegangen Ausführungen zeigen: Schon bei Platon findet sich ein Begriff des ›Spielens‹ auf, der *Zwänge transzendierende Formen der spielenden Fügung* in begrenzende Bezugsstrukturen des Handelns betont – jedenfalls überall dort, wo von *konstruktivem* ›Spielen‹ die Rede ist –, und damit auf spielanthropologische Deutungen des Handelns vorausweist, wie sie später durch Buytendijk und Plessner begründet wurden.[104] Annahmen über konstruktive Relationen von Spielvermögen und kulturrelevantem Handeln sind in Gedanken zur Bildung, Selbsterkenntnis und dialogischen Wahrheitssuche eingebunden und semantisch in einen weiten Horizont zwischen kindlicher Spielfreude, vernünftigem Spiel und heiligen Spielen gestellt worden. Darüber hinaus hat Platon im Zeichen der Mimesis bereits für das janusköpfige Wesen menschlichen Spiels sensibilisiert. Auf die verschiedenen Bedeutungen von Mimesis bei Platon weisen auch Gunter Gebauer und Christoph Wulf hin.[105] Zugleich aber wird Platons Mimesis-Verständnis auf den Aspekt des trügerischen Scheins verengt,[106] woraus die Behauptung der Autoren resultiert, Platon habe, im Unterschied zu Aristoteles, Spiel als Mimesis nur als „Sonderbereich" aufgefasst, der nicht „mit dem Alltagshandeln zusammen" treffend gedacht würde.[107] In den obigen Ausführungen zeigte sich demgegenüber, wie Platon gerade im Rahmen der Negativfassung des mimetischen Spiels, namentlich im *Philebos*, den Bezug zum Alltagshandeln –

---

[101] Kauffmann, 2001, S. 142–143.
[102] Kauffmann, 2001, S. 136.
[103] Kauffmann, 2001, S. 140–141.
[104] Vgl. o., Abschnitt 3.4.
[105] Gebauer/Wulf, 1998, S. 17.
[106] Dies unternimmt auch Iser; siehe: Iser 1993, S. 481–483.
[107] Gebauer/Wulf, 1998, S. 17.

nicht im Sinne seines strengen Handlungsbegriffs, sondern allgemeiner gefasst – herausstellt, und dabei die Orientierung der Tätigkeit in ihrem ideellen Bezug als Kriterium zur Entscheidung über destruktives und gutes Spiel fasste.

Wird der Kern von Platons Handlungsauffassung mit Kauffmann darin gesehen, „etwas in Bewegung zu setzen, verursachend in die Welt der Kontingenz einzugreifen",[108] so wäre hier wohl der naheliegendste Ort für eine platonische Bestimmung einer Handlung als ›Spielen‹. Im Fortgang der vorliegenden Untersuchung wird weiterzuverfolgen sein, inwiefern spätere Spielanthropologien jene Sicht verfeinert haben. Denn trotz vieler Gründe, Spiel in Bezug auf menschliches Handeln ernst zu nehmen, erhalten wir bei Platon keine Einsicht in Charakterzüge des Spielens *als Handeln*, die über Aspekte der sittlichen Haltung und zu erwartender Resultate hinausgehen. Mit Blick auf die aufgeworfenen Fragen zum „Brettspiel" als politische Konfliktsymbolisierung erhalten jene genannten Defizite in der Verhältnisbestimmung von Spiel und Handlungsbegriff verschärfte Brisanz, indem sie einerseits zur Suche nach Antworten auffordern, andererseits nahelegen, dabei die in der Vorstellung eines vom Gegeneinander der Parteien lebenden strategischen Brettspiels mitgeführten gedanklichen Weichenstellungen zu überwinden. Würde diese Überlegung weiterverfolgt, so müsste wohl vor allem dies an *politischer* Bedeutung gewinnen: Dass in Platons Dialogen dem kindlichen *Paidiá* das Bild eines Menschen gegenübersteht, der sich der Aufgabe angenommen hat, sich selbst zu erkennen, um – als auf dieser Suche auch auf den Dialog mit anderen Angewiesener – ein Quellgrund aller Kultur im Sinne einer von freien Geistern bewohnten Friedensordnung zu werden.

---

[108] Kauffmann, 2001, S. 128.

2. Drei politisch integrative Konzeptionen des Spielens

In Platons Dialogen wird die Möglichkeit einer *menschlichen Kultivierung durch spielende Fügung* beschrieben, *die erzwungene Handlungsbegrenzungen in Ermöglichungsstrukturen zu transformieren vermag*. Vor diesem Hintergrund vergegenwärtigt sich im vorliegenden Untersuchungskontext eine Motivanalogie zur bei Buytendijk, vor allem aber in Plessners Philosophischer Anthropologie gefundenen Bestimmung des ›Spielens‹ als eines integrativen Grenzüberschreitens bzw. Widerstandshandelns. Wie nun dargelegt wird, lassen sich die von Schiller, Plessner und Huizinga begründeten Konzeptionen des Spielens als politisches Handeln als ins Politische fortgeführte Variationen derselben Grundauffassung des spielend handelnden Menschen verstehen.

2.1. Schiller über das Spielen als Modus eines konfliktlösenden politischen Handelns

> „Alle Verbesserung im Politischen soll
> von Veredlung des Charakters ausgehen [...]."[1]

Den ersten philosophisch-anthropologischen Theorieansatz, um Spielen als politisches Handeln zu deuten, begründete Friedrich von Schiller in seinen ursprünglich an den Fürsten von Augustenburg gerichteten Briefen *Über die ästhetische Erziehung des Menschen* (im Folgenden auch nur kurz: *Briefe*).[2] Den wohl berühmtesten Grundgedanken der Spielliteratur, *dass der Mensch nur spiele,*

---

[1] Schiller, 2004, S. 592.
[2] Riedel, 2004, S. 1218–1223. In einer von Schiller selbst überarbeiteten Fassung wurden die *Briefe* erstmals im Jahre 1795 in der Zeitschrift *Horen* veröffentlicht (hierzu: ebd.).

wo er ganz Mensch sei, und nur dort ganz Mensch sei, wo er spiele,[3] wollte Schiller ausdrücklich „auf den doppelten Ernst der Pflicht und des Schicksals", nicht nur „auf das ganze Gebäude der ästhetischen Kunst", sondern auch auf das Gebiet „der noch schwierigern Lebenskunst" angewendet wissen.[4] Bei all dem zielen die *Briefe* letztlich auf eine politische Ästhetik.[5]

Jürgen Habermas interpretierte Schillers *Briefe* als Plädoyer für die „Kunst als vereinigende Macht" und Entfaltungsmedium einer „kommunikative[n] Vernunft",[6] ohne dabei auch die Dimension des Spielens zu berücksichtigen. Demgegenüber richtet sich das Augenmerk der nachfolgenden Betrachtungen auf Merkmalszüge des Spielen-Könnens im „Bau einer wahren politischen Freiheit", die Schiller als das „vollkommenst[e] aller Kunstwerke" galt.[7]

2.1.1. Begrenztheit der Vernunft als Quelle politischen Handelns

In seinen *Briefen* verarbeitete Schiller seine Kritik an der Französischen Revolution in den Bahnen einer politischen Vernunftkritik. In der Vorrede zu seiner *Kritik der praktischen Vernunft* hatte Immanuel Kant den Standpunkt vertreten, dass die „reine Vernunft", sofern sie „wirklich praktisch ist", dies „durch die Tat" zu bezeugen habe.[8] Die in den *Briefen* entfaltete politische Ästhetik kreist um den von Schiller wahrgenommenen Bruch zwischen Vernunftmoral und politischer Tat.

Von Kant war die als *Grundlegung zur Metaphysik der Sitten* aufgestellte und hier ausdrücklich in Form eines „praktische[n] Imperativ[s]" gefasste humanitäre Handlungsmaxime gerade darin bestimmt worden, dass „vernünftige Wesen" gleichermaßen das allgemeine „Gesetz" anerkennen und befolgen, weder „sich selbst" noch irgend einen anderen Menschen jemals „*bloß als Mittel*" zu „behandeln", „sondern jederzeit *zugleich als Zweck an sich selbst*".[9]

---

[3] Schiller, 2004, S. 618. Hierzu nähere Ausführungen im bald folgenden Unterabschnitt *2.1.2.*
[4] Schiller, 2004, S. 618.
[5] Müller-Seidel, 2009, S. 11.
[6] Habermas, 1988, S. 59.
[7] Schiller, 2004, S. 572.
[8] Kant, 1997b, S. 107 sowie Schiller, 2004, S. 570–571.
[9] Kant, 1997a, S. 61, 66.

In seiner realpolitischen Gegenwart aber sah Schiller eine Kultur der Freiheit, die „den Menschen endlich als Selbstzweck zu ehren" und solche „wahre Freiheit" als „Grundlage der politischen Verbindung" zu realisieren vermag, in weite Ferne gerückt.[10] Am 21. Januar 1793 wurde der bereits im Vorjahr entmachtete französische König Ludwig XVI. auf Beschluss des französischen Nationalkonvents durch die Guillotine hingerichtet. Walter Müller-Seidel zufolge sind Schillers *Briefe* als Reaktion auf diesen „Akt staatlichen Tötens" zu verstehen.[11]

„In seinen Taten malt sich der Mensch", so Schiller, doch „welche Gestalt ist es, die sich in dem Drama der jetzigen Zeit abbildet!"[12] Verwilderung und Barbarei als die beiden schlimmsten Formen des menschlichen Verfalls werden als die größten Pathologien der im Zerfall begriffenen Gesellschaft seiner Zeit diagnostiziert.[13] Ein *verwilderter* Mensch sei ein solcher, der seine „Gefühle über seine Grundsätze herrschen" lasse. Für einen *barbarischen* Menschen hingegen sei kennzeichnend, dass seine „Grundsätze seine Gefühle zerstören".[14] Beide Formen eines verfehlten Menschseins offenbaren daher eine „Deprivation des Charakters" im moralischen Bereich;[15] beide etablierten eine Herrschaft des Egoismus bzw. des *„Nutzens"* als „das große Idol der Zeit, dem alle Kräfte fronen und alle Talente huldigen sollen".[16] Während der zuerst genannte Typus des Wilden von Schiller in den „niedern und zahlreichern Klassen" verortet wurde, seien gerade die „verfeinerten Stände" von Barbaren bevölkert.[17] So war es gerade diese Frage, die den Philosophen Schiller am stärksten bedrängte:

„[W]oran liegt es, daß wir noch immer Barbaren sind?"[18]

---

[10] Schiller, 2004, S. 579–580.
[11] Müller-Seidel, 2009, S. 9–22.
[12] Schiller, 2004, S. 580.
[13] Schiller, 2004, S. 581. Im 20. Jahrhundert hat Gustav Bally im Rahmen seiner verhaltensphänomenologisch verankerten Kulturtheorie über den *Spielraum der Freiheit* nochmals an dieses gesellschaftskritische Fundament angeknüpft: Bally, 1966, S. 89–97.
[14] Schiller, 2004, S. 579.
[15] Schiller, 2004, S. 580.
[16] Schiller, 2004, S. 572.
[17] Schiller, 2004, S. 580
[18] Schiller, 2004, S. 591.

Für eine Antwort setzte Schiller nicht bei einer Analyse einzelner zeithistorischer Ereignisse an, sondern bei einer Kritik der Vernunft in politisch-praktischer Hinsicht. Habermas' Würdigung der *Briefe* als „die erste programmatische Schrift zu einer ästhetischen Kritik der Moderne"[19] trägt daher zugleich die Züge einer „pragmatisch gewordene[n] Philosophie".[20]

Die Aufklärungsphilosophie hat Schiller zufolge eine rationalistische Geisteskultur mit jenen oben angesprochenen schwerwiegenden, gesamtkulturellen Auswirkungen mit sich gebracht. Es bildete daher sein Kernanliegen, der aufgeklärten Vernunft auf dem Wege der transzendentalphilosophischen Kritik ihre Grenzen auf dem Gebiet der Politik aufzuzeigen und ihr eine neue, ästhetische Grundlage zu schaffen, die in Schillers Einsichten *„über das Schöne und die Kunst"* ankert.[21] Denn „um jenes politische Problem in der Erfahrung zu lösen", müsse man „durch das ästhetische den Weg nehmen [...], weil es die Schönheit ist, durch welche man zu der Freiheit wandert."[22]

Eine rückbesinnende Wiedergeburt des Menschen in seinen erhabensten Eigenschaften schwebte Schiller als Projekt eines friedfertigen Wandels des physisch-natürlichen Notstaats in ein solches Staatswesen vor, das die Freiheit eines jeden im Bande wirklicher Gleichheit und Brüderlichkeit schützt und fördert.[23] In der griechischen Antike sei die Möglichkeit, eine Einheit von Natur und Geist zu verwirklichen, schon bezeugt worden. Die „griechische Natur" habe „Kunst" und „Weisheit", eine natürliche „Simplizität" mit Tugend, „Phantasie" mit „Vernunft" verbinden können, denn „bei jenem schönen Erwachen der Geisteskräfte" seien Sinnlichkeit und Vernunft noch nicht verfeindet gewesen, „hatten die Sinne und der Geist noch kein strenge geschiedenes Eigentum".[24] In der Erweiterung ihrer vernünftigen Lebensbetrachtung habe sie „die Materie liebend nach[gezogen]."[25] So fand Schiller schon in jener griechischen Kultur die Bestätigung dafür vor, dass die „Freiheit" die

---

[19] Habermas, 1988, S. 59.
[20] Strube, 1995a, S. 45.
[21] Schiller, 2004, S. 570.
[22] Schiller, 2004, S. 573.
[23] Schiller, 2004, S. 579.
[24] Schiller, 2004, S. 582.
[25] Schiller, 2004, S. 582.

notwendige Basis aller „politischen Verbindung" sei.²⁶ Diese Möglichkeit aber habe die von Frankreich ausgehende politische Revolution vergeben, denn der „freigebige Augenblick" traf auf „ein unempfängliches Geschlecht".²⁷

Den notwendigen Ausgangspunkt jeder „Verbesserung im Politischen" bildet nach Auffassung Schillers die „Veredlung des Charakters".²⁸ Doch der aufgeklärte Verstand weigere sich, „die Natur auf ihrem rechtmäßigen Felde" anzuerkennen.²⁹ Die „technisch[e] Form", in die Kant jene „Ideen" gefasst habe, die den Menschen aus seiner Unmündigkeit befreien sollen – dass jene „selbstverschuldet" sei, wie es in Kants *Beantwortung der Frage: Was ist Aufklärung?* heißt,³⁰ auch dies zog Schiller in seinen *Briefen* grundlegend in Zweifel³¹ –, schaffe zwar einen Verstandeszugang zu ihnen, nicht aber einen solchen, der auch das „Gefühl" eines Menschen anzusprechen vermöchte.³² Mehr noch: Verstand und Gefühl unterhielten ein kontradiktorisches Grundverhältnis zueinander, „denn leider muß der Verstand das Objekt des innern Sinns erst zerstören, wenn er es *sich* zu eigen machen will".³³ Solches Sich-zu-eigen-Machen menschlicher Einsicht durch Verstand aber enthält in den Augen Schillers genau jenes Gefahrenpotential, das sich in den Wirrungen seines Zeitalters, auf das nun in Kürze der Blick gerichtet werden soll, entlädt.

Bereits Kant hatte in seiner *Kritik der praktischen Vernunft* darauf verwiesen, dass es darum gehen müsse, einen Weg zu finden, „wie man den Gesetzen der reinen praktischen Vernunft *Eingang* in das menschliche Gemüt", ihnen somit „*Einfluß* auf die Maximen desselben verschaffen" könne, so dass „die objektiv-praktische Vernunft auch *subjektiv* praktisch" Geltung erlange.³⁴ Die prinzipielle Bedeutung einer zu erringenden Versöhnung der subjektiv-emotionalen und objektiv-rationalen Beweggründe menschlichen Handelns war in dieser Forderung Kants somit bereits anerkannt. Schil-

---

²⁶ Schiller, 2004, S. 580.
²⁷ Schiller, 2004, S. 580.
²⁸ Schiller, 2004, S. 592.
²⁹ Schiller, 2004, S. 580.
³⁰ Kant, 1994, S. 55.
³¹ Hierzu komme ich in Kürze auf S. 206.
³² Schiller, 2004, S. 571.
³³ Schiller, 2004, S. 571.
³⁴ Kant, 1997b, S. 287.

ler zufolge aber kann sie nicht allein nach den Regeln des Verstandes erfüllt werden, da jener doch gerade als „Scheidekünstler" sich gegen das natürliche Empfinden zu behaupten suche.[35]

„Die Kultur selbst war es, welche der neuern Menschheit diese Wunde schlug," so dachte Schiller.[36] Nicht nur die Ausdifferenzierung der Wissenschaften",[37] sondern auch die Ausdifferenzierung der Gesellschaften – in fortschreitender funktionaler Trennung von *Staat* und *Kirche*, von *Gesetz* und *Sitten*, *Arbeit* und *Genuss*, *Mittel* und *Zweck* sowie *Anstrengung* und *Belohnung* sich manifestierend[38] – hätten die „Anlagen des Gemüts" verkümmern lassen.[39] Seiner politischen Kritik der Aufklärungsphilosophie als rationalistisch stellte Schiller folglich eine Fundamentalkritik der rationalisierten Arbeitswelt zur Seite. In der Rezeptionsgeschichte der *Briefe* ist es vor allem folgende Textpassage, die den Hauptbezugspunkt der Annahme bildet, die menschliche Spielfähigkeit sei von Schiller in einem eindeutigen Antagonismus zur Arbeit gedacht worden:[40]

> „Ewig nur an einzelnes kleines Bruchstück des Ganzen gefesselt, bildet sich der Mensch selbst nur als Bruchstück aus, ewig nur das eintönige Geräusch des Rades, das er umtreibt, im Ohre, entwickelt er nie die Harmonie seines Wesens, und anstatt die Menschheit in seiner Natur auszuprägen, wird er bloß zu einem Abdruck seines Geschäfts, seiner Wissenschaft. [...] Der abstrakte Denker hat daher gar oft ein *kaltes* Herz, weil er die Eindrücke zergliedert, die doch nur als ein Ganzes die Seele rühren; der Geschäftsmann hat gar oft ein *enges* Herz, weil seine Einbildungskraft, in den einförmigen Kreis seines Berufs eingeschlossen, sich zu fremder Vorstellungsart nicht erweitern kann."[41]

In diesen Zeilen hat Schiller die Not jenes Menschen beschrieben, der aus seiner Sicht zur menschenwürdigen Politik allererst befähigt werden muss. Hier nun greifen die Erhebung der Erziehung des Menschen zur vorrangigen politischen Aufgabe und ihre Bestimmung als ein primär ästhetisches Projekt ineinander.

---

[35] Schiller, 2004, S. 571.
[36] Schiller, 2004, S. 583. Zu Schillers Überzeugung, dass alle Kulturentwicklung dennoch notwendigerweise einen Prozess ihrer zunehmenden Rationalisierung impliziere: Schiller, 2004, S. 586–587.
[37] Schiller, 2004, S. 583.
[38] Schiller, 2004, S. 583–584.
[39] Schiller, 2004, S. 584.
[40] Vgl. z. B. Strube, 1995a.
[41] Schiller, 2004, S. 584, 586.

Am Leitfaden des Erziehungsgedankens reihen sich Schillers *Briefe* in die politische Denktradition der „Seele-Staat-Analogie" ein.[42] Diente ein Konzept der Erziehung des Menschen bei Platon der Errichtung eines Philosophenstaats und bei Aristoteles zur Beförderung der „beste[n] Demokratie",[43] so ist bei Schiller schlicht vom „Staat der Freiheit" als einem „fröhliche[n] Reich des Spiels und des Scheins" die Rede.[44] In *Die Erziehung des Menschengeschlechts* schrieb Gotthold Ephraim Lessing, dass die „Erziehung dem Menschen nichts [gibt], was er nicht aus sich selbst haben könnte" – eine erzieherische Anleitung helfe nur, dass ein Mensch „geschwinder und leichter" entfalte, „was er aus sich selber haben könnte".[45] Einer solchen freiheitlichen Pädagogik folgte im Grunde auch Schiller. Doch knüpfte er jenen Ansatz im Unterschied zu Lessing gezielt an die politische Aufgabe. Durch Erziehung gelte es, ein Volk zu fördern, das „fähig und würdig sein soll, den Staat der Not mit dem Staat der Freiheit zu vertauschen".[46] Jeder Versuch, den Staat zu wandeln, müsse scheitern, solange nicht „die Trennung in dem innern Menschen wieder aufgehoben und seine Natur vollständig genug entwickelt ist, um selbst die Künstlerin zu sein und der politischen Schöpfung der Vernunft ihre Realität zu verbürgen".[47] Die Bildung eines solchen empfindsamen „Charakter[s]" im Volke, der auch der „Mannigfaltigkeit der Natur" ihr Daseinsrecht belassen kann,[48] aber sei „eine Aufgabe für mehr als *ein* Jahrhundert".[49] So stellte Schiller in seinen *Briefen* der stürmischen und gewalttätigen Revolution seiner Zeit das Projekt einer allmählichen, von innerlichem Wandel getragenen, friedfertigen Revolution gegenüber.

---

[42] Baumanns, 2007.
[43] Die „beste Demokratie" ist Aristoteles zufolge in der Voraussetzung begründet, dass das „Volk eine bestimmte Art hat" (Aristoteles, 2006, S. 206–207). Folglich habe sich also „der Gesetzgeber in erster Linie um die Erziehung der Jungen [zu] kümmern", denn der „beste Charakter" sei „auch Grund der besseren Verfassung." (A. a. O., S. 250)
[44] Schiller, 2004, S. 667.
[45] Lessing, 1997, S. 10.
[46] Schiller, 2004, S. 579.
[47] Schiller, 2004, S. 589.
[48] Schiller, 2004, S. 579.
[49] Schiller, 2004, S. 590.

2.1.2. *Der Spieltrieb als Partner politischer Vernunft*

Aufgrund der im vorangegangenen Abschnitt behandelten politisch-anthropologischen Problematik braucht die Vernunft Schiller zufolge, um „selbst erst zur *Kraft* zu werden", einen „Sachführer im Reich der Erscheinungen".[50] Genauer gesprochen bedürfe sie eines „*Trieb*[s]", den sie selbst „aufstellen" und sich partnerschaftlich beigesellen müsse, „denn Triebe sind die einzigen bewegenden Kräfte in der empfindenden Welt".[51] In solchem In-Einklang-Bringen der „Triebe" des Menschen „mit seiner Vernunft"[52] erblickte Schiller folglich den wichtigsten Brückenstein für die Genese einer politisch-praktischen Vernunft – und zugleich die wichtigste Aufgabe des staatlich-politischen Handelns. Hierzu aber bedürfe es eines vom Staate unabhängigen Mittels.[53] „Dieses Werkzeug" biete „die schöne Kunst, diese Quellen öffnen sich in ihren unsterblichen Mustern."

Das „Schöne" sei es, das „dem Menschen einen Übergang vom Empfinden zum Denken bahne".[54] Nur in der Erfahrung des Schönen entwickle der Mensch jene Empfindsamkeit, die nötig sei, um alle Facetten der Humanität in einem selbst- und weltbezogenen Bewusstsein wachzurufen und somit *Kultur* überhaupt zu entwickeln und zu erhalten. Der von Schiller vertretene Kulturbegriff ist entsprechend in philosophisch-anthropologischer Sicht bestimmt:

„Seine [des Menschen] Kultur wird also darin bestehen: *erstlich:* dem empfangenden Vermögen die vielfältigsten Berührungspunkte mit der Welt zu verschaffen und auf seiten des Gefühls die Passivität aufs höchste zu treiben: *zweitens:* dem bestimmenden Vermögen die höchste Unabhängigkeit von dem empfangenden zu erwerben und auf seiten der Vernunft die Aktivität aufs höchste zu treiben. Wo beide Eigenschaften sich vereinigen, da wird der Mensch mit der höchsten Fülle von Dasein die höchste Selbstständigkeit und Freiheit verbinden und, anstatt sich an die Welt zu verlieren, diese vielmehr mit der ganzen Unendlichkeit ihrer Erscheinungen in sich ziehen und der Einheit seiner Vernunft unterwerfen."[55]

---

[50] Schiller, 2004, S. 591.
[51] Schiller, 2004, S. 591.
[52] Schiller, 2004, S. 576–577.
[53] Hierzu und zum Folgenden: Schiller, 2004, S. 592–593.
[54] Schiller, 2004, S. 628.
[55] Schiller, 2004, S. 608.

Im *Übergang* vom Empfinden zum Denken verortete Schiller, wie nun genauer betrachtet wird, den *Spieltrieb des Menschen*.

Mit der Rede vom „empfangenden" und einem „bestimmenden Vermögen" werden die beiden transzendentalphilosophischen Kategorien der ästhetischen Anthropologie Schillers angesprochen. Sie werden als die maßgeblichen Grundtriebe des Menschen begründet, in der sich die menschliche Wesensnatur als Fügung sinnlicher und vernünftiger Anteile und somit in ihrem Doppeldasein, das in eine „Einheit" führt, entfalte.[56] Zur Bezeichnung des empfangenden Vermögens wählte Schiller den Namen „Stofftrieb" – auch „sinnlicher Trieb" genannt –, zur Bezeichnung des bestimmenden Vermögens den Begriff „Formtrieb". Diese beiden Triebe bildeten die „Fundamentalgesetze der sinnlich-vernünftigen Natur des Menschen".[57] Doch gerade in dem Befund ihrer einander diametral entgegengesetzten Bestrebungen tut sich Schiller zufolge die existentielle Problematik eines gelingenden Ganz-Mensch-Seins auf.

Der sinnliche Trieb wirke stets darauf hin, dass *Veränderung* sei. Er wolle „bestimmt *werden,* er will sein Objekt empfangen".[58] Der Formtrieb hingegen wirke gerade darauf hin, dass keine Veränderung, sondern etwas von *Dauer* sei. Er wolle „*selbst* bestimmen, er will sein Objekt hervorbringen".[59] Während demnach der Widerstreit jener beiden Triebe die Neigung des Menschen erkläre, nur einer der beiden Möglichkeiten zu verfallen, führe ein solches Ent-Scheiden zu jenem Bruch der inneren menschlichen Natur, der Schiller zufolge verhindert, das vollständige Menschsein zu erfahren.[60] Daher stellte er die Forderung auf, es bedürfe eines Vermögens, das die empfangende und die bestimmende Bestrebung miteinander vereine,[61] und zwar so, dass die eine die je andere *in Grenzen* halte.[62] Ein solches Vermögen, von dem entsprechend angenommen werden müsse, dass es auf erfüllte und freie Weise „den Menschen mit der Welt in Verbindung setzt", müsse folglich in

---

[56] Schiller, 2004, S. 606–608.
[57] Schiller, 2004, S. 603.
[58] Schiller, 2004, S. 613.
[59] Schiller, 2004, S. 613.
[60] Schiller, 2004, S. 612.
[61] Schiller, 2004, S. 608.
[62] Schiller, 2004, S. 610.

Drei politisch integrative Konzeptionen des Spielens

größter Veränderlichkeit und Extensität zugleich bestehen.[63] Es müsse, mit anderen Worten, einen Weltbezug ermöglichen, indem sich der Mensch als ein sinnliches und ein vernünftiges Wesen „*zugleich*" erfährt:[64]

„Gäbe es aber Fälle, wo er diese doppelte Erfahrung *zugleich* machte, wo er sich zugleich seiner Freiheit bewußt würde und sein Dasein empfände, wo er sich zugleich als Materie fühlte und als Geist kennenlernte, so hätte er in diesen Fällen, und schlechterdings nur in diesen, eine vollständige Anschauung seiner Menschheit, und der Gegenstand, der diese Anschauung ihm verschaffte, würde ihm zu einem Symbol seiner *ausgeführten Bestimmung*, folglich (weil diese nur in der Allheit der Zeit zu erreichen ist) zu einer Darstellung des Unendlichen dienen."[65]

„Fälle" der soeben charakterisierten Art müssten Schiller zufolge „einen neuen Trieb" im Menschen „aufwecken" – den „*Spieltrieb*".[66]

Den dritten Grundtrieb des Menschen als *Spieltrieb* zu bezeichnen, wird Schiller zufolge durch den „Sprachgebrauch vollkommen [gerechtfertigt], der alles das, was weder subjektiv noch objektiv zufällig ist und doch weder äußerlich noch innerlich nötigt, mit dem Wort Spiel zu bezeichnen pflegt".[67] So nimmt mit der Einführung der Spieltrieb-Konzeption zugleich eine anthropologische Freiheitskonzeption Gestalt an, die der Möglichkeit einer Versöhnung von Form- und Stofftrieb entspringt.

Dem Spieltrieb wird die von Schiller als politisch notwendig begründete Aufgabe, Sachführer der Vernunft im Reich der Erscheinungen zu sein, aufgetragen. *Er* wandele Vernunft in politisch fruchtbare praktische Vernunft, schaffe das Konglomerat aus Empfinden und Denken und halte beides in Schranken. Keine Seite hebt demnach die andere gewaltsam auf, sondern sie treten in ein Ergänzungsverhältnis. Eine biologische Annäherung an den Spieltrieb bleibt an dieser Stelle des Argumentationsgangs noch gänzlich außen vor. Sein Dasein wird hier zunächst einmal rein transzendental begründet:

---

[63] Schiller, 2004, S. 608.
[64] Schiller, 2004, S. 612.
[65] Schiller, 2004, S. 612.
[66] Schiller, 2004, S. 612.
[67] Schiller, 2004, S. 616.

„Die Vernunft stellt aus transzendentalen Gründen die Foderung auf: es solle eine Gemeinschaft zwischen Formtrieb und Stofftrieb, d. h. ein Spieltrieb sein [...]."[68]

Schillers Begriff des Spieltriebs und sein Begriff der Schönheit bzw. des Schönen sind nicht deckungsgleich, aber innigst aufeinander bezogen.[69] Diese Bezogenheit wird zunächst in einer formalen Bestimmung ihres Verhältnisses gefasst, die auch eine Unterscheidung von Schönheit und Schönem enthält. Auf der einen Seite wird die Schönheit als der prädestinierte „Gegenstand des Spieltriebes" benannt.[70] Schönheit bezeichnet hier eine besondere Art der *Hervorbringung* des Spieltriebs. Auf der anderen Seite heißt es, in „Anschauung des Schönen" werde die Aktivität des Spieltriebs *allererst erweckt*, denn sie versetze das menschliche „Gemüt [...] in ein[e] glückliche Mitte zwischen dem Gesetz und dem Bedürfnis", so dass „es sich zwischen beiden teilt, dem Zwange sowohl des einen als auch des andern entzogen".[71] So könnte man hier auch sagen: In der Anschauung des Schönen wird Schiller zufolge *ein Spiel zwischen Stoff- und Formtrieb* in Gang gesetzt. Während demnach mit dem Schönen eine Erfahrung, die eine innerliche Freiheitserfahrung eröffnet, angesprochen wird, so weist Schönheit auf einen Akt der Übersetzung solcher Erfahrung in ein Handeln.

Von der Anschauung des Schönen, der Hingabe an den ästhetischen Schein, kann der Mensch sich Schiller zufolge zur Schönheit hin wandeln, indem er das Schöne in all seinen innerlichen und äußeren Handlungen wirklich verkörpere und somit von bloßem Schein in realwirksames Sein fortentwickele. In einem Satz wird ein Prozess des Übergangs von ‚nur' erfahrenem Schönem in seiende Schönheit angedeutet bzw. von Erfahrung – des Schönen – in einen konkreten Ausdruck von Erfahrung – die Schönheit:

„Nun spricht aber die Vernunft: das Schöne soll nicht bloßes Leben und nicht bloße Gestalt, sondern lebende Gestalt, das ist, Schönheit sein [...]."[72]

---

[68] Schiller, 2004, S. 615.
[69] Rittelmeyer, 2005.
[70] Schiller, 2004, S. 614.
[71] Schiller, 2004, S. 616.
[72] Schiller, 2004, S. 617.

Drei politisch integrative Konzeptionen des Spielens

Mit der Wortverbindung „lebende Gestalt" fasste Schiller den oben bereits in formaler Hinsicht thematisch gewordenen *Gegenstand des Spieltriebs*. Er wird definiert als Verbindung der jeweiligen Bezugsgegenstände von Form- und Stofftrieb. Der Gegenstand des Stofftriebs sei *„Leben* in weitester Bedeutung".[73] Er umfasse „alles materiale Sein und alle unmittelbare Gegenwart in den Sinnen". Der Gegenstand des Formtriebs hingegen sei *„Gestalt"*, in dem weiten Sinne verstanden, dass der Gestaltbegriff „alle formalen Beschaffenheiten der Dinge und alle Beziehungen derselben auf die Denkkräfte" umfasse. Da nun der Spieltrieb aufgerufen sei, die Nötigung des Gemüts sowohl durch Naturgesetze als auch durch die Gesetze der Vernunft aufzuheben, so dass er beide Formen der Nötigung zugleich subjektiv wahrnehmbar macht und so beide *durcheinander* aufzuheben vermöchte – dabei „den Menschen sowohl physisch als moralisch" freisetzend –, so müsse der Gegenstand des Spieltriebs folglich in der *Verbindung von Leben und Gestalt* bestehen:

„Der Gegenstand des Spieltriebes, in einem allgemeinen Schema vorgestellt, wird also *lebende Gestalt* heißen können; ein Begriff, der allen ästhetischen Beschaffenheiten der Erscheinungen und mit einem Worte dem, was man in weitester Bedeutung *Schönheit* nennt, zur Bezeichnung dient."[74]

Das aus Vernunftgründen gebildete „Ideal der Schönheit"[75] sei *lebende Gestalt*. Der Spieltrieb wird als ihr Mitschöpfer im Sinne einer Kraft zur Verganzheitlichung des Menschseins begründet.[76] Doch das nun angeführte Zitat zeigt auch dies: dass der Mensch durch die Transformation von ästhetischer Erfahrung in Schönheit die Grundlage schafft, entweder *selbst zu einem Gegenstand der Erfahrung des Schönen* – nämlich in den Augen anderer Menschen – zu werden – d.h., die Idee vollständigen Menschseins durch seine Person real zu verkörpern – oder aber, und dies scheint Schiller noch wichtiger, selbst befähigt zu sein, *alles* in der Welt *unter dem Aspekt des Schönen zu betrachten, zu beurteilen und entsprechend zu behandeln:*

---

[73] Hierzu und zum Folgenden: Schiller, 2004, S. 614.
[74] Schiller, 2004, S. 614.
[75] Schiller, 2004, S. 617.
[76] Schiller, 2004, S. 616–617.

„[E]in Mensch, wiewohl er lebt und Gestalt hat, ist darum noch lange keine lebende Gestalt. Dazu gehört, daß seine Gestalt Leben und sein Leben Gestalt sei. Solange wir über seine Gestalt bloß denken, ist sie leblos, bloße Abstraktion; solange wir sein Leben bloß fühlen, ist es gestaltlos, bloße Impression. Nur indem seine Form in unsrer Empfindung lebt und sein Leben in unserm Verstande sich formt, ist er lebende Gestalt, und dies wird überall der Fall sein, wo wir ihn als schön beurteilen."[77]

Mit dem Begriff des Spieltriebs, der sich hier bereits in seiner ihm durch Schiller zugeschriebenen Hauptfunktion, ein „ästhetische[r] Bildungstrieb"[78] zu sein, ankündigt, wird primär eine Aktivität des Freiwerdens *für etwas* thematisch, nicht etwa ein Ausschöpfen schon gegebener Freiheit. Die Erfahrung des Schönen – sie zu eröffnen und zu pflegen, dazu biete das Reich der Kunst „unsterbliche Muster"[79] – solle *alle* Beziehungen beseelen, die der Mensch zu sich selbst sowie zu seiner sozialen und natürlichen Umwelt unterhält. Vor diesem Hintergrund bestimmte Schiller die qualitative Veränderung, die der ästhetisch gestimmte, d.h., aus der Aktivität des Spieltriebs schöpfen könnende Mensch in die konkrete Sozialbeziehung hineinträgt, wie folgt:

„Wenn wir jemand mit Leidenschaft umfassen, der unsrer Verachtung würdig ist, so empfinden wir peinlich die *Nötigung der Natur*. Wenn wir gegen einen andern feindlich gesinnt sind, der uns Achtung abnötigt, so empfinden wir peinlich die *Nötigung der Vernunft*. Sobald er aber zugleich unsre Neigung interessiert und unsre Achtung sich erworben, so verschwindet sowohl der Zwang der Empfindung als der Zwang der Vernunft, und wir fangen an, ihn zu lieben, d. h. zugleich mit unsrer Neigung und mit unsrer Achtung zu spielen."[80]

Somit ist dem in Schillers *Briefen* zur Geltung gebrachten Begriff des Spielens der Hinweis auf ein eigentümliches soziales Handlungspotential schon in seiner Herleitung eingeschrieben. Als Bezeichnung für die aus dem Spieltrieb hervorgehende menschliche *Aktivität* erscheint jene empfindsame, weil ästhetisch entfaltete Sozialität nicht als Funktion, sondern als natürliche Folge des von Schiller angenommenen Umstands, dass der Mensch *nur spielend* ganz Mensch sei:

---

[77] Schiller, 2004, S. 614.
[78] Schiller, 2004, S. 667.
[79] Schiller, vgl. o., S. 208.
[80] Schiller, 2004, S. 613.

Drei politisch integrative Konzeptionen des Spielens

„Denn, um es endlich auf einmal herauszusagen, der Mensch spielt nur, wo er in voller Bedeutung des Worts Mensch ist, und *er ist nur da ganz Mensch, wo er spielt.*"[81]

Dieser Satz lässt sich im Hinweis auf den Konnex zwischen der Erfahrung des Schönen und der Handlung Spielen näher ausdeuten: Nur wo der Mensch ganz Mensch *ist*, in Anschauung des Schönen, beginne er zu spielen; dabei aber entwickle sich sein Spielen als die *Seinsweise* seines Ganz-Mensch-Seins, d. h. nicht nur in den Bahnen einer innerlich bewegenden Erfahrung oder Idee, sondern zugleich auch als in die äußeren Lebenszusammenhänge gestelltes und damit ebenso gestalthaftes wie gestaltendes *Tun*.

Der Mensch spiele nur, wo er in voller Bedeutung des Worts Mensch *ist*. Solches *ist er* Schiller zufolge in der von allen Zumutungen der Gesellschaft bereinigten Kunstbetrachtung, weshalb er insbesondere auch dem zukünftigen staatlichen Führer im Rückverweis auf das griechische Bildungsideal[82] empfahl:

„Lebe mit deinem Jahrhundert, aber sei nicht sein Geschöpf."[83]

Aber zugleich sei der Mensch nur da ganz Mensch, wo er *spielt* – das heißt: Er muss in der Kunsterfahrung *in den Grenzen eines Spielens verweilen*, er muss sich hingeben, aber er darf sich nicht in den Gegenstand der Betrachtung verlieren. Stattdessen geht es Schiller wohl darum, in der ästhetischen Betrachtung die je eigene personale Freiheit erfahrbar zu machen und zu halten. Das aber ist der hier entfalteten Argumentation zufolge nur möglich, solange der Mensch ein spielender Mensch bleibt, d. h., wenn sein Tun nicht zu einem Herstellen oder einem künstlerischen Werkschaffen übergeht. *Spielen* bedeutete somit im Lichte der *Briefe:* das subjektive Empfinden für die Vernunft und die Vernunft für das subjektive Empfinden zu öffnen, sie als Einheit zu erfahren. Das ist Schiller zufolge nur möglich in der Unentschiedenheit der Bewegung, die im *Zwischen* von Bestimmt-werden-Wollen (Stofftrieb) und Bestimmen-Wollen (Formtrieb) verbleibt. Diese Bewegung sei, wie bereits deutlich wurde, in einer verhaltenen Weise prägnant: weltoffen, aber nicht formlos, *Gestalt,* aber nicht fixiert, sondern *lebend.*

---

[81] Schiller, 2004, S. 618.
[82] Schiller, vgl. o., S. 204–205.
[83] Schiller, 2004, S. 618.

Schiller zufolge braucht ein Staat, um auf friedfertigem, mit der Vernunftmoral im Einklang bleibendem Wege ein sittlicher zu werden, ein *Werkzeug*, und dieses biete sich jenem auf dem Gebiet der Kunst dar. Im 15. Brief wird die *Schönheit* als jenes „Instrument der Kultur" benannt.[84] Sie wird anthropologisch vermittelbar durch das Theorem eines Zusammenschlusses der Erfahrung des Schönen mit der Aktivität des Spieltriebs – und damit in der Idee der spielenden Handlung. Mit anderen Worten: Sowohl in der Bedeutung einer Versöhnung der menschlichen Doppelnatur durch die Schau des Schönen als auch in der Bedeutung der so zu Bewusstsein gelangenden Handlungsmaxime, alles Tun mit dem Ziel zu verbinden, dass etwas schön werde, verankerte Schiller den Begriff „Spiel". Die Dimension einer menschlichen *Haltung* und die eines *Verhaltens* fallen hierin in eins. Überdies umfasst der Spielbegriff dabei sowohl ein Spielen als auch eine Rahmung des Spielens, bestehend im „Ideal der Schönheit", welches „der Mensch in allen seinen Spielen vor Augen haben soll".[85] Solches Spielen eines Spiels nannte Schiller auch „ein *bloßes Spiel*".[86]

Ausdrücklich wendete sich Schiller gegen die Sorge, die Rede vom „*bloßen* Spiel" könne das Schöne entwürdigen und das Phänomen der Schönheit zu stark beschränken.[87] Es sei ihm völlig bewusst, dass der „Erfahrungsbegriffe des Spiels" mit „frivolen Gegenständen" verbunden sei und „mit Ausschließung alles Geschmacks zusammen bestehen kann" – bei Letzterem dachte Schiller an „das römische Volk", das sich an den Qualen der Gladiatorenkämpfer „labt". Demgegenüber argumentierte er dafür, dass in der Rückbindung des Schönen und der Schönheit an bloßes Spiel gerade eine „*Erweiterung*" ihrer Bedeutung auf dem Gebiet der elementaren Voraussetzungen einer wahrhaft menschlichen Gesinnung und Existenz liege:

„Aber was heißt denn ein *bloßes* Spiel, nachdem wir wissen, daß unter allen Zuständen des Menschen gerade das Spiel und *nur* das Spiel es ist, was ihn vollständig macht und seine doppelte Natur auf einmal entfaltet? Was Sie, nach Ihrer Vorstellung der Sache, *Einschränkung* nennen, das nenne ich, nach der meinen, die ich durch Beweise gerechtfertigt habe,

---

[84] Schiller, 2004, S. 616.
[85] Schiller, 2004, S. 617.
[86] Schiller, 2004, S. 616.
[87] Vgl. hierzu und zum Folgenden: Schiller, 2004, S. 616–617.

Erweiterung. Ich würde also vielmehr gerade umgekehrt sagen: mit dem Angenehmen, mit dem Guten, mit dem Vollkommenen ist es dem Menschen *nur* ernst, aber mit der Schönheit spielt er."[88]

Im „wirklichen Leben", so Schiller, seien jene „Spiele" gar nicht zu finden, die seinen Begriff des Spiels erfüllen könnten – und auch würde man dort „die Schönheit vergebens suchen".[89] Spiel und Schönheit seien zu begreifen als *Ideale*, doch sollten sich jene als Bezugspunkte des menschlichen Daseins im Handeln auf eine kulturell fruchtbare Weise vereinen. Um diesen Umschlag des Idealen ins Reale zu vollführen, somit aus bloßem Spiel eine vernunftbegründete politische Kreativität zu gewinnen, stellte Schiller das folgende Grundgesetz des Spielens auf:

„[D]er Mensch soll mit der Schönheit nur *spielen*, und er soll *nur mit der Schönheit* spielen."[90]

Erstmals werden mit dieser Äußerung nicht nur Begrenzungen des Spielens auf den Gegenstand der Schönheit herausgestellt, sondern auch *Begrenzungen der Schönheit durch Spielen*. Dass der Mensch „nur mit der Schönheit spielen" solle, ist die in den *Briefen* aufgestellte Grundbedingung jenes zur vollen Blüte gelangten Spielens, das ein Ganz-Mensch-Sein konstituiert. Sie umreißt demnach einen Modus des Handelns in den Bahnen eines Spielens *„nur mit der Schönheit"*. Jede Form des Spielens, die nicht der Erzeugung eines Einklangs von Leben und Gestalt dient, wird folglich aus dieser Konzeption ausgegrenzt. Dass aber der Mensch mit der Schönheit „nur *spielen*" solle, verweist auf die Bedingung eines Verbleibens des Ideals der Schönheit in den Grenzen einer Richtschnur des Handelns. Die Kategorie der Schönheit soll eine, in der sich Spielen verwirklicht, sein, und es auch bleiben.

Der zuletzt angeführte Gedanke verweist, mit anderen Worten, auf eine Differenz von Handlung und Handlungswerk. Schönheit wird nicht als Produkt des Spielens definiert, sondern als ein Attribut spielenden Handelns, somit als ein Handlungssinn in sich selbst. Spielen soll dem Menschen *im Fluss seiner Taten*, in denen er *sich malt*,[91] die Erscheinung der Schönheit verleihen. Nur so wird der

---

[88] Schiller, 2004, S. 616–617.
[89] Schiller, 2004, S. 617.
[90] Schiller, 2004, S. 617–618.
[91] Schiller, vgl. o., S. 203.

hier behandelten Konzeption zufolge spielendes Handeln als ein weltoffenes und weltoffen bleibendes Handeln begreifbar. Es darf sich nicht in Produkten fixieren, sondern soll im Bezug auf die Schönheit ein Medium der Selbsterfahrung sowie der Begegnung mit allem sein, womit der Mensch in der Welt in Berührung kommt.

Auf soeben skizzierte Weise bahnt Schiller den Weg zu seiner Theorie eines *immerwährenden,* nie zu einem Ende gelangenden *Spielens mit der Schönheit* als einem Prinzip der *gesamten* menschlichen Lebensführung. Vom Blickpunkt des Erkenntnisinteresses der vorliegenden Untersuchung wird hier zugleich Schillers modales Verständnis von ›spielendem‹ Handeln vorbereitet, auf das ich im bald folgenden Unterabschnitt *2.1.3.* verstärkt eingehen werde. Die Universalität des genannten Handlungsprinzips wird in zwei miteinander verbundenen Argumentationssträngen unterstrichen: Zum einen durch Schillers Zielsetzung, seine Grundannahme, der Mensch spiele nur, wo er in voller Bedeutung des Worts Mensch ist, und er sei nur da ganz Mensch, wo er spielt,[92] gelte es „auf den doppelten Ernst der Pflicht und des Schicksals anzuwenden"; nicht nur „das ganze Gebäude der ästhetischen Kunst" solle auf dieser Einsicht gründen, sondern diese solle auch und gerade „der noch schwierigern Lebenskunst" zugrunde liegen.[93]

Zum anderen gilt es Schiller zufolge – und dies scheint, wie im nachfolgenden Untersuchungsabschnitt zu diskutieren sein wird, die entscheidende Voraussetzung einer Begründbarkeit des Spielens als Quelle *politischen* Handelns zu sein –, das Handeln des „schönen Künstlers" und das des politisch agierenden Subjekts in jenem Punkt, den die Forderung, mit der Schönheit *nur zu spielen* ankündigt, strikt voneinander zu unterscheiden. Wie es Schiller gelang, dem Spielen-Können des Menschen in seinem unmittelbaren Bezug auf den Lebensernst die Beförderung politischer Qualitäten nachzuweisen, davon handeln die nun folgenden Betrachtungen.

---

[92] Schiller, vgl. o., S. 214.
[93] Schiller, 2004, S. 618.

Drei politisch integrative Konzeptionen des Spielens

2.1.3. Spielen als Modus politisch-ästhetischen Handelns – Zwei Ausprägungen, ein Ziel

Die bereits angesprochenen Annahmen Schillers zur Rationalisierung der Lebenswelt und zur damit verbundenen Selbstauffassung des Menschen[94] werden als eine im Staat-Bürger-Verhältnis sich fortsetzende Entwicklung begriffen. In ihrer Beziehung finde „das einzelne konkrete Leben" keinen Raum mehr, das aber sowohl die notwendige Grundlage dafür bilde, dass der Einzelne sich seinem Staat auch nahe *fühlen* könne, als auch dafür, dass die Regierung die Bürger nicht „ganz und gar aus den Augen [verliert]":[95]

„Genötigt, sich die Mannigfaltigkeit seiner Bürger durch Klassifizierung zu erleichtern und die Menschheit nie anders als durch Repräsentation aus der zweiten Hand zu empfangen, verliert der regierende Teil sie zuletzt ganz und gar aus den Augen, indem er sie mit einem bloßen Machwerk des Verstandes vermengt; und der regierte kann nicht anders als mit Kaltsinn die Gesetze empfangen, die an ihn selbst so wenig gerichtet sind."[96]

Wie auch Klaus Berghahn herausstellte, hatte Schiller sein Leitthema, die „Frage nach der ‚wahren politischen Freiheit' und der Erneuerung des Staates" am Ende „nur kursorisch" behandelt.[97] Gleichwohl erfahren zwei Schöpfer des von Schiller ersehnten Staats der Freiheit eine an seine ästhetische Neufundierung der Vernunftphilosophie rückgebundene Charakterisierung: zum einen das mit Führungsverantwortung betraute Staatsoberhaupt, dessen Handeln Schiller im Begriff des *Staatskünstlers* beschrieb; zum anderen das *Bürgerhandeln*.

Schillers Ausführungen zum *Staatskünstler* greifen der Begründung seines ästhetischen Spielbegriffs voraus. Bereits im 4. Brief wird das Eigentümliche der Staatskunst im Lichte einer Stufenfolge von Künstlertypen herausgearbeitet. Abweichend vom Argumentationsgang der *Briefe* bedarf es jedoch der Einbeziehung der ästhetischen Konzeption des Spielens, um die Differenz, durch die Schiller die Staatskunst gegenüber anderen Formen des künstlerischen Handelns abgrenzte, konzeptionell fassbar zu machen, genauer: der Ein-

---

[94] Schiller, vgl. o., S. 206.
[95] Schiller, 2004, S. 585.
[96] Schiller, 2004, S. 585.
[97] Berghahn, 2000, S. 261.

beziehung von Schillers Forderung, der Mensch solle mit der Schönheit „nur *spielen*" und „*nur mit der Schönheit* spielen".[98]

Scheuerl hatte die Auffassung vertreten, dass „Spiel und Kunst [...] im rein formalen Wechselverhältnis zwischen Form und Ablauf prinzipiell den gleichen Strukturgesetzen [gehorchen]."[99] In einer davon abweichenden Sichtweise hatte Schiller das Verhältnis von künstlerischem Handeln und Spielen beschrieben. Zunächst einmal stellte er drei verschiedene Ausprägungen des künstlerischen Handelns nebeneinander. Die unterste Stufe wird dem *mechanischen* Künstler zugewiesen, worauf der Typus des *schönen* Künstlers und schließlich der des „pädagogischen und politischen Künstler[s]" folgen.[100]

Als Ordnungsprinzip der soeben bezeichneten Rangfolge fungiert das Verhältnis, das der jeweilige Künstlertypus zu seinem „Material" unterhält. Dieses Verhältnis wird von Schiller durch verschiedene Grade der Umsicht bzw. des Respekts bestimmt, die dem Bezugsmaterial von dem jeweiligen Künstlertypus entgegengebracht würden: Während „der mechanische Künstler seine Hand an die gestaltlose Masse legt, um ihr die Form seiner Zwecke zu geben, so trägt er kein Bedenken, ihr Gewalt anzutun". Dieses Merkmal teilt Schiller zufolge der mechanische Künstler mit dem schönen Künstler. Letzterer aber sei, obgleich er „[d]en Stoff, den er bearbeitet, [...] nicht im geringsten mehr [respektiert] als der mechanische Künstler", darauf bedacht, „das Auge" über diese Gewaltsamkeit *hinwegzutäuschen.* Mit anderen Worten: Beide Künstler zielten in ihrem Schaffen letztlich auf den *Zweck* der Unterwerfung ihres Materials unter die je eigenen Absichten. Sie wirkten gegen ihr Material in einer einseitig bleibenden Gestaltgebung.

Demgegenüber assoziierte Schiller das Eigentümliche des staatskünstlerischen Handelns – und damit des *Politischen* – gerade mit einer gegenläufigen Ausrichtung des Handelns, die aus dem Verzicht auf ein zweckerfüllendes zugunsten eines ›spielenden‹ Handelns resultiert:

„Ganz anders verhält es sich mit dem pädagogischen und politischen Künstler, der den Menschen zugleich zu seinem Material und zu seiner Aufgabe macht. Hier kehrt der Zweck in den Stoff zurück, und nur weil

---

[98] Schiller, vgl. o., S. 216.
[99] Scheuerl, 1990, S. 101.
[100] Hierzu und zum Folgenden: Schiller, 2004, S. 578.

das Ganze den Teilen dient, dürfen sich die Teile dem Ganzen fügen. Mit einer ganz andern Achtung, als diejenige ist, die der schöne Künstler gegen seine Materie vorgibt, muß der Staatskünstler sich der seinigen nahen, und nicht bloß subjektiv und für einen täuschenden Effekt in den Sinnen, sondern objektiv und für das innre Wesen muß er ihrer Eigentümlichkeit und Persönlichkeit schonen."[101]

In diesen Zeilen wird der Staatskünstler als pädagogischer Initiator und Begleiter einer Staatsverwandlung in den Bahnen eines innerlichen Wandels des Volks ausgewiesen. Zugleich wird ein Abstand zur werkschaffenden Kunst herausgestellt. Im Lichte der im vorangegangenen *Abschnitt 1.2.* erfolgten Betrachtungen wird dieser Abstand im Sinne eines *nur spielend-schöpferischen Umgangs* mit den Bürgern nähergehend begreifbar. So ist es Schiller zufolge allein die Haltung des ästhetisch *nur Spielenden*, in der die Idee der Menschlichkeit erfahrbar wird – und so auch fruchtbar als ein Prinzip des Handelns.

Im Wahren eines Abstands zu einer auf Produkte zielenden Bezugnahme auf die Staatsbürger, als das „Material" des pädagogischen und politischen Künstlers, tut sich an der Stelle des *Werks* die Sphäre der mitmenschlichen „Achtung"[102] auf. Es ist jene Zurückhaltung, in die Schiller das ganze Gewicht des *politischen Ernsts* staatlichen Handelns legte. Nicht die schöne Kunst wird hier als der höchste Ausdruck der menschlichen Würde begriffen, sondern gerade ein ästhetisch-künstlerisches Handeln, das sich *durch spielende Zurückhaltung politisch erweitert*. Wie im vorliegenden Darstellungsgang bereits anklang, soll diese Kompetenz in der Abgeschiedenheit vom Zeitgeist und dafür orientiert am griechischantiken Bildungsideal erworben werden.[103]

In der Forderung, mit der Schönheit *nur zu spielen*, wird die Forderung, ein Mehr *nicht zu realisieren*, mit ausgesprochen. Dieses nicht zu realisierende Mehr erscheint nun als das Kriterium der Unterscheidung zwischen mechanischer und schöner Kunst einerseits und dem pädagogischen und politischen Handeln andererseits – und zeigt somit auch die *politische* Qualität eines ästhetisch-spielenden Modus des Handelns an. Ob ein Handeln im Bewusstsein einer Subjekt-Objekt-Relation oder aber in einem der Subjekt-Subjekt-

---

[101] Schiller, 2004, S. 578.
[102] Schiller, vgl. o.
[103] Schiller, vgl. o., S. 204–205 und 214.

Relation erfolgt, wird demnach zum Gradmesser, um eine nur mechanische bzw. nur schöne Handlungskunst von einer pädagogischen und zugleich politischen Handlungskunst zu unterscheiden.

Schillers Charakterisierung des Schaffens des schönen Künstlers und des staatlich-politischen Künstlers sind demnach verwandt, aber im Kern *nicht deckungsgleich*. Das staatskünstlerische Handeln ist politisch, weil es mit der Schönheit nur spielt. Es fällt dennoch unter den Begriff der Kunst, weil es eine eigentümliche Schöpferkraft generiert. Als die politische Kreation des Staatskünstlers wird die ästhetische Bildung der Menschen gesehen. Sie wird als das bedeutendste und zugleich als das letzte ‚Werk' des Staatskünstlers begriffen, weil es die *Freisetzung der Menschen* stiftet. Der Staat solle seine Bürger in Freiheit setzen, auf dass sie eine auf „Dauer" gestellt Freiheitsordnung *selbst* errichten.[104]

Wilhelm Hennis zufolge ist politischer Ernst nur unter bedenklichen Abstrichen in ästhetischen Kategorien erfassbar, *weil* jene das Moment der Zweckfreiheit unbedingt einbezögen. Fasste man Politik etwa als „Staatskunst" auf, so Hennis, werde „auch der Bezug dessen, was die ‚Politiker' tun, zu den Zwecken eines politischen Gemeinwesens ein zufälliger".[105] Es bestehe demgegenüber die Notwendigkeit, eine vor Willkür schützende Zweckgebundenheit politischen Handelns zu kultivieren – und entsprechend auch eine theoretische Sicht, die politisches Handeln in solch konstruktivem Sinne als ein zweckgebundenes zu begreifen und zu empfehlen vermag. Wie die in diesem Untersuchungsabschnitt erfolgte Darstellung der in diesem Problemkreis von Schiller vorgetragenen Gedanken zeigt, kann dieser von Hennis gestärkte Kontrapunkt zwischen politischem und ästhetischem Handeln bzw. zwischen Politiktheorie und Ästhetik in der Perspektive eines ästhetischen Spielens ein Stück weit aufgelöst werden.

Die politische Handlungskunst soll Schiller zufolge ein erneuertes Bürgerhandeln fördern. Auch in der „Tat" erblickte Schiller in seiner Gegenwart schon die Grundsteine einer solch neuen Bürger-Existenz, nämlich „in einigen wenigen auserlesenen Zirkeln" der Gesellschaft, in denen bereits das, was in ferner Zukunft allen zukommen solle, vorgelebt werde.[106] Dieses zukunftsträchtige Leben

---

[104] Schiller, 2004, S. 576.
[105] Hennis, 2000, S. 57.
[106] Schiller, 2004, S. 669.

Drei politisch integrative Konzeptionen des Spielens

wird als eine Individualität und Sozialität auf vollkommene Weise vereinende Lebensführung beschrieben, in der die Freiheit jedes einzigartigen Einzelnen das tragende Glied, die unhintergehbare Voraussetzung bildet. Diesen Menschen, der sich seines individuellen, aber auch sozialen Seins bewusst ist, charakterisierte Schiller in der Form eines Handelns, in dem „nicht geistlose Nachahmung fremder Sitten, sondern eigne schöne Natur das Betragen lenkt", so dass „der Mensch durch die verwickeltsten Verhältnisse mit kühner Einfalt und ruhiger Unschuld geht und weder nötig hat, fremde Freiheit zu kränken, um die seinige zu behaupten, noch seine Würde wegzuwerfen, um Anmut zu zeigen".[107] Solches Handeln, so wurde deutlich, ist nicht nur als individuell-freiheitliches und sozial-freiheitliches, sondern zugleich auch unmittelbar in der Bedeutung eines *politischen*, eines *politisch-schöpferischen* Handelns gedacht. Alle Werte und Umgangsformen, die politische Beziehungen als Beziehungen einer von aller Unterdrückung befreiten Friedensordnung prägen sollen, können ihm in den Augen Schillers erwachsen.

Das soeben charakterisierte Staatsziel wird in den *Briefen* als natürliches Resultat einer erneuerten Staat-Bürger-Beziehung begründet. Schiller beleuchtet jene zunächst aus genetischer Sicht. Im letzten, 27. Brief wird entworfen, wie die Genese des ästhetischen Staats durch politisch spielendes Handeln vom Blickpunkt der staatlichen Binnenperspektive befördert wird und im ästhetischen Staat sich erfüllt: als gewonnene Heimat der Menschen in einer Staatswirklichkeit als einem „Reiche des Spiels und des Scheins".[108] Die Konturen jenes ästhetischen Staats bleiben dabei – vielleicht notwendigerweise – „schemenhaft".[109]

Das erste Gesetz des ästhetischen Staats, so ergibt sich bereits aus der von Schiller unternommenen kulturanthropologischen Hinführung, sei *Freiheit*.[110] Auf der einen Seite charakterisierte Schiller die Freiheit als eine durch das ästhetische Handeln der Menschen gebildete, auf der anderen Seite als eine vom Staatswesen zu sichernde; die stetige Fortentwickelbarkeit einer Freiheitssphäre

---

[107] Schiller, 2004, S. 669.
[108] Schiller, 2004, S. 667.
[109] Berghahn, 2000, S. 268.
[110] Hierzu und zum Folgenden: Schiller, 2004, S. 667.

bleibt in diesem Wechselverhältnis von Ordnung schaffendem und Ordnung ausschöpfendem bzw. erfüllendem Handeln angelegt:

„Mitten in dem furchtbaren Reich der Kräfte und mitten in dem heiligen Reich der Gesetze baut der ästhetische Bildungstrieb unvermerkt an einem dritten, fröhlichen Reiche des Spiels und des Scheins, worin er dem Menschen die Fesseln aller Verhältnisse abnimmt und ihn von allem, was Zwang heißt, sowohl im Physischen als im Moralischen entbindet."[111]

Der ästhetische Staat – die politische Kreation als das aus Schillers Sicht höchste aller Kunstwerke von ureigener Art, da durch das Gesetz der Freiheit human, daher fließend bleiben müssend – wird in drei Grunddimensionen charakterisiert: Zunächst wird hervorgehoben, dass sich in ihm ein neues zwischenmenschliches Verhältnis begründen wird, und auch gesichert werden kann, weil dieser Staat „den Willen des Ganzen durch die Natur des Individuums vollzieht". Dieses neue Verhältnis wird *erstens* dadurch charakterisiert, dass die Menschen einander nur noch „als Gestalt erscheinen", d.h., einander „nur als Objekt des freien Spiels gegenüberstehen". Dieses „Spiel" hat entsprechend ein eigenes „Grundgesetz", das da lautet: *„Freiheit zu geben durch Freiheit".*[112] *Zweitens* wird der ästhetische Staat Schiller zufolge von einem *„geselligen Charakter"* getragen sein, den der Sinn für Schönheit ihm angedeihen lässt.

Nur der ästhetische Staat gründet Schiller zufolge in einer *kommunikativen Ordnung,* an der *alle* Individuen teilhaben können.[113] Neben die Freiheit tritt so, gewissermaßen als eine natürliche Konsequenz ihrer ästhetischen Beschaffenheit, auch die Brüderlichkeit, das Prinzip der Behandlung aller Menschen als Träger derselben unantastbar bleiben müssenden Würde. Schiller betrachtete dieses zweite, soziale „Harmonie" stiftende Gesetz als eine unmittelbare Frucht des Sinns für Geschmack, denn:

„Der Geschmack allein bringt Harmonie in die Gesellschaft, weil er Harmonie in dem Individuum stiftet. […] Alle andre Formen der Mitteilung trennen die Gesellschaft, weil sie sich ausschließlich entweder auf die Privatempfänglichkeit oder die Privatfertigkeit der einzelnen Glieder, also auf das Unterscheidende zwischen Menschen und Menschen beziehen;

---

[111] Schiller, 2004, S. 667.
[112] Schiller, 2004, S. 667.
[113] Schiller, 2004, S. 667.

Drei politisch integrative Konzeptionen des Spielens

nur die schöne Mitteilung vereinigt die Gesellschaft, weil sie sich auf das Gemeinsame aller bezieht."[114]

So gelangte Schiller am Ende seiner *Briefe* auch zu einer vertieften Deutung der zukünftigen *Staat-Bürger-Relation*.[115] Jene wird gestellt in die Maxime der *Gleichheit* aller Menschen. Sie erscheint hier als die Wendung des brüderlichen Geists in die Perspektive der Beziehung, die der Staat zu seinen Bürgern unterhalten solle, somit auch als eine Maxime, die die Rahmenbedingungen sichert, um sozialen Kämpfen entgegenzuwirken, indem er die Gültigkeit seiner Gesetze – anders als es Schiller im Staat seiner Zeit erlebte – auch durch die Tugend seines eigenen Handelns bekräftige. Hierzu müsse der Staat seinerseits ein partnerschaftliches Verhältnis zu seinen Bürgern pflegen:

„In dem ästhetischen Staate ist alles – auch das dienende Werkzeug ein freier Bürger, der mit dem edelsten gleiche Rechte hat, und der Verstand, der die duldende Masse unter seine Zwecke gewalttätig beugt, muß sie hier um ihre Beistimmung fragen. Hier also, in dem Reiche des ästhetischen Scheins, wird das Ideal der Gleichheit erfüllt, welches der Schwärmer so gern auch dem Wesen nach realisiert sehen möchte; und wenn es wahr ist, daß der schöne Ton in der Nähe des Thrones am frühesten und am vollkommensten reift, so müßte man auch hier die gütige Schickung erkennen, die den Menschen oft nur deswegen in der Wirklichkeit einzuschränken scheint, um ihn in eine idealische Welt zu treiben."[116]

Dass Schiller nicht einen Freiheit garantierenden Staat der Freiheit der Individuen voraussetzte, sondern umgekehrt: freie Individuen als Quelle des ästhetischen Staats, dies unterstreicht nochmals das Ende seiner *Briefe*. Zurückgekehrt wird hier nochmals zu der Leitthese, dass *alle Verbesserung im Politischen von der Veredelung des Charakters ausgehen müsse*.[117] „Existiert aber auch ein solcher Staat des schönen Scheins, und wo ist er zu finden?", so fragte Schiller. Nicht erst dort, wo er sich zur Institution entwickelt und als eine solche versichtbart hat, so seine Antwort, sondern „dem Bedürfnis nach" sei er schon „in jeder feingestimmten Seele" ins Dasein gerufen.[118]

---

[114] Schiller, 2004, S. 667.
[115] Schiller, 2004, S. 669.
[116] Schiller, 2004, S. 669.
[117] Schiller, vgl. o., S. 205.
[118] Schiller, 2004, S. 669.

2.1.4. Mit der Schönheit nur spielen als ein Prinzip politischer Inklusion oder: Spielend entfalteter politischer Handlungssinn 1

Schiller hat in seinen *Briefen* kein gesondertes Augenmerk auf die Frage gerichtet, was das *Politische* kennzeichne. In jedem Falle aber erscheinen sein expliziter Begriff des Ästhetischen und sein weitgehend impliziter Begriff des Politischen zwar verbunden, aber nicht deckungsgleich. Blicken wir an dieser Stelle zurück auf die oben angeführten Charakterisierungen zweier politischer Handlungstypen – dem des staatskünstlerischen und des bürgerlichen –, so scheint ihnen, trotz der Unterschiede zwischen den mit ihnen in den Blick rückenden politischen Rollen, ein nur mithilfe der Differenzannahme zwischen ästhetischem und politischem Handeln erklärbarer Bedeutungskern gemeinsam. Jene Differenzannahme aber, so wurde schon ausgeführt, ist nach meinem Verständnis eine des mit der Schönheit *Nur-Spielens*.

Zweifellos hat Schiller die Idee des Spielens in den Horizont der politischen Theorie geführt. Zweifellos unternahm er dies auf dem Wege einer eigentümlich ins Anthropologische gewendeten philosophischen Ästhetik. Statt zu einer konzeptionellen Bündelung dieses als Grundstein im „Bau einer wahren politischen Freiheit"[119] gedachten Gedankenwegs führen die *Briefe* jedoch in eine für viele Spekulationen offenbleibende Weite. Zum einen, indem sie kurz vor Schluss eine evolutionstheoretische Sicht vertiefen, an die nahezu nahtlos anknüpft, was erst in unbestimmter Zukunft existieren soll: ein „fröhliches Reich des Spiels und des Scheins".[120] Doch auch hier bleibt die Verbindung zum Prozess des *Werdens* gehalten. „[I]n jeder feingestimmten Seele" sei der ästhetische Staat der Zukunft schon im Aufbau begriffen.[121]

Wie die in diesem Untersuchungsabschnitt erfolgten Betrachtungen zeigten, erfährt ein Handeln, das sowohl ein spielendes als auch ein politisches heißen kann, durch Schiller im weiter reichenden Kontext einer politischen Ästhetik eine philosophisch anthropologisch verankerte und sozial- bzw. kulturtheoretisch vermittelte

---

[119] Schiller, vgl. o., S. 202.
[120] Schiller, vgl. o., S. 207.
[121] Schiller, vgl. o., S. 224.

Drei politisch integrative Konzeptionen des Spielens

Begründung. So kann nun auf die Ausgangsfrage: *Was heißt es Schiller zufolge, politisch zu spielen?* eine Antwort versucht werden.

Im Lichte der zuvor unternommenen Analyse des Argumentationsgangs der *Briefe* erscheint ein spielendes Handeln, das politisch wird, als eine vom Geist des Schönen beseelte Handlungskunst eigentümlicher Art. Von dieser Handlungskunst wird angenommen, dass sie, weil sie nicht an leblosem Material, sondern im Umgang mit anderen Menschen Anwendung findet, als ein von der Herstellung von Produkten oder Werken absehendes Verbleiben in Formen des zwar mitteilsamen, aber nicht zwingenden Scheins sich verwirklicht. In diesem Abstand zum Werkschaffen verortete Schiller den Entfaltungsgrund von Werten einer das individuelle Sein nicht negierenden Mitmenschlichkeit, die er zugleich – der Aufklärungsphilosophie darin verbunden bleibend – als originäre Werte des politischen Lebens ansah. Je eigene Freiheit wahrzunehmen, zugleich aber auch allen anderen im brüderlichen Geist Freiheit zu belassen, werden als zwei untrennbare Seiten eines Handlungsethos und eines ihm entspringenden Handlungsmodus begründet, auf deren Basis Schiller zufolge alle politischen Beziehungen geknüpft und entwickelt werden sollen.

Dieses Band könne jedoch nur durch ein Spielen und politisches Handeln verknüpfendes drittes Element, nämlich im Bezug auf ein Spielen „*nur mit der Schönheit*"[122] entstehen, die – im Unterschied zu den frivolen Spielen des alltäglichen Lebens, aber auch im Unterschied zur Neigung der Politik, ihre Prinzipien und Gesetze mit gewalttätigen Mitteln durchzusetzen – eine alle Roheit verbannende Freiheitserfahrung ermögliche. Diese Freiheitserfahrung zeichnet sich in den Augen Schillers dadurch aus, dass sie alle gegenläufigen Strebungen in der menschlichen Natur sowie in den sozialen Beziehungen überwindet, nicht indem sie jene verleugnet, sondern indem sie jenen einen Raum schafft, einen Raum aufzeigt, um versöhnliche Verbindungen einzugehen: bezogen auf den einzelnen Menschen als „lebende Gestalt",[123] bezogen auf sein soziales Handeln als „*Kunst des Scheins*".[124]

Jener Freiraum lebe von der Einsicht, dass er nur in den Grenzen des weder fixierbaren noch instrumentalisierbaren Scheins exis-

---

[122] Schiller, vgl. o., S. 216.
[123] Schiller, vgl. o., S. 211.
[124] Schiller, 2004, S. 658.

tieren kann. Nur in der Haltung der Menschen, ihrem empfindsamen Denken und Handeln, finde er tragfähigen Boden. Mit der Schönheit *nur zu spielen* und jenes Grenzbewusstsein fallen im Gedankengang der *Briefe* in eins. Nur in der Bindung des Spielens an das Schöne und nur in der Beschränkung ästhetischen Handelns in einem Nur-Spielen seien die menschlichen Taten *politisch schöpferisch*. Schiller zufolge ist es nicht unvernünftig, sondern Ausdruck höchster politischer Vernunft zu erkennen, dass sie ihre moralischen Prinzipien nur in der Distanz praktisch wirksam werden lassen kann, die im Schein einer aufrichtigen Höflichkeit erwächst. Als solcher offenbart sich jener hier nicht als Trugschein oder sinnloser Schmuck des politischen Lebens, sondern als sein Vollzugsmedium *par excellence*. Der Staatskünstler könne und solle an jenes heranführen. Doch es zu verwirklichen und zu entwickeln, diese Aufgabe legte Schiller in die freien Hände jener Bürger, die der Einsicht innegeworden sind, dass sie nicht *nur spielen*, wohl aber *politisch spielen* müssen, um allen Ernst an die Leichtigkeit einer allseits lebenszugewandten und lebenswerten Freiheit zu binden.

Wollte man den in Schillers *Briefen* konturierten Begriff spielend politischen Handelns auf eine Kurzformel bringen, so könnte eine solche wie folgt lauten:

Spielend politisches Handeln sei verstanden als das Vermögen,
sowohl den Wert der Individualität als auch den der Mitmenschlichkeit
im kommunikativ entfalteten Medium des ästhetischen Scheins
als allseits Freiheit gewährende Wirkgründe aller
politischen Beziehungen zu verwirklichen.

Einerseits ist diese politische Handlungskunst – in beiden von Schiller begründeten Ausprägungen, der des Staatskünstlers wie auch der des Bürgerhandelns – *nur ein Spielen*, darf nur ein solches sein, weil sie *zwischen Menschen* und nicht in Subjekt-Objekt-Relationen Anwendung findet. Andererseits ist dieses Nur-Spielen politische Handlungs*kunst*, weil es – trotz und wegen seines Absehens vom Schaffen festgelegter Produkte oder Werke – in einem kulturell nachhaltigen und politisch elementaren Sinne *schöpferisch* ist: Es realisiert eigene und anderen zugestandene *Freiheit, Brüderlichkeit* und *Gleichheit* in den zwischenmenschlichen Beziehungen. Nur in dieser doppelten Begrenzung – der Begrenzung der dem schönen Künstler zugehörenden Handlungsweise in einem Mit-der-Schönheit-*nur-Spielen* und der Begrenzung des Spielens in einem *Nur-*

mit-der-Schönheit-Spielen – sind Schiller zufolge die Voraussetzungen dafür gegeben, dass Spielen *politisches Handeln* in dem von ihm vertretenen Verständnis *werden kann*. Nur unter diesen beiden Voraussetzungen bildet das Vermögen zu spielen in seinen Augen den Quellgrund *politischer Handlungskunst*.

Eines Tages wird gemäß der in den *Briefen* begründeten Staatsvision jene politische Handlungskunst in einem ewig währenden freudigen Spiel wahrer politischer Freiheit begriffen sein. Die maßgebliche Perspektive, in der Schiller spielendes und politisches Handeln zusammenführte, aber ist wie begründet wurde gerade jene solcher Staats- bzw. politischer Spiel-Raum-*Genese*. Unter diesem Aspekt betrachtet ist Spielen als politisches Handeln gerade kein Ausschöpfen gegebener Handlungsfreiräume, sondern bedeutsam als ein Handlungsfreiräume-*Schaffen*. Es ist unabhängig von den „verwickeltsten Verhältnisse[n]", durch die der Mensch „mit kühner Einfalt und ruhiger Unschuld geht",[125] ein *in seiner Tat* eingelöstes Raum-Schaffen für die Werte der Humanität, ohne die politische Freiheit aus Schillers Sicht keinen Daseinsgrund hat – und damit auch nicht das eigentlich Politische im Sinne einer sowohl Verwilderung als auch Barbarei überwindenden *kulturellen* Qualität. Als solches fundiert so gerichtetes Handeln-Können Schillers Inbegriff einer politisch-praktischen Vernunft, d. h. einer Vernunft, die davon Abstand genommen hat, den sittlichen Staat nur zu denken, und angefangen hat, an einem durch ästhetische Bildung eingeleiteten innerlichen, politisch-revolutionären Staatswandel mitzuwirken.

Bei all dem wird in paradox anmutender Weise jedoch auch die Notwendigkeit einer *kämpferischen Überwindung von Widerständen* aufgelöst. Den anthropologischen Quellgrund dieses Gelingens bildet, wie dargelegt wurde, Schillers Bestimmung des Spielens als ein Spielen *„nur mit der Schönheit"*. In dieser Relation wird das Vermittlungsprinzip benannt, um den menschlichen Freiraum über das autonome Reich der Kunst hinaus bishin in die Tiefenschichten von Gesellschaft und Staat hinein auszudehnen. Die politisch-praktische Voraussetzung für die Staatserneuerung erfüllt der bereits ästhetisch gebildete staatliche Führer, dem die Aufgabe zugewiesen wird, den erzieherischen Wandel des Menschengeschlechts zu ini-

---

[125] Schiller, vgl. o., S. 222.

tiieren und im Sinne einer sanftmütigen Kontrollinstanz zu begleiten – bis er sich am Ende seines ‚Bildungswerks' überflüssig macht. Schillers politisierte Spiel-Auffassung, in der sowohl die Perspektive der Bürger als auch die des Führungspolitikers thematisch werden, ist demnach weder verantwortungslos noch ohne Konsequenzen. Vielmehr konturiert sie ein Modell politischer Spielkreativität, in dem sich die Zurückhaltung eines zweckverfolgenden Handlungstelos als die notwendige Realisationsbasis einer sozialen Praxis erweist, die den politischen Normen der *Freiheit, Gleichheit* und *Brüderlichkeit* eine spieleigentümliche normative Substanz und realwirksame Geltung in den konkreten Lebensvollzügen verleiht. So ginge das *Weniger* nichtzweckerfüllenden Spielen-Könnens mit einem *Mehr* an humanen, personale Individualität und Sozialität friedfertig vereinenden politischen Handlungsqualitäten einher.

2.1.5. Ein integrativer Denkweg – doch in Konfliktumgehung

Es sei dringend zu meiden, politisches Handeln in einer aus Zweck-Mittel-Relationen gelösten Sicht zu verstehen, so heißt es in Hennis' Schrift über *Politik und praktische Philosophie*.[126] Ohne dieser Position in jeder Hinsicht widersprechen zu müssen, lässt sich im Rückblick auf die unternommenen Betrachtungen zur politischen Handlungskonzeption Schillers feststellen, dass eine politisch konstruktive Vermittelbarkeit mit einer zweckgelösten Dimension des Handelns gedacht werden kann, und diese Möglichkeit sogar durch spielanthropologische Annahmen erschließbar ist. Für solches Gelingen gehen der oben begründeten Lesart zufolge Spielanthropologie und politischer Handlungsbegriff ein *wechselseitiges Ergänzungsverhältnis* ein: Erst in der Relationierung des Spielens mit den Ernststrukturen der Politik gewinnt jenes politische Bedeutung, erst in spielender Erweiterung bzw. Begrenzung kommt politisches Handeln in der Funktion einer kulturstiftenden und -wahrenden Praxis zu sich selbst. Auch die in Carl Schmitts Schrift *Politische Romantik* von 1919 geäußerte Kritik, die dem Romantiker, als dessen Wegbereiter Schiller gilt, „intriganten und ironischen Realitätsdrang: die Freude an geheimer, verantwortungsloser und

---

[126] Hennis, vgl. o., S. 221.

spielerischer Macht über die Menschen" vorwirft,[127] lässt sich Schiller gegenüber offenkundig nicht aufrechterhalten.

Bei all dem aber fällt auch ins Auge, wie beide handlungssemantischen Ausgangspositionen, wie sie vor ihrer integrativen Synthetisierung bestehen, die Zielsemantik des Politischen maßgeblich prägen – wobei vielmehr der von Schiller präferierte Politikbegriff seine Konzeption des Spielens anleitet als umgekehrt. Auch in der kontextübergreifenden politiktheoretischen Fortführung des Spielbegriffs ist demnach die Möglichkeit eines hierarchisierenden Begriffsbildungsverfahrens zu verzeichnen, in dem der in einer Deutung des menschlichen Spielens verankerten politischen Handlungsinterpretation eine Sekundärstellung zugeordnet wird.

Spieltrieb und politische Handlungskompetenz dachte Schiller in wechselseitiger Durchdringung. Resultate jener Versöhnung werden facettenreich umrissen. Ihre Betrachtung macht aber auch deutlich: Der Grundgedanke eines Spielend-etwas-Tuns, wie er in Abschnitt 3.2. im besonderen Hinblick auf Buytendijk und Plessner herausgestellt wurde, bleibt im Lichte von Schillers Initiativschrift zur Begründung einer nicht utilitaristischen philosophischen Anthropologie des Spielens nicht nur unangefochten, sondern er ist darin bereits in einer theoretisch systematisierten Weise angelegt worden. Schillers *Briefe* entwerfen auf dieser Basis nicht weniger als einen Verfahrensplan für einen fundamentalen Staatswandel durch einen innerlichen Wandel der Menschen. Dieser Wandel solle nicht nur ohne ein Evozieren von Ordnungsbrüchen realisiert werden können, sondern auch eine Neuordnung schaffen als Stätte einer als grenzlos empfindbaren Freiheit. Als solches ist sie Zeugnis einer originären Kreativität politischen Handelns. Sie birgt eine vollständige Umkehrung dessen, was aus Sicht des politischen Denkens gemeinhin als *überflüssig* gilt – das Spiel und das Spielen. Mehr noch: In Schillers Gedankengang zeichnet sich die Hypothese ab, dass das Entdecken und Erproben eines Spielend-politisch-Handeln-Könnens des Menschen im Laufe der Zeit nicht etwa die Freude am Schein, sondern jede Form des politischen Konflikts überflüssig machen wird. Kämpfe werden dabei nicht befriedet, sondern kommen, zunehmend weniger, zwischen den Menschen auf. Nur an einer Stelle wird in den *Briefen* eine weniger konfliktmeidende Denkfigur politischen Handelns zur Sprache gebracht:

---

[127] Schmitt, 1998, S. 89.

dort, wo Schiller den ästhetisch-spielend zum Edlen Gewordenen auf dem Schlachtfeld seinem Feind gegenüberstehen sieht. Die Kühnheit des Edelmuts des einen werde die Waffen des anderen herabsinken lassen, heißt es hier;[128] eine von Schiller selbst – vielleicht weil er die Genese des ästhetischen Staats und damit eine Extensivform spielend beförderter politischer Kreativität vor Augen hatte – über diese Passage hinaus kaum reflektierte Vision. Dafür war dies fast hundertdreißig Jahre später das Leitthema Plessners in seiner politischen Schrift über die *Grenzen der Gemeinschaft*.

2.2. Plessner über das Spielen als Modus eines regelbildenden politischen Handelns

> „Je empfindlicher die Menschen
> für kriegerische Entscheidungen
> werden, um so höher schätzen sie
> die ritterlichen Künste des
> diplomatischen Spiels ein [...]."[129]

Obwohl Helmuth Plessner mit seiner erstmals 1924 erschienenen Schrift *Grenzen der Gemeinschaft. Eine Kritik des sozialen Radikalismus* (im Folgenden auch nur kurz: *Grenzschrift*) auf seine politische Gegenwart reagierte, sind in ihr, wie auch in Schillers *Briefen*, Grundprobleme der Kulturanthropologie und der politischen Theorie verhandelt, die bis heute intensiv diskutiert werden.[130] Der von einer Verteidigung einer Eigensphäre der Gesellschaft wider eine Verabsolutierung der Gemeinschaftsidee ausgehende Argumentationsgang der *Grenzschrift*[131] ankert in einer „Philosophie des Psychischen", die Vorläuferin von Plessners Philosophischer Anthropologie der *Stufen*. Er zielt dabei auf eine Konzeption des staatlich-politischen Führungshandelns im Zeichen der *Diplomatie*. So weist die *Grenzschrift* auch voraus auf Plessners politisch-anthropologisches Hauptwerk *Macht und menschliche Natur* von

---

[128] Schiller, 2004, S. 666–667.
[129] Plessner, 1924a, S. 125.
[130] Eßbach/Fischer/Lethen (Hg.), 2002; Hondrich, 2002 sowie Stahlhut, 2005, S. 90–96.
[131] Plessner wendet sich hier direkt gegen Ferdinand Tönnies' Schrift *Gemeinschaft und Gesellschaft* (Plessner, 1924a, S. 11).

1931. Der spielanthropologische Bezug der *Grenzschrift* wird dort jedoch nahezu vollständig aufgegeben.[132] Der nun anhebende Untersuchungsgang wird sich deshalb auf die in der *Grenzschrift* erfolgte Vermittlung von Spielanthropologie und politischem Handlungsbegriff konzentrieren.

Den Versuch einer Rekonstruktion des politisch integrativen spielanthropologischen Argumentationswegs der *Grenzschrift* habe ich orientiert an drei verbundenen Themensträngen unternommen: Plessners Auffassung des *politischen Spielgeists*, seine Charakterisierung des *Staatsmanns* und nicht zuletzt seine darin begründete Konzeption des *politisch-diplomatischen Handelns*. Dabei wird – weil Plessner seinen hierbei zum Tragen gebrachten Spielbegriff weder gesondert definiert noch seine ideengeschichtlichen Bezugsquellen offengelegt hat – auf dessen „präzise bildliche Sprache" gebaut, wie sie bereits Kai Haucke würdigte.[133]

2.2.1. *Politischer Spielgeist wider den sozialen Radikalismus*

Mit Sorge nahm Plessner von jenen Entwicklungen der Moderne Kenntnis, die auf eine an den Werten der sozialen Gemeinschaft orientierte Grunderneuerung von Staat und Gesellschaft hinwirkten. Vor allem in der Jugendbewegung und in den bolschewistischen sowie faschistischen Diktaturen seiner Zeit[134] mache sich ein zerstörerischer „sozialer Radikalismus" geltend, gegen den sich Plessners politische Kritik daher gezielt wendet.[135]

Eine „Überwindbarkeit der Gewaltmittel" im Sinne einer vollständigen Auslöschung der Gewalt aus den zwischenmenschlichen Beziehungen[136] ist Plessner zufolge nicht nur unmöglich, sondern sogar eine in höchstem Maße gefährliche Utopie. Gerade in der politischen Vision der brüderlichen Gemeinschaft liege, so wird im

---

[132] Vgl. Richter, 2005, S. 165–175 sowie Giammusso, 1995, S. 104.
[133] Haucke, 2000, S. 65–66.
[134] Fischer, 2002, S. 135–136. Zu den historischen Bezugspunkten seiner Kritik des sozialen Radikalismus hatte sich Plessner auch in seinem parallel zur *Grenzschrift* erschienenen Beitrag *Die Utopie in der Maschine* geäußert (Plessner, 1924b, S. 31, 38–39).
[135] Plessner, 1924a, S. 11–12.
[136] Hierzu und zum Folgenden: Plessner, 1924a, S. 11–13.

Folgenden nähergehend zu erörtern sein, die Ursache für ein Fortdauern der Gewalt unter den Menschen bzw. für das historisch stets erneut bezeugte Unvermögen der Menschheit, eine nachhaltige Friedensordnung zu schaffen. Analog zu Schillers *Briefen* erblickte Plessner einerseits in der Struktur der „modernen Welt" und andererseits in Philosophie und Wissenschaften die Hauptquellen für das Gedeihen einer „extremistischen Geisteshaltung".[137] Denkern wie Rousseau und Marx wird vorgeworfen, ein politisches Ethos zu propagieren,[138] das die gewalttätige Seite der menschlichen Natur leugne – wodurch sie umso entfesselter heraufbeschworen werde.

Plessner unterschied eine rationale von einer irrationalen Ausprägung der extremistischen Geisteshaltung.[139] Doch auch ein Wesensmerkmal alles Radikalen wird benannt. Den radikalen Menschen kennzeichne stets seine „Gründlichkeit".[140] Diese Gründlichkeit finde insbesondere auch Ausdruck in der *Rückhaltlosigkeit seiner Ansprüche,* in seiner *Schrankenlosigkeit:*[141]

„Radikalismus heißt Vernichtung der gegebenen Wirklichkeit zuliebe der Idee, die entweder rational oder irrational, aber in jedem Sinne unendlich ist, Vernichtung der Schranken, die ihrem vollkommenen Ausdruck gezogen sind, um ihrer Materialität, Ungeistigkeit, Unlebendigkeit willen."[142]

Der soziale Radikalismus sei des Weiteren – und hier tritt auch eine weitere Motivanalogie zu Schillers *Briefen* hervor – die Folge einer *dualistischen* Auffassung des Menschen, die sich, um das einzelne wie soziale Menschsein einst *ideal* verwirklicht zu sehen, als Kampf gegen das körperliche Dasein und das natürliche Leben insgesamt zu behaupten suche:

„Der Feind des Radikalismus ist die Natur, da sie dem Unendlichkeitsstreben Schranken setzt, sind die Triebe, welche mit den Forderungen, die Sinne, welche mit dem Denken streiten."[143]

---

[137] Plessner, 1924a, S. 14–27; vgl. a. Giammusso/Lessing, 2001, S. 8
[138] Joachim Fischer zufolge wollte Plessner der *Grenzschrift* ursprünglich den Untertitel „Eine Kritik des kommunistischen Ethos" geben (Fischer, 2002, S. 136).
[139] Plessner, 1924a, S. 14–18.
[140] Plessner, 1924a, S. 15.
[141] Plessner, 1924a, S. 14–18.
[142] Plessner, 1924a, S. 17–18.
[143] Plessner, 1924a, S. 14.

Auf jene Feindseligkeit des radikal Gesinnten gegen das Nichtideale, Nicht-Rein-Geistige, sondern ‚nur Natürliche'[144] führte Plessner zwei aus seiner Sicht politisch besonders wirkmächtige Neigungen zurück: Zum einen die Neigung, die „Kampfsitten" *verrohen* zu lassen; zum anderen jene, die Gesellschaft mit dem Ziel ihrer Abschaffung zu *revolutionieren*,[145] weil sie – anders als die „Blutsgemeinschaft"[146] oder „Sachgemeinschaft"[147] – Distanzverhältnisse schaffe, indem sie auf mannigfaltigen Strukturen der „Künstlichkeit, Irrealisiertheit, Maskiertheit des öffentlichen Menschen" sich gründe.[148]

Vor diesem Hintergrund ist es die Hauptthese der *Grenzschrift*, dass nur durch ein bewusstes *Annehmen des Faktums der Gewalt* als eine prinzipiell unzerstörbare Konstante im menschlichen Zusammenleben die politische Chance sich eröffnet, rohe Gewaltanwendung dauerhaft durch zivilisierende Formen des zwischenmenschlichen Umgangs zu bändigen.[149] Im Zeichen eines so beschaffenen politischen Realismus wird zunächst der Inbegriff einer „gesellschaftlichen Kultur" im Sinne Plessners umrissen, wie es in Kürze näher auszuführen gilt.[150] Umgekehrt wird in seinem Lichte eine folgenreiche *Wirklichkeitsverweigerung* politischer Verantwortungsträger als Quelle sowohl gesellschaftlicher als auch politischer Pathologien begründet: Das erforderliche *biegsame* und *mäßigende* politische Verhalten gehe jenen ab, weil sie es als ethisch unannehmbar erachteten.[151]

Plessner zufolge muss in der praktischen Politik der Grundsatz gelten, *dem Teufel sein Recht zu geben* („You must give the Devil his due.").[152] Darunter solle nicht die Forderung eines vollkommenen Verzichts auf politische Moral verstanden werden, sondern die Möglichkeit ihrer Neubestimmung in den Bahnen eines realistischen Menschenbildes. In seiner Begründung dieser politischen

---

[144] Zu Plessners Kritik der Trennung von Geist und Leben siehe auch: Plessner, 1953b, S. 281.
[145] Plessner, 1924a, S. 24.
[146] Plessner, 1924a, S. 44–51.
[147] Plessner, 1924a, S. 50–53.
[148] Plessner, 1924a, S. 94.
[149] Plessner, 1924a, S. 26–27.
[150] Plessner, 1924a, S. 27.
[151] Plessner, 1924a, S. 15.
[152] Plessner, 1924a, S. 14.

Handlungsmaxime zeichnet sich, nur mit veränderten inhaltlichen Vorzeichen, eine ähnlich paradox anmutende Denkbewegung ab, wie sie im vorliegenden Untersuchungsrahmen bereits in Schillers Begründung seiner Forderung nach einer *nur spielend* bleiben sollenden Staatskunst aufgefallen war.[153] So wird in der *Grenzschrift* die Notwendigkeit dargelegt, politische Moralansprüche im Angesicht des praktisch Möglichen zu begrenzen, um der Chance willen, darüber die „neue[n] Spielmöglichkeiten" des öffentlichen Handelns zu erweitern.[154] Jene „Spielmöglichkeiten" werden als Folge der Öffnung der praktischen Politik für ein *wertindifferentes Ethos* politischen Handelns gedacht.

Als Kennzeichen des wertindifferenten Ethos des Handelns, das Plessner als Gestaltungsprinzip des politischen – aber auch des gesellschaftlichen – Handelns vorschwebte, wird vor allem dies herausgehoben: dass es in bewusster Anerkennung der Gewalt als unauslöschbarer Bezugspunkt aller Politik Perspektiven auf gewaltmeidende, vor Gewaltkämpfen im Allgemeinen und Krieg im Besonderen schützende Formen der Konfliktaustragung eröffne. Entsprechend ist es das zentrale sozialethische Anliegen der *Grenzschrift*, „nach der Möglichkeit, nach ethischer Haltbarkeit eines Verhaltens" zu fragen, „das in prinzipieller Wertferne an die konkrete Situation und ihre Forderungen gebunden ist".[155]

Der idealistischen, kommunistischen und lutherisch-christlichen geprägten Ethik attestierte Plessner einen politisch dringend zu meidenden *Sentimentalismus.* Sentimentalität paralysiere den „politischen Willen"[156] und damit die originäre Kraft des Politischen.[157] Ein gutes Gewissen könne sich ein Staatsmann mit Führungsverantwortung nicht leisten.[158] Stattdessen forderte Plessner vom Politiker „Mut zur Wirklichkeit".[159] Wie nachfolgend betrachtet wird, lässt sich dieser Mut auch als Forderung nach einem Mut zur Entfaltung eines *politischen Spielgeists* verstehen.

---

[153] Schiller, vgl. o., Unterabschnitt *2.1.4.*
[154] Plessner, 1924a, S. 97–98.
[155] Plessner,1924a, S. 13.
[156] Plessner, 1924a, S. 12.
[157] Vgl. a. Richter, 2005, S. 172.
[158] Plessner, 1924a, S. 22–25. Wie an späterer Stelle ausgeführt werden wird, resultiert diese Position aus Plessners sozialanthropologischen Grundannahmen und deren Verhältnis zu dessen Grundauffassung von politischer Wirklichkeit.
[159] Plessner, 1924a, S. 13.

Drei politisch integrative Konzeptionen des Spielens

Den ersten Hinweis auf das *Spielen* gibt Plessner im Rahmen einer Formulierung, die wohl nicht zufällig den Anfang von Carl Schmitts *Politischer Romantik* in Erinnerung ruft, wo es heißt:

„Dem Deutschen fehlt die Leichtigkeit, die aus einem Wort eine handliche, einfache Beziehung macht, wegen der man sich ohne große Umstände einigt."[160]

Plessner wandelte diesen Satz, wie folgt:

„Dem Deutschen ist nicht leicht ums Herz, wenn er Politik treibt, weil er sich nicht zu spielen getraut."[161]

Dabei bezog er sich jedoch nicht auf Schmitt, sondern auf Johann Wolfgang von Goethe:

„Der Deutsche ist schwer und über ihm wird alles schwer, heißt es bei Goethe".[162]

Dass jene Berufung auf Goethe womöglich auch als ein erster Hinweis auf Plessners Auffassung von *Spiel* und *Spielen* zu verstehen ist, dafür spricht, dass Goethe auch den Ausspruch getan hatte: „Nur aus innig verbundenem Ernst und Spiel kann wahre Kunst entspringen"[163] – ein Gedanke, der, wie im Zuge der nachfolgenden Ausführungen herausgearbeitet wird, mit Plessners Spiel-Konzeption des politischen Handelns vollkommen harmoniert.

Warum forderte Plessner von der deutschen Politik ein leichteres Herz? Hierzu wird in der *Grenzschrift* weiter ausgeführt, im Unterschied zu anderen Völkern fehle den Deutschen „eine Unbekümmertheit, die das Leben spielend lebt".[164] Sogleich wird diese Feststellung präzisiert durch die Forderung, „spielend" hier „in doppelter Bedeutung" zu verstehen: Zum einen sei unter „spielend" zu verstehen, „heiter in dem Bewußtsein" zu sein, „daß nichts unbedingt verpflichtet, sondern auch noch im Letzten ein Gran Beliebigkeit steckt"; zum anderen bedeute „spielend" auch, sein Leben zu führen „mit Verstand, der die Dinge nimmt, wie und weil sie einmal so sind". Sowohl ein Abstand-Halten von nötigen wollenden äußeren Handlungsbedingungen, als auch ein zugleich er-

---

[160] Schmitt, 1998, S. 5.
[161] Plessner, 1924a, S. 22.
[162] Plessner, 1924a, S. 20.
[163] Goethe, 2000, S. 96.
[164] Hierzu und zum Folgenden: Plessner, 1924a, S. 20.

folgendes Sich-Fügen-Können in ihre Vorgaben werden somit in Plessners Auffassung davon, was es heißt, etwas „spielend" zu tun, zum Ausdruck gebracht.

Wie auch Joachim Fischer herausstellte, hatte Plessner Prämissen der praktischen Staatskunst bereits in drei früheren Arbeiten behandelt: in *Staatskunst und Menschlichkeit* von 1920 sowie in den beiden 1921 erschienenen Aufsätzen *Politische Kultur. Vom Wert und Sinn der Staatskunst als Kulturaufgabe* und *Politische Erziehung in Deutschland*.[165] Doch nur in der *Grenzschrift* heißt es, der Politiker müsse Mut aufbringen *zu spielen*. Den Mut zu spielen stellte Plessner einer den politischen Willen lähmenden Vernunftmoral gegenüber. Letztere gelte es in einem geschärften Blick auf die Verhältnisse der Realpolitik zu relativieren. Genau wie Schiller wird das vernünftige Handeln von Plessner als unzureichend und in seiner alleinigen Geltung als destruktiv beurteilt, denn sie führe den Staatsmann

„in jene verbissene extremistische Haltung, zur Überkompensation seiner inneren Labilität, zur Übersteigerung aller methodischen Disziplin in Wissenschaft, Erziehung, militärischer Ausbildung, zur Überschätzung der rationalistischen These, daß man, um in der Welt sein Glück zu machen, die Prinzipien des Erfolgs vorwegnehmen müsse".[166]

Dort, „wo es hingehört" – etwa in den Rahmen eines Physikerkongresses, – sei dies „gut und richtig".[167] Zum Kern der Politik aber gehöre ein *Maßhalten*, denn andernfalls wäre „die natürliche Folge, daß ein Volk nur geübt, aber nicht für die Gefahr, für die Entscheidung erzogen wird".[168]

Gerade einer vernunftrational nicht einfangbaren unberechenbaren Qualität des Politischen hatte Plessner demnach einen herausragenden Platz in seinem Begriff von *politischer Wirklichkeit* eingeräumt. Dabei zeichnet sich jedoch auch dies ab: dass jene un-

---

[165] Fischer, 2002, S. 135.
[166] Hierzu und zum Folgenden: Plessner, 1924a, S. 22–23.
[167] „Ein Kongreß von Physikern kann – idealiter – über eine Frage einig werden, denn er hat Prinzipien der Eindeutigkeit im Verständnis der Frage, ihrer Untersuchung und der Sicherheit ihrer Entscheidung insofern, als die Wirklichkeit, irgendein Verbrennungsvorgang etwa, selbst als ausschlagendes Mittel in einer alternativen Problemstellung fungiert." (Plessner, 1924a, S. 117)
[168] Plessner, 1924a, S. 23.

Drei politisch integrative Konzeptionen des Spielens

terstellte irrationale Politikdimension nicht einem *Spiel-Raum* im Sinne einer definitiv umgrenzten und hegenden Rahmenstruktur des Handelns gleichgesetzt werden soll. Denn mit *Gefahr* und *Entscheidungsnotwendigkeit* meint es Plessner hier zutiefst ernst. Mehr noch:

„[O]hne Vernichtung, zum wenigsten als Drohung, gibt es keine Politik, wie es kein Recht gibt ohne Vernichtung der Freiheit."[169]

Positiv gewendet wird vor diesem Hintergrund die Politik als das ausgezeichnete Werkzeug der Menschen begriffen, sich der Vernichtungsgefahr mit diplomatischen Mitteln zu behaupten:

„Politik ist immer für eine besondere Lage spezifizierte Diplomatie."[170]

Die nachfolgenden Ausführungen führen an diese politiktheoretische Leitthese der *Grenzschrift* heran.

Damit politisches Handeln seiner ureigensten Aufgabe innewerde, bedürfe es aus schon genannten Gründen mehr als der Ratio: zuallererst eines *Wirklichkeitssinns;* des Weiteren aber auch eine das politische Handeln anleitende Auffassung von Politik *als Spiel*. Das politische Entwicklungen stets unwägbar seien, diese Einsicht stellte Plessner in den Vordergrund seines Begriffs von der originären Funktion bzw. Qualität politischen Handelns und damit auch seiner Politikerkritik. Bei Letzterer nahm er nicht nur seine unmittelbare Gegenwart in den Blick, sondern auch den Ersten Weltkrieg. Theobald von Bethmann Hollweg, der seit 1909 das Amt des Reichskanzlers und preußischen Ministerpräsidenten bekleidete, habe für einen hohen Preis einen moralisch verweichlichten Politikstil gepflegt, statt darin jener Grundspannung der politischen Handlungssphäre Rechnung zu tragen: dass die Notwendigkeit politischen Handelns stets auf ein weder moralisch noch rational eingrenzbares Handlungsfeld im Sinne einer „Sphäre absoluten Zufalls" trifft.[171] Der politische „Praktiker", ob er wolle oder nicht, blicke stets auf ein seiner Ratio entzogenes, unvorhersehbares Kommendes.[172] Entsprechend berge seine „Wirklichkeit"[173] eine starke *demoralisie-*

---

[169] Plessner, 1924a, S. 124; vgl. a. Giammusso, 1995, S. 95–97.
[170] Plessner, 1924a, S. 124.
[171] Plessner, 1924a, S. 125.
[172] Plessner, 1924a, S. 117.
[173] Plessner, 1924a, S. 117.

rende Kraft,[174] die als solche jedoch auch zur Entfaltung besonderer, originär politischer Handlungskompetenzen herausfordere.

Im Hinblick auf ihre mentalen Voraussetzungen wird die originär politische Handlungskompetenz von Plessner beschrieben als ein konstruktives Versöhnen-Können von Verstandeskraft mit einem Bewusstsein für das aleatorische Moment in allen politischen Angelegenheiten, wie es oben bereits als ein in doppeltem Sinne „spielend" erfolgen müssendes angekündigt wurde;[175] ein Versöhnen, motiviert oder vielmehr erzwungen durch die Einsicht in das wie folgt beschaffene Wesen der „Praxis":

„Praxis heißt gerade das Fertigwerden mit den Dingen im Medium des flüchtigen Ungefährs und auf Grund einer methodisch nicht eindeutig gemachten Erfahrung, eines nur individuell graduierten Erfahrungstaktes. Praktische Tüchtigkeit ist das eben wesensmäßig nie risikofreie Zupacken, dem ein gewisses Glück günstig sein muß, wenn es gehen soll."[176]

In Umrissen zeichnet sich hier bereits die Forderung eines dem politischen Ernst ungeschont ins Auge blickenden politischen Spielgeists ab. Doch erst durch eine Reihe von Zusatzvoraussetzungen wird es Plessner möglich, eine darin verankerte Charakterisierung politischen Handelns unter den Vorzeichen eines „praktische[n] Okkasionalist[en] aus Ehrfurcht vor der tiefen Zweideutigkeit in aller Existenz"[177] zu entfalten. Der Weg dorthin kündigt sich bereits an in seiner Forderung, der Politiker solle Mut zu spielen aufbringen. So heißt es an dieser Stelle auch, es gelte, um den politischen Willen zugunsten eines wertindifferenten Handlungsethos aus seinen moralischen Fesseln zu befreien, „die innere Kluft zwischen Idealgebundenheit und Wirklichkeitsverantwortung, Privatmensch und Berufsmensch" zu schließen.[178]

Wie sich im bisher Gesagten bereits ankündigt, ging es Plessner in seiner *Grenzschrift* um ein notwendiges Bejahen der natürlichen und sozialen Lebenswirklichkeit in all ihren disparaten Facetten: von der natürlichen Anlage zur Gewaltanwendung bishin zu den arbeitsteiligen und betont unpersönlichen Verkehrsformen in Gesellschaft und Staat. Dieses Bejahen sei notwendig, um die *in ihr*

---

[174] Plessner, 1924a, S. 125.
[175] Plessner, vgl. o., S. 236–237.
[176] Plessner, 1924a, S. 117.
[177] Plessner, 1924a, S. 55.
[178] Plessner, 1924a, S. 22.

Drei politisch integrative Konzeptionen des Spielens

gelegenen „Spielmöglichkeiten" zu entdecken und für die menschliche Zivilisation fruchtbar machen zu können.[179] Um dieser Chance willen gelte es im Theoretischen wie im Praktischen einen Weg zu beschreiben, der im Zwischen von zivilisationsfeindlicher politischer Romantik und einer Auffassung des Gewaltkampfs als unerschütterlicher Realität verläuft. Wie im nächsten Abschnitt untersucht wird, verläuft dieser Weg in den Augen Plessners in den Bahnen eines „Sieg[s] des Spieles über den Ernst".[180]

2.2.2. Vom Spieltrieb des Lebens zum Spiel der Gesellschaft

Unter dem „Sieg des Spieles über den Ernst"[181] versteht Plessner ein geistiges Auflockern des Ernsts einer starren Moral für die Möglichkeit einer dem Humanitätsgedanken verpflichteten Lockerung des tödlichen Ernsts eines starren Gewaltkampfs „Mann gegen Mann auf der Basis Tier gegen Tier".[182] Ohne den hierbei zum Tragen gebrachten Bezug auf die Spielthematik ist folglich zumindest im Bezug auf die *Grenzschrift* auch das „Primat des Politischen in Plessners Anthropologie"[183] nicht zu verstehen.

Plessners Spielbegriff wird in einer „Philosophie des Psychischen" entfaltet. Den Begriffen des Spiels und des Spielens werden darin wiederum im engeren Gesichtskreis einer Konzeption des „Spieltrieb[s] des Lebens" sozialanthropologische Facetten verliehen. Den späteren spieltheoretischen Grundlagenstudien Plessners[184] wird hier somit bereits vorgegriffen. Sein rollentheoretisch verankertes und darin zugleich mit der Spielart des Schauspiels verbundenes Basismodell sozialen Handelns wird erstmals in der *Grenzschrift* entworfen.[185] Wie bereits im vorangegangenen Abschnitt anklang, wird dabei in einer formal an Schillers *Briefe* erinnernden Weise der Grundvorstellung einer Doppelnatur des

---

[179] Plessner, 1924a, S. 38, 98.
[180] Plessner, 1924a, S. 38.
[181] Plessner, vgl. o.
[182] Plessner, 1924a, S. 125.
[183] Hetzel, 2005. Zum Einwand gegen Rüdiger Krammes These einer Identität der Politikbegriffe von Plessner und Carl Schmitt (Kramme, 1989): Honneth, 2002.
[184] Vgl. o., *Erster Teil*, Abschnitt 3.2.
[185] Stahlhut, 2005, S. 89. Für eine die Argumentation der *Grenzschrift* und der *Stufen* zusammenschauende Interpretation dieses Themenkreises: a. a. O., S. 103.

Menschen gefolgt,[186] fortentwickelt in einer Theorie der „dialektische[n] Dynamik des Psychischen".[187]

Ein Verlangen nach Gemeinschaft und ein Verlangen nach Distanz seien in der menschlichen Psyche in stetigem Ringen begriffen. In den Grenzen einer Gemeinschaft könne ein jeder im Mitmenschen einen Liebenden und einen geistigen Partner finden und sich mittels der Vernunft mit ihm verständigen, während es an Möglichkeiten mangle, sich voreinander zu verbergen. Jenseits einer gemeinschaftlichen Verbindung hingegen könne das Individuum zwar im Mangel an Nähe aufatmen, stoße dafür aber auch auf den „Zerstörerblick" der anderen.[188] Mit der Zunahme an persönlicher Distanz bzw. mit dem Abschwächen von Liebe und Mitgefühl werde jede innerliche Öffnung individueller Personen zur potentiellen Angriffsfläche. So weiche ihre Sehnsucht nach der Intimität einer Gemeinschaft einer ebenso tief in der menschlichen Natur verankerten „Sehnsucht nach den Masken".[189]

Das menschliche Bedürfnis nach Maskierung bleibt der Argumentation Plessners zufolge auf das Bedürfnis nach sozialer Anerkennung bezogen.[190] Maskierung erscheint so nicht als eine Praktik der Weltflucht, der Abwendung, sondern gerade als Mittel, um – einen Selbstschutz wahrend – in das Licht der Öffentlichkeit zu treten und darin Handlungsfähigkeit zu erringen. Solches Erringen ist buchstäblich gemeint. Auch wenn soziale Anerkennung nicht durch Liebe oder Vernunft *gegeben* werde, sei sie unaufgebbar im Angesicht der von Plessner unhinterfragt bleibenden ‚Tatsache', dass „Jemand", um nicht ein Nichts zu sein, nur „etwas" sein könne „in der möglichen Anerkennung durch andere".[191] Plessner zufolge wird soziale Anerkennung auf diese Weise zum Gegenstand eines potentiell unendlichen zwischenmenschlichen Kampfs, eines Kampfs mit einem die gesamte gesellschaftliche und politische Kultur in Mitleidenschaft ziehenden Wirkkreis, da er das Herzstück der Seele, die „Würde" des Menschen, bedrohe.[192]

---

[186] Schiller, vgl. o., Unterabschnitt *2.1.2.* dieses Untersuchungsteils.
[187] Plessner, 1924a, S. 58–78.
[188] Plessner, 1924a, S. 79.
[189] Plessner, 1924a, S. 41, 71–72.
[190] Plessner, 1924a, S. 83.
[191] Plessner, 1924a, S. 79, 81–83.
[192] Plessner, 1924a, S. 75–76.

Drei politisch integrative Konzeptionen des Spielens

Dort, wo gemeinschaftliche Hegungen endeten, sei der Mensch dem „Risiko der Lächerlichkeit" ausgesetzt.[193] Einen „Kampf ums wahre Gesicht", doch im Verzicht auf rohe Gewaltmittel, müsse der Mensch in der Öffentlichkeit führen.

„Hier [in der politisch und ökonomisch gewissermaßen noch unbestimmten Öffentlichkeit] ist das oberste Gesetz für den einzelnen, sich nicht dadurch auszuschalten, daß er sich lächerlich macht. Nicht so sehr seine Ehre, deren Schutz ganz in seiner Macht liegt, als seine Würde steht auf dem Spiel. Um die Achtung der individuellen Form seiner Persönlichkeit, d. h. der individuell beschränkten, durch die Beschränkung zugleich zur Wirksamkeit entbundenen seelisch-geistigen Unendlichkeit geht der streng auf Gegenseitigkeit gestellte Kampf aller gegen alle. Indem aber Flüchtigkeit und Zufälligkeit menschlicher Beziehungen einen jeden in willkürliche Perspektiven und Beleuchtungen rückt, die ihn entstellen und seine Verkürzung und Vereinfachung erzwingen, welcher der Individualität keinen Raum gibt, muß dieser Kampf um die gegenseitige Achtung auf besonderen Wegen ausgefochten werden."[194]

Die Notwendigkeit eines *kompensatorischen*, nämlich „streng auf Gegenseitigkeit gestellte[n] Kampf[s] aller gegen alle" wird als ein dem „Prinzip der Gegenseitigkeit" verpflichtetes Ringen um ein wechselseitiges Sich-Anerkennen in Würde begründet.[195] Denn das Gegenseitigkeitsprinzip, so Plessner, sei die sittliche Maxime, das maßgebliche ungeschriebene Gesetz aller öffentlichen Beziehungen.

Nicht dort, wo der Mensch durch Liebe oder Vernunft mit anderen verbunden ist, sondern wo „kein Gleichgewicht des Lebens" mehr gegeben sei – in der gesellschaftlichen Öffentlichkeit und umso mehr auf dem Gebiet der Politik –, dort müsse er *spielen*. „Als belebtes Wesen", so Plessner, sei im Menschen „eine Überfülle nicht ausgenutzter Kraft, die nach Tätigkeit verlangt und die sich vornehmlich im Spiel entlädt."[196] Jene überschüssige Kraft sei der physisch-vitale „Spieltrieb" des Menschen,[197] auch der „Spieltrieb

---

[193] Hierzu und zum Folgenden: Plessner, 1924a, S. 58–78.
[194] Plessner, 1924a, S. 80–81.
[195] Plessner, 1924a, S. 79–83, 101.
[196] Plessner, 1924a, S. 93.
[197] Im späteren Werk Plessners verschwindet die Kategorie des „Spieltriebs" beinahe vollständig. Nur an zwei Stellen seines späteren Werks wird ausdrücklich auf den „Spieltrieb" zurückgekommen: zum einen in der Schrift *Deutsches Philosophieren in der Epoche der Weltkriege* (Plessner, 1953b, S. 284), zum anderen in *Die Frage nach der Conditio humana* (Plessner, 1961, S. 167–168, 172).

des Lebens" genannt.[198] In der *Grenzschrift* wird seine Hauptbedeutung dahingehend bestimmt, den „brutalen" Kampf um Anerkennung in zivilisierendes Spiel zu wandeln. Wie auch bei Schiller nimmt der Spieltrieb somit auch in diesem Argumentationsgang Plessners den Status des Quellgrunds aller Zivilisation *par excellence* ein:

> „Ein elementares physisches Bedürfnis, der Spieltrieb, beherrscht die organische Welt, und selbst die menschlichen Beziehungen tragen, einerlei ob es sich um heitere oder ernste Lebenslagen handelt, diesem Triebe Rechnung, bewußt und unbewußt. Mithin kann man sagen, gäbe es keine Zivilisation schon aus den einfachsten Zweckmäßigkeitsgründen, so müßte sie um des Spieltriebes erfunden werden und würde auch erfunden. Zeigt doch die Analyse der zivilisatorischen Grundhaltungen, Zeremoniell und Prestige, unbeschadet ihrer tiefen Notwendigkeit den ausgesprochenen Charakter der Künstlichkeit, mit der der Mensch sich umgibt."[199]

Der Spieltrieb überwinde den tödlichen Ernst in einer Aura des Scheins, die nun im Theorem eines rollengebundenen Voreinander-Erscheinens *jenseits der Grenzen einer Gemeinschaft* zum Gegenstand der Betrachtung wird.

Eine „eigenartige Konformität" bestehe „zwischen dem physisch-vitalen Spieltrieb und der dialektischen Dynamik des Psychischen".[200] Mehr noch: Im Spieltrieb entspringe die Möglichkeit, eine „gewisse Eintracht zwischen Geistseele und Körperleib" zu gewinnen, die ihrerseits die Quelle „einer Vergeistigung und Verfeinerung der Gewaltmittel" sei.[201] Plessner spricht hier auch von einem *Funktionswandel* des physisch-vitalen Spieltriebs. Wie ich nun genauer betrachten möchte, äußert sich dieser Funktionswandel dem Argumentationsgang der *Grenzschrift* zufolge im Übergang von einer biologischen zu einer soziokulturellen Verhaltensfunktion, genauer: vom Spielvermögen zum Spielen mit „Rolle".

In der *Grenzschrift* wird der Begriff des Spieltriebs unter dem Schwerpunkt eines Kommunikationsmediums beleuchtet bzw. im Lichte der Verkörperungsbedürftigkeit aller Kommunikation. Der Spieltrieb erlaube ein spielendes Verhältnis zur je eigenen Körper-

---

[198] Plessner, 1924a, S. 112.
[199] Plessner, 1924a, S. 93–94.
[200] Plessner, 1924a, S. 93–94.
[201] Plessner, 1924a, S. 27.

lichkeit. In der fließenden Formgebung des sozialen Verhaltens, die durch ein soziales Rollenmuster beschränkt wird, könne sich ein Zugleich aus Maskierung und Offenbarung, aus Verbergen und Zeigen ereignen, in dem sich ein Zwitter aus Freiem und Erzwungenem und in diesem Sinne etwas *Künstliches* zur Erscheinung bringt:[202]

„Kann der Mensch es nicht wagen, einfach und offen das zu sein, was er ist, so bleibt ihm nur der Weg, *etwas* zu sein und in einer Rolle zu erscheinen. Er muß spielen, etwas vorstellen, als irgendeiner auftreten, um die Aufmerksamkeit auf sich zu lenken und sich die Achtung der Anderen zu erzwingen. Die ursprüngliche Tendenz auf Respektierung und inneres Verständnis der eigensten Persönlichkeit wird infolgedessen nicht befriedigt. [...] Was aber ist der Sinn des Spieles, wenn nicht die Irrealisierung des natürlichen Menschen zur Trägerschaft irgendeiner Bedeutung, irgendeiner Rolle?"[203]

Jene „Scheinlösung" des Spielen-Müssens einer Rolle, um, statt nichts, *„etwas* zu sein",[204] zu realisieren, impliziert für Plessner das Können gerade des im Rollengewand maskierten Menschen, beseelt in das Licht der Öffentlichkeit zu treten:[205]

„Der Mensch verallgemeinert und objektiviert sich durch eine Maske, hinter der er bis zu einem gewissen Grade unsichtbar wird, *ohne doch völlig als Person zu verschwinden* [m. Hv.]. Eine Zweiteilung entsteht zwischen Privatperson und Amtsperson, *Amt hier noch in einem ganz umfassenden, nicht irgendwie historisch belasteten Sinne genommen* [m. Hv.]."[206]

So wird der Mensch als der Kreator eines seinem Verhalten eingeschriebenen Ausdrucks-„Werk[s]" beschrieben.[207] Nur darin nämlich könne die Person sich wiedergewinnen, ihre starre Maske *lösen*. Dem „Spielcharakter menschlichen Verhaltens" wohnte demnach ein kreativ ausschöpfbares „Grenzproblem am Ungespielten" inne.[208] Jenes wurde von Krüger in dem Sinne umrissen, dass „das *persona*-Spiel [...] aus dem Dualismus zwischen Handeln und Ver-

---

[202] Vgl. hierzu a. Plessner, 1941, S. 250
[203] Plessner, 1924a, S. 82, 94.
[204] Plessner, vgl. o.
[205] Plessner, 1924a, S. 82, 85.
[206] Plessner, 1924a, S. 82–83.
[207] Plessner, 1924a, S. 89–90.
[208] Krüger, 1999, S. 146–152.

halten heraus[führt] und in den Kommunikationszusammenhang zwischen Interaktion und Medium hinein."²⁰⁹

Der Mensch wolle, solle und müsse beseelt in das Licht der Öffentlichkeit treten und es seien gerade die künstlichen, auf Distanz begründeten Verkehrsformen „einer gesellschaftlichen Kultur in den engsten Grenzen persönlichen Lebensstils wie in den weitesten politisch-diplomatischer Verkehrsformen der Völker",²¹⁰ die ihm ein solches In-Erscheinung-Treten erlaubten. Dies jedoch nicht nur unter der Voraussetzung der Übernahme und Annahme einer Rolle. Ebenso ausdrücklich wird hier auch auf die Bedingung des Rollen*spielens* verwiesen, weil es der handelnden Person

„bei einem Maximum an Ehrlichkeit und Aufrichtigkeit ein Maximum an Sicherheit vor dem ironischen Zerstörerblick, bei einem Maximum an seelischem Beziehungsreichtum zwischen den Menschen ein Maximum an gegenseitigem Schutz voreinander verbürgt."²¹¹

Mit dem *Spielen des menschlichen Ausdrucks* ist es Plessner folglich sehr ernst. Seine „Heiterkeit" berge „Ernsthaftigkeit", seine „Grazie" trage „Schwermut" in sich, und selbst in der „verhüllenden, nichtssagenden Liebenswürdigkeit" wird von Plessner „das Bedeutsame" gesehen.²¹² Im Rahmen seiner Philosophie des Psychischen bringt Plessners Begriff des Spiels somit eine Möglichkeit der Selbsttransformation zum Ausdruck, durch die er eine durch künstliche Formen gleichsam begrenzte *und ermöglichte* menschliche Gestaltungsfreiheit wirklich werden sieht. Damit ist auch ein erster Hauptaspekt des von Plessner geforderten „Mut[s] zur Wirklichkeit"²¹³ nähergehend beleuchtet worden.

Plessner beschrieb die „Öffentlichkeit" als „das offene System des Verkehrs zwischen unverbundenen Menschen",²¹⁴ darin vom Blickpunkt eines „*Hygienesystems der Seele*".²¹⁵ Ein durch „Wertferne" – nicht im Sinne von „Wertfreiheit", sondern im Sinne einer „ewig unauflösbare[n] Spannung zwischen Norm und Leben"²¹⁶ –

---

[209] Krüger, 1999, S. 193–200.
[210] Plessner, 1924a, S. 27.
[211] Plessner, 1924a, S. 79.
[212] Plessner, 1924a, S. 94.
[213] Plessner, vgl. o., S. 235.
[214] Plessner, 1924a, S. 95.
[215] Plessner, 1924a, S. 133.
[216] Plessner, 1924a, S. 97.

Drei politisch integrative Konzeptionen des Spielens

charakterisiertes originäres „Gesellschaftsethos" wird in diesem Zusammenhang begründet. Aus dem „physisch vitalen Spieltrieb" sieht Plessner die Sphäre der Öffentlichkeit als ein „unendlich differenzierbare[s] Zwischenreich zwischen Familiarität und Objektivität", bestehend aus „moralisch wert*äquivalente*[*n*] [...] Situationen", hervorgehen:[217]

„Die Sphäre des Zusammenlebens der Menschen ist an Möglichkeiten unendlich vielfältiger als die von ihr eingeschlossenen Sphären bluthafter oder geisthafter Bindung. Gerade auf dieses unendlich differenzierbare Zwischenreich zwischen Familiarität und Objektivität, ein Reich zwar nicht wertloser, wohl aber moralisch wert*äquivalenter*, nicht nach einer Alternative so oder so entscheidbarer Situationen, in denen Seele mit Seele in unvermittelten, d. h. liebefreien und sachfreien, weder durch Sympathie noch durch Überzeugungen regulierbaren Kontakt gerät, hat sich die Aufmerksamkeit zu konzentrieren."[218]

Plessner spricht hier auch von einer „virtuose[n] Handhabung der Spielformen,

mit denen sich die Menschen nahe kommen, ohne sich zu treffen, mit denen sie sich voneinander entfernen, ohne sich durch Gleichgültigkeit zu verletzen. Die Liebenswürdigkeit ist ihre Atmosphäre, nicht die Eindringlichkeit; das Spiel und die Beobachtung seiner Regeln, nicht der Ernst ist ihr Sittengesetz. Die erzwungene Ferne von Mensch zu Mensch wird zur Distanz geadelt, die beleidigende Indifferenz, Kälte und Roheit des Aneinandervorbeilebens durch die Formen der Höflichkeit, Ehrerbietung und Aufmerksamkeit unwirksam gemacht und einer zu großen Nähe durch Reserviertheit entgegengewirkt. Zwischen den Polen der Gemeinschaft, Blut und Sache, spannt sich das ungeheure Gebiet einer noch nicht politisch oder ökonomisch faßbaren, gewissermaßen unbestimmten Öffentlichkeit, mit der das ganze Risiko der Erniedrigung menschlicher Würde gegeben ist."[219]

Die Entfaltung gesellschaftlicher „Spielformen" und die Forderung ihrer „virtuose[n] Handhabung"[220] führt Plessner – und damit das tradierte Spiel-Raum-Primat durchbrechend – gerade auf die Lösung der Interaktionen aus *gemeinschaftlichen Bezügen* zurück. Dass die „Gesellschaft" als das „Reich der Alltäglichkeit" „allein

---
[217] Plessner, 1924a, S. 79–80, 93–94.
[218] Plessner, 1924a, S. 79–80.
[219] Plessner, 1924a, S. 80–81.
[220] Plessner, 1924a, S. 80.

vom Geist des Spieles [lebt]", wird damit begründet, dass es dort „*kein* stabiles Gleichgewicht des Lebens mehr [gibt] [m. Hv.]":[221]

„Die Alltäglichkeit ist eben jener Inbegriff *lauter einzelner* Fälle, auch wenn sie durchzogen sind von allgemeinen Ideen und Pflichten, für die es keine Anrufung höherer geistiger Instanzen [...] gibt. Nicht für jede Kollision und Konstellation ist ein ideales Verhalten festgelegt. Hier heißt es, sich weiterhelfen und die Situation meistern. Hier gibt es kein stabiles Gleichgewicht des Lebens mehr, das Verhalten ist weder bluthaft noch werthaft verankert, hier herrscht labiles Gleichgewicht, hier gilt tänzerischer Geist, das Ethos der Grazie. Dieses Reich der Alltäglichkeit, der wertäquivalenten Situationen kennen wir alle: es ist die Gesellschaft im Sinne der Einheit des Verkehrs unbestimmt vieler einander unbekannter und durch Mangel an Gelegenheit, Zeit und gegenseitigem Interesse höchstens zur Bekanntschaft gelangender Menschen."[222]

Den ästhetischen Bezugshorizont seiner hier zur Geltung gebrachten Bestimmung von Spiel offenbart Plessner indem er angibt, dass jener Spielgeist „tänzerischer Geist" und jenes „Ethos", das in ihm ankere, „das Ethos der Grazie" sei.[223]

Ein weiterer Hinweis darauf, dass es Plessner um die Erkenntnis einer als gesellschaftlich konstitutiv begriffenen „Logik des Spiels" im Sinne einer Logik *eigener Art* ging, kann darüber hinaus auch im Folgenden erkannt werden: dass er nicht nur die Sphäre der Öffentlichkeit an das Spiel und die Pflege dieses Spiels bindet, sondern zugleich auch ihren „unbestimmten" Charakter besonders herausstellte, der darin liege, dass sie „*noch nicht* politisch oder ökonomisch [m. Hv.]" begreifbar sei.[224]

Wie sich in den bisherigen Ausführungen bereits deutlich abzeichnet, beurteilte Plessner die Öffentlichkeit nicht als ein System, das dem Menschen unvermittelt und kalt gegenübersteht, sondern ihre Struktur und Eigendynamik sei den Menschen ‚bloß' auferlegt in dem Sinnem, dass das System der gesellschaftlichen Beziehungen ein *gespieltes* sein wolle:

---

[221] Plessner, 1924a, S. 80, 94.
[222] Plessner, 1924a, S. 80.
[223] Plessner, 1924a, S. 80.
[224] Plessner, 1924a, S. 80.

Drei politisch integrative Konzeptionen des Spielens

„Die Gesellschaft lebt allein vom Geist des Spieles. Sie spielt die Spiele der Unerbittlichkeit und die der Freude, denn in Nichts kann der Mensch seine Freiheit reiner beweisen als in der Distanz zu sich selbst."[225]

Die Spielformen der Distanz und Künstlichkeit gelte es demnach zu *bejahen*, „nicht als Ziel und Bindung", sondern gerade als „Mittel und Befreiung",[226] als Interdependenzverhältnis zwischen Regeln des öffentlichen Umgangs und den *mit ihnen umgehenden* Subjekten.

Insgesamt vier durch unterschiedliche Merkmale charakterisierte gesellschaftlichen „Spielformen" wurden von Plessner benannt:

„Die Beobachtung der Formen hat denselben Sinn wie die Einhaltung von Spielregeln, wodurch das öffentliche Leben, dessen Personen einander in Funktionen, in Rollen erscheinen, an seiner eigentlichen Natur zum Spiel wird. Besitzt die Materie dieses Lebens oft den ganzen Ernst und die Unerbittlichkeit des Daseins, vollziehen sich in ihm letzte Entscheidungen, so zeigt doch (unbeschadet einer ihm völligen Adäquatheit in der Gesinnung) die Behandlung formal Spielcharakter, weshalb das eine ‚gilt', und die Nichtbeachtung der eigenartigen Regeln, die sich schwer verzeichnen lassen, den Menschen im Niveau drücken, ja völlig entwerten muß."[227]

Anhand der teilweise ineinandergreifend gedachten Ideen von „Zeremoniell" und „Prestige" wird die Möglichkeit einer spielenden Wiedergewinnung des menschenmöglichen Maßes, die „starre Maske irgendeines auswechselbaren Amtes"[228] schöpferisch zu lösen, begründet durch die Möglichkeit, jener das „Gegenbild der Person ihres Schöpfers"[229] aufzuprägen.[230] Das „Zeremoniell" dient zur Bezeichnung des statischen Aspekts „seines Spielcharakters", indem es die Unterwerfung des Individuums unter unbedingt bindende Regeln einfordere und, auf diese Funktion begrenzt, gegen die „Freiheit und Originalität" des Subjekts, darin für seine Ohnmacht wirke.[231] Plessner spricht hier auch von einer „Umprägung

---

[225] Plessner, 1924a, S. 94.
[226] Plessner, 1924a, S. 38.
[227] Plessner, 1924a, S. 83.
[228] Plessner, 1924a, S. 89.
[229] Plessner, 1924a, S. 89.
[230] Plessner, 1924a, S. 85–90.
[231] Plessner, 1924a, S. 85–87.

der Persönlichkeit in statischer Richtung".[232] Das Spiel als sublimierter Kampf um Anerkennung wird demnach auf der Ebene seiner strukturellen Voraussetzungen noch nicht als schon im Gange begriffenes verstanden. Das Individuum als Rollen- bzw. Funktionsträger, als Repräsentant, das zugleich die ihm eigene „Kraft und Begabung" einzubringen verlange, müsse wider all das Statische „Spielraum" haben, d.h. „elastische, biegsame Formen", die überdies „so locker, so umbildungsfähig sein [müssten], daß dem schöpferischen Kopf die Erfindung neuer Formen möglich wird".[233] Für jenen dynamischen Aspekt reserviert Plessner den Begriff des „*Prestige*".[234] Mit anderen Worten: Erst durch die „Einbeziehung" der *dynamischen Prozesse* in den Rahmen eines Zeremoniells durch am Prestige orientierte *Prozesse* der „Irrealisierung" sah Plessner jene Modalität aktiviert, durch die der Mensch „in die ganze Objektivität seiner Aufgabe die Fülle seiner eigensten Subjektivität einströmen lassen kann".[235]

2.2.3. Politisch handeln für ein diplomatisches Spiel

In der *Grenzschrift* wird der politische Ernstfall als der *Entfaltungsgrund* des menschlichen Spielens gedacht, eines Spielens, das gegen den Gewaltkampf in der Form eines politischen Spiels der Diplomatie entfaltet werden soll.

Während in *Macht und menschliche Natur* die Freund-Feind-Beziehung als „urwüchsige Lebensbeziehung" und damit auch als Quelle der politischen Sphäre Bestimmung erfährt,[236] tritt in der *Grenzschrift* das Motiv der Feindschaft sowohl als möglicher Anfang des rohen Kampfs – den Plessner wie gezeigt ohne Umschweife als unmenschlich begriff – wie auch in der Bedeutung eines *Anfangs bzw. Anstoßes des politischen Spiels* auf, wobei Letzteres gerade auf ein *Sublimieren der Freund-Feind-Beziehung* zielt. Zur Untermauerung dieser These wird eine Grundunterscheidung zwi-

---

[232] Plessner, 1924a, S. 87.
[233] Plessner, 1924a, S. 87–88.
[234] Plessner, 1924a, S. 88.
[235] Plessner, 1924a, S. 87–90.
[236] Plessner, 1931, S. 143.

schen der staatlichen Sphäre bzw. der politischen Ordnung, der Gemeinschaft und der Gesellschaft eingeführt:

„Jede Sphäre hat ihre spezifischen Entscheidungsinstanzen, die Gemeinschaft regelt sich nach Einsicht und Liebe, die Gesellschaft nach spielgerechtem Kampf und Takt. *Zwischen* den Sphären führt keine Brücke, sie gehorchen nicht wieder einer dritten übergeordneten Gesetzmäßigkeit. So muß der Mensch, was nicht von selbst geht, auf künstliche Weise regeln, er muß Normen geben, wo keine sind, freilich unter ständiger Leitung durch die Stimmen, die ihm aus beiden Sphären zugetragen werden, durch das Gewissen, das innere Schätzungsvermögen, die Hingabe *und* durch den faktischen Stand des Kräftespiels der Interessen."[237]

Der Staat sei die zwischen Gemeinschaft und Gesellschaft mit Hilfe von Recht und Gesetzgebung vermittelnde Instanz.[238] Nach innen habe er eine Ordnung als Einheit zu stiften und diese Ordnung nach außen souverän zu vertreten, notfalls auch zu verteidigen. Hierzu stütze sich die moderne Staatsorganisation auf einen hörigen – also nicht spielenden – Beamtenapparat als arbeitsteiliges, von staatlichen Funktionären in Gang gehaltenes System. Erst an der Spitze des Staats gewinne politische Verantwortung und mit ihr der *Mut zu spielen* an Bedeutung. Der künstliche Himmel distanzierender Einrichtungen und Verkehrsformen in Gesellschaft und Staat, durch den die Menschheit sich selbst aus dem Naturzustand zur Zivilisation erhebe, münde am Ort der politischen Entscheidungsnotwendigkeit und öffne sich hier der Verantwortung „vor Gott und der Geschichte":[239]

„Alle sozialen Beziehungen entfalten sich so vom Menschen aus, um im Menschen zu münden. Um seiner lebendigen Persönlichkeit, um seiner unvertretbaren Wirklichkeit willen zahlt er den Preis der Irrealisierung, Maskierung, Funktionalisierung, nimmt die ganze Sphäre der Künstlichkeit, der Mechanisierung und der Umständlichkeiten auf sich und erkauft selbst ein Raffinement komplizierter Befriedigung mit der Übernahme zweckloser Bedürfnisse. Für ihren Glauben, ihre Einrichtungen und Sitten unterziehen sich Genossen einer primären Vertrautheitssphäre der Last staatlicher Organisation, entsagen einem unbestimmt großen Teil ihrer Freiheit und natürlichen Würde und beugen sich als Mittel unter einen höheren Zweck. Und doch endet schließlich alles im Menschen, an

---

[237] Plessner, 1924a, S. 116.
[238] Plessner, 1924a, S. 115–116.
[239] Plessner, 1924a, S. 123.

den die höchste Gewalt übergeht, endet in seiner irrationalen Individualität, in seinem Charakter, Temperament, Schätzungsvermögen, in seinem Willen. Ob Staatsrat, Ministerium, Parlament, absoluter Herrscher – einer macht es, geschoben wohl, gezogen wohl, den Bewegungen der Masse irgendwie folgend, doch immer von sich aus treibend, ein Zentrum der Initiative, ein Übergewicht auf den immer wieder equilibrierten Schalen der Waage des Schicksals."[240]

Eine merkwürdige Verquickung zwischen einer Aufwertung persönlicher Initiative im Rahmen der staatlichen Aufgabenbewältigung einerseits und einer über die angenommene Irrealisierung der Personen im gesellschaftlichen Verkehr hinaus vergrößerte Distanz zwischen seelischer und beruflicher Wirklichkeit andererseits gewinnt im Fortgang der Plessnerschen Argumentation Konturen im Rahmen eines *politischen Handlungstheorems*.[241] Hierzu wird zunächst der Begriff politischer „Führung" unter dem Gesichtspunkt des Entscheidungsbedarfs und dem ihm zugeordneten Bedarf einer „Initiativgewalt" konzeptionell geschärft.[242]

Plessners Anliegen, ein moralisch ungebundenes politisches Ethos zu begründen, das in der Art und Weise von Handlungsvollzügen durch ein Entfalten wertäquivalenter Sinnbezüge zum Ausdruck gelangt, entspringt der skizzierten Grundkonstellation seines politischen Denkens. Hier wird die Frage nach einer adäquaten Verhältnisbestimmung von „Politik und Moral" und die damit verbundene Frage nach einer den *politischen* Sinn erfüllenden konstruktiv-gestalterischen politischen Praxis aufgeworfen. Aus der Konstruktion einer Differenz zwischen Gemeinschaft, Gesellschaft sowie Staat und der anschließenden Abstrahierung gemeinschafts- und gesellschaftsspezifischer Entscheidungslogiken als staatlich inadäquat wird an der Spitze der Ordnung ein nicht rationalisierbarer Freiraum des Politischen ausgemacht, „in welchem die ursprünglichen, irrationalen Entscheidungen der lebendigen Einzelpersönlichkeit wieder ausschlaggebende Kraft gewinnen".[243] Durch den politischen Führer, durch Entäußerung von Verfügungsgewalt an ihn, könne aus Disparatem eine Einheit werden, deren Inbegriff eben gerade die politische Ordnung sei.

---

[240] Plessner, 1924a, S. 120.
[241] Für nähere Ausdeutungen dieses politischen Handlungstheorems siehe auch: Hitzler, 1995 sowie Richter, 2005, S. 147–210.
[242] Plessner, 1924a, S. 116.
[243] Plessner, 1924a, S. 117.

Drei politisch integrative Konzeptionen des Spielens

Das Spielen einer politischen Führungsrolle sei zu denken als die Kunst, sich *spielend* in sein politisches Amt zu heben. Diese „Kunst des Politikers"[244] wurde bereits 1918 in *Zur Geschichtsphilosophie der bildenden Kunst seit Renaissance und Reformation* im Verweis auf die ästhetischen Spielbegriffe von Kant und Schiller thematisch, hier jedoch noch nicht im Horizont einer Verknüpfung von Anthropologie und Staatstheorie.[245] In der *Grenzschrift* unterschied Plessner das *Spielen einer politischen Führungsrolle* von anderen sozialen Rollen dadurch, dass es dem Menschen eine *doppelte Irrealisierung* abverlange:

„Als politischer Führer ist der Mensch [...] in doppeltem Grade irrealisiert, er ist etwas, bedeutet etwas, stellt etwas dar in zweiter Potenz, weil er nicht nur eine Funktion *im* Ganzen, sondern *für* das Ganze erfüllt und im Namen des Ganzen handelnd das Ganze verkörpert."[246]

Der Staatsmann, so heißt es mit anderen Worten, unterliege dem „Zwang der Verantwortung, für andere zu handeln".[247] Der Gedanke einer zur politischen Repräsentation gesteigerten Selbstdistanz wird zugleich durch eine zweite, aus der *Position des Führungsamts im Staat* hergeleitete Annahme in gegenläufiger Richtung modifiziert. Aus der Positionierung des politischen Führungsamts an der Spitze des Staats wird die Pflicht zur *individuellen* Willensentscheidung auferlegt. Das Denkmotiv einer spielenden Belebung der politischen Amtsrolle durch die Person des Amtsträgers wird hier entfaltet. In neuem Gewand kehrt so auch in diesem Kontext das Theorem der Verbundenheit von Person und Rolle, Freiem und Erzwungenem wieder: Aus der Annahme einer Unvereinbarkeit von „Privatmoral und Amtsmoral"[248] wird die Konsequenz einer politisch geforderten Fügung des Staatsmanns in seine „Pflicht zur Macht" gezogen, der er allein, indem er sie *spielend* annehme, gerecht werden könne, d. h., indem er im Namen des Ganzen sich in die so definierte, paradox anmutende Notwendigkeit fügt, eine einsame, individuelle Entscheidung zu treffen, die jedoch aufgrund dieser besonderen Kontextualisierung nicht in einer individuell frei

---

[244] Plessner, 1924a, S. 97.
[245] Plessner, 1918, S. 21–22, 41–42, 46.
[246] Plessner, 1924a, S. 118.
[247] Plessner, 1924a, S. 118.
[248] Plessner, 1924a, S. 119.

gestalteten Form, sondern ‚nur' im Ausdrucksbild eines doppelt irrealisierten Menschen in Erscheinung tritt.

Im Lichte seiner späteren Philosophischen Anthropologie des Spielens erscheint Plessners Konzeption der Verbundenheit von Spielvermögen und politischer Handlung, wie sie die *Grenzschrift* entwirft, als vorauseilende politisierte Variante eines durch den Grundzug einer *relativen Freiheit* bestimmten, ernstfallbezogenen Handlungsbegriffs. Der Entscheidungsakt des Staatsmanns vereint die Spiel-Voraussetzung des Widerstands mit dem Merkmal des spielenden, fiktiven Darüber-Hinausgreifens im Modus eines spielenden Instrumentalisierens *seiner* Rolle.

Im Verbund eines Bejahens des Kampfs mit der Einsicht in die nicht rationalisierbare Dimension politischer Handlungswirklichkeit rekurriert Plessner auf *kairós*[249] (griech. für *der rechte Augenblick bzw. die gute Gelegenheit*).[250] Wider eine rückhaltlose politische Vernunft und Moral würdigte auch Plessner die Fähigkeit, „aus Gelegenheiten Ereignisse" und somit *Politik*, d. h., „Geschichte zu machen".[251] Bismarck habe aus der Einsicht in das politisch Notwendige die richtigen praktischen Konsequenzen gezogen:[252] das Wissen, „daß jede Situation aus Gefahrpunkten besteht, wo Kopf oder Schrift gespielt sein will".[253] Plessner geht es hierbei nicht um Willkür, sondern um ein Ausbalancieren politischer Unwägbarkeit durch im Mut zur Willensentscheidung begründete Übernahme von politischer Verantwortung:

„In der unergründlichen Mischung von Freiheit und Gezwungenheit, in der Tatsache, daß es die Stunde gleichsam an sich trägt, wenn sie genützt sein will, daß es eine Forderung des Tages gibt und doch wieder so viel Beliebigkeit und Zufall und Blindheit im Geschehen, liegt der Zwang zur Verantwortung des Staatsmannes vor diesem teils realen, teils imaginären Komplex aus Gewesensein und Entwicklungssinn, vor dem Forum der Weltgeschichte."[254]

Eine realisierte Verbundenheit aus Freiheit und Zwängen im Zeichen des drohenden Kampfs findet Plessner im „ritterlichen Geist"

---

[249] Plessner, 1924a, S. 123–126.
[250] Gessmann (Hg.), 2009, S. 373.
[251] Plessner, 1924a, S. 125.
[252] Plessner, 1924a, S. 118.
[253] Plessner, 1924a, S. 125.
[254] Plessner, 1924a, S. 126.

bzw. „ritterlichen Krieger",²⁵⁵ d.h. die durch den sozialen Radikalismus verdrängte Fähigkeit, den Kampf mit „gute[m] Gewissen" zu bejahen und so als einen „edlen Spielraum" *sehen* zu können:

> „Ritterlicher Geist, dem das Leben in seiner ganzen Fülle und seelisch-geistigen Tiefe ein Kampfplatz, darum aber auch ein edler Spielraum war, worin die Gesetze des Anstands, der gegenseitigen Achtung und Würde, der Unantastbarkeit der zentralen Elemente des Menschen beobachtet wurden, dieser Geist weicht dem Zwiespalt von seelisch-intellektuell motiviertem Pazifismus und von der Macht der Tatsachen aufgedrungenem Interessenegoismus."²⁵⁶

Somit sind es die Moralisten, denen Plessner Leichtfertigkeit vorwerfen konnte. Der Kampf erstarre durch „allmähliche Technisierung und Mechanisierung in Berufsdiplomatie, Berufspolitik und Berufssoldatentum".²⁵⁷ Die „Utopie der Gewaltlosigkeit" wird in einen „Willen zur Macht" gewendet:²⁵⁸

> „Wir haben keinen Anlaß, dem Willen zur Macht, dem Drang des Lebens nach Überfluß, nach Luxus der Bewegungsmöglichkeiten, nach Spiel und Gefahr zu mißtrauen. Sie sind als Triebformen, als dynamische Strukturen wertindifferent, aber den Pflichten, welche der Geist im Hinblick auf die seelische Individuation formuliert, konkordant."²⁵⁹

Im vorstehenden Zitat rührt Plessners Konzeption des Spieltriebs an die Grundlagen politischen Handelns. Plessner spricht vom Mut zum „Wagnis, Versuch, Einsatz im fürchterlichen Spiel, wo keine Ewigkeit ihm je zurückbringt, was er von der Minute ausgeschlagen" spezifiziert.²⁶⁰ Konstatiert wird so ein „Wagnischarakter" als Grundzug aller „Entscheidungen öffentlicher Art".²⁶¹ Eine Umdeutung des idealistischen Vernunftbegriffs wird vor diesem Hintergrund vorgenommen. Anstatt von den Voraussetzungen einer Sachgemeinschaft, die auf den Modus der Überzeugung durch Vernunftgründe bauen könne, wird von einem gegebenen „Stand des Kräftespiels der Interessen"²⁶² ausgegangen. Das Spezifikum

---

[255] Hierzu und zum Folgenden: Plessner, 1924a, S. 24.
[256] Plessner, 1924a, S. 24.
[257] Plessner, 1924a, S. 24.
[258] Plessner, 1924a, S. 130.
[259] Plessner, 1924a, S. 130.
[260] Plessner, 1924a, S. 123.
[261] Plessner, 1924a, S. 118.
[262] Plessner, 1924a, S. 116.

politischer „Praxis" wird in diesem Zusammenhang darin gesehen, „nicht durch gegenseitige Überzeugung zur Einhelligkeit als dem Prinzip der Entbindung der Initiative gelangen" zu können[263] – eine Position, die an die politisch-philosophische Brettspiel-Problematik in Platons *Politeia* erinnert.[264] So bleibt hier zufragen, welchen Lösungsweg Plessner an dieser Stelle empfahl.

In Plessners Konturierung einer im Mut zum Spiel verankerten politischen Haltung wird dem politischen Vorgehen „nach den Prinzipien des Vertrauens in die Vernunft" ein Vorgehen nach der Maxime „größter Sicherheit" entgegengehalten.[265] Ein solches Vorgehen sei auf einen Akt der individuellen Willensentscheidung verwiesen. In seiner „Verantwortung, für andere zu handeln",[266] wird der Staatsmann im Dienste am Ganzen stehend und durch das Ganze berührt gesehen, zugleich aber als auf sich selbst – und Gott[267] – zurückgeworfen, in seinen Entscheidungen isoliert.[268] *So sah Plessner der Annahme des Ernsts ein schöpferisches politisches Handlungsprinzip entspringen.* Hierzu nun nochmals vertiefte Ausführungen zu Plessners *Konzeption des diplomatischen Spiels.*

Die Entscheidung, notfalls den Krieg zur „Vernichtung des Feindes" auszurufen, müsse den höchsten politischen Verantwortungsträgern abverlangt werden können, „[d]enn ohne Vernichtung, zum wenigsten als Drohung, gibt es keine Politik [...]."[269] Wiederum zeigt sich nun in Plessners Gedankenführung die Einsicht in den Ernst als der Umschlagpunkt für eine Kultivierung der politischen Konfliktbewältigung.[270] So weist Plessner auf die Einsicht in die Möglichkeit des Vernichtet-Werdens und Vernichtet-Werden-Müssens als den *Ausgangspunkt* einer durch sie eingeleiteten Kultivierung des politischen Kampfes durch das diplomatische Spiel:[271]

---

[263] Plessner, 1924a, S. 117–118.
[264] Platon, vgl. o., S. 196–197.
[265] Plessner, 1924a, S. 126.
[266] Plessner, vgl. o., S. 252.
[267] Vgl. a. Plessner, 1928, S. 424.
[268] Plessner, 1924a, S. 123.
[269] Plessner, vgl. o., S. 238.
[270] Plessner, 1924a, S. 124.
[271] Plessner, 1956b, S. 165. Indirekt wird diese Position unterstützt in der 1956 erschienenen Schrift *Die Funktion des Sports in der industriellen Gesellschaft.*

Drei politisch integrative Konzeptionen des Spielens

„Je empfindlicher die Menschen für kriegerische Entscheidungen werden, um so höher schätzen sie die ritterlichen Künste des diplomatischen Spiels ein, das dem Appell an die nackte Gewalt soviel wie möglich zuvorzukommen, den offenen Vernichtungskampf Mann gegen Mann auf der Basis Tier gegen Tier soweit als irgend möglich hinauszuschieben sucht."[272]

Die Annahme des tödlichen Ernstfalls als stets mögliche Realität wird als Ursprung einer geistigen Bereitschaft begriffen, ihn mit den Mittel des Spiels so unwahrscheinlich wie möglich zu machen. Somit erschließt sich für Plessner die Notwendigkeit eines *Spielgeists* politischen Handelns *rückwirkend von einer Bejahung des tödlichen Ernsts*. Will man somit in Plessners Forderung nach mehr Leichtigkeit der politischen Praxis ein weiteres Indiz für elementare Gemeinsamkeiten zwischen Schmitts und Plessners politischem Denken auffinden, wird man hier indes gerade zu einer gegensätzlichen Position geleitet.

Plessners Gedankenführung verläuft *sowohl* in Abgrenzung zu Schmitts *als auch* in Abgrenzung zur romantischen Auffassung der Politik: Mut zur Wirklichkeit impliziert für Plessner gerade, Einsichten in das politisch Unveränderbare durch *erst dadurch* kenntlich werdenden Einsichten in das real Veränderbare zu verbinden. Ein paradox erscheinendes Zusammenkommen eines Annehmens von Notwendigem, unhintergehbar Erzwungenem einerseits und einem sich frei Darüber-hinweg-Setzen andererseits wird, politischen Spielgeist konturierend, konstatiert. Momente des Nichtnotwendigen im Ernst des Notwendigen würden erst kenntlich, wenn man sich dem Ernst dieser Wirklichkeit stellt, statt sie als unwirklich zu leugnen. Nur auf diesem Wege kann Plessner zufolge der Weg zu einer *anderen* Wirklichkeit, die sich vom Hintergrund ihres Ursprung, der unauslöschbaren Gewaltproblematik in den zwischenmenschlichen Beziehungen, nie lösen, ihn aber in etwas Neues verwandeln könne, beschritten werden. Für einen solchen Weg steht für Plessner die nun zu beleuchtende *politische Diplomatie*.

Plessners nun zu erörternde handlungstheoretische Leitidee ist die: Durch diplomatisches Handeln gelte es durch die Einbindung von Taktgefühl Spielen zu *politisieren* und darüber politisches Handeln zu *kultivieren*. „Politik" bedeute, so wurde bereits angeführt, eine „immer für eine besondere Lage spezifizierte Diplomatie".[273]

---
[272] Plessner, 1924a, S. 125.
[273] Plessner, vgl. o., S. 238.

Eine Konzeption der diplomatischen Verhaltensweise wird zunächst als ein allgemeines Modell des zwischenmenschlichen Umgangs in der Öffentlichkeit entworfen. Ziel der Diplomatie sei es, Geschäfte zu machen, ohne dabei auf gemeinschaftliche Bindungen bauen zu können, Übereinkünfte durch Umgehung von Gewaltsamkeit zu erreichen:

„In einer Sphäre ohne Liebe, ohne Überzeugung als bindende Weisen von Mensch zu Mensch gibt es keinen Ausgleich der Gegensätze, sondern nur ihre Vermittlung im Wege des Übereinkommens. Dieser Weg führt hart am offenen Konflikt vorbei, in dem die physische Macht entscheidet. Solche Gewaltentscheidung aber widerspricht der geistigen Natur des Menschen, sie lebt nur so lange als die Gewalt lebt und ist in dem Augenblick null und nichtig, als die realen Mittel der Aufrechterhaltung des erzwungenen Zustandes nachlassen. Seiner Freiheit beraubt, in seiner Würde gekränkt, für Nichts geachtet, bäumt sich der Unterlegene gegen den Sieger auf. Diplomatie ist die Kunst, diesem Prozeß vorzubeugen, dadurch, daß sie die Würde des anderen unangetastet läßt und die Unterlegenheit des Gegners aus seiner freien Entschließung hervorzaubert oder die belastende Siegerrolle objektiven Gewalten zuschiebt."[274]

Niedere[275] wird von höherer Diplomatie unterschieden. Die agonale Situation des Kampfs gibt den situativen Handlungsrahmen mit dem soeben bezeichneten Ziel oder Zweck, ein Übereinkommen zu treffen. Diplomatisches Verhalten bedeute

„das *Spiel von* Drohung und Einschüchterung [m. Hv.], List und Überredung, Handeln und Verhandeln, die Methoden und Künste der Machtvergrößerung, die mit den Künsten der Machtverteidigung und -rechtfertigung, dem Spiel der Argumentationen, der Sinngebung des Sinnlosen innerlich notwendig verbunden sind."[276]

Das „Spiel" zur Gewaltvermeidung geht den Weg einer streng auf Gegenseitigkeit gestellten Logik des Spiels, d. h. einen zur Agonalität gegenläufigen Weg. Der Verfolgung des Zwecks, die Durchsetzung einer Position, wird einer „Logik des Spiels" *eingegliedert.*

Die „Logik des Spiels" findet in Plessners Bestimmung der Diplomatie im Aspekt der Anerkennung von „gleichen Mitteln" der Auseinandersetzung und „der gleichen Respektierung menschlicher

---

[274] Plessner, 1924a, S. 98–99.
[275] Plessner, 1924a, S. 99.
[276] Plessner, 1924a, S. 99.

Freiheit" ihre zentralen Ausgangspunkte.[277] Plessner nimmt hier das „Prinzip der Gegenseitigkeit" wieder auf als das Prinzip aller „öffentlichen Relationen", das sich – nicht mehr, aber auch nicht weniger – auf die Achtung der Würde des anderen und den Grundsatz der Freiwilligkeit stütze.[278] *Von hier ausgehend* könne dem Charakter „diplomatischen Spiels" Rechnung getragen, ein solches allererst entfaltet werden. Ein von Gewaltsamkeit entlasteter Handlungsraum werde geschaffen, indem der „Sinnlosigkeit" der „brutalen Gewalt" *Sinn* gegeben werde.[279] Dieser im Sinnlosen beförderte „Sinn" gibt in der Unmenschlichkeit der *Menschlichkeit* Raum. In dieser „Illusion einer Menschlichkeit"[280] wird Kultur allgemein und politische Handlungskultur im Besonderen *wirklich*. Statt eine Überlegenheit des einen und mit ihr eine Unterlegenheit des anderen herauszukehren, sie *fühlen* zu lassen, gelte in der Einhaltung des Gegenseitigkeitsprinzips die – nicht wettkampfgemäße – Regel der Verhaltenheit:

„Jeder gibt dem anderen so viel Spielraum, als er selbst beansprucht, erst aus dem Gegeneinander der einzelnen Maßnahmen darf sich die Vergrößerung des einen Spielraums auf Kosten des anderen entwickeln. In jedem Augenblick haben auf diese spielgerechte Weise die Gegner Verfügungsgewalt über sich selbst, bis die Logik der Tatsachen entschieden hat. Gemildert wird dadurch die Härte der Lebensgegensätze nicht, nur die Gefahr eines gewaltsamen Ausgleichs auf Kosten der menschlichen Würde gebannt. Denn Seele und Geistigkeit des Menschen verlangen, daß auch der Kampf auf Leben und Tod in Formen verläuft."[281]

Einerseits gelte es hierbei, den anderen „durch Strategie und Taktik in die Enge [zu] treiben, daß er sich für besiegt erklärt".[282] Andererseits ist ein Erreichen jenes Zieles Plessner zufolge nur durch eine spielgemäße Interaktionsmodalität erreichbar; sie könne nicht übersprungen oder *nur vorgetäuscht* wirksam werden. Die Würde des Unterlegenen kann mit Plessner nicht aus dessen Glauben, der andere meine es mit ihm nicht ernst, gewahrt bleiben. Plessner meint demnach einen ernst genommenen Akt der Lösung tatsächlich ge-

---

[277] Plessner, 1924a, S. 101.
[278] Plessner, vgl. o., S. 242.
[279] Plessner, 1924a, S. 101.
[280] Plessner, vgl. o., S. 161.
[281] Plessner, 1924a, S. 101–102.
[282] Plessner, 1924a, S. 101–102.

gebener harter Lebensgegensätze in *von wahrem Respekt getragenem* Schein. Für ein solches *ernst genommenes* Spiel[283] sei der „Takt" unverzichtbar. „Diplomatisches und taktvolles Benehmen" seien „in Wirklichkeit unzertrennlich", aber „der Idee nach geschieden":[284]

„Takt ist das Vermögen der Wahrnehmung unwägbarer Verschiedenheiten, die Fähigkeit, jene unübersetzbare Sprache der Erscheinungen zu begreifen, welche die Situationen, die Personen ohne Worte in ihrer Konstellation, in ihrem Benehmen, ihrer Physiognomie nach unergründlichen Symbolen des Lebens reden. Takt ist die Bereitschaft, auf diese feinsten Vibrationen der Umwelt anzusprechen, die willige Geöffnetheit, andere zu sehen und sich selber dabei aus dem Blickfeld auszuschalten, andere nach ihrem Maßstab und nicht dem eigenen zu messen. Takt ist der ewig wache Respekt vor der anderen Seele und damit die erste und letzte Tugend des menschlichen Herzens."[285]

Wie auch der diplomatischen Verhaltensweise wird der taktvollen ein eigener Hoheitsbereich in der gesellschaftlichen Lebenssphäre zugeordnet: die Sphäre geselliger Zusammenkünfte bzw. Situationen, geprägt durch einen „nur einfachen Verkehr ohne Zweck", in der es „Unterhaltung um der Entspannung und Erhöhung des Lebens willen zu pflegen gilt".[286] Als „erste und letzte Tugend des menschlichen Herzens"[287] sei der Takt seinem Wesen nach *grundlos*[288] und in diesem Sinne etwas *Überflüssiges*.[289] Eine taktvoll gestaltete Beziehung setze niemals bei Begründungen an, sondern gerade bei einer grundlosen Wertschätzung des Gegenübers. Mit aneren Worten galt Plessner der Takt als Inbegriff für die einzig mögliche „sittliche Maxime" in allen Alltagsbeziehungen, „die nicht nach Gründen alternativ behandelt werden können".[290]

Das prozessuale Kernelement taktvollen Benehmens wird als *tastendes* Vorgehen beschrieben, in dem ein über das eigene Selbst hinausgreifendes Vorfühlen, das auf das Eigene des anderen konzentriert ist, mit Momenten des *Sicherns,* das auf ein Bewahren der

---

[283] Vgl. a. Plessner, 1941, S. 360–361.
[284] Plessner, 1924a, S. 112.
[285] Plessner, 1924a, S. 107.
[286] Plessner, 1924a, S. 112.
[287] Plessner, vgl. o.
[288] Plessner, 1924a, S. 111.
[289] Plessner, 1924a, S. 109.
[290] Plessner, 1924a, S. 109.

Drei politisch integrative Konzeptionen des Spielens

eigenen Integrität, des eigenen „Gesicht[s]" bedacht bleibt, in einer Zwei-Einheit zusammengehe.[291] Damit weist Plessners Konzeption des Takts auf ein wertunabhängiges Ethos vorbehaltloser Liebenswürdigkeit und darin zugleich auf ein Wesensmoment seines Spielcharakters hin.

In der „Spannung von Norm und Leben" könnten diplomatisches und taktvolles Benehmen eine Sphäre des *Ungefährs* konstituieren,[292] wodurch sie konflikthaften Situationen ihr Gewaltpotential zu entziehen vermöchten und so derselbe Kampf mit zivilisierten Mitteln ausgetragen werden könne. *Kreiert* werde durch taktbegründete Diplomatie ein Übereinkommen, das durch die Art und Weise seines Zustandekommens im Modus der Freiwilligkeit jene Kränkungen, die ein Wiederaufbäumen des Unterlegenen provozieren, vermeidet:

„Seiner Freiheit beraubt, in seiner Würde gekränkt, für Nichts geachtet, bäumt sich der Unterlegene gegen den Sieger auf. Diplomatie ist die Kunst, diesem Prozeß vorzubeugen, dadurch, daß sie die Würde des anderen unangetastet läßt und die Unterlegenheit des Gegners aus seiner freien Entschließung hervorzaubert oder die belastende Siegerrolle objektiven Gewalten zuschiebt. Sie verfolgt die Methode, von jeder Entscheidung die unvermeidlich niedere Herkunft aus dem Wechselspiel von Drohung und Schwäche dadurch wegzudeuten, daß sie ihr das Gesicht eines gerechten und vernünftigen Ausgleiches verleiht."[293]

Was Plessner in diesem Zusammenhang vornimmt, ist demnach nicht weniger als eine Zurückweisung einer „romantische[n] Zivilisationsflüchtigkeit" einschließlich des romantischen Spielbegriffs[294] zugunsten seiner Wiederentdeckung im Herzen einer auf „Machtvergrößerung" ausgelegten Methode im Rahmen derjenigen Auseinandersetzungen, die Plessner zufolge das „Element der *Geschichte*" bilden: diplomatische Beziehungen in ihrer „Durchführung" *als dieses Spiel*.[295] In diesem Zusammenhang wird auch der spezifische Grund dafür kenntlich, dass Plessner das diplomatische Verhalten „unzertrennlich" mit dem taktvollen ansehen muss: Ohne die Fähigkeit einer taktvoll-spielenden Zuwendung zum anderen ent-

---

[291] Plessner, 1924a, S. 108.
[292] Plessner, 1924a, S. 97.
[293] Plessner, 1924a, S. 98–99.
[294] Plessner, 1924a, S. 104–105.
[295] Plessner, 1924a, S. 99.

behre diplomatisches Handeln gerade des Sinns für seine Ausführung *als Spiel* – gleichwohl das diplomatische Spiel Plessner zufolge darüber hinaus fordert, die rein liebenswürdige Sphäre taktvoller Beziehungen, wie sie nur „zwischen natürlichen Personen" möglich sei,[296] auf Ebene der diplomatischen Begegnung „zwischen irrealisierten Personen, Funktionären, ‚Beamten', Geschäftsleuten"[297] mit Blick auf die diplomatische Aufgabe, die eigene Position gegen die des anderen zu behaupten, *diplomatisch*-spielend zu durchbrechen.

Der *politische Souverän* agiere nicht nur in geregelten Strukturen, vor allem müsse er „Tatsachen" *erzeugen*.[298] Er wetteifert demnach nicht. Sein „Umkreis"[299] wurde als vom Aleatorischen durchdrungen charakterisiert.[300] Das Moment des *kairós* fordere vom Staatsmann, ein „praktischer Okkasionalist aus Ehrfurcht" zu sein.[301] Hierzu sei es geboten, das Ziel, den Gegner „auf der Ebene der gleichen Respektierung der menschlichen Freiheit […] soweit durch Strategie und Taktik in die Enge [zu] treiben, daß er sich für besiegt erklärt", unter der Bedingung eines maximalen Abstands zwischen den doppelt irrealisierten Interaktionspartnern zu verfolgen. Unter politischen Repräsentanten, die doppelt irrealisiert und darin an die Forderung, für die Interessen und die Integrität ihres jeweiligen Gemeinwesens einzustehen, gebunden seien, werde daher ein „Verhältnis von Mensch zu Mensch, Auge in Auge" zwangsläufig aufgehoben.[302] Ein „Resonanzboden in anderer Persönlichkeit fehlt" und „jede Äußerung, ob sie will oder nicht, [erhält] politischen Wert, verliert jeglichen Ausdruckswert, auch wenn sie als Ausdruckswert, als Ehrlichkeit im menschlichen Sinne, genommen sein will".[303]

Plessner ließ sich von „den Gesetzen der sozialen Perspektive" anleiten, wenn er versucht, die Züge des Staatsmanns zu beschreiben. Dieser werde hierin „auf das Minimalformat des puren Geschäftsmanns" verkleinert, und „[a]lle seine Äußerungen bekom-

---

[296] Plessner, 1924a, S. 109.
[297] Plessner, 1924a, S. 109.
[298] Plessner, 1924a, S. 99.
[299] Plessner, vgl. o., S. 168.
[300] Plessner, vgl. o., S. 253.
[301] Siehe hierzu und zum Folgenden: Plessner, 1924a, S. 54–55 und 101.
[302] Plessner, 1924a, S. 122.
[303] Plessner, 1924a, S. 122.

Drei politisch integrative Konzeptionen des Spielens

men taktisch-strategischen Charakter.[304] In Annahme *dieser* besonderen „Lage"[305] habe der Staatsmann seine Rolle zu spielen. In Plessners Bestimmung des *politisch*-diplomatischen Spiels tritt vor diesem Hintergrund die Realität des Kampfes deutlicher hervor (= „politisch vorgehen"[306]):

„Und mag ein Politiker, ein Kabinett, ein ganzes Volk sogar mit schlechtem Gewissen sich versündigen, Obliegenheit der verantwortlichen Wortführer bleibt es, die eigene Position durch ebenso richtige Gegengründe zu stärken, die fremde zu schwächen."[307]

„Gewissensharmonie" bleibe vor diesem Hintergrund ein unzulässiger „Luxus".[308]

Damit wird deutlich, dass Plessners anthropologisch entfaltete Bestimmung des Politischen, die eine politische Bestimmung des Menschen als Träger staatlicher Verantwortung nach sich zieht, die Vorstellung eines politischen Spielraums begründet, der in den Grenzen drohender Kämpfe, drohenden Kriegs, eine Wirklichkeit diplomatischer Konfliktaustragung behauptet, die nicht aus gegebenen Handlungsfreiräumen schöpft, sondern durch die Annahme des höchst denkbaren politischen Ernsts durch eine spielgerechte politische Praxis *wirklich wird*. Der souveräne politische Spieler wird als Schöpfer und Bewahrer der so begriffenen Realität der Politik gedacht. Er stiftet kämpferisch Frieden, indem er mit dem Krieg rechnet, er fällt Entscheidungen, wo niemand mehr entscheiden kann, und nutzt bei all dem die Gelegenheiten zur Gestaltung der Historie, die er nicht vorhersehen kann. „Politik" sei

„eben die Kunst [...], aus Gelegenheiten Ereignisse zu machen und im Element einer unausgesetzten Willkür mit den tatsächlichen Mächten, Triebkräften, d.h. in den Grenzen des Möglichen, einen Sinn hervorzubringen."[309]

In der *Grenzschrift* wird hier ein erheblicher Einfluss des Kunstgedankens auf das politiktheoretische Denken Plessners deutlich.[310] Salvatore Giammusso ist vor allem vor dem Hintergrund der oben

---

[304] Plessner, 1924a, S. 122.
[305] Plessner, vgl. o., S. 238.
[306] Plessner, 1924a, S. 122.
[307] Plessner, 1924a, S. 121–122.
[308] Plessner, 1924a, S. 121.
[309] Plessner, 1924a, S. 125–126.
[310] Giammusso, 1995, S. 95–97.

skizzierten Bedeutung des Wirklichkeitssinns zuzustimmen, dass dabei *keine* „Ästhetisierung der Politik" erfolgt,[311] wie es Schiller in seinen *Briefen* unternahm.

Summa summarum: Das Eigentümliche des diplomatischen Handelns bestimmte Plessner dadurch, dass es den Kampf, ohne seine Gegenwart als solche aufheben zu können, zurückdrängt, aus dem Zentrum der Interaktion zurückzieht, indem es *Abstand* schaffe, ihn darin *verbirgt*. Plessner dachte die diplomatische Verhaltensweise folglich nicht als schlichte Umwandlung des Gewaltkampfs in agonales Spiel, sondern als ein Zurückdrängen und Verbergen des Kampfs, seiner Agonalität, durch davon Abstand schaffendes Spiel. Das in seiner späteren Spielanthropologie gestärkte Motiv eines *fiktiven, Möglichkeitsräume erkundenden Hinausgreifens über gegebene Widerstände* kommt hierbei, wie gezeigt, bereits zum Tragen. Plessner hatte kein agonales Spiel, keinen Wettkampf im Blick, wenn er die Grundzüge der Diplomatie vom Blickpunkt der „Logik des Spiels" erläutert.[312] Die Spiel-Dimension der Diplomatie ist stattdessen ästhetisch bestimmt im Schiller'schen Sinne einer vorurteilsfreien Anschauung des anderen.

So begründete Plessner eine politische Konzeption des *Umgehens* des Gewaltkampfs durch spielästhetisch-moralisches Miteinander-Umgehen, worin vom ritterlichen Kampfspiel klar abgewichen wird. Das Prinzip der Gegenseitigkeit als öffentlichkeitsspezifisches Handlungsprinzip konterkariert gerade die Spielweise und Bedeutung des agonal definierten Spiels. Es geht in der diplomatischen Beziehungsform nicht um einen spielgerechten Wettkampf, sondern um die Entfaltung eines Spiels, das das Kämpferische mit Blick auf einen veränderten Bezugspunkt transformiert. Diesen Bezugspunkt gibt das Gegenseitigkeitsprinzip als Achtung der Würde, zu der belassene Freiwilligkeit gehört, vor. Man behandelte einander entsprechend nicht „fair", weil bestimmte Regeln eingehalten werden müssen, sondern Gegenseitigkeit bezeichnet ein Ziel des diplomatischen Spiels, also etwas, *worum es auch geht*.

Folgt man Plessners Argumentation, so kann das diplomatische Spiel nicht als belanglose Täuschung charakterisiert werden, als ein nur so tun, als ob man nicht wüsste, worum es *eigentlich* geht. So liegt das Eigentliche nicht hinter dem im Spiel realisierten

---

[311] Giammusso, 1995, S. 97.
[312] Anders Richter, 2005, S. 178–186, 200–210.

Schein, sondern in der spielgerecht vergegenwärtigten Gegenseitigkeit selbst. Das diplomatische Spiel würde diesem Theorieentwurf zufolge nicht gelingen können, käme auch nur der Verdacht auf, es würde nicht *ernst* genommen. Sein Ernst liegt in dem, was ohne es, folgt man Plessner, *nicht gegeben* wäre (gegeben ist ihm zufolge der Kampf): in der „Illusion einer Menschlichkeit", die im Vollzug jedoch wahr wird, weil sie angenommen ist. Darin liegt die Tiefe der Plessner'schen Spiel-Deutung als Verbundenheit aus Freiheit und Zwang: dass sie in der „Logik des Spiels" *durch den künstlichen Schein* etwas *wirklich werden* sieht, das elementar für eine humane Kultur ist, aber nicht von Natur aus gegeben. Die zweistufig entfaltete „Scheinlösung"[313] als Irrealisierung von natürlichen Personen und ursprünglicher Situation wird nicht als eine nur scheinbare Lösung von Konflikten, sondern als Art und Weise einer Konfliktlösung *durch ernst genommenen Schein* begründet.

In der diplomatisch über-spielten Realität der Kräfteverhältnisse zwischen Kontrahenten, durch die sie durch Umgehung von Kampfhandlungen in Geltung gesetzt werden sollen, müsse der Takt den Ton angeben und sich zugleich in das Telos der Diplomatie, ein Übereinkommen zu erzwingen, fügen. Es wäre jedoch unzutreffend, in dieser situativ bedingten Spezifizierung des Takts einen Umschlag seiner originären Bedeutung von der Grundlosigkeit zur diplomatischen *Funktion* hin zu sehen, eine Lesart, auf die sich etwa die von Giammusso vertretende Annahme einer Plessnerschen Identifikation von Takt und „Taktik" stützen muss. Vielmehr weist Plessners Gebot einer Wahrung grundlosen Takts in diplomatischen Beziehungen auf eine Bedingung der Möglichkeit hin, dass Diplomatie überhaupt *ein Spiel sein* kann und damit gewaltsamer Kampf überhaupt *in zivilisiertes Spiel wandelbar* ist. Mit Blick auf das hier verfolgte Untersuchungsinteresse lässt sich diese Interpretation mit anderen Worten wie folgt zuspitzen: Erst unter der Berücksichtigung des Takts als eine situationsvariabel integrierbare Haltung und Verhaltensweise, die ihren Sinn ‚nur' in sich selbst hat, wird die in seiner Philosophie des Psychischen wie auch in der erweiterten Theorie der exzentrischen Positionalität des Menschen verankerte Spiel-Auffassung Plessners vom irrealisierenden Rollenspielen zu einem tragfähigen Allgemeinbegriff des Spiels als spie-

---

[313] Plessner, 1924a, S. 82.

lend vollführtes *soziales Handeln* im Kontext labiler Alltagsbeziehungen vervollständigt bzw. erweitert.

Es erschließt sich hier, dass es verkürzt wäre, das für die Würde des anderen sensible tastende Vorgehen des Takts mit „Taktik" in eins zu setzen.[314] In ihm spricht sich Plessner zufolge die Unverzichtbarkeit der Würdewahrung als der den Ernst des Gewaltkampfs übersteigende Ernst aus. Damit aber fände der „streng auf Gegenseitigkeit gestellte Kampf aller gegen alle"[315] in der *nicht auf Antagonismus* beruhenden und *nicht agonal* geprägten taktvollen Realisierung des Gegenseitigkeitsprinzips seine konstitutive Rechtfertigung und Entfaltungsmöglichkeit im Zeichen einer allgemeinen „Logik des Spiels".

Unter der Grundannahme einer „Pflicht zur Macht" im Angesicht der Einsicht in die „Utopie der Gewaltlosigkeit" schrieb Plessner somit der politischen Handlung eine die direkte Zweckverfolgung unterbindende Spiel-Dimension ein. Die der Diplomatie inhärente Dimension des Takts wird darin nicht aufgehoben. Die Anforderungen, taktvolles Benehmen anzuwenden, steigen jedoch. Politisches Handeln als Machpraktik heißt für Plessner, trotz der Abständigkeit zwischen Personen und trotz des Umstands, dass jede Handlung taktisch-strategischen Charakter annimmt, das Gegenseitigkeitsprinzip anzuwenden. Politisches Handeln werde *spielgerecht,* indem es an diesem ‚Umweg' festhalte; spielendes Tun werde demgegenüber *politisch,* indem es sich in den Dienst der Verfolgung der höchsten politischen Zwecke füge.

2.2.4. *Gegenseitigkeit als ein Prinzip politischer Inklusion oder: Spielend entfalteter politischer Handlungssinn 2*

Weder findet sich in den *Grenzen der Gemeinschaft* eine Definition von Spiel bzw. von Spielen auf, noch hat Plessner die offenkundige spielanthropologische Leitlinie seiner staatspolitischen Gedankenentwicklung konzeptionell expliziert. Solches soll daher im Folgenden versucht werden.

In der *Grenzschrift* wird die Forderung begründet, politisches Handeln in der engeren Fassung des mit Führungsaufgaben betrau-

---

[314] Giammusso, 1995, S. 102.
[315] Plessner, 1924a, S. 81.

Drei politisch integrative Konzeptionen des Spielens

ten Politikerhandelns solle in den Bahnen eines spielenden sich erweitern, um so zur Erfüllung seiner kulturell tiefgreifendsten Funktion befähigt zu werden. Diese Funktion, wenn auch inhaltlich mit anderen Bedeutungen versehen, fällt auch für Plessner mit der Erfüllung der originären Qualität des politischen Handelns als Kulturhandlung in eins. Wie auch in Schillers *Briefen* wird diese Erweiterung zuallererst auch als eine Begrenzung verstanden: Ein unmittelbares Verfolgen politischer Zwecke oder Interessen wird als destruktiv und darin als im eigentlichen Sinne unpolitisch angesehen; ein Zurückhalten der Absicht, etwas bewirken, etwas durchsetzen zu wollen hingegen als die notwendige Bedingung, um auf befriedendem und friedfertigem Wege zu Konfliktlösungen zu gelangen, die auch nachhaltig tragfähig sind.

Im Lichte der *Grenzschrift* erscheint ein spielendes Handeln, das politisch wird, als eine Handlungskunst, die die Härte der realen Lebensgegensätze zwischen politischen Gegnern in allseits Würde wahrende Formen zu kleiden bemüht ist, um darin Raum für ein diplomatisches Aufschieben des politischen Ernstfalls, des Gewaltkampfs, somit für eine friedliche und befriedende Form der Konfliktaustragung zu gewinnen. Nicht durch ein einseitiges Erzwingen von Entscheidungen werde dieser Handlungsmodus verwirklicht, sondern gerade dadurch, dass er die Durchsetzungsmacht des Stärkeren verhüllt. Hierzu muss sie Plessner zufolge aus „tänzerische[m] Geist" und vor allem aus Taktgefühl schöpfen, die zusammen ein wertindifferentes Handlungsethos der Grazie bildeten.[316] Als die konkrete Vollzugsform, durch die solches erfolgen kann, begriff Plessner jedoch das *Spielen*.

Dass dem Menschen die Fähigkeit angeboren ist, etwas spielend zu tun, birgt der Argumentation der *Grenzschrift* zufolge zwei politisch elementare Aspekte: Einerseits wird im Spielen-Können jener Ermöglichungsgrund erblickt, der es einem Individuum erlaubt, durch den Zwang zur Rollenübernahme und im Angesicht existentieller Bedrohungen und Pflichten hindurch gleichwohl als zu persönlicher Entscheidung fähiges Handlungssubjekt aufzutreten. Andererseits wird dem Spielen-Können im Kern nicht nur ein Bewusstsein für die sozialen Voraussetzungen zur Erlangung eigener Würde eingeschrieben, wie sie Plessner zufolge überall dort beachtet werden müssen, wo Menschen nicht durch Liebe und Ver-

---

[316] Plessner, vgl. o., S. 235, 247 und 256–260.

nunft miteinander verbunden sind; zugleich wird ihm auch der Sinn für die Unhintergehbarkeit des *Gegenseitigkeitsprinzips* zugedacht, das fordert, auch für die Unversehrtheit der Würde jedes politischen Gegners Sorge zu tragen. Nur in Bindung an die Maxime der Würdewahrung kann der Argumentation der *Grenzschrift* zufolge ein Handeln wahrhaft politisch, nämlich ein Gewalt verhinderndes Handeln sein. Um es zu erfüllen, müsse ein Abstand zu den Nötigungen des Realkonflikts gewonnen werden. Dieser Abstand kann aus der hier behandelten Sicht Plessners nur einem politischen Handeln erwachsen, das *in den Grenzen eines spielenden Handelns verbleibt*.

Das Spiel der Diplomatie, wie es in der *Grenzschrift* beschrieben wird, ist weder ein institutionalisiertes noch ein institutionalisierbares Spiel. Vielmehr stellt es sich als ein von den politischen Akteuren nur gedachtes Spiel dar, an dem sie ihr Handeln orientieren. Durch diese Orientierung an der Idee aber wird es realwirksames Spiel. Wie auch in Schillers *Briefen* lebt dieses Spiel von den Ausdrucksformen des höflich-verhaltenen und damit ins Soziale gehobenen ästhetischen Scheins. Überlagert dieser aus Sicht Plessners einerseits die tatsächlich bestehenden Machtverhältnisse, so bildet er andererseits eine jene Machtverhältnisse erweiternde Stätte zur Mitteilung von Respektbekundungen, die nur als *ernst gemeinte* ihren politischen Sinn erfüllen könnten. *Politisch spielend etwas zu tun* bedeutet vor diesem Hintergrund, für die Entfaltung eines Sinns in sich selbst so zu *tun* – im doppelten Wortsinn von Schein und Handeln –, *als wären die politischen Gegner gleich*. Nur in der aufrichtigen Ernstnahme dieser Fiktion kommt politisches Handeln als Kulturhandlung in den Augen Plessners zu sich selbst – nicht, weil es frei wäre, sondern weil es über die Einsicht in situative Zwänge, vor allem aber in eine immerwährende Drohung des Gewaltkampfs verfügt. Gerade jene Bedrohung des Lebens verlange dem politischen Verantwortungsträger ab, ihr nicht *nur spielend*, wohl aber *politisch spielend* Widerstand zu leisten, indem er, alle Gefährdungen der Humanität bejahend, daran mitwirkt, Freiräume für gewaltlose Beziehungen in der Politik zu schaffen – auch wenn sie an den Ergebnissen der so ausgetragenen Kämpfe nichts zu ändern vermögen.

Soll eine Kurzfassung des in Plessners Untersuchung entworfenen Begriffs spielend politischen Handelns versucht werden, so könnte jener wie folgt lauten:

Drei politisch integrative Konzeptionen des Spielens

> *Spielend politisch handeln sei verstanden als das Vermögen,*
> *die Härte der realen Lebensgegensätze zwischen politischen Gegnern*
> *in allseits würdewahrende Formen zu kleiden,*
> *um Raum für ein diplomatisches Aufschieben*
> *des politischen Ernstfalls als Gewaltkampf*
> *und somit für eine friedliche und befriedende*
> *Form der Konfliktaustragung zu gewinnen.*

Diese politische Handlungskunst kann Plessner zufolge *nur spielend* verwirklicht werden, weil sie darauf zielt, allgemein verbindliche Beschlüsse *aus der freien Entschließung des Anderen* ‚ins Werk' zu setzen. Gleichwohl ist sie politische Handlungs*kunst*, weil sie durch den durch sie beförderten, wirklich ernst genommenen Schein der Achtung der Würde des anderen in einem politisch elementaren Sinne *schöpferisch* ist: Sie transformiere die durch die politische Wirklichkeit vorgegebene Machtbeziehung zwischen Kontrahenten in eine Beziehung des zwischenmenschlichen Respekts – und realisiere durch solche Zivilisierung der Gewaltmittel den *Kulturgehalt* politischen Handelns und mit ihm den der Politik.

So aber hat der die Härte der Lebensgegensätze überwölbende Schein der Achtung einen ihnen überlegenen politischen Ernst. Die von Plessner entworfene politische Spielform der Diplomatie ist deshalb kein Spiel im herkömmlichen Sinne. Es kann das Wirksam-werden-Können jenes höheren Ernsts, dem der Humanität, nicht sichern. Durch die Einsicht in die politische Notwendigkeit dieses nicht institutionalisierbaren politischen Spiels aber kann die Forderung politischen Spielens eingelöst werden: die Kunst, das diplomatische Spiel durch sich selbst und für einen Sinn in sich selbst in der Entzweiung politischer Gegner als eine höhere Wirklichkeit wachzurufen. So liegt auch der Argumentation der *Grenzschrift* zufolge – jedoch nachdrücklicher, noch voraussetzungsloser als in den *Briefen* Schillers – die politische Bedeutung politischen Spielens nicht in einem Ausschöpfen gegebener Handlungsfreiräume, sondern darin, durch ein Absehen von direkt Zwecke verfolgenden politischen Praktiken im Zwischen politischer Gegner einen beidseitig begehbaren politischen Handlungsraum zu ermöglichen. Nicht das *Bestehen* eines *Spiels der Diplomatie*, sondern *politisch spielendes Handeln* ist demnach als das Konstituens dieses Freiraums gemeint. Dieser nur handelnd ins Leben rufbare Freiraum verleiht Plessner zufolge dem Begriff und der Wirklichkeit *politischer Kultur* die elementare Substanz – gerade nicht als eine des Ideals, sondern als eine politische Kultur, die sich einem der politischen Grenzen der Rationalität und zugleich der verborgenen Möglichkeiten des Menschseins innegewordenen *politischem Realismus* verdankt.

2.2.5. Ein integrativer Denkweg – doch in Negation der Verständigungsdimension politischen Handelns

Einen Inbegriff des politischen Handelns, das nachdrücklich mit dem Vorzeichen der diplomatischen Konfliktbewältigung Bedeutungszuschreibungen erfährt, bringt Plessner ausgerechnet von spielanthropologischen Reflexionen ausgehend zur Vorstellung. Hierfür wird eine wechselseitige Durchdringung von Spieltrieb und politischer Handlungskompetenz facettenreich umrissen. *Spielend etwas tun* gemäß der in Abschnitt *3.2.* erfolgten Ausführungen bleibt in einer sozio-anthropologisch verankerten politischen Deutung des Spielens aufgehoben. Der Politiker erscheint im Ringen mit den Wirrungen der politischen Wirklichkeit und auch mit den Wirrungen der menschlichen Seele und erinnert so an das Marionetten-Gleichnis aus Platons *Nomoi*.[317] Es lässt sich feststellen, dass in den *Grenzen der Gemeinschaft* eine originäre Kreativität politischen Handelns zur Vorstellung gebracht wird. Denn die von Plessner begründeten ‚Früchte' politischen Handelns erwachsen buchstäblich auf ‚steinernem Grund'. Politische Kultur wird in der *Grenzschrift* als ein gegen jede Inhumanität Widerstand leistender Raum gedacht, in dem, auch wenn es paradox anmuten mag, politische Werte der Mitmenschlichkeit *als Schein* politisch wirklich, realpolitisch *wirksam* werden.

Doch auch dies kann im Lichte der vorliegenden Untersuchung festgestellt werden: Machte Schillers integrativer Denkweg die *Konfliktdimension* politischen Handelns überflüssig, so ist es bei Plessner die *Verständigungsdimension*, die als politische Elementarkategorie quasi aufgelöst bzw. ausgeklammert wird. Dies aber erscheint mir, wie nun noch einmal näher betrachtet wird, nicht bedingt durch Plessners Begriff des Spielens zu sein, der gerade in seinem Transfer in ein Politikverständnis im Zeichen diplomatischen Spiels hervorgekehrt wird. Dies scheint vielmehr bedingt

---
[317] Platon, vgl. o., S. 191–193.

durch den von Plessner vertretenen Politikbegriff, der in seinen Grundzügen nicht auf eine Anthropologie des Spielens bezogen worden ist, sondern dem integrativen Denkweg *vorausgesetzt* wird. In Abwandlung der im *Ersten Teil* meiner Untersuchung entfalteten Kritik der Primärstellung des Spiel-Raums ließe sich hier somit von einer Primärstellung des Politikbegriffs sprechen.

Wird in Schillers *Briefen* in der Charakterisierung der aus dem Spielen schöpfenden Kreativität politischen Handelns die Konfliktdimension von Politik weitgehend umgangen, so stellte sie Plessner in das Zentrum seiner Konzeption. Dafür aber wird die substantielle Verständigungsdimension von Politik ausgegrenzt. Zwar werden *elementare Bedeutungen als Schein* nachdrücklich unterstrichen, doch keine Option der *Veränderung* von schon bestehenden Machtverhältnissen ist so thematisierbar. Letzteres aber müsste im Lichte von Abschnitt 3.2. thematisierbar sein. Plessner hat somit zwar einen Weg der Begriffsvermittlung gebahnt, auf dem ein Bedeutungsschnittpunkt von Spielvermögen und politischem Handeln einsehbar wird. Er hat dabei jedoch auch Bezugsmöglichkeiten zwischen Spielen und politischem Handeln ausgegrenzt. Denn der unmittelbare Konfliktbezug einer politischen Semantik des Spielens wird um den Preis der Verständigungsdimension von Politik gewonnen – einer Dimension, die sein eigener philosophisch-anthropologischer Begriff des ›Spielens‹ in seiner späteren Fassung in den Mittelpunkt zu stellen vermochte.[318]

2.3. Huizinga über das Spielen als Modus eines wettkämpferisch-fortschrittlichen politischen Handelns

> „Das echte Spiel schließt alle
> Propaganda aus. Es hat sein Ziel
> in sich selber."[319]

Der niederländische Kulturhistoriker und Philosoph Johan Huizinga legte in seinem erstmals im Jahre 1938 veröffentlichten Werk *Homo Ludens* seinen Theorieentwurf zur Begründung des Spiels als

---

[318] Plessner, vgl. o., *Erster Teil*, Unterabschnitt *3.3.3.*
[319] Huizinga, 2004, S. 229.

„Ursprung aller Kultur" – und damit als eines potentiellen „Faktor[s] in allem, was es auf der Welt gibt" – vor:[320]

„Seit langer Zeit hat sich bei mir die Überzeugung in wachsendem Maße befestigt, daß menschliche Kultur im Spiel – als Spiel – aufkommt und sich entfaltet."[321]

In der Bereitschaft, den Menschen nicht nur als vernunftbegabtes *(homo sapiens)* und als ein schaffendes Wesen *(homo faber)* ernst zu nehmen, sondern auch als ein von Natur aus zum Spielen befähigtes *(homo ludens)*, eröffne sich der prädestinierte Zugang, um menschliche Kultur in ihren Anfängen und in ihren Entwicklungsvoraussetzungen zu verstehen.[322] Spuren des „Spielelement[s] der Kultur"[323] seien zunächst in Sprache, Mythos und Kult nachweisbar,[324] sodann auch auf den Gebieten des Rechts, des Kriegs, des Wissens, der Dichtung und Philosophie sowie der Kunst – und nicht zuletzt in den historischen Ausprägungen staatlicher Politik: im Aufkommen der „primitiven Staatsform" im Kult,[325] seien es die im Wandel begriffenen Herrschaftsordnungen und -praktiken in den einzelnen Epochen, etwa im Römischen Reich,[326] im Rokoko[327] oder in Formen der übernationalen und parlamentarisch-demokratischen Politik, wie sie das 20. Jahrhundert hervorbrachte.[328]

Dass der am Vorabend des Zweiten Weltkriegs erschienenen Schrift *Homo Ludens* trotz ihrer Themenvielfalt eine besondere kulturpolitische Motivation zugrunde liegt, offenbart Huizinga gegen Ende seiner Ausführungen:

„Mehr und mehr drängt sich der Schluß auf, daß das spielhafte Element der Kultur seit dem achtzehnten Jahrhundert, in dem wir es noch in vollem Flor nachweisen konnten, auf beinahe allen Gebieten, auf denen es einmal zu Hause war, seine Bedeutung verloren hat. Die moderne Kultur wird kaum noch ‚gespielt', und wo sie zu spielen scheint, ist das Spiel falsch. Mittlerweile wird es in dem Maße, wie man sich der eigenen Zeit nähert, immer schwieriger, Spiel und Nichtspiel in den Kulturerscheinun-

---

[320] Huizinga, 2004, S. 7.
[321] Huizinga, 2004, S. 7.
[322] Huizinga, 2004, S. 7.
[323] Huizinga, 2004, S. 7.
[324] Huizinga, 2004, S. 12–13.
[325] Huizinga, 2004, S. 25.
[326] Huizinga, 2004, S. 190–194.
[327] Huizinga, 2004, S. 202.
[328] Huizinga, 2004, S. 224–226.

gen zu unterscheiden. Dies gilt ganz besonders, wenn man sich Rechenschaft von dem Gehalt der heutigen Politik als Kulturerscheinung zu geben sucht."[329]

Dieser Diagnose entsprechend besteht ein zentrales Anliegen des *Homo Ludens* darin, den Antagonismus zwischen originären Merkmalen kultureller Praxis und dem von Carl Schmitt begründeten Freund-Feind-Schema des Handelns zu schärfen. Das grundlegende Ziel seiner Untersuchung aber wird darin bestimmt, „den Begriff Spiel [...] in den Begriff Kultur einzugliedern.[330] Dabei habe sich sein Erkenntnisinteresse, wie gleich in der Vorrede betont wird, nicht darauf gerichtet, „welchen Platz das Spielen mitten unter den übrigen Kulturerscheinungen einnimmt", sondern darauf, „inwieweit Kultur selbst Spielcharakter hat".[331] Mit diesem Vorhaben, das „Spielelement" nicht „*in der*", sondern „*der Kultur*" zu erkennen,[332] kündigt sich nicht zuletzt an, dass Huizinga seinen Ansatz als Gegenentwurf zur agonalen Kulturtheorie des Historikers Jacob Burckhardt verstand.[333]

Einer exakten Definition von „Kultur" hatte sich Huizinga, wie er in *Geschändete Welt* erläuterte, aus prinzipiellen Gründen verweigert.[334] Auch werde der Kulturbegriff chronisch überstrapaziert.[335] Die letztlich unauflösbare Problematik einer Bestimmung des Kulturbegriffs dürfe nicht durch vereinfachende Deutungen, die ihn zum Mittel degradierten, übergangen werden. So trat Huizinga für einen „in der Schwebe" belassenen Kulturbegriff ein,[336] den er folgendermaßen umriss:

„Jeder, der versucht, das Gesamtbild, das er sich von einer bestimmten Kultur gemacht hat, in den Einzelheiten zu bestimmen, wird immer wieder finden, daß auch für ihn nur ein harmonischer Zusammenklang geistiger Werte das Wesen der Kultur ausmacht. Daß ein hoher Grad wissenschaftlicher und technischer Vervollkommnung nicht ohne weiteres Kultur verbürgt, ist uns nur allzu gut bekannt. Die Kultur erfordert eine feste Rechtsordnung, ein sittliches Gesetz und eine Norm der Mensch-

---

[329] Huizinga, 2004, S. 224.
[330] Huizinga, 2004, S. 7.
[331] Huizinga, 2004, S. 7.
[332] Huizinga, 2004, S. 7.
[333] Vgl. a. Nullmeier, 2000, S. 165–170.
[334] Huizinga, 1948b, S. 155–156, 184.
[335] Huizinga, 1948b, S. 169.
[336] Huizinga, 1948b, S. 184; vgl. a. a. a. O., S. 293–294.

lichkeit als Grundlagen der Gemeinschaft, welche die Trägerin der Kultur ist [...]."[337]

Die folgenden Betrachtungen sind dem Versuch gewidmet, Huizingas Verankerung einer Anthropologie des Spiels im Begriff der Kultur unter den besonderen Vorzeichen einer Handlungskonzeption des ›Spielens‹ und des ›politischen Spielens‹ nachzuvollziehen. Dies erfolgt am Leitfaden von Huizingas methodischer Vorgabe, für ein Verständnis von Spiel müsse ein *Einfühlen in die Perspektive eines Spielers* maßgeblich sein.[338] Weil die Übersetzung des Werks *Homo Ludens* aus dem Niederländischen ins Deutsche durch Hans Nachod in intensiver Kooperation mit dem Autor erfolgt ist, wird im Folgenden auf den Wortlaut dieser Ausgabe vertraut.

2.3.1. *Spielen als eine Urform sozialen Handelns*

Wie Michael Kolb herausstellte, entwickelte Huizinga seinen Begriff des Spiels in den Bahnen einer „impliziten Phänomenologie".[339] Den Ausgangspunkt bildete dabei eine Reflexion über Primärqualitäten des natürlichen Spielvermögens von Mensch und Tier.

In ihrem beobachtbaren Verhalten offenbaren Menschen wie auch Tiere das Dasein einer Aktivität, die zu recht eines eigenen Namens, den des Spiels bzw. des Spielens, bedürfe.[340] Dass jene nicht durch Lernprozesse erworben, sondern augenfällig schon in der Natur der Lebewesen mitgegeben sei,[341] bedeute jedoch nicht, dass ihre „primäre Qualität" auf dem Wege der biologischen Erkenntnis erklärt werden könnte.[342] Besonders treffend bezeichne das englische Wort „*fun*" die nicht weitergehend rückführbare Primärqualität bzw. den „*Witz des Spiels*".[343] Seine „Intensität", sein „Vermögen, toll zu machen", ganz gleich, ob es sich dabei um ein

---

[337] Huizinga, 1948b, S. 170. Für nähere Ausführungen zu Huizingas Kulturbegriff: Huizinga, 1948a, S. 23–34, 71, 89, 94; Kaegi 1973, S. 5–6, 10–12 sowie Strube, 1995b.
[338] Huizinga, 2004, S. 12.
[339] Kolb, 1990, S. 187–189.
[340] Huizinga, 2004, S. 9, 11–12, 14–15; vgl. a. a. a. O., S. 48.
[341] Huizinga, 2004, S. 9.
[342] Huizinga, 2004, S. 10–11.
[343] Huizinga, 2004, S. 11.

Kleinkind, einen leidenschaftlichen erwachsenen Spieler oder gar eine „tausendköpfige Menge" handele, bezeuge das Unerforschliche und „ureigen[e]" des Spiels: sein Beseeltsein von „Spannung", von „Freude", von „Spaß".[344]

Nähere, zunächst in einer Reihe von Negativabgrenzungen erfolgende Ausführungen über das Spiel auf der Ebene einer „unbedingt primären Lebenskategorie" fördern die These eines Doppelcharakters von Spiel als einer absolut „selbständige[n] Kategorie"[345] zutage: Zunächst wird von einer Unableitbarkeit des Spielvermögens durch rationale Logik ausgegangen, was in direktem Zusammenhang zu sehen ist mit der weiteren Grundannahme, dass Spiel Autonomie genieße gegenüber aller „Vernunft", aller „Weltanschauung", allen Determinanten des physischen Daseins sowie auch gegenüber Spiel-Suggestionen, zu denen Huizinga mitunter das „Lachen" und die „Torheit" zählte.[346] Eben dies sei Spiel: *weder* weise *noch* töricht, *weder* wahr *noch* falsch, *weder* gut *noch* böse, sondern „außerhalb" solcher Grundunterscheidungen zu sein.[347] Allein im Bezug auf eine ästhetische Bestimmung von Spiel werde „unser Urteil schwankend".[348] Von den einfachsten bis hin zu den höchsten Erscheinungen des Spiels zeige sich jenes auf mannigfaltige Weise und auf das engste verbunden mit Attributen des Schönen, etwa mit bloßer „Anmut" oder mit gereifteren Ausprägungen: als Schönheit in „Rhythmus" und „Harmonie".[349] Huizinga kam es aber entscheidend darauf an, die besondere Nähe des Spiels zur Schönheit nicht zu verwechseln mit derjenigen Charakteristik, die ihm als ‚bloßes' Spiel zugesprochen werden könne.

Obwohl Huizinga das Spiel jenseits „der großen kategorischen Gegensätze"[350] verortete, zeuge es bereits in seinen ersten, schlichtesten Ausdrucksformen vom *Dasein des Geists*:

„Mit dem Spiel aber erkennt man, ob man will oder nicht, den Geist."[351]

---

[344] Huizinga, 2004, S. 11.
[345] Huizinga, 2004, S. 14–15.
[346] Huizinga, 2004, S. 11–12, 14–15.
[347] Huizinga, 2004, S. 15.
[348] Huizinga, 2004, S. 15.
[349] Huizinga, 2004, S. 15.
[350] Huizinga, 2004, S. 15.
[351] Huizinga, 2004, S. 11.

Mit dem Begriff des Geists verbindet Huizinga an dieser Stelle ausdrücklich keinerlei rationale Leistung.[352] Er bezieht menschliches und tierisches Spiel-Verhalten gleichermaßen mit ein und verweist dabei auf eine *Freiheitsbewegung* (oder auch Befreiungsbewegung) als das Spieleigentümliche selbst. Diese Bewegung erfährt als ein Übergangsphänomen eine genauere Charakterisierung. Huizinga spricht von einem Selbsterhebungsakt der Lebewesen, durch den sie in ihrem Verhalten aus dem Bereich der biologisch-natürlichen Zweckdetermination in eine nicht determinierte Daseinssphäre übergehen: eine Daseinssphäre, die so gesehen *überflüssig, überlogisch* und *irrational,* aber gerade deshalb in einem Vollsinne *frei* sei.[353] So werden Geist und Verhaltensfreiheit in ihren konstruktiven Relationen, *die Spiel bilde,* gesehen. Dabei erscheint der Geist nicht etwa als Ausdruck, sondern vielmehr bereits als die *Voraussetzung* des als angeboren angenommenen Spielvermögens:

„Erst durch das Einströmen des Geistes, der die absolute Determiniertheit aufhebt, wird das Vorhandensein des Spiels möglich, denkbar und begreiflich. Das Dasein des Spiels bestätigt immer wieder, und zwar im höchsten Sinne, den überlogischen Charakter unserer Situation im Kosmos. Die Tiere können spielen, also sind sie mehr als mechanische Dinge. Wir spielen und wissen, daß wir spielen, also sind wir mehr als bloß vernünftige Wesen, denn das Spiel ist unvernünftig."[354]

Die Existenz von Spiel weise auf ein Dasein des Geists und das Dasein des Geists bekunde sich ursprünglich in jener vorkulturellen Betätigungsweise Spiel oder genauer: *durch* sie. Spiel „ist" Huizinga zufolge „eine geistige Betätigung" im Sinne einer Betätigung *des Geists.*[355] Wie auch immer das Geistige eines Menschen oder Tieres beschaffen sei: Es *gebe* sich im äußeren Verhalten gegen determinierende Einflüsse Raum, *werde* sichtbar, *bringe* sich zum Ausdruck *durch* Spiel. Zugleich steht es diesem Denkansatz zufolge *zwischen* Geist und Moral. „Obwohl Spielen eine geistige Betätigung ist", so

---

[352] Huizinga, 2004, S. 11–12.
[353] Huizinga, 2004, S. 11–12. In der heutigen Diskussion zeigen sich zahlreiche Tierforscher im Einklang mit Huizingas Auffassung, auch Tieren sei „Geist" zuzuerkennen. Siehe hierzu den von Dominik Perler und Markus Wild herausgegebenen Sammelband *Der Geist der Tiere* (Perler/Wild [Hg.], 2005), insbesondere den darin enthaltenen Beitrag *Die Evolution des Zweck-Mittel-Denkens* von David Papineau (Papineau, 2005).
[354] Huizinga, 2004, S. 12.
[355] Huizinga, 2004, S. 15.

Drei politisch integrative Konzeptionen des Spielens

Huizinga, sei „in ihm an sich noch keine moralische Funktion, weder Tugend noch Sünde, gegeben."[356] Einer Vereinbarkeit von Spiel und *Ernst* stehe jene Sonderstellung nicht entgegen,[357] im Gegenteil: Gerade der als Frühform aller Kultur geltende Kult muss der Argumentation Huizingas zufolge sogar in einem von „heiligem Ernst" beseelten Spiel aufgekommen sein.[358]

Mit der soeben besprochenen Basis- bzw. Primärbestimmung von *Spiel* beschritt Huizinga ein erstes Wegstück seiner Begründung einer phänomenologischen Spielanthropologie der Kulturgenese. Dabei erweist sich seine Verknüpfung von Spielvermögen und Geist mit dem Vorzeichen einer nicht kategorisierbaren Freiheit als der terminologische Dreiklang, in dem er seiner Deutung von Spiel als *kulturstiftendem Handeln* Konturen verlieh.

In *Homo Ludens* werden zwei formale, d. h., von besonderen Spiel-Inhalten gänzlich unabhängige Hauptmerkmale der Handlung Spiel herausgestellt, mit denen sich die Möglichkeit eines Übergangs von natürlichem zu kulturellen Spiel ankündigt: *Erstens* wird, wie bereits ausgeführt wurde, davon ausgegangen, dass Spiel „zunächst und vor allem *ein freies Handeln*" sei; es ist frei, es ist Freiheit."[359] Darüber hinaus aber heißt es *zweitens* auch, dass Spiel niemals „*das ‚gewöhnliche' oder das ‚eigentliche' Leben*" sei, sondern „vielmehr das Heraustreten aus ihm in eine zeitweilige Sphäre von Aktivität mit einer eigenen Tendenz."[360] Jener eigenen Tendenz also gilt es fortan ein besonderes Augenmerk zu widmen.

Im vorliegenden Untersuchungsrahmen wurde schon erwähnt, dass Huizinga einen Allgemeinbegriff Spiel aus der Betrachtung *sozialer Spiele* ableitete, wie sie etwa als „Geschicklichkeits- und Kraftspiele, Verstandes- und Glücksspiele, Darstellungen und Aufführungen"[361] sich darböten bzw. anhand unseres Sprachgefühl sich uns nahebrächten.[362] Zur genaueren Begründung heißt es in *Homo Ludens* hierzu:

---

[356] Huizinga, 2004, S. 15.
[357] Huizinga, 2004, S. 14.
[358] Huizinga, 2004, S. 22–30.
[359] Huizinga, 2004, S. 16.
[360] Huizinga, 2004, S. 16.
[361] Huizinga, 2004, S. 37; vgl. a. a. a. O., S. 16.
[362] Huizinga, vgl. o., *Erster Teil*, Unterabschnitt *1.3.1.*; vgl. a. Huizinga, 2004, S. 12, 15–16.

„Es liegt auf der Hand, daß der Zusammenhang von Kultur und Spiel namentlich in den höheren Formen des *sozialen Spiels* zu suchen ist, dort, wo es in geordnetem Handeln einer Gruppe oder einer Gemeinschaft oder aber zweier einander gegenüberstehenden Gruppen besteht. Das Spiel, das der einzelne für sich allein spielt, wird für die Kultur nur in beschränktem Maße fruchtbar."[363]

Das Gemeinsame sozialer Spiele solle ein in aller Kultur identifizierbares sozialdynamisches Muster als das „Spielelement der Kultur"[364] freilegen. Der hierzu nötige Allgemeinbegriff des Spiels lautet wie folgt:

„Der Form nach betrachtet, kann man das Spiel [...] zusammenfassend eine freie Handlung nennen, die als ‚nicht so gemeint' und außerhalb des gewöhnlichen Lebens stehend empfunden wird und trotzdem den Spieler völlig in Beschlag nehmen kann, an die kein materielles Interesse geknüpft ist und mit der kein Nutzen erworben wird, die sich innerhalb einer eigens bestimmten Zeit und eines eigens bestimmten Raums vollzieht, die nach bestimmten Regeln ordnungsgemäß verläuft und Gemeinschaftsverbände ins Leben ruft, die ihrerseits sich gern mit einem Geheimnis umgeben oder durch Verkleidung als anders von der gewöhnlichen Welt abheben."[365]

In diesem Merkmalskonglomerat zeichnet sich ein dynamischer Beziehungszusammenhang ab. Dieser enthält Aspekte des Handelns im engeren Sinne eines mit subjektivem Sinn erfüllten Handelns. Des Weiteren birgt er strukturelle Aspekte der Spiel-Begrenzung und -Anleitung, bestimmt durch einen festgelegten Zeitrahmen, Raum und Regeln. Nicht zuletzt deutet er jedoch auch auf eine originäre Schöpfung durch subjektiv vollzogenes, dreifach geregeltes, interaktives Spiel. Mit anderen Worten: die Spiel-Bestimmung Huizingas lässt sich auch in der Trias von ›Spielen‹, Spiel-Raum und Spiel-Welt abbilden. Dabei werden in der Dimension der Spiel-Welt, nochmals zwei Ebenen unterschieden: *erstens* die grundlegende Ebene der Gemeinschaftsbildung, *zweitens* die darüber hinausgehende der gemeinschaftlichen Vergegenwärtigung einer ‚anderen', ungewöhnlichen und sinnhaft in sich abgeschlossenen Welt, durch die sich die Zusammen-Spielenden aus dem Reich der Zwecke in eine Zone zweckgelöster Bedeutungsgebung im Sinne eines zunächst ‚nur' vorgestellten Sinnzusammenhangs *„abheben"*. Das

---

[363] Huizinga, 2004, S. 57.
[364] Huizinga, vgl. o., S. 271–272.
[365] Huizinga, 2004, S. 22

Drei politisch integrative Konzeptionen des Spielens

Wesentliche des Spiels, seine Anziehungskraft bleibt demnach auch hier sein immaterieller Wesenszug,[366] der es primär als Betätigung des Geists und deshalb als *kulturschöpferische* Dynamik begreifbar macht.

In diesem Allgemeinbegriff des Spiels erkannte Ernst H. Gombrich eine Akzentverlagerung in Huizingas analytischer Leitkonzeption von Spiel. Sie manifestiere sich in „a shift from ‚play' to ‚games'".[367] Die Strukturen der sozialen Spiele, wie sie sich „in der Kultur als eine gegebene Größe" darböten,[368] perspektiviere Huizinga folglich immer schon als ein „[g]emeinsames Spielen"[369] bzw. ein Zusammen-Spielen. Dieser Befund wirft die Frage auf: Wie kann vom Blickpunkt sozialen Spiels, in dem sich *bereits gewachsenes* und strukturell verfestigtes gemeinschaftliches Spiel, d. h. eine Spiel-Gemeinschaft, zur Anschauung bringt, ein aufeinander bezogenes, miteinander interagierendes Handeln von *hominis ludi* so gedacht werden, dass es eine Gemeinschaft nicht schon voraussetzt, sondern „*Gemeinschaftsverbände ins Leben ruft*"?[370] Vor diesem Hintergrund gilt es nun, im Rückbezug auf die im *Ersten Teil* der vorliegenden Untersuchung vorgenommenen spielsemantischen Differenzierungen nach dem Verhältnis von Huizingas Definition von ›Spielen‹, Spiel-Raum und Spiel-Welt zu fragen.

Als das bedeutendste formale Kennzeichen von Spiel bezeichnete Huizinga, und dies steht nicht in Widerspruch zum vorgenannten Primat eines spielenden Sich-Erhebens des Geists, „die räumliche Heraushebung der Handlung aus dem gewöhnlichen Leben".[371] Schon die *Freiheit* des Handelns, das erstgenannte Kriterium des Charakteristischen von Spiel in der oben zitierten Definition, weist auf die von Huizinga begründete Spiel-Voraussetzung eines „materiell oder ideell" in sich – und so auch von der Alltagswelt – abgeschlossenen Handlungsraums,[372] indem die „freie Handlung" anhand des Kriteriums der *Freiwilligkeit* konkretisiert wird. Spielen gründe weder in physischem noch in sozialem Zwang; weder sei sie instinktiv bewirkt noch könne und dürfe sie befohlen

---

[366] Huizinga, 2004, S. 9, 11.
[367] Gombrich, 1973, S. 146.
[368] Gombrich, 1973, S. 12.
[369] Gombrich, 1973, S. 58.
[370] Huizinga, 2004, S. 22.
[371] Huizinga, 2004, S. 29.
[372] Huizinga, 2004, S. 29.

sein.³⁷³ Huizinga geht es hier um Freiwilligkeit als *individuelle Motivation*, überhaupt zu „spielen", die einerseits im Bezug auf die anthropologische Leitkonzeption des *homo ludens* das Primat des Subjekts, seines freien Wollens und jeweils von ihm empfundener Freude am Spiel feststellt, andererseits im Bezug auf die hierzu nötigen Rahmenbedingungen auf einen Ermöglichungsraum von Spiel in einer „‚Freizeit'" weist.³⁷⁴

Darin, dass sich die Handlung eines Spielers durch materielle oder ideelle Begrenzungen, durch ein materielles Spielfeld oder durch imaginierte Räume, aus seinen alltäglichen Zusammenhängen heraushebt, erkannte Huizinga jedoch einen zweiseitig wirksamen Prozess: In der Negation einer bestehenden Wirklichkeit wird zugleich ein Konstitutionsakt einer neuen Wirklichkeit wahrgenommen, einer Wirklichkeit, die zwar als fiktive Gegenwelt anhebt, darin aber den Keim birgt, zu gemeinschaftlich befestigter Wirklichkeit zu *werden,* somit als einen Wesenszug das Potential eines Umschlagens von freiwilligem Handeln in eines, das akzeptiert, etwas tun zu *müssen*, einer „Aufgabe" oder „Pflicht" Folge zu leisten, enthält. Der Verpflichtungscharakter als Kennzeichen jeder kulturellen Struktur entstehe, so Huizinga, *sekundär* und sei als solcher nicht identisch mit dem Spiel, in dem das, was verpflichtend wird, freiwillig aufkam. Der Weg von einer ‚bloß' natürlichen Ordnung zur kulturell gestalteten Ordnung wird unter den Vorzeichen dieses Ansatzes somit nicht planmäßig gebahnt, sondern er führt Huizinga zufolge über den Umweg des freiwilligen vergnüglichen Spiels, das, vom Blickpunkt der Lebensbehauptung beurteilt, überflüssig ist, aber gerade deshalb auf ein Handeln weist, das einen Abstand zum Notwendigen und darin Raum für darüber hinaus weisende Bedeutungen des Soziallebens befördern kann.

Der Geist, der sich im Spielen Ausdruck verleihe, binde sich an „*kein materielles Interesse*" oder den Erwerb eines Nutzens.³⁷⁵ Er richte sich stattdessen auf ein Als-ob, entfalte einen Bedeutungsgehalt als Schein, des Unechten, der deshalb nicht bedeutungslos sei, weil er vom Spieler zutiefst *ernst genommen* werde.³⁷⁶ Es sei ein zentrales Kennzeichen der Handlung Spielen, dass sie das Un-

---

³⁷³ Huizinga, 2004, S. 16.
³⁷⁴ Huizinga, 2004, S. 16.
³⁷⁵ Huizinga, vgl. o., S. 277.
³⁷⁶ Huizinga, 2004, S. 16–17.

wirkliche, das sie entwirft, in der Haltung ernst genommener Wirklichkeit ‚hält'.[377] Besonders bedeutsam erscheint Huizinga hier die Möglichkeit der Steigerung des Spiel-Ernsts zur „heiligen Handlung", in der der generellen Unantastbarkeit der im Spiel imaginierten Welt die Intensität des absolut und unhinterfragbar Gültigen erwachse.[378] In der Möglichkeit der Empfindung eines durch Spielen hervorgebrachten Bedeutungsgehalts als heilig wird Huizinga zufolge die These der Gegensätzlichkeit von Spiel und Ernst, ernsthaftem und spielend vollzogenem Handeln prinzipiell entkräftet. Er folgte hier, neben Guardini, vor allem der Lesart Platons, die einfordere, den höchsten Ernst, das Heilige, als nur spielend erreichbar, nur als Zugleich von Ernst und jenem aus dem Status eines ‚bloß' alltäglichen Daseinsernsts erhebenden Spiel zu begreifen.[379]

Als „schwebend" muss Huizinga zufolge demnach das Verhältnis des Spielens zur tätigen Behandlung von etwas oder jemandem in Ernstnahme bestimmt sein.[380] Dass mit jenem schwebenden Verhältnis auch die Möglichkeit seines *Schwankens* einhergehe, insofern nämlich ‚bloßes' Spielen nicht nur das Potential eines Steigerns, sondern auch das des Herabstufens der Ernstnahme berge, darauf insistierte Huizinga im Rahmen seines Streifzugs durch die Kulturgeschichte der Erdvölker. Vor allem „im Krieg" wird der „Rückfall" in jene „agonale Haltung" erblickt, „die dem primitiven Spiel um Prestige Form und Inhalt gab".[381] Denn nur eine zwischenmenschlich verbindlich gewahrte Ernstnahme schon gewachsener Kultur biete die Chance ihrer moralisch-ideellen Höherentwicklung durch Spiel, das hier nicht mehr in archaische oder andere Frühformen zurückfallen dürfe, sondern dem jeweiligen Entwicklungsniveau einer Gemeinschaft entsprechendes *„Spiel der Kultur"*, d. h. gespielte *Kultur,* sein müsse.[382]

Den entscheidenden wunden Punkt im Spiel-Ernst-Verhältnis als Boden des Spiel-Kultur-Verhältnisses sah Huizinga in der menschlichen Bereitschaft und Fähigkeit, deren *zwei-einheitliche Verbundenheit* nicht leichtfertig aufzugeben, sondern sie sowohl verantwortungsbewusst als auch in mitfühlender Empfindsamkeit

---

[377] Huizinga, 2004, S. 16–17.
[378] Huizinga, 2004, S. 17, 27–30.
[379] Huizinga, 2004, S. 28, 36–37.
[380] Huizinga, 2004, S. 17.
[381] Huizinga, 2004, S. 228.
[382] Huizinga, 2004, S. 227–229.

für den Mitmenschen zu wahren und in der soziokulturellen Praxis kontinuierlich neu zu beleben. So bahnte Huizinga den Weg zu einem *Spiralmodell zwei-einheitlicher Kulturentwicklung*. Im Folgenden wird Huizingas Konzept der „Zwei-Einheit" vertiefend betrachtet.

2.3.2. *Spiel und Kultur als Zwei-Einheit*

Von zentraler Bedeutung für das Verständnis der Systematik, in der der Spielbegriff in der Schrift *Homo Ludens* entfaltet ist, ist der von Huizinga gebrauchte – und später auch von Plessner übernommene[383] – Begriff der „Zwei-Einheit". Mit ihm soll die im vorliegenden Untersuchungsrahmen bereits thematisierte kulturtheoretische These unterstrichen werden, dass die Strukturen des Spiels und jene der Kultur zwar innigst verwoben, nicht aber deckungsgleich sind:

„In der Zwei-Einheit von Kultur und Spiel ist das Spiel die primäre, objektiv-wahrnehmbare, konkret bestimmte Tatsache, während Kultur nur die Bezeichnung ist, die unser historisches Urteil dem gegebenen Fall anheftet."[384]

Der Begriff der „Zwei-Einheit" besagt hier demnach zuallererst, dass Huizinga Spiel und Kultur nicht gleichsetzte oder ineinander aufgehen ließ, sondern *miteinander in Verbindung* begriff. Wo einst nur Spiel war, könnten im Zuge der Wiederholung strukturelle Verfestigungen ausgebildet und von den Teilnehmern beschlossen werden. An die Stelle des ursprünglichen, gänzlich freiwillig begehbaren Spiel-Raums tritt ein Kultur-Raum, in dem mit wachsendem Maße Aufgaben und Pflichten verbunden sind.

Zunächst einmal aber geht das Spiel Huizinga zufolge aller Kultur ursprünglich voraus und kenne damit ein nichtkulturelles Stadium mit ‚bloß' kulturstiftendem Potential. Des Weiteren aber gehöre zu aller Kultur auch die fortlaufende Pflege ihres Spielcharakters. Dies impliziert in den Augen des Kulturhistorikers, dass sie auch versteinern oder in überwundene Entwicklungsstadien zurückfallen kann. Dies ist Huizinga zufolge entweder dann der Fall, wenn Kultur nicht mehr als zu spielende Struktur ernst genommen

---

[383] Plessner, 1967a, S. 309.
[384] Huizinga, 2004, S. 57.

Drei politisch integrative Konzeptionen des Spielens

werde, oder aber dann, wenn das Spiel der Kultur in archaisches Spiel zurückfalle, d. h., das Spiel-Niveau einer gewachsenen Kultur unterwandert werde. Mit anderen Worten: Die Einheit von Spiel und Kultur wurde von Huizinga als in einer zweiteiligen Interdependenzbeziehung wirksame gedacht. Kulturelle Regeln und Werke entstünden durch Spiel, doch sobald sie entstanden seien, würden sie ihrerseits zu den Bezugspunkten der Spielpraxis. Erst in solch strebendem Hin und Her ist Huizinga zufolge die Höherentwicklung einer Kultur möglich. Ihre Einheit, so könnte man auch sagen, müsse aus der dialektischen Dynamik *zwischen* Spielbewegung und Kulturleistung schöpfen, die wiederum aus der Zweiheit von dynamischem Spiel und sich verfestigender Kultur die Einheit des kulturellen Lebens schafft.

Wie nachfolgend nähergehend behandelt wird, verstand Huizinga den Allgemeinbegriff des Spiels in einer kulturanthropologischen Sinnoffenheit, die terminologisch gefestigt wird in jener genealogisch ausgerichteten Konzeption der „Zwei-Einheit von Spiel und Kultur".

Das Spiel sei als Kulturfaktor höheres soziales Spiel, aber noch nicht *Gemeinschaftsverband* im kulturellen Sinne, sondern dessen Vorläufer. Seine kulturelle Kreativität perspektivierte Huizinga in zwei Hauptdimensionen, als Spiel in der Bedeutung von „Darstellung" und „Kampf":

> *„Das Spiel ist ein Kampf um etwas oder eine Darstellung von etwas. Diese beiden Funktionen können sich auch vereinigen, in der Weise, daß das Spiel einen Kampf um etwas ‚darstellt' oder aber ein Wettstreit darum ist, wer etwas am besten darstellen kann."*[385]

Akte eines Hervorbringens bildhaft konzentrierter Vorstellungen, die schön, edel aber auch bedrohlich wirken könnten, stehen im Zentrum von Huizingas Konzeption von Spiel als *darstellendes Handeln*.[386] Als anthropologischer Ankerpunkt wird diesem das Ereignis menschlicher „Ergriffenheit" zugeordnet, was Huizinga in seiner auf die Afrika-Studien von Leo Frobenius zurückgreifenden Analyse der Genese des archaischen Kults herausstellt.[387] Das Ergriffensein des Menschen durch etwas, das ihn betrifft, ihm zugleich aber weder eigen noch vertraut ist – etwa die natürliche Um-

---

[385] Huizinga, 2004, S. 22.
[386] Huizinga, 2004, S. 22.
[387] Huizinga, 2004, S. 25–26.

welt, oder die Ahnung eines Kosmos –, wird zum Ausgangspunkt eines Begreifbar-Machens des Unbekannten *durch Spiel* erklärt: Spiel hier verstanden als eine tätig „schöpferische Phantasie", die der ungeordneten Empfindung von Welt zunächst ‚wortlos' und ‚stellvertretend' für das nicht habhafte, hintergründige Wirkliche eine poetisch-bildhaft formierte Ordnung abringe.[388] Genauer gesprochen: Beim *Übergang* von einem „alogischen Gewahrwerden einer kosmischen Ordnung zum heiligen Kultspiel" komme es, so Huizinga, „gerade auf die Tatsache des Spielens an".[389]

Mit dem Darstellungsprimat des archaisch-heiligen Spiels verbindet sich nicht der von Huizinga begründete Hauptaspekt zur Bestimmung des Spiels als zweckgelöste, kulturstiftende Funktion. Spielen in vorkultureller Perspektive wird zum einen zwar zunächst als ein darstellendes Handeln aufgefasst, das den Boden bereite für ein erst mit der Zeit erwachsendes Bedeutungsbewusstsein, in dem es sich zur „heiligen Handlung" zu steigern vermöchte.[390] Zum anderen bleibt es für alles weiterentwickelte soziale Spiel konstitutiv. Auch der Wettkämpfer wolle etwas, nämlich seine persönlichen Fähigkeiten und Tugenden anderen, also einem Publikum gegenüber ‚zeigen'.[391] Dem darstellenden Spielen komme aber nicht die Funktion eines Hauptantriebs der Kulturentwicklung zu. Jene sei vielmehr zu rekonstruieren aus der Eigendynamik antithetisch-agonal sich spezifizierenden Spielens, wodurch die kulturwissenschaftliche Spiel-Terminologie verstärkt auf die Sphäre des Spiels als Kampf und Wettkampf hin ausgerichtet wird.

Für ein Verständnis von Huizingas kulturtheoretischer Konzeption des Spielens ist es von zentraler Bedeutung, dass er ihr ausdrücklich weder das Wesensmerkmal *antithetisch*, noch das Merkmal *agonal* zuschrieb. Reintypisch könnten beide genannten Attribute nicht als allgemein notwendige Kennzeichen von Zusammen-Spiel und Spielen im Einzelnen gelten, sondern sie seien als *zusätzlich hinzutretende* dynamische Züge zu klassifizieren.[392] Welche Motivation einen solchen Prozess anleiten sollte, erläutert

---

[388] Huizinga, 2004, S. 24–27.
[389] Huizinga, 2004, S. 26.
[390] Huizinga, 2004, S. 27.
[391] Huizinga, 2004, S. 22–24.
[392] Huizinga, 2004, S. 58

Huizinga in den Bahnen einer über das Menschenbild des *homo ludens* hinaus erweiterten Anthropologie.

Der stärkste Antrieb in der Natur des Menschen sei der, dass er „stets nach Höherem strebt, mag dies Höhere nur irdische Ehre und Überlegenheit oder ein Sieg über das Irdische sein".[393] Solches Streben nach Höherem, d. h. der agonale Antrieb, liege nicht in seinem Spielvermögen, wohl aber dasjenige Handlungspotential, um es zu *verwirklichen* – „Spielen":

„Die angeborene Funktion aber, durch die der Mensch dieses Streben verwirklicht, ist Spielen."[394]

In den nachfolgenden Abschnitten, die sich auf Huizingas politisches Denken „sub specie ludi" konzentrieren,[395] gilt es vor allem herauszuarbeiten, dass aus der bezeichneten, doppelt bestimmten anthropologischen Grundkonstellation eine eigentümliche Konzeption des Handelns entwickelt wird. Ihre *Semantik* wird in einer Zwischenstellung zwischen ‚bloß' zweckgerichtetem strategischen politischen Handeln und ‚bloßem' Spielen analytisch fassbar zu machen versucht, die als solche nur in paradox anmutender Formulierung in Worten ausgedrückt werden kann: Die agonal konkretisierte Handlung des Spielens richte sich auf das „Gewinnen", binde sich dabei jedoch nicht an den *Zweck* des Gewinnens.[396] In erster Annäherung können wir Huizingas Intention verdeutlichen durch die Differenz, die in der Alternative aufscheint, ob es einem Handelnden darum geht, seinen Gegner zu *treffen*, oder darum, ihn zu *übertreffen*.

Wie bereits erwähnt wurde, zielt die Studie *Homo Ludens* auf einen Modifikationsversuch der durch Jacob Burckhardt begründeten Theorie der agonalen Kulturentwicklung: Der Wettkampf bzw. *Agon* sei zwar der Hauptantrieb der Kultur, so Huizinga im Einklang mit Burckhardt. Doch der *Agon* als kulturstiftende Kraft werde zugleich nur verständlich in Anerkennung seines grundlegenden Spiel-Charakters.[397] Die Frage, ob der Wettkampf und hier selbst der *Agon* als Ernstkampf um Leben und Tod einen Boden für kulturelle Normen der Humanität und Sittlichkeit biete, sowie die

---

[393] Huizinga, 2004, S. 88.
[394] Huizinga, 2004, S. 88.
[395] Huizinga, 2004, S. 189.
[396] Huizinga, 2004, S. 60–61.
[397] Huizinga, 2004, S. 84–88.

Frage, ob er tatsächlich *als Spiel* möglich sei, gehören aus Huizingas Sicht zusammen und bilden in dieser Einheit zugleich den Prüfstein seiner Hauptthese des Erfordernisses einer spieltheoretischen Rückbindung aller kulturhistorischer Analyse. Nur wenn der *Agon* als Spiel möglich ist, ist er demnach für Kultivierungsformen seiner Ausübung offen und damit als eine Kraft des Fortschritts der Menschheit zur Zivilisation anzuerkennen. Ist er jedoch nicht als Spiel möglich, bedeutete dies eine grundlegende Infragestellung der durch Huizinga begründeten Spieltheorie der Kultur.

Huizingas gegen Burckhardt gerichtete kulturwissenschaftliche Leitthese lautet: Kampf ist Spiel, dies jedoch nicht in dem Sinne, *aller* Kampf sei Spiel bzw. alles Spiel sei Kampf.[398] Auch und gerade dem agonalen Kampf, also nicht allem Kampf, wird ein Spielcharakter zugeschrieben. Der Wettkampf sei die stärkste kulturstiftende Kraft, womit sich Huizinga ein Schlüsselglied der anthropologischen und zugleich handlungstheoretischen Dimension seiner Konzeption der Zwei-Einheit von Spiel und Kultur bot, mit anderen Worten für die Begründung der oben bereits angeführten These: Alle Kulturentwicklung basiere auf der Verbundenheit des menschlichen Strebens nach Höherem und dieses Streben *realisierendem* „Spielen".[399]

Den zentralen Analysegegenstand in Huizingas *Homo Ludens* bildet also das Spielen als eine kulturell schöpferische Betätigung des agonal gestimmten menschlichen Geists – „keine Untersuchung der Spiele", wie Caillois ganz zu recht herausstellte, jedoch zu Unrecht kritisierte.[400] Denn erst durch eine Flexibilisierung des dreidimensionalen Begriffsschemas Spiel, die von einer als heuristisch notwendig erachteten Vorrangstellung sozialer Spiele als Ausgangspunkt der Rekonstruktion eines formalen Allgemeinbegriffs sozialen Spiels[401] zu einer Auflösung des Spiele-Paradigmas führt, schuf Huizinga die grundlagentheoretischen Voraussetzungen, um

„das Spiel auch dort zu entdecken, wo man zuvor nichts von dessen Anwesenheit und Einfluß zu erkennen vermocht hatte".[402]

---

[398] Vgl. hierzu und zum Folgenden: Nullmeier, 2000, S. 165–170.
[399] Huizinga, vgl. o., S. 284.
[400] Caillois, 1960, S. 9.
[401] Huizinga, vgl. o., *Erster Teil*, Unterabschnitt *1.3.1*.
[402] Caillois, 1960, S. 9.

Drei politisch integrative Konzeptionen des Spielens

Auf die kulturhistorische Nachweisbarkeit sozialer Spiele konnte Huizinga die Existenz des *homo ludens* als ein Sozialbeziehungen stiftendes und bereicherndes Wesen begründen. Seine Wirksamkeit *jenseits* der Spiele, die als solche nur einen Teilbereich des kulturellen Lebens besetzen, kann hingegen erst identifiziert werden, wenn vorausgesetzt wird, dass das Primat der Spiele als Rahmenstruktur sozialen Spielens zum einen zu einem Theorem des *prinzipiell bezugsoffenen Umgangs* mit allem, was das menschliche Zusammenleben prägt, umgedeutet wird; dies muss der von Huizinga entfalteten Systematik gemäß zum anderen implizieren, dass spielend beförderte Sinngehalte für einen fortschreitenden Prozess ihrer *sozialverbindlichen Normierung* offen sind, ohne dass ihr Übergang in einen Zustand der sozialstrukturellen Verfestigung eine dualistische Trennung von Spiel und Nicht-Spiel evoziert.

Der wetteifernde Geist als Universalprinzip der Kultivierung bedarf der Argumentation Huizingas zufolge der Fähigkeit des Spielers zur *stets erneuerbaren Selbstbindung*. Nur indem er imstande sei, durch Spiel zur Anschauung gebrachte ästhetische oder auch „physische, intellektuelle, moralische oder spirituelle Werte" als fortlaufende Richtschnur sozialen Handelns zu adaptieren, könne er „das Spiel zur Kultur erheben".[403] In dieser *Offenheit für dialektische Prozesse* des Beförderns von zuvor nicht Gegebenem auf der Basis zunächst eines Spiel-, später aber stets eines bestehenden Kultur-Niveaus, liegt der konzeptionelle Schlüssel zum Verständnis der Handlung Spielen als eines zu zwei-einheitlich sich formierenden Reifungsprozessen fähigen Grundvermögens des Menschen.

Um das zuletzt Gesagte an einem extremen Beispiel zu verdeutlichen: Für Huizinga kann unter näher definierbaren spezifischen Voraussetzungen sogar eine Kampfhandlung, die das Leben des Gegners bedroht oder am Ende gar auslöscht, gleichwohl ein Spielen sein, während für Caillois jede Form des gesellschaftlichen oder politischen Ernstfalls die Grundlage des Spielens prinzipiell negiert. Mit anderen Worten: Caillois Hauptkritik an der Argumentation in *Homo Ludens,* eine allgemeine Theorie der Spiele sei darin vernachlässigt worden, muss als entscheidender Grund dafür aufgefasst werden, dass Huizinga im Unterschied zu Caillois die Erscheinung des Spielens, durch begriffliche Rekonstruktion gestützt, gerade dort versichtbaren konnte, wo sie wegen der Präsenz von

---

[403] Huizinga, 2004, S. 59.

Sozialformationen mit Zweckanbindung, Verpflichtungscharakter und persönlichem Wagnis als unwiederbringlicher Verlust gewöhnlich nicht vergegenwärtigt werden: *im* Wirtschaftsleben, *in* der Politik und selbst *im* Kriege.

Der agonale Spielgeist als ein Geist, der sich in wetteiferndem Sozialverhalten zur Anschauung bringt, wurde von Huizinga durch zwei interdependente Kriterien bestimmt, die zusammen für ein „Heraustreten" der Handlung aus dem gewöhnlichen Leben[404] bürgen sollen: Als *erstes Kriterium* wird das Bedürfnis des Spielers, sich als der Bessere zu erweisen und damit das Gewinnen zum Leitprinzip seiner Handlung zu wählen, benannt, damit sein Wunsch, die je eigenen persönlichen Fähigkeiten vor anderen sichtbar zu machen, indem er seine Überlegenheit über den oder die Gegner im Hin- und Her des Kräftemessens zur Darstellung bringt, die sich am Ende im Erringen des Siegs oder im Erleiden einer Niederlage situativ letztgültig manifestiert. Die kulturell relevante, durch Spielen verfolgte Intention wird definiert als die Aussicht auf persönlichen *Ruhm*. Der Begriff des Ruhms steht hier für den *ideellen Gewinn,* den in ausgezeichneter Form die Beteiligung an einem agonalen Spiel ermögliche.[405] Ein wahrhaft wetteifernder Spieler verfolgt aus Sicht Huizingas nicht den Zweck, den Gegner zu bezwingen, denn „das Zielgerichtete der Handlung bestehe in erster Linie im Ablauf als solchem ohne direkte Beziehung zu dem, was hinterherkommt".[406] In jenem „Ablauf als solchem" – und dies sei „eigentlich das Wesen des Spiels" – *gehe es jedoch zugleich um etwas:*[407] Der Spieler wolle für seine persönlichen Fähigkeiten *um ihrer selbst willen* geehrt werden, somit nicht in einer Um-zu-Logik den Gegner treffen, sondern ihn überbieten als in seinem Handeln beschlossener, von Zwecken bereinigter Sinngehalt:

„Im agonalen Instinkt hat man es nicht in erster Linie mit Machthunger oder mit dem Willen zu herrschen zu tun. Primär ist das Verlangen, den anderen zu übertreffen, der Erste zu sein und als solcher geehrt zu werden."[408]

---

[404] Huizinga, vgl. o., S. 276.
[405] Huizinga, 2004, S. 60–61.
[406] Huizinga, 2004, S. 60.
[407] Huizinga, 2004, S. 60.
[408] Huizinga, 2004, S. 61.

Drei politisch integrative Konzeptionen des Spielens

Dem Gelingen, im Wetteifern einen in sich selbst bestehenden ideellen Wert zu generieren und auf dem Wege sozialer Anerkennungszuschreibung, nicht etwa im Selbst-Setzungsakt, anzueignen, setzte Huizinga die Erfüllung eines *zweiten entscheidenden Kriteriums* des Handlungsträgers voraus, das zum erstgenannten des Überlegenheitserweises nur auf den ersten Blick in Widerspruch steht: „Selbstbeschränkung und Selbstbeherrschung" im Zeichen des „*Fair play*" als die Grundanforderung aller Kultur.[409] In diesem Prinzip kulminierte für Huizinga sowohl der unhintergehbare Bedarf aller Kultur, immer auch Spiel bzw. gespielte Kultur zu bleiben, als auch der unbedingte Bedarf des Menschen als *homo ludens*, seinen mit der Kulturentwicklung sich weitenden Möglichkeitsraum zur Schöpfung von Neuem – für Huizinga in kultureller Hinsicht gleichbedeutend mit edlem, ehrwürdigem, sittlich-humanem Neuem – im Sinne einer fortlaufenden Schöpfung *(creatio continua)* zu wahren.

Das Handlungsprinzip des *fair play,* welches die Umhegung agonalen Gewinnstrebens und die Unantastbarkeit der Spielregeln impliziere, galt Huizinga als die maßgebliche Quelle kultureller Normen und der Normenwahrung, und zugleich als antagonistisch zu einem im „Freund-Feind-Prinzip" begründeten Handeln.[410] Dass im Lichte seiner Studien alle Kultur in ihrer ursprünglichen Genese und im Prozess ihrer sittlichen Höherentwicklung als Folge eines gemeinschaftsbildenden und gemeinschaftlich fortgeführten Spielens nachgewiesen werden sollte, beinhaltete für ihn ausdrücklich nicht die weitergehende Schlussfolgerung, dass alle Handlungen *in* einer gegebenen Kultur den Charakter des Spielens aufweisen. Diese systematisch gewichtige Einschränkung und Abgrenzung seines Spiel-Konzepts zeigt sich vor allem dort, wo Huizinga den Begriff Spiel vom Schema des Kulturverstehens zu einem Mittel des Nachweises kultureller Pathologien der Moderne wendete.

---

[409] Huizinga, 2004, S. 228–229.
[410] Huizinga, 2004, S. 227.

2.3.3. Der Agon *als Realisationsprinzip politischen Handelns*

Eine Analyse oder operative Bestimmung des eigentümlich Politischen als kulturelles Phänomen hatte Huizinga in *Homo Ludens* nicht vorgenommen. Stattdessen überwiegt deutlich das Ziel der Entwicklung einer Theorie zur Identifikation von *allgemeinen* Kulturwerten und ihnen zugrunde liegenden *allgemeinen* Sozialprozessen vor einer Charakterisierung einzelner Kulturbereiche in ihrer jeweiligen Eigenart. In *Geschändete Welt* gab Huizinga allerdings zu erkennen, dass er das „Politische" nicht substantiell begreifbar machen zu können glaubte, sondern als kulturwissenschaftliche Sekundärkategorie einordnete, die ihre jeweilige Bedeutung stets aus dem Kontext des historischen Staatswandels beziehe:

„Das Politische ist im allgemeinen nur eine abgeleitete Kategorie, die ihren Sinn erst durch Beziehung auf bestimmte Fälle historischer oder als historisch empfundener Staatsordnungen erhält."[411]

Einer Relativierbarkeit des Politischen als Gegenstand der *kultur*wissenschaftlichen Beurteilung wirkte Huizinga in *Homo Ludens* jedoch entgegen, denn der Kulturgehalt der politischen Praxis muss sich ihm zufolge, wie in jedem anderen Kulturbereich auch, am Nachweis eines fortlebenden Spielgehalts *auf schon erreichtem Normenniveau* der betreffenden Gemeinschaft bemessen. Die von Huizinga entwickelten grundlagentheoretischen Hauptanalysekriterien sind, wie gezeigt wurde, die des *agonalen* Spiel*geists* und der *Balance* im zwei-einheitlich begriffenen Gefüge von freiwilligem Spiel und verpflichtender, nur im Zusammen-Spiel modifizierbarer Kultur. Sie gelten für ihn bezogen auf gemeinschaftliche Formationen, die der Politik zugeordnet werden, wie für jeden anderen Bereich des Soziallebens, der den Beinamen *Kultur* verdienen soll.

Schmitts These, dass alle originär politischen Beziehungen der Grundunterscheidung zwischen „Freund" und „Feind" entspringen,[412] suchte Huizinga nicht durch solche Argumente zu entkräften, die dem Krieg als den in der Freund-Feind-Relation angesprochenen politischen Ernstfall den Status einer Kulturerscheinung prinzipiell absprechen. Um gegen eine im Freund-Feind-Schema begründete Auffassung des Politischen die Notwendigkeit einer

---
[411] Huizinga, 1948b, S. 155.
[412] Schmitt, 2002, S. 26–37.

Drei politisch integrative Konzeptionen des Spielens

Spiel-Dimension politischer Praxis geltend zu machen, wählte Huizinga zwei anders gelagerte Ansatzpunkte: *Erstens* stellte er wie schon Platon den „Begriff Ernstfall" als politische Kategorie in seiner interpretatorischen Ausdeutung als Kriegsfall (oder auch Kriegsdrohung) in Frage, indem er den Ernst der *Friedenszeit* und ihrer Bedingungen stärkte.[413] *Zweitens* argumentierte Huizinga für die grundsätzliche Möglichkeit einer Kriegsführung in Bindung an die Regeln eines edlen, d. h. Respekt vor dem Gegner und sogar für Freude am kriegerischen Kampf offenen agonalen Spiels, die jedoch die Überwindung einer dem Gegner entgegengebrachten Haltung der „Feindschaft" zwingend voraussetze.[414] In Huizingas eigenen Worten heißt es hierzu in *Homo Ludens*:

„Kämpfen als Kulturfunktion setzt jederzeit beschränkende Regeln voraus und fordert bis zu einem gewissen Grade die Anerkennung der Spielqualität. Vom Kriege kann man solange als Kulturfunktion reden, als er innerhalb eines Kreises geführt wird, in dem die einzelnen Glieder einander als gleichberechtigt anerkennen. [...] Erst die Theorie des totalen Krieges verzichtet auf den letzten Rest des Spielmäßigen im Kriege und damit zugleich auf Kultur, Recht und Menschlichkeit überhaupt."[415]

Im Zuge einer Flexibilisierung und Umdeutung des politischen Ernstbegriffs einerseits und der politischen Exklusion des Feindbegriffs andererseits gewinnt nicht nur die von Huizinga vorgenommene Differenzierung zwischen spiel-gerechtem und nicht spiel-gerechtem Krieg an Systematik, sondern auch seine integrative Konzeption spielenden und politischen Handelns im Kontext einer *völkerrechtlich gebundenen internationalen Politik* und der *parlamentarischen Demokratie* als die aus seiner Sicht bedeutendsten und fruchtbarsten Böden des Spielelements einer politischen Kultur. Nachfolgend wird versucht, diese der Methodik Huizingas folgend von der subjektiven Sicht eines Spielers ausgehend zu rekonstruieren.

Zu Huizingas Begriff des agonalen Spielens gehört die Prämisse, dass eine *antithetische* Akteurskonstellation besteht, die aber nicht *antagonistisch* wahrgenommen wird. Der Spiel-Raum für politische Kulturbildung baue gerade auf diese Differenz. Die Entwicklung einer antithetischen Dynamik wird dem Spielen als eine

---

[413] Huizinga, 2004, S. 226–227 sowie Platon, vgl. o., S. 192.
[414] Huizinga, 2004, S. 102, 226–229.
[415] Huizinga, 2004, S. 102.

zweckgelöste Betätigung des Geists überall dort zugesprochen, wo sie als Spiel „zwischen" Menschen vollzogen wird.[416]

Das Wort antithetisch, das auf das Vorhandensein eines Gegensatzes oder einer Entgegensetzung weist, dient im Sprachgebrauch Huizingas zuallererst zur Bezeichnung eines situativen Merkmals: Spieler oder Spielerverbände stehen einander gegenüber und bestimmen in wechselseitiger und abwechselnder Bezugnahme aufeinander den Ablauf des Spiels als ein Sozialgeschehen, das den Zug eines Gegeneinanders mit dem eines Miteinanders vereint.[417] Die Differenz zwischen antithetisch-dynamischem und agonalem Spiel wird am Beispiel des musikalischen Spiels markiert, das einzelne Stimmen – etwa eines Chors oder eines Orchesters – aufeinander antwortend entwickeln, wodurch sie ein Zusammen-Spiel vollführen (und vielleicht auch vorführen), das des wetteifernden Gegeneinanders vollständig zu entbehren vermag.[418]

In Huizingas Grundbegriff des antithetischen Spiels ist demnach im Element des spielenden Gegeneinanders von Handlungen die Dimension des gemeinschaftlichen Zusammen-Spiels vollständig erhalten. Am *Gewinn* solchen Spiels – etwa der Genuss einer durch spielendes Hervorbringen auf einmalige Weise erfahrbar gemachten Sinfonie – können alle unmittelbar am Prozess seiner Vergegenwärtigung Beteiligten wie auch ein Publikum teilhaben; es ist *ihr* Gewinn.

Als das Spezifische eines zur *agonalen* Dynamik gesteigerten antithetischen Spiels wird demgegenüber geltend gemacht, dass der Gewinn des Spiels durch je eine Person oder Partei unter Ausschluss der jeweils anderen erstrebt wird. Mit der wetteifernden Haltung geht somit einher, dass der Gewinn des Spiels selbst ‚auf dem Spiel' steht. Im Zwischen der gegeneinandergestellten Spieler oder Spielparteien geht es nicht mehr um das Spiel als ein gemeinsamer Gewinn, sondern darum, es *je für sich* zu gewinnen, es je für sich zu *entscheiden* – also anzustreben, alleiniger Gewinner des Spiels zu sein und entsprechend dafür zu sorgen, dass die andere Person oder Partei es *verlieren*. Das hierzu geeignete Mittel als ein Zweck in sich selbst muss das agonale Spielen bilden. Im Streben nach einem allgemein sichtbaren Nachweis eigener Vortrefflichkeit muss ein Spie-

---

[416] Huizinga, 2004, S. 58.
[417] Huizinga, 2004, S. 58.
[418] Huizinga, 2004, S. 58.

ler der hier nachvollzogenen Argumentation gemäß eine *Verdrängung* des Gegenspielers aus dem Spiel erreichen, wie besonders klar das Schachspiel vor Augen führt. Agonales Spielen ist Huizinga zufolge demnach zum einen Umwandlung von ‚bloß' positioneller Entgegensetzung zur *Gegnerschaft*, damit verbunden zum anderen ein durch den zugehörigen Spiel-Typus gefordertes Einengen und Unmöglich-Machen des (Weiter-)Spielens der anderen.

Letztere Bestimmung mutet paradox an, denn sie impliziert, dass im Rahmen eines *agonal* ausgerichteten Spiels von Beginn an danach gestrebt wird, die Bande des Zusammen-Spiels durch Verdrängung des Gegners zu lösen, somit im Spiel auf das Ende des Spiels selbst hinzuwirken. Hat eine Person oder Partei ihren Spiel-Raum verloren, gehört *dies* Spiel dem darin glänzenden Sieger – und hört im selben Augenblick auf zu sein. Sowohl Akte der Aneignung wie auch Akte der Freiheitsbeschränkung gehören demnach zu den Wesenszügen agonalen Spielens, d. h. auch eine Dynamik der persönlichen oder gruppengebundenen Behauptung durch Spielen, die immer schon den Keim der Aufhebung des Spielprozesses als Sozialprozess in sich trägt. Man könnte so auch die These aufstellen: Agonales Spielen wirkt auf eine Umwandlung von sozialem Spiel in *individuell zurechenbare* und als solche jenseits von Spiel-Zeit und Spiel-Raum fortlebende ideelle Sozialbedeutungen in Form von Ruhm, Ehre oder Prestige hin, die zu erlangen jedoch voraussetzt, im Spielen eines Spiels das Spiel zu überwinden.

Bei all dem aber bleibt agonales Handeln ein Spielen. Im Anschluss an Huizinga darf es nicht mit zweckgerichtetem Handeln gleichgesetzt oder verwechselt werden, was ausdrücklich mit einschließt, das in der agonalen Steigerung des antithetisch angelegten Spiels eine Behandlung des Gegners als „Feind" suspendiert ist. Eine Behandlung des Gegners als Feind würde seine Umdeutung vom Spiel-Gegner zum *Objekt* voraussetzen. In solchem bloßen Objektcharakter werden alle moralischen Verpflichtungen aufgehoben und der *Zweck*, *ihn* zu beherrschen, *ihn* zu besiegen, *ihn* zu verdrängen, *ihn* zu vernichten, wird als maßgebliches Konstitutionsprinzip des Handelns in Geltung gesetzt. Ein solcher Funktionswandel des Handelns findet Huizinga zufolge darin Ausdruck, dass „ein nahezu mechanisches Verhältnis" zwischen den Interagierenden entsteht.[419] Die Kreation eines ideellen Werts wird damit als

---

[419] Huizinga, 2004, S. 227.

unterbunden betrachtet, denn ihr wird gemäß der Begründungsstruktur des *Homo Ludens* eine Akzentverlagerung von gesetzten Zwecken auf den „Ablauf als solchem"[420] vorausgesetzt, genauer: Der Ablauf der Interaktion nach dem Prinzip des *fair play* wird als zwingende Modalität zur Kreation ideeller Werte durch spielend vollführtes Handeln begriffen.

In der Achtung der Würde des Gegners, die sich insbesondere auch darin auszusprechen habe, dass für die Austragung der Auseinandersetzung gemeinsame Regeln anerkannt und in ihrem Verlauf unbedingt verpflichtend eingehalten werden, wird die *kulturelle* Schöpferkraft des *fair-play*-Prinzips gesehen. Es gebiete eine doppelt bestimmte Distanz, die im Zwischen der Spieler der Freiheit und mit ihr der Sittlichkeit Raum schaffe: *erstens* eine Distanz der Haltung des Spielers zum Handlungszweck, den Gegner zu schädigen, der überwunden bzw. entgrenzt werden solle im aufrichtigen Bestreben, im Ringen mit ihm *sich selbst* als der Bessere zu beweisen. *Zweitens* eine Unantastbarkeit der Spielregeln, die bestimmen, was überhaupt als „fair" gelten soll, und dadurch sowohl für gleichberechtigte und freiwillig annehmbare Rahmenbedingungen des Handelns bürgen, als auch für die notwendige Transparenz, um die Fähigkeiten der Spieler zu beurteilen und über Sieg und Niederlage zu entscheiden.

Damit aber tritt nun noch deutlicher zutage, dass Huizinga die subjektive Anerkennung sozialer Spielregeln nicht begrenzt auf eine *formale Einhaltung* jener wie auch immer beschaffenen Regeln akzeptieren konnte. Ein agonales Spiel wahrhaft zu spielen muss für ihn die tiefgreifende Verinnerlichung des *fair-play*-Prinzips in der Haltung des Handelnden implizieren – sie muss eine Spiel-Haltung sein in dem Sinne, dass darin die Regeln für den Interaktionsablauf nicht einfach eingehalten, sondern durch ein adäquates Bewusstsein in Geltung ‚gehalten' werden. Auch und gerade das agonale Spielen fügt sich in die gemeinsamen Regeln und folgt damit von Beginn an bis zu seinem Ende den allgemeinen Leitlinien des *sozialen Spiels*, das es im Erringen des Siegs oder im Erleiden der Niederlage aufhebt.

Im soeben charakterisierten Wahren des sozialen Spiel-Charakters im nach eigenem Gewinn strebendem agonalen Handeln liegt, so scheint mir, die entscheidende Differenz zwischen zweck-

---

[420] Huizinga, vgl. o., S. 287.

Drei politisch integrative Konzeptionen des Spielens

gerichtetem, feindseligen agonalen Handeln, das im Beschwören des *Antagonismus* den Zwischenraum des Spiels negiert, einerseits und agonalem Spielen andererseits, das den Schritt zur antagonistischen Haltung[421] niemals vollzieht, indem es soziale Spielregeln und durch sie die Würde des Gegners anerkennt, so dass er ‚nur' noch übertroffen, niemals getroffen werden kann. Denn die Vernichtung des Gegners, gleichwohl er aus Sicht Huizingas zu Tode kommen kann, könne niemals jenes „Etwas" sein, *worum es – in den Grenzen und im Freiraum eines Spiels im Zwischen von Menschen – geht.*[422] Wie verhält es sich demgegenüber in Bezug auf ein zweites Grundkonzept des Handelns: das *wirtschaftliche* Handeln?

Auch *homo oeconomicus* strebe, wie der Wettkämpfer, nach Gewinn.[423] Darüber hinaus gehörten sowohl zum „wirtschaftlichen Unternehmen" wie auch zum „Spiel" die Dimensionen „Leidenschaft", „Gewinnaussicht" und die, etwas zu wagen – und „*Wagen, ungewisse Aussicht auf Gewinnen, Unsicherheit des Ausgangs und Spannung bilden das Wesen der Spielhaltung*".[424] Des Weiteren sei reine „Habsucht" weder ein Kennzeichen wirtschaftlichen Handelns noch des Spielens.[425] Im Unterschied zum Freund-Feind-Prinzip des Handelns im Sinne Schmitts ergibt sich demnach nicht nur eine Verbindung zwischen Agonalität und Ökonomie, sondern auch eine Stärkung dieser Verbindung aufgrund ihrer Auffassung als Spiel. Deutlicher als zuvor kristallisiert sich damit heraus, dass Huizingas Weg der Verknüpfung von Wettkampf und Spiel eine Umakzentuierung des Allgemeinbegriffs Spiel von einem Gemeinschaftsverbände-ins-Leben-Rufen zu einem Grundmodell spiel-gerechten *Konkurrierens* vollzieht, in dem die beziehungsstiftende Handlungsdimension durch Stärkung der Dynamik eines Kräftemessens an Bedeutung verliert. Das *fair* ausgetragene Spiel bringt hier den Besseren ans Licht und bedarf hierzu festgelegter Kriterien, die ‚das Bessere' über wahr und falsch, gut und böse, ehrwürdig und nichtig erkennbar machen – einer Kulturhoheit in der Zwei-Einheit von Kultur und Spiel.

---

[421] Diese steht im Zentrum von Chantal Mouffes Begriff des Politischen: Mouffe, 2007, S. 17–22.
[422] Huizinga, 2004, S. 60.
[423] Huizinga, 2004, S. 62.
[424] Huizinga, 2004, S. 62.
[425] Huizinga, 2004, S. 62; vgl. a. a. a. O., S. 64.

Das Spielelement *völkerrechtsgebundenen* politischen Handelns im *parlamentarisch-demokratischen Wettstreit* bzw. Wortstreit als Quelle und Trägerin *politischer* und politisch-schöpferischer Handlungsfunktionen hervorzuheben, war Huizinga ein besonderes Anliegen. Es ist als entscheidendes Kennzeichen von Huizingas Konzeption des agonal ausgerichteten Spiels als *universalgültiger* Kulturfaktor anzusehen, dass es zwar einen verbindlichen *Konsens* über geltende Regeln zur Austragung eines Wettkampfs voraussetzt, sie darüber hinaus aber *inhaltlich variabel* bleiben. Selbst der eigene Tod oder die Tötung des Gegners treten hier nicht in einen prinzipiellen Gegensatz zu seinem Spiel-Charakter, sofern er als eine Möglichkeit des wettkämpferischen Spiels vorgesehen ist, von den Beteiligten billigend in Kauf genommen wird. Zugleich bildet die Schonung des Lebens, des eigenen wie das des Gegners, Huizinga einen Maßstab zur Beurteilung des Kultivierungsgrads des sozialen Spiels agonaler Prägung. Auf dem Gebiet der internationalen Politik kann daher der völkerrechtlichen Bindung politischen Handelns, der Anerkennung und Anwendung des Völkerrechts im Verkehr von Völkern und Staaten im Sinne von Spielregeln, der höchste politische Kulturwert zugesprochen werden.

Die Bedingung eines Konsenses über verbindliche Grundregeln des Handelns, die im Zwischen von miteinander wetteifernden Akteuren einer ideellen Wertsphäre Entfaltungsraum sichern soll, hat eine zweite Seite, die, unabhängig von ihrer positiven Beurteilung durch Huizinga, besonderes Augenmerk verdient. Die Rede ist hier von möglichen Entlastungseffekten der Handlungsmoral, die nur deshalb, *weil* das Handeln Spielregeln unterworfen ist, d.h., den Wert des Nicht-so-gemeint annimmt, überhaupt als Spielen realisierbar sind. So ordnete Huizinga, gestützt durch vielfältige kulturhistorische Beispiele, dem Kernbereich agonalen Spielens als Triebkraft der Kulturentwicklung die Handlungsweisen des *Prunkens* und *Prahlens* mit eigener Vorzüglichkeit sowie das *Schmähen* als offene Verachtungsbekundung des Gegners zu.[426]

Auch und gerade für diese provokativen Handlungsweisen biete das agonale Spiel der Kultur Raum. Sie sind für Huizinga von zentraler Bedeutung, da sie durch Übertreibungen und Überspitzungen herausfordernde, anstachelnde Wirkungen erzeugten, z. B.

---
[426] Huizinga, 2004, S. 63–64.

in philosophischen oder politischen Wortgefechten, zugleich aber als „nicht so gemeint" anerkannt würden.[427] Nicht die Gefahr eines Umschlagens von spiel-gerechtem Wettkampf in Kampf ohne Spielqualität, sondern im Gegenteil: eine Beförderung der Freude, des Spaßes an spiel-gerecht ausgetragener Konkurrenz stellte Huizinga daher heraus. Aus kulturhistorischer Sicht seien sie als stets lebendig zu haltende Gegenimpulse zu kulturellen Erstarrungserscheinungen positiv zu bewerten, insofern in ihnen die Balance von bestehendem Kulturniveau und Spielweise gewahrt bliebe. Ganz anders verhält es sich mit Huizingas Beurteilung des Verhältnisses von Spiel und *Puerilismus* als der Oberbegriff für alle Neigungen, „sich nach Maßstäben der Pubertätszeit oder der Knabenjahre zu betragen".[428] Darunter werden mitunter die folgenden Erscheinungen subsumiert:

„das leicht zufriedengestellte, aber nie gesättigte Bedürfnis nach banaler Zerstreuung, die Sucht nach grober Sensation, die Lust an Massenschaustellungen. Auf psychologisch etwas tieferem Niveau schließen sich an: der lebendige Klubgeist mit seinem Drum und Dran von sichtbaren Erkennungszeichen […]."[429]

Huizinga wendet sich entschieden gegen jede Verbindung von Puerilismus mit der „Qualität einer Spielform".[430] Selbst ein „Kind, das spielt", sei „nicht kindisch":

„Die wesentlichen Merkmale des echten Spiels fehlen darin, obschon das puerile Betragen oftmals äußerlich die Form des Spiels annimmt. Um Weihe, Würde und Stil wiederzuerlangen, wird die Kultur andere Wege gehen müssen."[431]

Im Lichte der vorangegangenen Ausführungen gilt es im vorliegenden Untersuchungskontext jedoch auch zu fragen, inwiefern die durch Huizinga eröffnete Möglichkeit, das Spielelement politischen Handelns zu identifizieren und in seinem kreativen Gehalt zu verstehen, auch an Sichtgrenzen im Bedeutungsraum des Politischen stößt, die auf seine Grundkonzeption des agonal bestimmten Spielens zurückgeführt werden müssen. Eine erste konzeptionelle

---

[427] Hierzu und zum Folgenden: Huizinga, 2004, S. 161–173.
[428] Huizinga, 2004, S. 221.
[429] Huizinga, 2004, S. 221.
[430] Hierzu und zum Folgenden: Huizinga, 2004, S. 223.
[431] Huizinga, 2004, S. 223.

Sichtgrenze deutete sich dort an, wo Spielen als Lust am politischen Streit erscheint – das englisches Parlament als Beispiel für politischen Spielgeist wird angeführt[432] –, ohne dass es zugleich – oder auch alternativ – als integratives Moment politischer Sachauseinandersetzungen, von Prozessen der Konsensfindung bzw. positionellen Annäherung von einander entgegengesetzten Positionen, Interessen, Weltanschauungen thematisch werden könnte. Eine zweite Sichtgrenze dieses Ansatzes, die politisch-exkludierende Aspekte in Huizingas anthropologisch verankerter Universalkategorie des Spiels erkennen lässt, gilt es dort zu hinterfragen, wo Huizinga aus seinem Primat des sozialen Spiels wie auch der Kultur, ihre Begrenzung durch und als *Gemeinschaft*, ein neues Feindbild der Kultur ableitet: den *Spielverderber*.

Vom Blickpunkt einer Theorie des „Spielcharakters der Kultur", wie sie die Schrift *Homo Ludens* entwirft, gewinnt ein Begriffsschema Konturen, das in der Forderung, Kulturerscheinungen in ihrer zwei-einheitlichen Verbundenheit mit Spiel zu begreifen, zugleich die Wahrung einer dreidimensionalen Auffassung des Begriffs Spiel fordert: Spiel als *Handlung*, als *geregelte Ordnung* und als *Geschehen* mit ungewissem Ausgang. So zeigt sich in Huizingas Verständnis von Kulturentwicklung ein Verlagerungsprozess von sozialen Normen begründendem hin zu kulturell normiertem, unbedingt verpflichtendem Spielen. Aus dem Spielen eines Spiel, so Huizinga, muss gespielte *Kultur* werden. Die ungewöhnliche Welt des Spiels erfährt eine Wandlung zur ideellen Kultursphäre, die nicht mehr freiwillig und als solches auch nicht Spiel, sondern sein Überbau ist, aber zu ihrer Wahrung und fortschrittlichen Belebung als Erhöhung der Sittlichkeit des sie mit Spielgeist anerkennenden Handelns und Zusammen-Handelns der Menschen weiterhin bedarf. Statt um das ‚bloße' Spiel geht es um die Möglichkeiten der gemeinschaftlichen Lebensgestaltung durch spielendes Schöpfen aus geltenden Kulturwerten. Gerade auch hier kommt es Huizinga „auf die Tatsache des Spielens"[433] an: auf ein spielendes Beseelen und Fortentwickeln *der Kultur*.

Wahrhafte *Kultur* könne allein in den Grenzen einer autonom entwickelten und durch eine gewisse Homogenität geprägten Ge-

---

[432] Huizinga, 2004, S. 224–225; vgl. a. Hebberle, 1967, S. 339–349.
[433] Huizinga, vgl. o., S. 283.

Drei politisch integrative Konzeptionen des Spielens

meinschaftsstruktur entspringen und gedeihen. So angewiesen sich die Kultur dabei auf den Spielgeist, insbesondere jenen agonaler Prägung, zeige, so gefährdet erscheint sie zugleich durch Akteure, die nicht willens sind, das Spiel der Kultur *mit*zuspielen. Im Unterschied zum „Falschspieler", der darum bemüht sei, die Einhaltung von Spielregeln und damit die Anerkennung der „Zauberwelt" des Spiels vorzutäuschen, zerstöre der „Spielverderber" ihre „Illusion" und damit die Spiel-Welt, der nur im Bewusstsein ihrer Ernstnahme Bestand garantiert sei:[434]

„Dadurch, daß er [der Spielverderber] sich dem Spiel entzieht, enthüllt er die Relativität und Sprödigkeit der Spielwelt, in der er sich mit den anderen für einige Zeit eingeschlossen hatte. Er nimmt dem Spiel die Illusion, die *inlusio*, buchstäblich: die Einspielung – ein bedeutungsschweres Wort! Darum muß er vernichtet werden, denn er bedroht die Spielgemeinschaft in ihrem Bestand."[435]

Doch dachte Huizinga die Figur des Spielverderbers janusköpfig: Er erscheint nicht nur als Bedrohung und Zerstörer von Spiel-Ggemeinschaften, sondern wird auch als *Schöpfer einer neuen Spiel-Gemeinschaft* begriffen.[436] Im Anschluss an die kreativitätstheoretische Terminologie von Bernhard Waldenfels müsste ihm demnach eine „radikale Kreativität" des Handelns zugeschrieben werden, in der „die Grenzen der jeweiligen Ordnung überschritten werden, und zwar durch Änderung der Ziele, der Regeln oder der Umstände".[437] Abweichend davon aber impliziert Huizingas Konzept einer kulturellen Kreativität des Spielens, wie gezeigt, im Kern gerade einen Entwicklungsprozess hin zu einer „relativen Kreativität" kulturell gebundenen und fruchtbaren Spielens in dem Sinne, dass es darum geht, „sich die internen Spielräume bestehender Ordnungen zunutze [zu machen]",[438] gleichwohl darin und daneben die Möglichkeit radikaler Neubeginne als ebenso konstruktive wie gefährliche Quelle der Kultur enthalten bleibende angenommen wird.

---

[434] Huizinga, 2004, S. 20.
[435] Huizinga, 2004, S. 20.
[436] Huizinga, 2004, S. 20–21.
[437] Waldenfels, 1999, S. 250.
[438] Waldenfels, 1999, S. 249.

2.3.4. Das agonalisierte soziale Spiel als ein Prinzip politischer Inklusion oder: Spielend entfalteter politischer Handlungssinn 3

Spielen wird Huizinga zufolge politisch sinnvoll, wenn es auf Basis des *fair-play*-Prinzips vom agonalen Geist sich beseelen lässt, der jedes Bedürfnis, einen Gegner zu treffen, in eine Lust am wetteifernden Über-Treffen verwandelt. Entsprechend solle politisches Handeln stets ein spielend vollführtes sein, denn nur in jenem in der Dynamik des Spielens gesehenen Zugleich aus zweckgelöster Grenzüberschreitung einerseits und unbedingter Zurückhaltung gegenüber jeder Form des Regelbruchs andererseits kommt der Argumentation des *Homo Ludens* zufolge politisches Handeln zu sich selbst. Dass der von Huizinga begründete *originäre Gehalt* politischen Handelns – in all seiner ihm zugesprochenen, immerwährend bestehen bleibenden, kontextabhängigen Wandelbarkeit – im Grunde gleichbedeutend ist mit dem Gehalt jeder beliebigen Kulturhandlung, die diesen Namen verdient, relativiert diesen Befund im Rahmen des im *Homo Ludens* entfalteten Gedankengebäudes nicht, sondern unterstreicht Huizingas Ansatz einer im Spielvermögen begründeten Universaltheorie der Kulturentstehung und -entwicklung. Wohl aber sind vom Blickpunkt des im hier vorliegenden Untersuchungsrahmen verfolgten Erkenntnisinteresses gewichtige Sichtbeschränkungen des so konzipierten Begriffsbildungsansatzes zu konstatieren.

Auch vom Blickpunkt der Spieltheorie Huizingas gliedert sich die Trias von ›Spielen‹, Spiel-Raum und Spiel-Welt neu. Politik soll aus der Sicht Huizingas *gespielte* Kultur sein. Sie solle von spielend vollführten Handlungen getragen, gewahrt und fortentwickelt werden, nicht *nur spielend,* aber mit politischem Ernst, der die Regeln einer Gemeinschaft, sei sie national oder international gebildet, als unbedingt verbindliche Richtschnüre in sich aufgenommen haben. Was heißt es somit aus der Sicht Huizingas, *politisch zu spielen?*

Zunächst einmal erkannte auch Huizinga das Vermögen zu spielen als eine allen Menschen angeborene Anlage an. Menschen, aber auch Tiere zeigten die Fähigkeit zu spielen und spielten ursprünglich auf ganz ähnliche Weise. Spielende Lebewesen legten Zeugnis davon ab, dass sie fähig sind, in ihrem Tun vorgegebene Zweckbindungen, aber auch das Verfolgen von selbst gesetzten Zwecken zu überwinden. Huizinga zufolge zeugt dies auch vom

Dasein des Geists. Spielen sei ein geistiges, darin aber auch dem geistigen Vermögen eines Individuums Raum gebendes Handeln. In seinen kulturanthropologischen Betrachtungen wird das Spielen jedoch auch dadurch gekennzeichnet, dass es in seiner Überwindung von Bindungen auch neue Bindungen stiftet. Es binde sich an Erlebtes, an Imaginationen, Gedanken oder Dinge, mit denen es spielend umgeht, aber ebenso auch an andere Menschen, mit denen es „*Gemeinschaftsverbände ins Leben ruf[en]*"[439] könne.

Die politische Qualität des Spielens wird im *Homo Ludens*, anders als es in Plessners *Grenzschrift* hervortrat, nicht unter dem Schwerpunkt thematisch, dort, wo noch keine verbindlichen Beziehungen existieren, solche allererst zu begründen. Sie tritt stattdessen primär als eine die gegebene politische Ordnung wahrende und eine ihre Entwicklungsmöglichkeiten ausschöpfende Kompetenz auf. Jene verdankt sich Huizinga zufolge dem kultivierungsfähigen Eigencharakter spielenden Handelns. Eine zunächst universal anmutende Integrativität von verpflichtenden Handlungsbedingungen und -forderungen wird ihm zugesprochen. Als kultureller Handlungsmodus ist Spielen Huizinga zufolge daher stets *zwei-einheitlich* beschaffen. Freiheitsgrade finden sich in ihm nur in Relation zu als unbedingt verbindlich empfundenen Freiheitsbegrenzungen, die schon gewachsener Kultur eingeschrieben sind, auf. Doch auch unabhängig von situativ Geltung beanspruchenden kulturellen Handlungsbedingungen lebt spielendes Handeln im Lichte des *Homo Ludens* von unhintergehbaren Grenzen. Ohne Respekt vor dem anderen kann es nach Auffassung Huizingas nicht nur kein kulturell schöpferisches, sondern nicht einmal ein wahrhaftiges Spielen sein. Gerade das Spielen-Können als Hort und handelnd realisierte Versichtbarung einer ursprünglichen Sozialität, die wider allen Zwang in alles, was ein Mensch tut, hineingetragen werden kann, ließ es Huizinga als prädestinierte Quelle der Kulturentwicklung erscheinen.

Die Grundqualität, die Huizinga dem politischen Handeln zudachte, und jene, die er in allen anderen Handlungsbereichen nachzuweisen suchte – im künstlerischen wie im wirtschaftlichen, im rechtlichen wie im philosophischen und wissenschaftlichen –, ist im Kern gleich, weshalb sie ein Universalprinzip der Kulturentwicklung zu begründen vermag. Sie ist, wie gezeigt, aus der Paarung

---

[439] Huizinga, vgl. o., S. 277.

von spielendem und agonalem Handeln gebildet: Spielendes Handeln sei für sich genommen nicht agonal. Das allgemeinmenschliche Streben nach Höherem aber verwirkliche sich am kulturell fruchtbarsten in den Bahnen eines agonal entfalteten Spielens. In jenen Bahnen wird also auch das politische Spielen gedacht. Es wetteifert und kämpft, unter Umständen auch um Leben und Tod, dies aber stets im Geiste des *fair play*. Der Argumentation in Plessners *Grenzschrift* verwandt, ist ein solcher Geist auch aus Sicht Huizingas ein Gebot der Menschenwürde. Nur seine Einhaltung erhebe politisches Handeln zur Kulturhandlung, nur in seiner Einhaltung erfülle politisches Handeln seinen originären Sinn, seinen höchsten Ernst, der auch für Huizinga in der Wahrung des Friedens liegt.

Schon bei Platon wurde der Gedanke gefunden, dass nicht der Krieg, sondern die Pflege des Friedens der eigentliche politische Ernstfall sei.[440] *Nur spielend* kann der Mensch dieser Aufgabe nicht gerecht werden, so Huizinga, weil er das aus Regeln und Wertvorstellungen gewobene Band mithalten müsse, durch das er mit einer politischen Gemeinschaft verbunden ist. Wohl aber müsse er jene Aufgabe *politisch spielend* annehmen. Huizinga zufolge kommt ein politisches Handeln, das von der fundamentalen Bedeutung der zweckgelösten Dimension in den zwischenmenschlichen Beziehungen nichts weiß – oder sie für überflüssig hält – einem Handeln, das am Abbau der Kultur mitwirkt, gleich. Die agonal-spielend zweckgelöste Dimension politischen Handelns und der kulturelle Sinn politischen Handeln sind aus seiner Sicht eins.

Soll der Kern des bei Huizinga konturierten Begriffs politisch spielenden Handelns auf eine knappe Formel gebracht werden, so könnte jene wie folgt lauten:

Politisch spielend etwas zu tun sei verstanden als das Vermögen,
das eigene Handeln freiwillig darauf zu verpflichten,
den politischen Gegner niemals als Feind, den
man zu treffen verlangt, wahrzunehmen,
sondern stets ‚nur' als einen Konkurrenten, den man nicht zu treffen,
sondern ‚nur' zu über-treffen bestrebt ist,
wofür ein Ethos, das wettkämpferische Fairness
mit politischem Gemeinsinn paart,
grundlegend ist.

---

[440] Platon, vgl. o., S. 192.

Drei politisch integrative Konzeptionen des Spielens

Zur Verwirklichung politischen Spielens bedarf es Huizinga zufolge eines Handlungsethos, das wettkämpferisches *fair play* mit politischem Gemeinsinn paart. Dieses wettkämpferisch beseelte politische Handeln ist ein *Spielen* und darf Huizinga zufolge *nur ein Spielen* sein, weil es Abstand zur bloßen Nutzenverfolgung und damit Raum für Kulturwerte schafft. Zugleich aber ist solches Spielen eine politische *Kultur*handlung, weil es anerkennt, dass die Freiwilligkeit der regelgebundenen Mitwirkung und die Leichtigkeit der Konsequenzenlosigkeit des Handelns auf dem Gebiet der Politik aufgehoben sind. Nur so ist es *politisch schöpferisch*, im Rahmen parlamentarischer Demokratien im Sinne eines Mitwirkens an der Beförderung der besten Problemlösungen, die nur in allseits eingehaltenen Grenzen gegenseitigen Respekts aufkommen und allgemein verbindlich durchgesetzt werden können. Alles, was *politisch spielend* entsteht, darf der Argumentation des *Homo Ludens* zufolge nur durch gespielte politische Kultur, niemals in einer Behandlung politischer Kultur *nur als ein Spiel* erfolgen.

2.3.5. Ein integrativer Denkweg – doch in Ausgrenzung des anderen

Wie Schiller und Plessner – und im Grunde auch schon Platon – erblickte Huizinga im Spielvermögen des Menschen eine prädestinierte Kultivierungsquelle politischen Handelns und mit ihm der Politik als historisch fluktuierendes Sozial- und Rechtsgefüge. Was Platon, Schiller und Plessner implizit schon praktizierten, nennt Huizinga „Zwei-Einheit" (hier: von Spiel und Kultur). Huizingas *homo ludens* versteht die Seele des Wettkampfspiels, wie es der Kulturhistoriker begriff, im Lichte der feinen und zugleich gewaltigen Differenz zwischen einem *Einander-Treffen-Wollen* und einem *Einander-Übertreffen-Wollen*. Nur in letztgenannter Handlungsweise wird ein kulturstiftender und kulturwahrender Gehalt erblickt. Und es sei gerade der im handelnden Interagieren sich erfüllen sollende Sinn in sich selbst, der ausschließe, den anderen nur als Mittel, als „Durchgang" zu etwas anderem zu behandeln.[441] So verstanden kann der andere weder Objekt noch Feind, sondern stets ‚nur' der als Gleicher respektierte Gegner sein.

---

[441] Guardini, vgl. o., S. 137.

Huizingas integrativer Denkansatz enthält sowohl einen Verständigungs- als auch einen Konfliktbezug. Er geht jedoch verglichen mit den bei Schiller und Plessner aufgefundenen Begriffsalternativen in beiden Aspekten gewissermaßen nur die halbe Strecke. Während das Primat des *fair* ausgetragenen sozialen Spiels sogar stärker als bei Schiller hochgehalten wird, nimmt das Spielen als ein *Gemeinschaftsverbände-Ins-Leben-Rufen* letztlich nur eine Sekundärstellung im Theoriegebäude ein. Kernaspekte dessen, was Schiller oder Plessner in das Zentrum ihrer Betrachtungen politischen Handelns *sub specie ludi* gestellt hatten, treten somit im Lichte der entsprechenden Erörterungen Huizingas in den Hintergrund oder fallen ganz aus der Gedankenlinie heraus.

Nicht nur einen Schritt nach vorn gehen wir in der politiktheoretischen Motivlinie des *Homo Ludens* gegenüber jener der *Grenzschrift* im Besonderen, sondern auch einen gewichtigen Schritt zurück. Dort, wo in den Augen Plessners jenseits der Grenzen einer Gemeinschaft der Realisationsgrund eines diplomatischen Spiels entspringen kann, vertieft Huizinga eine gegenüber Carl Schmitt veränderte, nicht aufgehobene Trennlinie, die zwischen Freund und Feind in der modifizierten Logik von Mitspielern und Spielverderbern scheidet. Gerade Verständigungsprozesse zwischen Gemeinschaften mit heterogenen Werteprofilen und Weltanschauungen können somit mit Hilfe von Huizingas Konzeption politischen Spielens nicht beleuchtet werden. Solche werden sogar als bedrohlich stigmatisiert und kalkulieren so auch einen „Kampf der Kulturen" im Sinne Samuel P. Huntingtons ein.[442] Nicht nur das politisch exkludierende Primat des Spiel-Raums, sondern auch seine Umwandlung in eine Konzeption des gemeinschaftsgebundenen Kulturraums würde demnach begrenzend wirken auf die konstruktive Politisierungsreichweite des menschlichen Spielens bzw. den potentiellen Bedeutungshorizont ›politischen Spielens‹.

2.4. Zwei-einheitlich gewobene Denkfiguren mit gemeinsamer Kernstruktur

Wie sind Annahmen über das menschliche Spielen-Können im Horizont politischen Handelns fortgedacht worden? Und welche

---
[442] Huntington, 1998.

Drei politisch integrative Konzeptionen des Spielens

politischen Handlungsbedeutungen werden dabei zur Vorstellung gebracht? Auf je eigenen Denkwegen lichten Schiller, Plessner und Huizinga den konstruktiven Bedeutungsschnittpunkt von Spielen und politischem Handeln auf und halten dabei den *homo ludens* dem *homo necans* als dem absichtsvoll tötenden Menschen[443] entgegen. Ein vielschichtiger Bedeutungskreis des ›Spielens‹ für politisches Handeln wird dadurch erschlossen, ein Bedeutungskreis, der im selben Maße – und ohne dass hier das Zweckfreiheitsprimat allen spielenden Handelns preisgegeben würde – sowohl freiheitsemphatischen Spiel-Auffassungen verborgen bleiben muss als auch solchen, die suggerieren, alle menschlichen Handlungszusammenhänge seien als zweckrational entfaltbares Spiel begreifbar. Nachfolgend möchte ich die damit gewonnenen Einsichten in Bedingungen für ein Vermittlungsgelingen von Spielanthropologie und politischem Handlungsbegriff im Lichte des bisherigen Gesamtgangs der Untersuchung resümieren.

Wurde im Zuge des *Ersten Teils* die Grundvorstellung einer metamorphischen Elementarqualität des ›Spielens‹ als analytischer Leitfaden angenommen und bekräftigte sich diese Idee einer umweltrelationalen Gestalt- und Bedeutungsgenese in der jeweils konkret vollführten Realisierung der Handlung zunächst in der Begründung eines modalen Begriffsansatzes von Lorenz, sodann im Hinblick auf die von Buytendijk und Plessner begründeten Charakterisierungen eines Nur-›Spielens‹ (ohne Spiel-Raum), so eröffnen die in diesem *Zweiten Teil* erfolgenden Betrachtungen *Varianten von originär politischen Gestalt- und Bedeutungsgehalts-Realisierungen*. Dabei stärken Schiller, Plessner und Huizinga wider das Exklusionsparadigma und das Universalisierungsparadigma einer politischen Deutung des ›Spielens‹ den konstruktiven Bedeutungsschnittpunkt von Spielvermögen und politischem Handeln in mehrdeutiger Sicht:

Als gemeinsames Grundmotiv der integrativen Denkwege von Schiller, Plessner und Huizinga zeichnete sich das schon bei Platon konturierte *Handlungsprinzip einer spielenden Fügung, die mit der Wandlung von begrenzenden Strukturen in Ermöglichungsstrukturen korrespondiert*, ab. Eine Begriffsschöpfung Huizingas verallgemeinernd könnte dieses Prinzip auch als eines der *zwei-einheitlichen Begriffsdimensionsvermittlung* bezeichnet werden.

---

[443] Burkert, 1997.

Zwei-einheitlich gewobene Denkfiguren mit gemeinsamer Kernstruktur

Die soeben exponierte Gemeinsamkeit des politisch integrativen Denkens von Schiller, Plessner und Huizinga lässt sich in der Binnensicht ihrer Handlungsarchitekturen spezifizieren, wobei auch hintergründiger liegende Gemeinsamkeiten ihrer Begriffskonzeptionen deutlicher hervortreten können. Diese Möglichkeit eines konzeptionellen Ausbaus ausgehend von Webers Allgemeinbegriff des sozialen Handelns herzuleiten, dies bildet den Gegenstand der nachfolgenden Ausführungen.

Weber zufolge ist all jenes menschliche Verhalten als ein soziales Handeln zu klassifizieren, sobald es subjektiven Sinn in sich trägt und in diesem Sinn auch auf das Verhalten von anderen bezogen ist.[444] Anstelle dieses Sinn- und Sozialbezuges werden mit Blick auf die in diesem Untersuchungsteil beleuchteten politischen Fortdeutungen des ›Spielens‹ vier verbundene Hauptdimensionen eines Handlungsmodus erkennbar, wie gleich im Anschluss an ihre Benennung im Einzelnen begründet werden wird:

(1) Eine anthropologisch basale Dimension des ›Spielens‹ als einem *Freiheitsvermögen* zeigt sich verknüpft
(2) mit einer *rollentheoretisch verankerten Grunddimension ihrer politischen Vermittlung*
(3) und einer daraus entfalteten Dimension der *politischen Umgangsweise*,
(4) wodurch schließlich auch eine Dimension des *spielend eröffneten politischen Möglichkeitsraums*, in dem ein *politischer Elementargehalt* dieses Handlungsmodus bzw. eine *politische ‚Kreation'* solchen Handelns angesiedelt ist, zur Vorstellung gebracht wird.

Wie gelange ich zu diesen vier Teildimensionen der ›Spielen‹ und politisches Handeln integrativ vermittelnden Begriffsmodelle von Schiller, Plessner und Huizinga? Die Antwort erschließt sich, führt man die am Ende des *Ersten Teils* der vorliegenden Untersuchung vorgeschlagene Bestimmung des ›Spielens‹ wie eine systematisierende Schablone an die von mir behandelten Schriften der drei genannten Autoren heran. Im Vergleich mit der mathematisch-ökonomischen „Spieltheorie", der strukturalistischen Rollensoziologie und der Systemtheorie wird in diesen Deutungsansätzen ein deutlich komplexeres Zusammenwirken von personaler Freiheit, Bezugsstrukturen und Resultaten des Handelns zur Vorstellung gebracht.

---
[444] Weber, vgl. o., S. 37.

Drei politisch integrative Konzeptionen des Spielens

Die vier genannten Gliederungsbereiche, die zu analytischen Zwecken trennen, was in der theoretischen Beschreibung verbunden gedacht ist, helfen, diese Verdichtungen in besonders stark ausgeleuchteten Bereichen des jeweils zum spielanthropologischen Gegenstand werdenden Phänomens des politischen Handelns zugänglich zu machen:

Das ›Spielen‹-Können als *Freiheitszeugnis und originäres Freiheitsvermögen* wird nicht nur in Buytendijks Verhaltensphänomenologie über Wesen und Sinn des Spiels und Plessners Philosophischer Anthropologie des spielenden Menschen, sondern auch in Schillers *Briefen*, Plessners *Grenzen der Gemeinschaft* und Huizingas *Homo Ludens* gleichermaßen als

> absolut ursprünglich,
> in seinem Dasein als unbezweifelbar und überdies als
> ursprünglich unpolitisch begriffen.

Vor dem Hintergrund dieses Gleichklangs des Ausgangspunkts des spieltheoretischen Denkens der genannten Autoren ergibt sich im Fortschreiten zur zweiten o. g. Begriffsdimension eine erwartbare Verzweigung. Während Buytendijk, Plessner, Schiller und Huizinga die Annahme eines *gestalterischen Rollenumgangs* als erste Hauptstation des In-Verbindung-Tretens von ‚bloßem' Spielvermögen und allgemeineren Quellen menschlicher Ausdrucks- und Handlungsfähigkeiten (etwa im Bereich der Sprache und des Mimischen) teilen, d. h. genauerhin die Annahme,

> dass ›Spielen‹-Können an Grundprozessen
> der Selbstverwandlung des Menschen
> in Relation zu von außen aufgedrängten oder
> angenommenen Strukturen unmittelbar mitwirkt,

wird in den Briefen *Über die ästhetische Erziehung des Menschen*, in den *Grenzen der Gemeinschaft* und in *Homo Ludens* ausdrücklich das staatliche Amt als strukturelle Vermittlung bzw. eine politische Bedeutungsprägnanz formierender Bezugspunkt einer Verbindung des ›Spielens‹ und des politischen Handelns gedacht. Trotz der, wie gezeigt, höchst verschiedenen Bedeutungshorizonte eines aus dem ›Spielen‹-Können schöpfenden politischen Handelns, die Schiller, Plessner und Huizinga begründen, wird daher auch ein hintergründiger gemeinsamer Kern ihrer integrativ verfahrenden Begriffsbildungssystematiken kenntlich – nicht auf Ebene der inhaltlichen politischen Deutung, wohl aber auf formaler Ebene, die als solche auch den Eigenschaften von Allgemeinbegriffen näher steht, in handlungszentrierter Spezifizierung: vielmehr einer modalen als einer typisierenden Bestimmung menschlichen Handelns.

Im bisher Gesagten bereits angeklungen war, dass sich im Theorienvergleich eine dritte verallgemeinerbare Begriffsdimension abgrenzen lässt: jene Dimension des Handelns, in der die *Handlungsbedeutung* generiert wird. Sowohl Schiller als auch Plessner und Huizinga beschreiben politische Umgangsweisen, die mitunter daraus erwachsen, dass sich ein Handlungsträger *erstens* spielend und *zweitens* in Gestalt eines konkreten politischen Rollenträgers einem politischen Interaktionspartner bzw. Konfliktgegner zuwendet. Die dritte im vorliegenden Untersuchungskontext herauszustellende Teildimension eines politisch integrativen Begriffsmodells des ›Spielens‹ wäre also genauer umschreibbar als

jenes relationale Geschehen,
das Sorge dafür trägt,
dass wir auf eine spielende Weise politisch handeln können,
ohne dass unser Tun dadurch zu einem ärgerlichen Beiwerk oder
gar zur Pathologie einer demokratischen Grundwerten und Regeln
verpflichteten Politik herabsinken muss.[445]

Es liegt auf der Hand, dass einem solchen Geschehen eigentümliche *politische Kreationen* erwachsen müssten, Kreationen, die einerseits durch die handelnden Personen und die Handlungssituation – einschließlich ihres Gegenstands – sich mitbestimmen, andererseits aber auch Gemeinsamkeiten aufzuweisen haben, die es allererst rechtfertigen, speziell von ›politisch spielenden‹ Kreationen zu sprechen. Von der Seite des Möglichkeitshorizonts ›spielenden‹ Handelns her kommend sind hier zuallererst die Zweckfreiheitsbedingung sowie die damit verbundene Folge eines weder berechenbaren noch einseitig feststellbaren Handlungsergebnisses zu nennen. Auch Schiller, Plessner und Huizinga bleiben hier mit der Tradition spieltheoretischer Prämissen uneingeschränkt im Einklang. Wechselt man vor diesem Hintergrund zur Seite des politischen Handelns, so wird ergänzend eine Verschiebung der Weichenstellung in der Semantik des Politischen kenntlich: Bei Schiller

---

[445] Vgl. o., S. 19–20.

darin sich niederschlagend, dass das politisch spielende Handeln vom staatskünstlerischen Handeln abrückt, in Plessners *Grenzen der Gemeinschaft* im paradox anmutenden Befund der Möglichkeit politischen Handelns, freiwilligenden Gewaltverzicht ästhetisch-strategisch zu befördern, und nicht zuletzt bei Huizinga sich darin in einem weder nur dem ›Spielen‹ noch ‚bloßem' politischen Handeln allein zuschreibbaren Umstand sich bemerkbar machend, dass der *Agon* nur dann seinen Spielcharakter bezeugt, wenn er die Kampflogik des Einander-Treffens zugunsten eines Versuchs, den anderen zu Über-Treffen in strikter Einhaltung von gemeinsam als verbindlich anerkannten Regeln überwindet. Das Gemeinsame dieser drei Ausdeutungsvarianten herausstellend, könne man sagen: Es wird von allen drei Denkern gleichermaßen die Möglichkeit zur Diskussion gestellt, dass

> *eine* originär politische Qualität politischen Handelns
> – und damit *ein* besonderer Möglichkeitsraum, den
> politisches Handeln zu eröffnen vermag –
> erst unter der Voraussetzung realisiert wird,
> dass das Vermögen, politisch zu handeln, mit jenem
> des ›Spielens‹ sich innerlich verbindet.

Wie rückblickend auf die in Abschnitt 2 erfolgten Betrachtungen mehrfach deutlich geworden ist, haben Schiller, Plessner und Huizinga die vier genannten Teildimensionen ihrer politischen Handlungskonzeptionen nicht mit identischen Merkmalsbestimmungen gefüllt und auch das In-Beziehung-Setzen von Grundannahmen verschieden gewichtet. Schillers Konzeption eines Individualität und Sozialität ästhetisch vereinenden politischen Handelns, Plessners Konzeption politischen Handelns im Zeichen des diplomatisch ausgetragenen Kampfs und Huizingas Konzeption des demokratisch gesinnten Politikers als einem edlen Wettkämpfer erscheinen unvereinbar und vereinbar zugleich. So kann an dieser Stelle im Lichte der soeben vorangegangenen Ausführungen zu vier gemeinsamen Grunddimensionen zumindest an dem Befund festgehalten werden, dass Schiller, Plessner und Huizinga im Rahmen der hier besprochenen Schriften in formaler Hinsicht eine weitgehend gemeinsame Kernstruktur ihrer politischen Handlungskonzeptionen ausgebildet haben. Unabhängig von ihren jeweils eigenen Theoriestandpunkten, Erkenntnisinteressen und historischen Bezugskontexten haben sie somit auch einen allgemeinen und zeitlosen Weg

Zwei-einheitlich gewobene Denkfiguren mit gemeinsamer Kernstruktur

der Vermittlung von Spielanthropologie und politischem Handlungsbegriff gebahnt.

Am Ende des *Ersten Teils* wurde der Universalmodus des ›Spielens‹ ohne Spiel-Raum auf der Basis der Verhaltensphänomenologie Buytendijks und der Philosophischen Anthropologie Plessners bestimmt als *ein bezugsuniversaler, widerstandsbedürftiger und auf Fortführung statt auf feststehende Ergebnisse zielender Universalmodus des Handelns, der auf der Basis einer Vollzugsdynamik, die ein integratives Grenzüberschreiten vollführt, ein potentiell sozial-integratives Ausdruckshandeln ‚kreiert'*.[446] Über diese Bestimmung des ›Spielens‹ gehen Schiller, Plessner und Huizinga hinaus, ohne sie zu konterkarieren. Sie bleiben im Einklang mit ihr, erbringen aber auch ein Mehr. Jenes Mehr umreißt den nur mit Hilfe spielanthropologischer Annahmen nicht erreichbaren Horizont ›**politischen Spielens**‹. Ließ Buytendijk in *Wesen und Sinn des Spiels* die soziologischen Implikationen seiner Spieltheorie außen vor, und erweiterte Plessner jene im Grunde im Einklang mit Buytendijk bleibende Interpretation des menschlichen ›Spielens‹ in der soziologischen Sicht, so zeigen uns Schiller, Plessner und Huizinga darüber hinausreichende Kontaktpunkte und konstruktive Relationen zwischen unserer Möglichkeit, zu spielen, und unserer Möglichkeit, politisch zu handeln, im besonderen Hinblick auf strukturelle und ideelle Anforderungen, die dem Bezugsrahmen politischen Handelns eigen sind, auf. Diese Kontaktpunkte versuchte ich oben anhand von vier Hauptdimensionen zu fassen. Dass innerhalb dieser Dimensionen Annahmen und Gewichtungen zum Tragen gekommen sein müssen, die zu stark heterogenen politischen Bedeutungszuschreibungen spielend realisierten Handelns führen, liegt auf der Hand. Die Frage, aus welchen Gründen und auf welche Weise dies erfolgt, wird einen Hauptfragestrang des *Dritten Teils* der vorliegenden Untersuchung bilden.

Obwohl die von Schiller, Plessner und Huizinga begründeten politischen Handlungsbedeutungen heterogen sind, haben sie alle im eingangs umrissenen Begriff des *politischen Handlungsernstes* Raum. Dabei fällt ins Auge, dass alle drei Denker die drei zusammengeführten Merkmalslinien politischen Handelns wandeln: Wird die Merkmalslinie des Konfliktbezugs politischen Handelns durch verschiedene Varianten und Intensitätsgrade der Konfliktbefrie-

---

[446] Plessner, vgl. o., *Erster Teil*, Unterabschnitt 3.3.3.

dung ‚umgangen', so dass auch die Merkmalslinie des *Herstellens kollektiv verbindlicher Regelungen* in ein Theorem des nachdrücklich zweckgelösten Beförderungsmodus von Verbindlichkeit transformiert wird, so wird all dies offenbar durch ein wertindifferentes Ethos des spielend Handelnden getragen. Verantwortung, wie sie Max Weber in *Politik als Beruf* neben leidenschaftlicher Hingabe an eine Sache und Augenmaß als Kernkompetenz des Politikers hervorhob,[447] schließt weder bei Schiller noch bei Plessner oder Huizinga eine Vernunftmoral ein. Vielmehr bleiben sie alle gerade unterhalb der Schwelle des Vernünftigen – jedenfalls insofern es als politisch unvernünftig gelten kann, einen politischen Gegner nicht allein mit Blick auf die selbst vertretenen Interessen und Werte zu behandeln. Gerade im freiwilligen Wahren eines Abstands von letzterer Haltung durch die konkrete Person des politischen Handlungsträgers entspringt im Lichte der hier vollführten Untersuchung die nur spielend erfüllbare originär politische Qualität des Handelns. Diese Wertindifferenz, die vielmehr hypermoralisch als unmoralisch erscheint, weil sie *Offenheit* zwischen differenten Positionen schafft, ist überdies die einzige Dimension eines politisch gewordenen Spielens, der auf der Basis der in diesem Untersuchungskontext entwickelten Terminologie eine *Spiel*-Qualität im Sinne eines *Spielraums des Handelns* (im Unterschied zum Spiel-Raum) zugeordnet werden kann, denn sie impliziert, im politischen Ernstfall ein Stück weit auch das Vermögen zum Tragen zu bringen, so zu handeln, *als ob die Bedingungen für ein Zusammen-Spielen gegeben wären.*

An das Vorangegangene anknüpfend lässt sich hier auch noch eine letzte aus dem bisherigen Untersuchungsgang begründbare Spezifizierung vornehmen. Sie kann darin erblickt werden, dass in den Grenzen der hier behandelten Theorien eine positive Betrachtung des Spielens als politisches Handeln aus dem Bereich der Gewaltakte und das Militärische einschließenden Politikbegriffe hinaus und hinein in jene Tradition politischen Denkens führt, die Politik als einen Gegenpol zur Gewalt begreift und somit die Aufgabe politischen Handelns darin erblickt, gerade dort, wo noch keinerlei verpflichtenden zwischenmenschlichen Verbindungen existieren, Verbindungen zu befördern. In den Worten Karl Mannheims zur politiktheoretischen Fragestellung gewendet:

---

[447] Weber, vgl. o., S. 20.

„Politisches Handeln […] zielt ab auf Staat und Gesellschaft, sofern diese noch im *Werden* begriffen sind. Das politische Handeln geht auf das Schöpferische im Augenblick, um aus den strömenden Kräften Bleibendes zu gestalten. *Die Frage ist also die: Gibt es ein Wissen vom Fließenden, Werdenden, ein Wissen von der schöpferischen Tat?*"[448]

Der nun folgende dritte und letzte Teil meiner Untersuchung ist dem Versuch gewidmet, einen in den Grenzen ›politischen Spielens‹ denkbaren Zugang zu solchem „*Wissen*" zu entwerfen.

---

[448] Mannheim, 1995, S. 97.

DRITTER TEIL
Wegmarken für ein integratives und ausbalanciertes Handlungsverständnis

Wegmarken für ein integratives und ausbalanciertes Handlungsverständnis

Ist das menschliche Spielvermögen als eine Quelle der Kreativität politischen Handelns bedeutsam? Zur Untersuchung dieser Frage wurden im *Ersten Teil* spielsemantische Differenzierungsoptionen und im *Zweiten Teil* integrative Denkwege beleuchtet. Was ist vor diesem Hintergrund deutlicher geworden? Und zeigen sich damit auch Ansatzpunkte, um unsere Einsichten in den konstruktiven Bedeutungsschnittpunkt von Spielvermögen und politischem Handeln zu mehren?

Begriffe bildeten „Muster" für „ein *so* und *anders* Sehen".[1] Als solche knüpfen sie variable Verbindungen zwischen dem, was wir als Wirklichkeit wahrnehmen und dem, was wir über diese Wirklichkeit denken. Gerade dort, wo der Begriff Spiel sprachliche Kontexttransfers erfährt, verstärkt er offenbar die Neigung, Bezugsgegenstände der Reflexion auszugrenzen, weil Vor-Bild und bezeichnete Erscheinung in ihren Daseinsbedingungen und Bedeutungsgehalten nicht übereinstimmen oder gar konfligieren.

Im Zuge des *Ersten Teils* wurde deutlich, dass die Handlung Spielen keineswegs als eine auf Spiel-Räume angewiesene verstanden werden muss. Vielmehr ist es im Anschluss an Lorenz, Buytendijk und Plessner möglich, in Absehung von einem Spiel-Raum-Primat einen aus Spiel-Sicht als *relativiert* zu beurteilenden Modus der Handlungskreativität des ›Spielens‹ zu erkunden. Im Zuge des *Zweiten Teils* kristallisierte sich demgegenüber heraus, dass ein Begreifen politischen Handelns vom Blickpunkt des Spielens unter der Bedingung möglich ist, dass dem Spielen und dem politischen Handeln zugeordnete Merkmale weder summiert noch gleichgesetzt, sondern *ineinander changierend* reflektiert werden, wodurch jenes bei Schiller, Plessner und Huizinga gleichermaßen kenntliche ‚Kunststück' gelingt, einen nur in solcher Verbundenheit bestehenden politischen Bedeutungshorizont zu erschließen.

In der Zusammenschau beider Untersuchungsstränge kann somit ein unter handlungstheoretischen Schwerpunkten umorganisiertes Begriffsfeld an der Schnittstelle von Spielanthropologie und politischem Handlungsbegriff erscheinen. Wie sich am Ende des *Ersten* wie auch des *Zweiten Teils* zu Hauptbefunden herauskristallisierte, bietet dieses Begriffsfeld – das sich weitgehend *zwischen* dem politischen Exklusionsparadigma der Spiel-Deutung und der instrumentell formalisierenden „spieltheoretischen" Begriffsschöp-

---

[1] Wittgenstein, vgl. o., S. 22, Fn. 28.

fung erstreckt – eine Reihe von Ansatzpunkten, um sowohl die Schemata der politischen Exklusion und Universalisierung als auch jene der politischen Heterogenität integrativ vermittelnder Begriffsmodelle in einem dritten, *allgemeinbegrifflichen* Zugang zu unterwandern. In diesem letzten Hauptschritt der vorliegenden Untersuchung möchte ich in Rückgriffen auf die bisherigen Erträge bzw. in den Bahnen einer *kriteriengeleiteten Verdichtung* derselben eine solche verallgemeinernde Begriffsperspektive entwerfen (1. Kapitel). Vor diesem Hintergrund schließt der hier entfaltete Forschungsgang, wie schon in der *Einleitung* angekündigt wurde, mit dem Versuch einer Anwendung des gewonnenen Begriffs auf die politische Handlungswirklichkeit (2. Kapitel) und einer kursorischen Einordnung der Untersuchungsergebnisse in die aktuellen Bemühungen um ein Vertiefen unserer Einsichten in Kreativitätsquellen des politischen Handelns (3. Kapitel).

1. Von der typisierenden zur allgemeinbegrifflichen semantischen Verbindung

Die Möglichkeit der Rückführung einer typisierenden Auffassung des Spielens auf eine allgemeinbegriffliche hat Lorenz vorgeführt. Ein demgegenüber verlagerter Ansatz wird nun verfolgt, indem Optionen einer allgemeinbegrifflichen *Verbindung* von einer Semantik des ›Spielens‹ mit einer des politischen Handelns geprüft werden.

Um eine verallgemeinernde Begriffsperspektive auf ›politisches Spielen‹ zu entwerfen, möchte ich mich fortan auf den Strom des schlussfolgernden Denkens einlassen, d. h., versuchen, auf der Basis dessen, was wir schon zu kennen glauben, zu etwas zu gelangen, das wir noch nicht kennen.[1] Um einem solchen Übergang vom Bekannten zum Unbekannten einen Boden zu bereiten, werde ich in einem ersten Schritt *Kriterien der Vermittelbarkeit von Spielanthropologie und politischem Handlungsbegriff* formulieren (hierzu Abschnitt 1.1.). Überlegungen zu einem gegenüber Schiller, Plessner und Huizinga reformulierten Begriff ›politischen Spielens‹ können daran anschließen. Dabei wird sich aus schon naheliegenden Gründen der Bedarf einer Umorientierung der politischen Handlungssemantik, genauer: ihrer verstärkten Annäherung bzw. Harmonisierung mit der Semantik des ›Spielens‹, zeigen. In der Hinwendung zur politischen Theorie Hannah Arendts soll dem ein Stück weit nachgekommen werden (hierzu Abschnitt 1.2.). Warum ist die Aufnahme dieses neuen Theoriestrangs nötig?

Das Erfordernis eines gegenüber Schiller, Plessner und Huizinga veränderten Politikbegriffs wurde bereits am Ende des *Zweiten Teils* der vorliegenden Untersuchung herausgearbeitet. So wurde dort argumentiert, dass ihre integrativen Denkwege keineswegs zu allgemeinbegrifflichen Synthesen von Annahmen über Grundmerkmale des ›Spielens‹ und solchen des politischen Handelns füh-

---

[1] Peirce, vgl. o., S. 29.

ren. Stattdessen zeigte sich, dass ihre jeweiligen Vorverständnisse von Politik eine *typisierende* Auswirkung auf ihre Auffassungen eines *politischen Spielens* haben, in denen die Ebene des Handlungsmodus ›Spielen‹ und die Ebene des vorgezeichneten politischen Handlungsprodukts bis zur Unkenntlichkeit ineinander verschwimmen. Dies erklärte einerseits, weshalb ähnliche Grundvorstellungen über das menschliche ›Spielen‹-Können in stark differenten politischen Handlungskonzeptionen münden; andererseits wurde vor diesem Hintergrund ein ‚blinder Fleck' im Rahmen des an einen Allgemeinbegriff des ›Spielens‹ anschlussfähigen Grundverständnisses von politischem Handeln offenbar. Erst nach Einführung dieses fehlenden Bezugspunkts, so die nachfolgend von mir vertretene Leitannahme, kann im Theoriefeld politischer Handlungsdeutungen ein Allgemeinbegriff ›politischen Spielens‹ entworfen werden (hierzu Abschnitt 1.3.).

Im Erproben der Politikauffassung Arendts wird es mir demnach nicht darum gehen, durch einen von Schiller, Plessner und Huizinga abweichenden Begriff politischen Handelns einen – über die einerseits in der Spiel-Welt und andererseits in der politischen Wirklichkeit liegenden Bezugskontexte der zu vereinenden Begriffe – *neuen* Merkmalsbestand in das hier verfolgte Forschungsprogramm einzuführen. Ganz im Gegenteil besteht mein Ziel nun gerade darin, bereits bestehende Berührungspunkte von Spiel- und politischem Handlungsbegriff in den Grenzen eines von Spiel-Räumen unabhängigen Handelns (und Politikverständnisses) hervorzuheben. Mit anderen Worten lautet meine systematische Hypothese: Nur wenn sich im Feld der politischen Handlungsbegriffe Merkmalsmuster auffinden lassen, die mit jenen hier am Beispiel von Lorenz, Buytendijk und Plessner destillierten Kennzeichen des ›Spielens‹ als ein universal anwendbarer Modus des Handelns übereinstimmen, ist es möglich, ›Spielen‹ und politisches Handeln auf einem allgemeinbegrifflichen Niveau zusammenzudenken, auf dem weder Eigentümlichkeiten des ›Spielens‹ noch solche des politischen Handelns negiert werden. Ein Rekurs auf den politischen Handlungsbegriff von Arendt bildet dabei gewiss nur eine Bezugsmöglichkeit unter anderen Wahlalternativen auf dem weitläufigen Feld der politischen Theorie, nach meiner Überzeugung allerdings eine, die besonders naheliegt, worauf ich an späterer Stelle nochmals eingehen werde. Zuvor wird das soeben Gesagte im nun folgenden Abschnitt nochmals in Form eines *Kri*-

teriums der integrativen Vermittlung von Spiel- und politischem Handlungsbegriff reformuliert werden, das neben zwei weiteren Kriterien, die sich aus dem bisherigen Untersuchungsgang herleiten lassen, stehen soll: das Kriterium *semantischer Balance*.

1.1. Drei Kriterien der Vermittelbarkeit von Spielanthropologie und politischem Handlungsbegriff

Dem bisherigen Untersuchungsgang lassen sich drei Leitfäden entnehmen, die sowohl hinter gängige Schemata der Verhältnisbestimmung von Spiel- und politischem Handlungsbegriff als auch hinter die Heterogenität bestehender Begriffsvermittlungen in den Varianten von Schiller, Plessner und Huizinga führen. Diese sollen nun nochmals herausgestellt und zu *Kriterien* verdichtet werden.

Nimmt man die Fragwürdigkeit einer Vermittelbarkeit von Spielanthropologie und politischem Handlungsbegriff im Rahmen einer politologischen Spieltheorienprüfung ernst, so tritt zuallererst die Möglichkeit einer **modalen Grundauffassung des Spielens** hervor, die sich im Sinne eines handlungszentrierten Auswertungskriteriums auf bestehende Spieltheorien anwenden lässt. Zugespitzter im Sinne einer analytischen Grundanforderung formuliert: *Die an Einsichten in die eigentümlichen Leistungen eines aus dem Spielvermögen schöpfenden Handelns interessierte politische Handlungsforschung sollte aufgrund der im vorliegenden Untersuchungsrahmen gewonnenen Befunde stets nach Merkmalen des ›Spielens‹ im Sinne eines von gegebenen Spiel-Räumen unabhängigen Spielend-etwas-Tuns fragen.*

Oftmals wird in der heutigen Politikwissenschaft der Spielbegriff fraglos auf Erscheinungen des politischen Lebens angewendet oder er gilt als mit jenem unvereinbar – Letzteres zumindest in konstruktiver Sicht. Vor diesem Hintergrund ist es umso erstaunlicher, dass auch jene Ansätze, in denen komplexe Begründungsmuster zur Erhellung der Relationen von Spielvermögen und politischem Handeln entwickelt worden sind, oberflächlich und ohne großes Erstaunen übernommen bzw. übersehen werden. Der im *Zweiten Teil* meiner Untersuchung unternommene Analysegang verdeutlichte eine schon bei Platon in ihren Grundzügen formulierte und am treffendsten von Huizinga auf den Begriff gebrachte *allgemeine* Grundfigur des spielanthropologisch integrativen politischen Denkens: die der **zwei-einheitlichen Begriffsbildung**. Nicht nur von Huizinga, sondern von allen dort behandelten Autoren werden – mehr oder minder explizit – konstruktive Zuordnungen über eine aus beiden Basisbegriffsfeldern – dem der Politik und dem des menschlichen Spielens – schöpfenden synthetisierenden Reflexion vorgenommen. Gerade auch in der zeitgenössischen politischen Handlungsforschung werden Fragen nach dem Verhältnis von Freiheit und Zwang und vor allem: nach einem gestalterischen Umgang mit begrenzenden oder auch bedrohlichen Strukturen und Konfliktpartnern intensiv verfolgt.[2] Schillers *Briefe*, Plessners *Grenzschrift* und Huizingas *Homo Ludens* führen bereits vor, wie ein reichhaltiger Personbegriff die Basis für eine Betrachtung paradox anmutender Handlungsdynamiken – solche, die durch Begrenzungen erweitern und Erweiterndes einbringen, ohne feststehende Tatsachen zu produzieren – schafft, so dass gerade unter dem Eindruck wachsender ‚Sachzwänge' ein Bewusstsein für eine „nichtdeterminierte Sphäre menschlicher Selbstgestaltung", eine „Wahlfreiheit von Ziel und Mittel", eine „Dimension von Freiheit und Geist" wachgehalten wird, wie sie Bluhm und Gebhardt zufolge einst ein selbstverständlicher Bezugspunkt des Handlungsbegriffs war.[3] Aus der Betrachtung von Konzeptionen politisch spielenden Handelns sollte demnach auch für eine heutige Konzeption des zwei-einheitlichen Denkens gelernt werden können. Jedenfalls erscheint es in den Grenzen der hier besprochenen Ansätze als prinzipiell erforderlich, ein so beschaffenes Verfahren anzuwenden, um politische Handlungen, die zugleich ein Spielen sind, jenseits der Spiel-Welten entstammenden Handlungsvorbilder zu ent-decken und ihrer eigensinnigen Wirklichkeit entsprechend zu deuten.[4]

Ein drittes und letztes Kriterium gilt es an dieser Stelle einzuführen, eines, das weder nur der spielsemantischen Differenzierungen gewidmeten Analyse noch allein der Betrachtung integrativer Denkwege entnommen werden kann, sondern erst deren Zusammenschau. Dieses Kriterium drängt sich durch den *politischen Typisierungsbefund* am Ende des *Zweiten Teils* auf, der nicht nur die Unterschiede der Kernbedeutungen ›politischen Spielens‹ bei Schiller, Plessner und Huizinga erklärt, sondern im Anschluss

---

[2] Hierzu Abschnitt 3 dieses dritten Untersuchungsteils.
[3] Bluhm/Gebhardt, vgl. o. S. 17.
[4] Hierzu Abschnitt 3 dieses Untersuchungsteils.

an Lorenz auch anzeigt, dass die grundlegendste Merkmalsebene der Handlung in jenen Konzeptionen noch gar nicht angesprochen ist. Je nach Beschaffenheit des Ausgangsverständnisses dessen, was Politik sei, decken sich verschieden gelagerte Merkmale, die dem Spielen zugeschrieben werden auf, und gehen so gefiltert und bezugsstrukturell typisiert in den Begriffsbildungsprozess ein. Mit anderen Worten: Es mangelt den betrachteten Handlungsbegriffen an **semantischer Balance**. Diesen fehlenden Balancepunkt zwischen der Semantik politischen Handelns und dem Allgemeinbegriff ›Spielen‹ zu erkunden, ist nicht zuletzt deshalb von Interesse, da bereits deutlich geworden ist, dass spielanthropologisch begründete Wesenszüge des Spielens, insbesondere seine *gegen Widerstände beziehungsstiftende Dynamik*, bei Schiller, Plessner und Huizinga auf je eigene Weise – darin gewissermaßen im Schatten des Politikbegriffs – erstaunlich unterbelichtet bleiben. Der nachfolgende Abschnitt möchte daher die Balance zwischen spielendem und politischem Handeln stärken, indem im Feld der politischen Theorie näher liegende Berührungspunkte mit dem Begriff des Spielens exponiert werden. Mit anderen Worten: Der grundlegende Wirkkreis des ›Spielens‹ im Politischen muss – anders als bei Schiller, Plessner und Huizinga erfolgt – in allgemeinbegrifflicher Sicht ermessen und in ihr erweitert werden. Für ein darin ankern könnendes *integratives Begriffsmodell in semantischer Balance* soll fortan der **Begriff ›politisches Spielen‹** reserviert sein.

1.2. Facetten des politischen Anfangens von Neuem mit Arendt aufnehmen

Wenn die politisch integrativen Deutungen des ›Spielens‹ von Schiller, Plessner und Huizinga die politische Semantik des ›Spielens‹ durch schon vorausgesetzte Politikbegriffe typisieren und damit den Blick für das politische Grundpotential dieses Handlungsvermögens verdunkeln, so stellt sich die Frage, wie die allgemeinbegriffliche Schnittmenge von ›Spielen‹ und politischem Handeln in größerem Einklang aufgefasst werden kann. Die damit aufgeworfene Frage nach einem adäquateren Begriff des politischen Handelns gilt es nun mit Hilfe der bisherigen Untersuchungserträge zu beantworten, die eine neu ausgerichtete Brücke vom ›Spielen‹ zum Feld der politischen Handlungsbegriffe schlagen.

Von der typisierenden zur allgemeinbegrifflichen semantischen Verbindung

Ein menschliches Verhalten solle unter der Voraussetzung ein *soziales Handeln* heißen, dass in ihm ein subjektiver Sinn enthalten und in seinem Ablauf an anderen orientiert sei, so lautet die von Weber vorgeschlagene Formaldefinition.[5] Befragte man die in der vorliegenden Untersuchung behandelten Deutungen des Spielens nach dem grundlegendsten bzw. allgemeinsten Merkmalszug, der ihnen gemeinsam ist, so lassen sich gute Gründe dafür anführen, dass jener am treffendsten von Buytendijk gefasst worden ist. Kennzeichnend für das Spielen sei „die Intention […] eines Suchens und Beibehaltens der Bindung mit einer schon existierenden Lebensgemeinschaft – sagen wir mit dem ‚pathischen Bekannten' – und zu gleicher Zeit eine Beziehung zu stiften mit dem ‚Unbekannten'."[6] Von Buytendijk als Konstituens von Spielsphären begründet, die als in unendlicher Mannigfaltigkeit ausfallen können gelten, bleiben in dieser Bestimmung des Spielens alle von den hier behandelten Denkern beschriebenen ‚Kreationen' spielend vollführter Handlungen in einer erst entstehenden Spiel-Welt jenseits vom Handlungsfeld der Politik aufgehoben. Jenseits eines Spiel-Raums hingegen – und somit auch jenseits einer Spiel-Welt – wäre diese Definition, wie im *Zweiten Teil* begründet wurde, spieltheoretisch zu ‚verkürzen' und dadurch auf jeden Bezugskontext ohne Spiel-Qualität zu erweitern in einem

gegen Widerstände ver*suchen*,
eine Beziehung mit dem Unbekannten zu stiften.[7]

Das *Suchen* einer Verbindung zum anderen für die Chance, *eine Beziehung mit dem Unbekannten zu stiften,* diese beiden Merkmale gewinnen in den politisch erweiterten Interpretationen spielenden Handelns von Schiller, Plessner und Huizinga an Gewicht. Der pathische Bekannte, der zugleich unbekannt ist, wird in Schillers *Briefen* vom anderen als *individuelles Sein*, das als Person in gestaltbaren und Gestaltung fordernden Weltbeziehungen steht, verkörpert, in Plessners *Grenzen der Gemeinschaft* und in Huizingas *Homo Ludens* hingegen in zwei Verkörperungen des politischen Gegners: der eine schon an feststehende, unbedingt verbindliche Regeln gebunden, der andere gerade nicht. Auch in solchen Verkörperungen des

---

[5] Weber, vgl. o., S. 37.
[6] Buytendijk, vgl. o., S. 150.
[7] Vgl. o., *Erster Teil*, Abschnitt 3.4.

politischen Interaktionspartners bleibt demnach das beziehungsstiftende Element des Spielens, das subjektiven Sinngehalt in sich trägt und zugleich eine empirisch konkrete „Ablaufsform" wählt, die *sozialen Sinn* in sich schließt – und dies gerade nicht etwa im Sinne Pierre Bourdieus, der sozialen Sinn bzw. den „Sinn des sozialen Spiels" begriff als einen „in den Institutionen objektivierten Sinn", der von den Handlungssubjekten unhinterfragt bliebe.[8] Stattdessen scheint der hier gemeinte soziale Sinn von der politischem Handeln zugeschriebenen Elementarbedeutung ununterscheidbar. Zugleich aber wird dadurch auch nochmals deutlich, dass jene von Schiller, Plessner und Huizinga beschriebene politische Elementarqualität des Handelns als ein Versuchen, Beziehungen zu stiften, mit dem Prozess eines *Herstellens* allgemein verbindlicher Entscheidungen unvereinbar ist, denn „Herstellen" bedeutet, in Zweck-Mittel-Relationen zu verfahren.[9]

Die innige und als unauflösbar gedachte Verknüpfung des Aspekts eines Anfangens neuer zwischenmenschlicher Beziehungen mit dem Aspekt einer ausdrücklichen Differenz zwischen Herstellen und Handeln steht im Zentrum der politischen Theorie Hannah Arendts und des sie tragenden Handlungsbegriffs. Generell lässt sich sagen, dass wohl kein politischer Handlungsbegriff, der den Ernst politischen Handelns im in der Einleitung zu dieser Untersuchung bestimmten Verständnis einbegreift, ohne das Attribut der politischen Anforderung oder Kompetenz, etwas dort anfangen zu können, wo noch keine kollektiv verbindlichen Beschlüsse erzielt worden sind, auszukommen vermag. Bei Arendt aber wird solches Anfangen mit besonderer Nachdrücklichkeit großgeschrieben. Dabei rückt ihr nun gleich genauer zu beleuchtender Begriffsansatz durch zwei weitere Kennzeichen in eine besondere Nähe zur anthropologischen Spielforschung in den in diesem Untersuchungsrahmen vorgestellten philosophisch-anthropologischen Fassungen: Zum einen ist hier Arendts Affinität zur Phänomenologie zu nennen, die sich sowohl in ausgiebigen analytischen Betrachtungen des Menschseins niederschlägt, wie auch im wiederholten Bekräftigen eines Ursprungsgeheimnisses des menschlichen Lebens, aus dem jedes Individuum das Neue zu schöpfen und in die schon bestehen-

---

[8] Bourdieu, 1993, S. 52 sowie Nullmeier, 2000, S. 260–269.
[9] Hierzu S. 324.

den Lebenszusammenhänge einzuflechten vermöchte. Zum anderen, doch hier wird die Rezeptionslage bereits komplexer und widersprüchlicher, weist Arendts Auffassung von Politik eine emphatische Freiheitsauffassung und damit verbunden auch gewisse Berührungspunkte mit der traditionellen Spiel-Raum-Idee auf. Dass diese Idee im Zuge der vorliegenden Untersuchung zugunsten eines Allgemeinbegriffs ›politischen Spielens‹ gerade überwunden werden sollte, stellt jedoch keinen Hinderungsgrund dar, eine Stärkung des Standbeins einer Konzeption ›politischen Spielens‹ im Feld der politischen Handlungsbegriffe zu erproben. Denn dadurch, so wird im Folgenden noch deutlicher werden, vermag vielmehr nochmals unterstrichen werden, dass es im Lichte der in dieser Untersuchung gewonnenen Forschungsbefunde weder zwingend noch schlüssig ist, die Handlungsmöglichkeiten, die durch ein Spielend-etwas-Tun einem politischen Handeln erwachsen können, in sogenannte *Spielräumen politischen Handelns* zu verorten.

Was verstand Arendt unter Handeln und unter politischem Handeln? Zunächst einmal hatte Arendt dafür argumentiert, menschliches Handeln vom Arbeiten und Herstellen streng abzugrenzen. „Arbeit", so Arendt in *Vita activa oder Vom tätigen Leben*, erstmals 1958 in englischer Sprache unter dem Titel *The Human Condition* veröffentlicht, sei dadurch gekennzeichnet, dass sie „das Resultat ihrer Mühe gleich wieder verzehrt", d.h., eine Tätigkeit reiner „Mühsal" sei, die der Mensch, angetrieben „von einer unüberbietbaren Dringlichkeit", auf sich nehme, weil „das Leben selbst" abhänge von ihr.[10] „Herstellen" kennzeichne demgegenüber eine Form des Tuns, die „stets unter Leitung eines Modells, dem gemäß das herzustellende Ding angefertigt wird", erfolge und dabei – seinem Zweck der „Verdinglichung" von etwas Vorgestelltem gemäß[11] – „ein definitives, voraussagbares Ende hat".[12]

Dem Arbeiten und Herstellen wird die „Aufschluß-gebende Qualität des Sprechens und Handelns" an die Seite und auch entgegengestellt.[13] Worin besteht ihre *politische* Elementarbedeutung? „Das Handeln" sei „die einzige Tätigkeit der Vita activa, die sich ohne die Vermittlung von Materie, Material und Dingen direkt zwi-

---

[10] Arendt, 1998a, S. 104.
[11] Arendt, 1998a, S. 165–170.
[12] Arendt, 1998a, S. 169–170.
[13] Arendt, 1998a, S. 220; vgl. a. Habermas, 1984.

schen Menschen abspielt".[14] Vor diesem Hintergrund wird das herausragende positive Kennzeichen des Handelns darin begründet, dass sich in ihm ein jeder Mensch anderen gegenüber in seinem Person-Sein enthülle.[15] Die Bedeutung einer in diesem Sinne eigentümlichen Tätigkeitsform, die mit dem Begriff des Handelns erfasst werden solle, entspringe der Tatsache „menschlicher Pluralität".[16] Jene wird in zweierlei Hinsicht nähergehend bestimmt: Aus dem Bestehen einer „Gleichheit" unter den Menschen erwachse ihre Möglichkeit, sich überhaupt untereinander verständigen zu können; aus dem zugleich gegebenen Umstand ihrer „Verschiedenheit" – auch bezeichnet als „das absolute Unterschiedensein jeder Person von jeder anderen" – entspringe ihr Bedarf zu handeln – und mit ihm auch der des Sprechens.[17]

Handeln und Sprechen seien die beiden miteinander verbundenen „Modi", durch die ein Mensch „aktiv" in seiner Einzigartigkeit „In-Erscheinung-Treten" könne.[18] Denn vielmehr „Worte" als bloße „Taten" vermöchten es, „Aufschluß über das Wer-einer-ist zu verschaffen":[19]

„Taten, die nicht von Reden begleitet sind, verlieren einen großen Teil ihres Offenbarungscharakters, sie werden ‚unverständlich', und ihr Zweck ist gemeinhin, durch Unverständlichkeit zu schockieren oder, wie wir sagen können, durch die Schaffung vollendeter Tatsachen alle Möglichkeiten einer Verständigung zu sabotieren. […] Wortloses Handeln gibt es strenggenommen überhaupt nicht, weil es ein Handeln ohne Handelnden wäre […]."[20]

Der Sinn des menschlichen Handelns besteht Arendt zufolge darin, im Dienste einer Beförderung der zwischenmenschlichen Verständigung „Beziehungen zu stiften".[21] Zur Erfüllung dieses Sinns könne es daher auch nicht auskommen ohne ein „Dulden" und ein „Maßhalten"[22] – ein Zug der menschlichen Haltung, der als *Selbst-*

---

[14] Arendt, 1998a, S. 17.
[15] Arendt, 1998a, S. 213–222.
[16] Arendt, 1998a, S. 213.
[17] Arendt, 1998a, S. 213.
[18] Arendt, 1998a, S. 214.
[19] Arendt, 1998a, S. 217–218.
[20] Arendt, 1998a, S. 218.
[21] Arendt, 1998a, S. 238.
[22] Arendt, 1998a, S. 236–238.

beherrschung auch in Platons Beschreibung des Menschen als eine Marionette in den Händen der Götter thematisch wurde.[23]

Das Handeln – das Sprechen sei fortan stets einbegriffen gedacht – bildet Arendt zufolge den Quellgrund der menschlichen „Initiative" bzw. „Spontanität", verstanden als ein mit der Übernahme von Eigenverantwortung verbundenes Sich-Einbringen des Einzelnen in die von Menschen geteilte Welt.[24] Im Handeln unter dem Vorzeichen eines Ergreifens von Initiative drücke sich die *conditio humana* aus, dass ein jeder „Anfänger" von Neuem zu werden vermöchte, ein Initiator, um kraft seiner Spontanität, „Neues in Bewegung [zu] setzen",[25] „selbst einen neuen Anfang zu machen".[26] In der „Natalität" des Menschen, seinem „Geborensein",[27] bleibe dieses „Wunder" des Handelns als ein unergründliches beschlossen.[28]

Als einen zwischenmenschlichen Beziehungsraum besonderer Art und den prädestinierten Ort des mitmenschlichen Handelns verstand Arendt den Raum der *Politik*.[29] Politik und menschliches Handeln seien untrennbar. Dieser Bedingungszusammenhang wird im Politikbegriff Arendts unter dem Vorzeichen der Freiheit erhellt: „Der Sinn von Politik ist Freiheit".[30]

Freiheit entstehe niemals *im Innern eines Menschen*, „sondern in dem Zwischen-Raum, der überhaupt nur entsteht, wo mehrere Zusammenbleiben".[31] Freiheit wird so begreifbar als *eine Frucht der Begegnung zwischen Menschen*, eine Begegnung, die dadurch gekennzeichnet wird, dass ein jeder dem oder den jeweiligen anderen Raum für ein In-Erscheinung-Treten ihres jeweiligen Person-Seins gewährt, so dass verständigungsorientierte Beziehungen im Zugleich von einem Sich-Einbringen als einzigartiges Wesen und einem Sich-Begrenzen in der Achtung der Einzigartigkeit des oder der anderen sich entwickeln können. Der Kernpunkt der Freiheit wird dabei nicht im Akt der Selbstoffenbarung einer Person ge-

---

[23] Platon, vgl. o., S. 191–193.
[24] Arendt, 1998a, S. 215.
[25] Arendt, 1998a, S. 215–216.
[26] Arendt, 1998a, S. 18.
[27] Arendt, 1998a, S. 215.
[28] Arendt, 2007, S. 31–35.
[29] Palonen, 1998.
[30] Arendt, 2007, S. 28.
[31] Arendt, 2007, S. 99.

sehen, sondern gerade in der Chance, die eigene Sichtweise auf die Welt durch eine im handelnd vollführten Selbstaufschluss mit vollzogene Aufgeschlossenheit für die Sichtweise des anderen einen tatsächlichen Abstand zur subjektiv begrenzten Weltauffassung zu gewinnen, in dem sich ein Individuum in einer sozial objektivierten Freiheit erweitert.[32] Die politisch elementare Frucht solchen Gelingens, die sich gegenläufig verhält zum Telos des agonalen Wettkampfs mit Worten, bei dem am Ende das Gewinnen entscheidend ist,[33] bezeichnete Arendt im Anschluss an Kant als „erweiterte Denkungsart".[34]

Politik müsse primär als ein Phänomen aufgefasst werden, das „entsteht in dem *Zwischen-den*-Menschen".[35] Das Realisationsprinzip jenes Zwischen fand Arendt in der Fähigkeit zu Handeln auf.[36] In ihrer politischen Theorie steht die Kategorie des Handelns dafür ein, dass Politik nicht nur einen „Zweck" und ein „Ziel", sondern darüber hinaus und vor allem auch einen weder zweckhaften noch durch bestimmte Ziele ausdrückbaren, mit dem Begriff des Handelns assoziierten „Sinn" hat.[37] Dieser Sinn sei „Freiheit" im Sinne der Möglichkeit eines jeden, ein neue Anfänge setzendes Wesen zu sein und dabei zugleich ein die Gemeinschaft mit anderen Menschen achtendes und unter dem Vorzeichen eines „Miteinander"-Handelns ein gemeinschaftsgestaltendes zu bleiben. Unter diesen Bedingungen, so wurde begründet, waren für Arendt nicht nur Politik und Freiheit eins, weil eigentliche Freiheit „nur in dem eigentümlichen Zwischen-Bereich der Politik" existiere,[38] sondern in dieser Einheit auch Handeln und politisches Handeln, weil es die Fähigkeit des Handelns sei, die den Freiraum der Politik im Zwischen der Menschen eröffnet.

---

[32] Arendt, 2007, S. 96–97.
[33] Vgl. Arendt, 2007, S. 95–96.
[34] Arendt, 2007, S. 98; vgl. a. Vollrath, 1982, S. 45–46.
[35] Arendt, 2007, S. 11.
[36] Im Denken Arendts erscheinen Handeln und Politik aufeinander verwiesen, aber nicht deckungsgleich: Im Handeln und Sprechen *entstehe* der politische Raum der Freiheit – er sei niemals *gegeben* und habe sich darüber hinaus historisch nur selten verwirklicht. In der so gefassten Exklusivität des Politischen wurde eine Schwäche der Politischen Theorie Arendts gesehen (Meyer, 2006, S. 70–71 sowie Bluhm, 2001, S. 73–74). Doch wahrt ihre Bestimmung einen originären Gehalt des Politischen.
[37] Arendt, 2007, S. 123–133.
[38] Arendt, 2007, S. 12.

Von der typisierenden zur allgemeinbegrifflichen semantischen Verbindung

Vor dem Hintergrund der vorangegangenen Ausführungen scheint ein paradox anmutendes Argumentationsmuster in Arendts Theorie der Politik und des politischen Handelns auf. Vom Blickpunkt ihres Handlungsbegriffs heißt Politik, auf dem ‚Umweg' einer „erweiterte[n] Denkungsart",[39] d. h. im aufschlussgebenden und aufgeschlossenen Miteinander mit Anderen, etwas Neues zu beginnen. Zugleich aber wird ein Gelingen von Politik an die Geltung verbindlicher Regeln geknüpft, die ein gleichberechtigtes Einander-Begegnen als Voraussetzung wahrhafter Verständigung zwischen Menschen ermöglichen sollen – eine „Insel" der Politik, „auf der allein das Prinzip der Gewalt und des Zwingens aus den Beziehungen der Menschen ausgeschaltet ist".[40] Hierbei also bleibt die wichtige Frage unbeantwortet, wie aus einer unpolitischen Beziehung, die im Sinne Arendts z. B. durch Gewaltsamkeit und Kampf oder durch ein bloß ökonomisches Verhältnis gekennzeichnet sein könnte, eine politische allererst *werden* könnte. Man könnte auch so fragen: Wie kann die politische Qualität des Handelns noch begriffen werden, wenn Politik schon Freiheit „ist"?[41] Erfüllt sich nicht gerade im *Befördern* kollektiv verbindlicher Regeln[42] dort, wo Freiräume fehlen, der höchste politische Ernst? Um diese Elementarbedeutung politischen Handelns für eine Konzeption ›**politischen Spielens**‹ zu erhalten, gilt es offenbar, Arendts Begriff von Politik als Freiraum außen vor zu lassen, um demgegenüber ‚nur' das *Anfangen* von Neuem zu stärken.[43]

In Verknüpfung der zuvor dargelegten Facetten des politischen Handlungsbegriffs von Arendt mit der in Abschnitt 3.4. im Bezug auf Buytendijk und Plessner aufgestellten allgemeinbegrifflichen Bestimmung des ›**Spielens**‹ als eines von Spiel-Räumen unabhängigen Universalmodus des Handelns kann nun ein semantischer Balancepunkt von Spielanthropologie und politischem Handlungs-

---

[39] Arendt, 2007, S. 98.
[40] Arendt, 2007, S. 100.
[41] Arendt, vgl. o., S. 326.
[42] Vgl. o., S. 19–20.
[43] Dieses Defizit wurde auch von Harald Bluhm als ein unzulänglicher Punkt in Arendts politischer Theorie im besonderen Hinblick auf eine zeitgenössische Konzeption der Kreativität politischen Handelns kritisiert (Bluhm, 2001, S. 86–91). Auf die heute zentrale Bedeutung, Politik unter dem Vorzeichen eines Umgehen-Könnens mit Widerständen, d. h., mit noch nicht gegebenem Freiraum, politik- und handlungstheoretisch zu interpretieren, geht der diesen letzten Untersuchungsteil abschließende Abschnitt 3 näher ein.

begriff wie folgt umrissen werden. Ein Handeln, das *mit gleichem Recht* ein politisches wie auch ein spielendes heißen kann, müsste im Lichte der im vorliegenden Untersuchungsrahmen erarbeiteten Befunde jenen grundlegenden Merkmalszug aufweisen:

den eines Versuchs, gegen Widerstände
mit jemandem etwas anzufangen.

Diese Definition des semantischen Balancepunkts zwischen dem Begriff ›Spielen‹ und jenem des politischen Handelns nimmt – in verdichtetem Wortlaut – die im *Ersten Teil* dieser Untersuchung begründeten Kennzeichen des ›Spielens‹ in seinem Heraustreten aus dem Schatten des Spiels in sich auf. Dass ›Spielen‹ verstanden werden kann als

ein Modus des Handelns,
der bezugsuniversal
und widerstandsbedürftig ist
sowie auf die Fortführung einer Interaktion
statt auf feststehende Ergebnisse zielt,
wozu auf der Basis einer Vollzugsdynamik,
die ein integratives Grenzüberschreiten vollführt,
ein potentiell sozial-integratives
Ausdruckshandeln ‚kreiert' wird,[44]

kann unter den drei spielanthropologisch hergeleiteten Vorzeichen des *Anfangens*, des *Widerstands* und des *Versuchens* als Quellgrund der politischen Fähigkeit begriffen werden,

im Umgang mit Konflikten,
die aus der „Gegnerschaft politischer Akteure",
deren „Auseinandersetzung um begehrte Güter oder Werte" erwachsen,
„die Herstellung allgemeiner Verbindlichkeit, v. a. von allgemein
verbindlichen Regelungen und Entscheidungen in und zwischen
Gruppen von Menschen" zu befördern, getragen
von „Verantwortungsgefühl", „Augenmaß" und
„leidenschaftliche[r] Hingabe an eine ‚Sache'".[45]

Die von Arendt vertretene Vorstellung, Politik verdiene ihren Namen nur dort, wo Freiheit gegeben sei, fällt vor diesem Hintergrund somit definitiv fort, und weist so auf zwar integrativ vermittelbare,

---

[44] Vgl. o., S. 177.
[45] Vgl. o., S. 19–20.

letztlich jedoch auch eigensinnige Begriffsbahnen des ›Spielens‹ im Gebiet der politischen Handlungstheorie.

1.3. ›Politisches Spielen‹ – Eine Perspektivierung

Wenn, wie im vorangegangenen Abschnitt begründet wurde, eine modale Handlungssemantik des ›Spielens‹ mit einer Deutung politischen Handelns unter dem Vorzeichen des *Anfangens* von potentiell verbindlichen Beziehungen dort, wo zuvor noch keine waren, einen besonders naheliegenden Balancepunkt der Handlungsgehalte aufzuweisen scheint, so muss es auch möglich sein, einen Allgemeinbegriff ›politischen Spielens‹ zu bilden, der Annahmen über spielend vollführtes und solche über politisches Handeln in der Perspektive *eines* Handlungsmodus vereint. Die engen Materialgrenzen, die im vorliegenden Untersuchungsrahmen zu diesem Befund geführt haben, bedingen, dass auf ihrer Basis lediglich versucht werden kann, einen solchen Allgemeinbegriff zu *entwerfen*. Die in Abschnitt 1.1. exponierten Merkmalsstränge und die drei begründeten Kriterien ihrer Vermittelbarkeit gilt es hierzu aufzunehmen und gemäß des zwei-einheitlichen Verfahrens der integrativen Begriffsbildung entlang des neu eingeführten semantischen Balancepunkts von ›Spielen‹ und politischem Handeln zu verknüpfen, welcher im Sinne eines freiwillig und aufgrund selbst befürworteter Gründe gegen Widerstände unternommenen Versuchs, ohne Erfolgserwartung Beziehungen mit dem Unbekannten anzufangen, verdichtet worden ist.

Um das zuvor dargelegte Vorhaben durchzuführen, können die vier Handlungsdimensionen eines integrativen Handlungsmodells, wie sie als *Freiheitsvermögen, Rollenbindung, Umgangsweise* und *Kreation* am Ende des *Zweiten Teils* exponiert wurden, um eine mikroskopische Sicht auf die Aspektvielfalt des komplexen Zusammenwirkens von personaler Freiheit und Bezugsstrukturen in Handlungsprozessen zu erleichtern,[46] unter den veränderten Begriffsbildungsbedingungen nochmals gedeutet werden. Damit sollen nicht die drei in der vorliegenden Arbeit behandelten politisch typisierten Konzeptionen des Spielens von Schiller, Plessner, und Huizinga widerlegt werden. Stattdessen soll – analog zur von Lo-

---

[46] Vgl. o., *Zweiter Teil*, Abschnitt 4.

renz vorgeführten verallgemeinernden Rückführung eines Etwas-Spielens auf Merkmalszüge eines Spielend-etwas-Tuns – ein tiefer liegender konstruktiver Bedeutungsschnittpunkt von Spielvermögen und politischem Handeln hypothetisch zur Vorstellung gebracht werden, der somit jene Typisierungen als realwirksame Konkretionen erlaubt, seine Möglichkeiten darin jedoch nicht erschöpft.

Im Lichte des oben begründeten semantischen Balancepunkts von ›Spielen‹ und politischem Handeln im Merkmal *eines Versuchs, gegen Widerstände mit jemandem etwas anzufangen*,[47] möchte ich für ein näheres Verständnis einer sowohl das Exklusionsparadigma als auch das Universalisierungsparadigma einer politischen Spiel-Deutung unterwandernden Handlungsweise, die *mit gleichem Recht* eine politische wie auch eine spielende, d. h., ›politisches Spielen‹ heißen kann, die folgende Allgmein-Begriffs-Bestimmung vorschlagen:

›Politisches Spielen‹
(bzw. ein Politisch-spielend-etwas-Tun)
als *ein* Modus des Handelns aufgefasst, könnte sein:
ein *freiwilliges* Handeln einer Person,
die eine *politische Rolle (z. B. ein Staatsamt)* wahrnimmt
und einem Gewaltkampf *entgegenzuwirken versucht,*
indem sie im Falle eines Konflikts
und *in Ernstnahme situativer Bedingungen*
die *Initiative zur Eröffnung eines grenzüberschreitenden,
aber zwanglosen Darstellungsraums* ergreift,
worin die Würde des Konfliktgegners *gewahrt wird,*
so dass sich *auch ihm ein Freiraum verwirklicht*,
um auf das ihm Mitgeteilte *eine freie Antwort* zu *geben,*
wodurch die Chance, dass gegen Widerstände
eine neue Beziehung mit dem anderen entsteht,
als Teil der politischen Kommunikation wirklich wird.

Nicht nur bleibt die hier aufgestellte Merkmalsbestimmung ›politischen Spielens‹ in Webers Formaldefinition des *sozialen Handelns* aufgehoben.[48] Auf der Basis spielanthropologischer Verankerungen führt sie jene darüber hinaus in einem Sinnhorizont fort, der im Zeichen des *Ernsts politischen Handelns* steht, wie er in der Einleitung zu dieser Untersuchung bestimmt wurde.[49] So wird ›politi-

---

[47] Vgl. o., S. 329.
[48] Weber, vgl. o., S. 37.
[49] Vgl. o., S. 19–20.

sches Spielen‹ nicht nur als ein unmittelbar in Prozesse der Konfliktbewältigung eingebundener Modus von Handlungen beliebigen Inhalts begreifbar, der allgemein verbindliche Beschlüsse potentiell zu befördern vermag. Zugleich scheint sich in ihm – unter der Bedingung einer Distanzierung von zweckrationaler Strategieverfolgung und vom Modus des Freund-Feind-Kampfes – eine eigensinnige politische „Möglichkeit jedes Menschen"[50] abzuzeichnen, im je eigenen Tun gegen alle Widerstände „Verantwortungsgefühl", „Augenmaß" und „leidenschaftliche Hingabe an eine ‚Sache'" zu wahren.

---

[50] Heidemann, vgl. o., S. 101.

2. Spurensuche

In den Grenzen einer ersten Spurensuche wird in diesem letzten Untersuchungsschritt der Begriff ›politisches Spielen‹ an die politische Handlungswirklichkeit herangeführt. Gibt es dort Hinweise auf ein Handeln, das mit gleichem Recht sowohl ein spielendes als auch ein politisches heißen kann? Gibt es, mit anderen Worten, eine begründbare Entsprechung zwischen real vollzogenen politischen Handlungen und dem Begriff ›politischen Spielens‹, wie er zuvor durch eine Reihe von grundlagentheoretisch gestützten Hypothesen entwickelt wurde?

„Sache und Sprache", so hieß es im *Ersten Teil*, hingen innig zusammen.[1] So wird nun in diesem letzten Untersuchungsschritt gefragt: Lassen sich am Leitfaden des Begriffs ›politischen Spielens‹ in der politischen Handlungswirklichkeit Erscheinungen auffinden, die zumindest darauf hindeuten, dass hier ein Akteur nicht nur *politisch*, sondern – zur Erfüllung dieser politischen Qualität – ›politisch spielend‹ zu handeln vermochte?

Nimmt man die bezugsrahmenabhängige, metamorphische Elementarqualität des Spielens ernst, die sich der Möglichkeit widersetzt, Gestalt- und Sinnauffassungen des Spielens, die Spiel-Welt-Kontexten entstammen, auf andere, nicht spiel-raum-gemäße Handlungsbedingungen eins zu eins zu übertragen, so kann der Begriff ›politisches Spielen‹ als ein Leitfaden fungieren, um Handlungen, die nicht nur politische Merkmalszüge, sondern auch solche, die in einem grundlagentheoretisch fundierten Sinne *spielend* vollführt sind, zu entdecken. Hierzu ist es im Lichte der in dieser Untersuchung gewonnenen Befunde geboten, im Erkunden des Daseins, der Formen und Bedeutungen ›politischen Spielens‹ in der politischen Handlungswirklichkeit ein vorbildloses Verstehen zu kultivieren. Ein von herkömmlichen *Mustern des Sehens* abstrahie-

---

[1] Scheuerl, vgl. o., S. 92.

rendes Begriffsschema wurde in Abschnitt 1.3. entworfen. Der Realbezug dieses Begriffs birgt dabei auch die Chance, ihn selbst zu korrigieren oder auch ihn zu widerlegen.

Um die Existenz ›politischen Spielens‹ zu erkunden, sind den im vorliegenden Untersuchungsrahmen erfolgten Betrachtungen zufolge Einsichten in die Situationswahrnehmung und Beweggründe irgendeines *konkreten* politischen Handlungsträgers erforderlich, ganz gleich welche politische Rolle dieser einnimmt, ob er etwa ein staatliches Amt innehat oder ob er zivilgesellschaftlich agiert. Besonders facettenreich können solche in politischen Handlungsbeschreibungen aufgefunden werden, die autobiografische Schilderungen dokumentieren. „*Wer* jemand ist oder war", so Arendt, „können wir nur erfahren, wenn wir die Geschichte hören, deren Held er selbst ist, also seine Biografie".[2]

In diesem Untersuchungsabschnitt wird ein Stück Geschichte des SPD-Politikers Helmut Schmidt genauer betrachtet, wie sie von ihm selbst in seinem 1987 veröffentlichten Buch *Menschen und Mächte* erzählt wird. Berichtet wird hier von einem besonderen Abend im Mai 1973, an dem Schmidt, der seinerzeit das Amt des Bundesfinanzministers bekleidete, bevor er ein Jahr später Bundeskanzler wurde, dem damaligen sowjetischen Generalsekretär Leonid I. Breschnew zum ersten Mal begegnete. Es war in den Augen Schmidts ein Abend, in dem eine politische Kreation besonderer Art ihren Anfang nahm: eine zuvor nicht dagewesene und in diesem Sinne neue, nachhaltig wirksame *Beziehung des gegenseitigen Respekts*, die, wie Schmidt vermutet, erwachsen ist aus einem unvermittelten „Austausch bitterer Kriegserinnerungen".[3]

Nachfolgend wird zunächst die von Schmidt überlieferte Situationsbeschreibung wiedergegeben (hierzu Abschnitt 2.1.), um sie anschließend auf Hinweise auf ein darin verwirklichtes Handeln zu befragen, das auf Züge eines ›politischen Spielens‹ hindeutet (hierzu Abschnitt 2.2.).

---

[2] Arendt, 1998a, S. 231.
[3] Schmidt, 1987, S. 20.

Ein ungewöhnlicher Abend im Mai 1973

Abb. 1: 19. Mai 1973: Bundeskanzler Willy Brandt (M. r.) im Gespräch mit Leonid Breschnew, Generalsekretär der KPdSU (M. l.), im Kanzlerbungalow (2. v. l.: Valentin Falin, sowjetischer Botschafter) © *Bundesarchiv.*

2.1. Ein ungewöhnlicher Abend im Mai 1973

Unterteilt in vier Sequenzen des Situationsablaufs wird nun Helmut Schmidts Schilderung seiner ersten Begegnung mit Leonid I. Breschnew wiedergegeben:

1. Sequenz: Eine gesellige Zusammenkunft am Abend

An jenem Abend im Mai 1973 hatte der damalige Bundeskanzler Willy Brandt einen kleineren Kreis von Personen – „vielleicht zehn oder zwölf" – in seine Bonner Amtswohnung zu einem gemeinsamen Essen – „eher privat" – eingeladen.[4] Unter den Gästen befanden sich neben Schmidt und Breschnew auch der damalige Außenminister und Vizekanzler Walter Scheel sowie der sowjetische Außenminister Andrej Gromyko.[5] Die Atmosphäre dieser Zusam-

---

[4] Hierzu und zum Folgenden: Schmidt, 1987, S. 18.
[5] Auch der Journalist Günter Gaus hatte an diesem Treffen teilgenommen, wie er

menkunft sei zunächst „locker und informell" gewesen. Brandt und Breschnew, Scheel und Gromyko hätten schon des Öfteren miteinander zu tun gehabt, so dass gute Voraussetzungen für eine entspannte Gesprächsstimmung bestanden hätten. Auch die Notwendigkeit, „vielfach" Dolmetscher einzuschalten, habe diese nicht gefährdet. Im Gegenteil: Die übersetzungsbedingten Unterbrechungen der Konversation hätten zwar deren „Spontaneität" gehemmt, ihr dafür aber auch einen Zugewinn an „Klarheit" verschaffen können, da durch sie „unvermeidlich Zwangspausen" entstanden seien, die Gelegenheiten boten, um die eigenen „Gedanken sorgfältig zu ordnen".

2. Sequenz: Unerwarteter Situationswandel durch Breschnew

Die als gesellig beschriebene Ausgangssituation jener Politikerzusammenkunft wurde durch einen unerwarteten Akt Breschnews aufgehoben. So „geriet" dieser plötzlich „in einen Monolog über die Leiden der Völker der Sowjetunion während des Zweiten Weltkrieges".[6] Dabei habe Breschnew seine eigenen Kriegserfahrungen eingebracht, die er seinerzeit als Generalmajor Politkommissar in der Ukraine gemacht hatte. So sprach er von den unermesslichen Leiden, die den Sowjets durch „die faschistischen Soldaten", „die faschistischen Invasoren" zugefügt worden waren:

„Breschnew steigerte sich in eine bewegte und bewegende Schilderung immer neuer Details der Verluste, der Greuel des Krieges und auch der völkerrechtswidrigen, verbrecherischen Untaten der Deutschen, die er ständig ‚die faschistischen Soldaten' oder ‚die faschistischen Invasoren' nannte."

Für Schmidt sei „unklar" geblieben, „ob [Breschnew] kalkuliert oder aus einer momentanen Stimmung heraus" gehandelt hatte. Doch stellte er an späterer Stelle seines Buchs deutlich heraus:

„Ohne jeden Zweifel hatte Breschnew nicht nur aus verhandlungstaktischen Absichten von den Opfern und den Leiden der Menschen der Sowjetunion im letzten Kriege gesprochen; es kam ihm offensichtlich aus der

---

selbst – nur in Verwechslung von Mai mit März – in seinem Buch *Widersprüche. Erinnerungen eines linken Konservativen* berichtete (Gaus, 2006, S. 18–19).

[6] Hierzu und zum Folgenden: Schmidt, 1987, S. 18.

Seele, als er sagte, es sei nicht so einfach, einen Strich unter die tragische Vergangenheit zu ziehen."[7]

Durch seine Rede habe Breschnew seine „respektvoll" zuhörenden deutschen Gastgeber über „eine sehr lange Zeit" für sich eingenommen.[8] Schmidt interpretierte dessen Blick in die im Zeichen erbitterter Feindschaft stehende gemeinsame Kriegsvergangenheit, die nun in der fragilen Gegenwart des Annäherungsprozesses beider Nationen im Hause Brandts aufgerufen worden war, wie folgt:

„Es lag ihm [Breschnew] daran, dies war uns deutlich, seinen Gastgebern die große Wunde fühlbar zu machen, die große Selbstüberwindung, die es ihn und die Russen gekostet hatte, sich zur Zusammenarbeit mit der Bundesrepublik Deutschland, zum Moskauer Gewaltverzichtvertrag und zum Viermächteabkommen über Berlin zu entschließen – und zum Besuch in Bonn, bei den ehemaligen Feinden."

3. Sequenz: Schmidt erhebt das Wort ohne zwingende Gründe

Schmidt selbst hatte als deutscher Soldat im Zweiten Weltkrieg gekämpft – auch auf sowjetischem Gebiet.[9] In der Anklage Breschnews war daher ein Angriff enthalten, der, wenngleich er nicht beabsichtigt gewesen sein muss, Schmidt persönlich zu treffen vermochte. Doch Breschnew, so betonte Schmidt, sei im Recht gewesen, so zu sprechen, „obgleich er an einigen Stellen zu übertreiben schien". Für ihn, Schmidt, habe keinerlei Anlass bestanden, von Breschnew zu fordern, dass er auch von sowjetischer Seite begangenes Unrecht während des Krieges benenne. Andererseits aber sei dessen Annahme falsch, alle deutschen Soldaten seien Faschisten gewesen:

„Breschnew hatte recht: Der Krieg war schrecklich gewesen, und wir Deutschen hatten ihn in sein Land getragen. Aber er hatte zugleich unrecht in seiner Einseitigkeit; nicht nur deutsche, auch russische Soldaten hatten Greueltaten an ihren damaligen Feinden begangen. Und er hatte unrecht, wenn er in den ehemaligen deutschen Soldaten Faschisten sah."

---

[7] Schmidt, 1987, S. 71.
[8] Hierzu und zum Folgenden: Schmidt, 1987, S. 18.
[9] Hierzu und zum Folgenden: Schmidt, 1987, S. 18–19.

Schmidt empfand nach eigener Aussage keine Notwendigkeit, in die durch Breschnew gewandelte Situation einzugreifen, jenem etwas zu erwidern. Dennoch habe er sich entschlossen, etwas zu sagen. Was beabsichtigte er? „Nein, eigentlich nicht zu widersprechen", so Schmidt, „aber doch ihm und seiner Begleitung die andere Seite des Krieges vor Augen zu führen."

Jenes von Schmidt nun vor Augen Geführte bestand in einer Schilderung der von ihm als *schizophren* charakterisierten Situation, in der sich deutsche Soldaten damals befunden hätten.[10] Viele seien, wie auch er selbst, in dem Zwiespalt gewesen, einerseits sich dem Dienst am eigenen Land verpflichtet zu fühlen, andererseits vom „Führer" und der nationalsozialistischen Ideologie nicht überzeugt zu sein:[11]

„Ich erinnerte Breschnew an jene Offiziere, die einerseits als Patrioten gegen den Feind, andererseits aber gegen Hitler gekämpft hatten, bereit zum Hochverrat, nicht aber zum Landesverrat. Ich sprach vom Sterben in den zerbombten Städten, vom Elend auf der Flucht und während der Vertreibung; davon, daß wir an der Front oft wochenlang nicht wußten, ob unsere Eltern, Frauen und Kinder zu Hause noch lebten. Während wir nachts Hitler und den Krieg verfluchten, erfüllten wir tagsüber als Soldaten unsere Pflicht."

Seine Rede habe er, Schmidt, „leise und zurückhaltend" begonnen, sich am Ende jedoch etwa eben so viel Zeit genommen, wie Breschnew in seinen Ausführungen zuvor.[12]

4. Sequenz: Unmittelbare und zeitlich verzögerte ‚Folgen'

Schmidt habe „nicht erkennen können", ob er Breschnew etwas Neues sagte.[13] Doch habe er „sehen" können, dass Breschnew ihm „seinerseits aufmerksam zuhörte". So konnte Schmidt nur vermuten, dass jener Austausch zum Respekt beigetragen habe, der

---

[10] Hierzu und zum Folgenden: Schmidt, 1987, S. 20.
[11] Dieselbe Aussage Schmidts findet sich bereits in dem am 8. Februar 1966 ausgestrahlten, von Günter Gaus geführten Fernseh-Interview (Gaus, 2001, S. 427–428).
[12] Schmidt, 1987, S. 19.
[13] Hierzu und zum Folgenden: Schmidt, 1987, S. 20.

sich als eine tragfähige Basis für die zukünftigen politischen Beziehungen erweisen sollte:

„Wahrscheinlich hat jener Austausch bitterer Kriegserinnerungen wesentlich zu dem gegenseitigen Respekt beigetragen, der unser Verhältnis in den Jahren zwischen 1974, dem Jahr meines ersten Besuches bei ihm, und 1982 gekennzeichnet hat, dem Jahr seines Todes und meines Ausscheidens aus dem Amt des Bundeskanzlers."

Schmidts Einschätzung zufolge konnten Breschnew und er also später auf jenen Erfahrungsaustausch bauen, obwohl er an seinem Entstehungsort nichts unmittelbar Erkennbares zur Folge hatte. Als in den kommenden Jahren schwere deutsch-sowjetische Interessenkonflikte zu bewältigen waren, scheint Schmidt eine hintergründige Wirksamkeit einer neu erwachsenen gegenseitigen Achtung bedeutsam gewesen zu sein. Jene habe sich ihm in Zwischenräumen seiner Auseinandersetzungen mit Breschnew offenbart, z.B. wenn ein Einschwenken Breschnews auf die von ihm vertretene Position nicht auf Fakten zurückführbar war – so im von Schmidt geschilderten Konflikt um das Bundesumweltamt in West-Berlin[14] –, oder auch als Schmidt während eines heftigen Wortgefechts mit Breschnew eingeworfen habe: „Herr Generalsekretär, ich habe sie niemals belogen", und jener „spontan" geantwortet habe: „Das ist wahr."[15]

Breschnew und Schmidt seien insgesamt „zwei- oder dreimal auf jenes erste Gespräch im Mai 1973 zurückgekommen". Darin habe jene *Beziehung des gegenseitigen Respekts,* deren Anfang Schmidt in der geschilderten Gesprächssituation verortete, Stärkung erfahren. Zum ersten Mal habe sich ihm das Dasein einer solchen Beziehung 17 Monate später offenbart. Im Oktober 1974 besuchte der inzwischen zum deutschen Bundeskanzler aufgestiegene Schmidt Breschnew erstmals in Moskau. Schmidt berichtet hier von seinem Eindruck, dass Breschnew begonnen hatte, seit jenem Abend in Bonn eine persönliche Respektbeziehung zu ihm zu entwickeln. Breschnew habe,

„das merkte ich immer deutlicher und besonders beim Abschied, im Laufe der langen Gespräche auch verstanden, daß mein Satz, die Erinnerung

---

[14] Schmidt, 1987, S. 54–60.
[15] Schmidt, 1987, S. 20.

an die Vergangenheit könne nur durch den Blick auf eine friedliche Zukunft gemildert werden, ernstgemeint war."[16]

Abb. 2: 28. Oktober 1974: Der sowjetische Ministerpräsident Alexej Kossygin (l.) empfängt Bundeskanzler Helmut Schmidt (r.) auf dem Flughafen Wnukowo/Moskau mit militärischen Ehren © Bundesarchiv.

2.2. Jemandem die andere Seite des Krieges vor Augen führen

An das soeben dargelegte Fallbeispiel führe ich im Folgenden die spielsemantische Trias von ›Spielen‹, Spiel-Raum und Spiel-Welt sowie den Allgemeinbegriff ›politisches Spielen‹ heran.

„Ohne Vernichtung, zum wenigsten als Drohung, gibt es keine Politik", vertrat Plessner.[17] „Der Sinn der Politik ist Freiheit" und: Politik entstehe „in dem Zwischen-Raum" von Menschen", vertrat Arendt.[18] Die von Schmidt geschilderten, oben wiedergegebenen

---

[16] Schmidt, 1987, S. 71.
[17] Plessner, vgl. o., S. 238.
[18] Arendt, vgl. o., S. 326.

Ereignisse im „Kanzlerbungalow" entfalten vor dem Hintergrund des Kalten Kriegs und des ihm vorangegangenen Zweiten Weltkriegs ihr politisches Gewicht, ihren politischen Ernst. Im Jahr 1973 entstanden zwischen Russland und Deutschland politische Abkommen als Schritte der Annäherung im fragil bleibenden politischen Beziehungsraum beider Staaten. Darin trafen Breschnew und Schmidt erstmals aufeinander. Michael Morozow beschrieb in seiner Breschnew-Biografie Brandt als die Schlüsselfigur, den Brückenbauer jener im Wachsen begriffenen Beziehungen, die auch jenes Treffen in Bonn ermöglichten – während die gegenüber der Person Brandts überwundenen sowjetischen Vorbehalte gegen deutsche Politik gerade im Hinblick auf die Person Schmidts seinerzeit noch wirksam gewesen sein:

„Mitausschlaggebend für die Gesprächsbereitschaft war [...] unzweifelhaft die Persönlichkeit Willy Brandts. Gerade das, was dem 4. Bundeskanzler im eigenen Lande jahrzehntelang angekreidet und in den Wahlkämpfen gegen ihn benutzt wurde, gereichte ihm in den Augen der Russen und Polen (ebenso wie in denen der Franzosen und Niederländer) zum größten Vorteil: Zum ersten Mal stand an der Spitze der Bundesrepublik Deutschland ein erklärter Antifaschist, kein Parteigenosse wie sein Vorgänger; in Brandts Vorzimmer saß kein Globke. [...] Das Bild des Westdeutschen, eines dicken Mannes mit einem Stahlhelm, aus dem zwei Hörner herausragten, mit einem Brett vor dem Kopf, jahrzehntelang in unzähligen Karikaturen variiert, verschwand; die einzige Karikatur, die seitdem in der Sowjetpresse veröffentlicht wurde, war die auf Helmut Schmidt, den Bundesverteidigungsminister 1969–72, anläßlich seiner Waffen-Einkaufsreise in die USA – aber auch da mußte man schon sehr genau hinsehen, um Schmidts Züge zu erkennen."[19]

Ohne Respekt vor dem anderen, unabhängig von seinen Interessen und Wertanschauungen, gibt es keine Schritte zu wahrem Frieden, so schrieb Schmidt in der Einleitung von *Menschen und Mächte*.[20] Zwischen Schmidt und Breschnew verlief eine Kluft tiefer Weltanschauungsgegensätze. Westliche Demokratie stand gegen den Leninismus „als die fortschrittlichste und einflußreichste Ideologie in der Welt von heute, die unbesiegbare Ideologie derjenigen, denen die Zukunft gehört".[21] In seiner im April 1970 gehaltenen Rede

---

[19] Morozow, 1973, S. 258.
[20] Schmidt, 1987, S. 12–13.
[21] Breschnew, 1970, S. 1.

Die Sache Lenins lebt und siegt! machte Breschnew diese Gegnerschaft deutlich, etwa indem er die „Ideologen und Politiker des Imperialismus" anklagte, die „gegen die Kommunisten eine intensive Wühlarbeit entfaltet" hätten:

„Sie wenden alle Verfahren und Methoden an, um die Einheit der kommunistischen Front zu schwächen und einen Keil dort hineinzutreiben, wo auch nur der kleinste Spalt sichtbar wird. Das alles erfordert die Verstärkung des aktiven, offensiven Kampfes der Kommunisten gegen die bürgerliche Ideologie und ihre noch aktivere Zusammenarbeit im Weltmaßstab. [...] Die Welt, von der Lenin träumte, wird aufgebaut!"[22]

Dennoch haben Breschnew und Schmidt, wie oben berichtet wurde, in ihrer gemeinsamen politischen Geschichte jene weltanschaulichen Gegensätze in einem bedeutsamen Punkt überwunden: Sie haben einen politisch tragfähigen Respekt voreinander gewonnen. Wie konnte dies geschehen?

2.2.1. Politisch vereinnahmender Schein?

Im Einklang mit Plessners Politikauffassung deutet der Verlauf des beschriebenen Abends im Jahre 1973 auf eine immerwährende Fragilität politischer Beziehungen als Konfliktbeziehungen hin, die weder in einem unter dem Vorzeichen der Geselligkeit geschaffenen Rahmen der Zusammenkunft wie dem eines Abendessens unterdrückt noch in einer Terminologie der Geselligkeit ausgedrückt werden kann. Obwohl im Hintergrund der Einladung Brandts konkrete politische Schritte der Annäherung zwischen der Sowjetunion und der Bundesrepublik Deutschland standen, darunter insbesondere der Moskauer Gewaltverzichtvertrag vom 12. August 1970 und das Viermächteabkommen über Berlin vom 3. September 1971, bleibt diese Annäherung in die größeren Zusammenhänge der Geschichte der beiden Staaten eingebunden. Auch im Rahmen einer Einladung, „eher privat",[23] kann sie diese Eingebundenheit nicht aufheben. Vielmehr vermag sie das Unbehagen eines dadurch auch nach außen ausstrahlenden Scheins einer *zu großen Nähe* zwischen den Streitmächten, die die beteiligten Personen repräsentieren, zu

---

[22] Breschnew, 1970, S. 73–74, 76.
[23] Schmidt, vgl. o., S. 335.

Abb. 3: 18. Mai 1973: Bundeskanzler Willy Brandt (r.) empfängt Leonid Breschnew, Generalsekretär der KPdSU, mit militärischen Ehren auf dem Flughafen Wahn © *Bundesarchiv.*

erwecken, in diesem Falle: das Unbehagen einer Vereinnahmung der sowjetischen Gäste durch die deutschen Gastgeber:

„Im Mai kommt Breschnew zu Besuch, bringt den Glanz der großen Politik und unterstreicht Brandts internationale Statur."[24]

Der durch Brandts Einladung – und vor allem durch das Stattfinden des Treffens selbst – beförderte Eindruck eines gewissen, durch politische Entscheidungen *schon geschaffenen Freiraums* zwischen den Staaten und Staatsmännern, wird durch Breschnews überraschende Intervention in eine realistischere Perspektive gerückt,[25] „obgleich er an einigen Stellen zu übertreiben schien".[26] An ihr vermag demnach die Widerständigkeit der als Hintergrund des Handelns wirksamen politischen Erfahrung kenntlich zu werden, die gegen das in der Idee des Spiels angelegte Ideal der Übereinkunft aufbegehrt und

---

[24] Merseburger, 2006, S. 668.
[25] Vgl. o. *Sequenz 2.*
[26] Vgl. o. *Sequenz 3.*

so für den Bestand einer eigenen politischen Wirklichkeit, in der mit den Dingen, wie Plessner meinte, umzugehen ist, „wie und weil sie einmal so sind",[27] Sorge trägt. Als solche wäre Widerstand als Aspekt des Politischen nicht ablösbar von konkreten Personen, die trotz der politischen Rolle, der sie als Amtsrolle verpflichtet sind, auch aus ihrem individuellen Erfahrungsschatz und ihrer individuellen Sichtweise schöpfen. Die Kraft jener nicht zwingenden, aber möglichen inneren Verbundenheit von Person und politischer Amtsverantwortung, situationsgebundener Handlungsrationalität und innerer Überzeugung, führte Breschnew mit seiner die gedachten Grenzziehungen des Treffens bei Brandt überschreitenden Provokation vor Augen als eine, die „ihm offensichtlich aus der Seele"[28] sprach.

2.2.2. *Aufbruch des Scheins eines konfliktentlasteten Handlungsraums?*

In der aktuellen Rolle des sowjetischen Generalsekretärs ließ Breschnew die vergangene Rolle des sowjetischen Generalmajors und die damit verbundenen Kriegserfahrungen lebendig werden.[29] Eine aus eigenen Erlebnissen gewonnene Erfahrung politischer Geschichte tritt auf als politisches Statement in Form einer emotional bewegten und bewegenden Erzählung. Die Grenzen zwischen Amt und Person sind in Breschnews Vorstoß nicht mehr auszumachen. Sie verschmelzen in jenem spontan wirkenden, seine deutschen Zuhörer überraschenden Ausdruck. Dabei trug Breschnews Intervention in der Wahrnehmung Schmidts nicht die Züge bloßer Taktik.

Breschnew sorgte für einen grundlegenden Situationswandel, der die dem Treffen zugrunde liegende Intention konterkarierte, es in Spannung versetzte. Er brachte unvermittelt seine historische Realitätsdeutung ein. Schon durch das Aufrufen seiner Kriegserlebnisse als solches trat ein Situationswandel ein, der die politische Qualität der Zusammenkunft nicht unberührt lassen konnte. Mit der Steigerung des politischen Ernstes durch Breschnews Aufrufen einer gerade auch in der aktuellen Personenkonstellation hoch-

---

[27] Plessner, vgl. o., S. 236.
[28] Vgl. o. *Sequenz 2.*
[29] Vgl. hierzu und zum Folgenden: *Sequenz 2.*

sensiblen Thematik ging Gefahr einher. Nicht nur die Harmonie jenes Zusammentreffens, *sein Gelingen*, konnte gefährdet werden, sondern auch die zukünftigen politischen Beziehungen zwischen den Anwesenden, denn es existierte in dieser Situation keine alle Konsequenzen des Handelns aufhebende Hegung im Sinne eines Spiel-Raums.

Breschnew steigerte den politischen Ernst und damit die situative Anspannung durch die Art und Weise seines Erzählens, insbesondere durch die Wahl seiner Worte. Er erhob Anklage gegen „die faschistischen Soldaten", „die faschistischen Invasoren" und vollzog damit die Setzung eines Freund-Feind-Schemas. Die von Brandt mit seiner Einladung beabsichtigte Grenzziehung zwischen Vergangenheit und Gegenwart in den deutsch-sowjetischen Beziehungen – das gemeinsame Abendessen als Symbol eines Neuanfangs vor dem Hintergrund der deutsch-sowjetischen Verträge – war gescheitert. Breschnew stellte heraus, wie schwer es ihm fiel, zu diesem Treffen zu kommen. Konflikte der Vergangenheit erweisen durch Breschnew ihre anhaltende gegenwärtige Kraft als Konfliktpotential. So wird die darin sich zeigende Fragilität der politischen Beziehungen in einer Gefährdung jenes gemeinsamen Abends gespiegelt.

Breschnew führte aus seiner Sicht eine Wirklichkeit vor Augen und forderte dabei von seinen Zuhörern absolute Ernstnahme, wohl auch Zustimmung ein. Jedenfalls wurde die Möglichkeit, dieselben Ereignisse aus anderer Sicht zu interpretieren, von ihm selbst, so Schmidt, nicht eröffnet. Breschnew wollte demnach kein Gespräch, keine Auseinandersetzung beginnen. Schmidts Bericht zufolge sollte sein Monolog *etwas feststellen*. Dabei wirkt jener aufgrund seiner Ausführung durch provokative Reizworte („die faschistischen Soldaten", „die faschistischen Invasoren"[30]) gleich in zwei Richtungen: Einerseits wurde der Schein der Umhegung im Aufrufen der Kriegsvergangenheit durchbrochen und so in eine Situation überführt, in der die Möglichkeiten eines adäquaten Handelns ihre Orientierungspunkte zu verlieren drohten. Andererseits entgrenzte Breschnew nicht nur einen gegebenen Handlungsraum. Er versetzte die Situation zugleich in eine Spannung, die eine Verengung des Handlungsraums für die deutschen Gastgeber bedeutete. So vollführte Breschnew zwar als staatlicher Repräsentant ein konflikt-

---

[30] Vgl. o., S. 336.

bezogenes Widerstandshandeln und handelte solchermaßen politisch. Nicht aber handelte er ›politisch spielend‹, da er keine Grenzüberschreitung unternahm, die, indem sie ein Aufschluss-Geben verwirklicht, zugleich auch *integrativ* hätte wirken können. Jede Antwort wird vor diesem Hintergrund ein Wagnis, das auf keine schon bestehenden Verbindungen vertrauen kann.

2.2.3. Beantwortung des Widerstands durch politisch spielendes Eröffnen eines zwanglosen Darstellungsraums?

Breschnew hatte nicht die anwesenden Deutschen oder die Deutschen allgemein als Faschisten bezeichnet, aber Schmidt gehörte zu den „faschistischen Soldaten", die er angeklagt hatte.[31] Die von Schmidt wahrgenommene „Einseitigkeit" in den Ausführungen Breschnews erweckte in ihm Widerstand, Form gewinnend in einem Anliegen besonderer Art: Breschnew und seinen anwesenden sowjetischen Delegationskollegen „die andere Seite des Krieges vor Augen zu führen". Aus der aktuellen Situation heraus sah Schmidt keine Notwendigkeit zur Erhebung des Worts, denn er hatte die Angemessenheit der Rede Breschnews weitgehend anerkannt. So aber musste Schmidt diese Entscheidung für ein Handeln *für sich* treffen. Dabei ist es möglich, dass ihm Gedanken über mögliche Folgen gekommen sind, etwa die Frage, inwieweit ein Versuch des Einbringens seiner Sichtweise an einen empfindlichen Punkt Brandts rühren könnte, der als ‚Fahnenflüchtiger' in seiner politischen Karriere immer wieder an dem Vorwurf eines mangelnden Patriotismus' zu leiden hatte. Brandt war 1933 nach Norwegen emigriert und hatte nicht, wie Schmidt, ‚für sein Land gekämpft'. Während demnach Breschnews Rede an diesem Abend Schmidt stärker treffen konnte als Brandt, konnte eine Gegenrede Schmidts gegenüber Breschnew indirekt Brandt an einem sensiblen Punkt treffen. Eine Kosten-Nutzen-Abwägung wäre wohl eher gegen ein Handeln ausgefallen. „Gleichwohl" hat Schmidt das Wort ergriffen. Er wagte etwas und ging damit über mögliche Zweifel hinweg.

In seiner Beschreibung dieses Handelns deutet sich im *nur* eines Etwas-vor-Augen-Führens ein Mittelweg des Handelns an, der zwischen persönlicher Betroffenheitsbekundung, Selbstrecht-

---

[31] Vgl. hierzu und zum Folgenden: *Sequenz 3*.

fertigung oder -verteidigung, situativ angepasster politischer Zurückhaltung und dem Versuch einer Zurechtweisung oder Belehrung Breschnews in Form der Eröffnung eines politischen Streitgesprächs über eine adäquate Beurteilung der ‚wirklichen' Verhältnisse verläuft. In der Umsetzung seines Anliegens zeichnet sich ab, dass sie in einer von Festlegungen und Forderungen absehenden Bewegung einen in sich zurückkehrenden Bogen spannte:[32] In diesem wird der persönliche Erfahrungsschatz in eine politisch vermittelnde Dimension gehoben; zugleich erfolgt dies als ein solches an Widerständen entzündetes Grenzüberschreiten in die Sichtweise eines anderen, die auf der *Zurücknahme eines politisch bewirkenden Status des Handelns* beruht. So wird dem Rezipienten – hier: Breschnew – Freiwilligkeit signalisiert. Mit anderen Worten: Schmidts Rede war artikuliert als *bestimmt, bezogen auf sich selbst*, aber *nicht bestimmend mit Blick auf ihren Adressaten*. So nahm in seinem handelnd geschaffenen Darstellungsraum ein Sinn in sich selbst Gestalt an, der vorab durch Breschnew gezogene Grenzlinien überschritt, ohne jene zu verletzen, darin eine zuvor nicht präsente Sichtweise einbrachte, ohne durch sie etwas festzulegen. In einem Zeitraum, der ähnlich groß gewesen sei wie der, den Breschnew sich zuvor genommen habe, teilte Schmidt seinen sowjetischen Zuhörern mit: Schmidt, als ehemaliger deutscher Soldat, war selbst, wie andere auch, nicht ‚nur' Feind. Auch deutsche Soldaten litten im Krieg. Darin besteht eine Gemeinsamkeit der ehemaligen Todfeinde. Die Deutschen seien schuldig, litten aber auch als Einzelne. So vollführte Schmidt keine Gegenanklage gegen Breschnew, sondern *nur* ein *Vor-Augen-Führen*. Widerstand in Form der Kritik wurde nicht zur Setzung bzw. Feststellung, sondern blieb als ein ‚Vor-Augen-Führen' gewissermaßen „in einem eigentümlichen Schwebezustand".[33] Breschnew hatte aus Sicht von Schmidt Recht *und* Unrecht. Sein von Schmidt bezeichnetes Unrecht *berührte nicht sein Recht*. Schmidt erleichtert seine Schuld, die deutscher Soldaten, ohne sich für unschuldig zu erklären. Aber: Die klare, *antagonistische Zuweisung* von Schuld und Unschuld, wie sie Breschnew geltend gemacht hatte, gerät durch Schmidt *ein Stück weit in die Schwebe*.

---

[32] Im Folgenden: Rückbezug auf Abschnitt 1.3. des aktuellen Untersuchungsteils.
[33] Lorenz, vgl. o., S. 130.

Schmidt hatte nach eigenem Urteil kein ‚Recht auf Recht-Haben' – aber Breschnew konnte ihm *Recht geben*. Hierfür brachte Schmidt *sich* nahe. Die darin sich bezeugende Verbindlichkeit Schmidts gegenüber sich selbst, seinen Überzeugungen, trat somit zugleich als politische Unverbindlichkeit gegenüber den sowjetischen Zuhörern – in einem konstruktiven Sinne – auf. Schmidt handelte in so verstandener Absichtslosigkeit anders als Breschnew zuvor. Gleiches wurde nicht mit Gleichem beantwortet. Noch genauer könnte man sagen: Schmidt handelte so, *als ob* Breschnew die Maximen, die Schmidt seinem eigenen politischen Handeln zugrunde zu legen angibt, auch in seinem Handeln Rechnung getragen *hätte*. In seinem Umgehen mit Breschnews Anklage als Provokation umging Schmidt die sich anbietende Modalität des Streits oder des Kampfs mit Worten, in dem er das vorgegebene Bild von Freund und Feind durch ein anders beschaffenes Bild, eine anders beschaffene Sichtweise als seine Sichtweise überlagerte, ohne es zu berühren. Insofern hatte Schmidt in der Art und Weise seines Handelns seine Amtshaltung mit seiner inhaltlichen politischen Grundauffassung und seiner persönlichen politischen Erfahrung in Einklang gebracht. Er betrieb in diesem Falle durch seine Amtshaltung Zurückhaltung in beide Richtungen, in der sich die Zwei-Einheit seiner (Person) als weder persönlich noch rollendeterminiert vermitteln konnte im Hinweis auf die gleichzeitige Unteilbarkeit von politischem Amt und Person. Insofern war es Schmidt gelungen, ohne einen ihm gegebenen Spiel-Raum des Handelns „Unvoraussehbarkeit friedfertig in eine Ordnung eigener Art zu integrieren".[34] Darin führt er die Möglichkeit einer paradox anmutenden und doch sinnvollen Handlungsweise vor:

In einer politischen Rolle man selbst sein und nicht nur man selbst sein,
zu handeln und darin auch nicht zu handeln,
Grenzen zu überschreiten und zugleich in Begrenzungen zu verbleiben,
den anderen anzunehmen und ihm doch Widerstand zu leisten,
nichts zu bewirken und doch etwas zu ermöglichen.

Diese Interpretation harmoniert mit jener Zielsetzung seines politischen Handelns, die Schmidt in *Menschen und Mächte* für sich anführte:

---

[34] Popitz, 2000, S. 78.

„Ich habe mir in über drei Jahrzehnten parlamentarisch-politischer Arbeit – in mehr als acht Kanzlerjahren, in dreizehn Jahren der Zugehörigkeit zur Bundesregierung und auch seither – immer Mühe gegeben, zur Verständigung zwischen den Völkern beizutragen. Die Aufgabe bleibt riesenhaft und stellt sich für jede Generation erneut. Denn der Frieden wird nicht ein für allemal hergestellt, er muß vielmehr immer wieder neu gestiftet werden. Ihm in meiner Generation zu dienen habe ich als meine wichtigste Pflicht angesehen. Ich weiß: meine Gesprächspartner jenseits der Grenzen sahen ihre Aufgabe nicht viel anders. Dennoch führen Interessenkonflikte, Fehlinterpretationen eigener und fremder Interessen, aber auch innenpolitische Zwänge immer wieder zu gefährlichen Zuspitzung. Deshalb ist es nötig, die Interessen, die Ängste und die Hoffnungen der anderen Völker und ihrer Regierungen zu erkennen. Wer von Feindbildern ausgeht, der kann den Frieden nicht stiften. Wer mit den anderen nicht redet und wer ihnen nicht zuhört, der kann sie nicht verstehen."[35]

2.2.4. Die neue Respektbeziehung als Breschnews Beitrag?

Am Ende der Rede Schmidts stand *Schweigen*. Breschnew habe *aufmerksam zugehört*, aber keine unmittelbare Antwort gegeben.[36] Während die beiden Politiker jeweils erzählten, blieben sie nicht allein in ihrer gegenwärtigen Rolle, sondern riefen in ihren Ämtern die Rolle ehemals verfeindeter Kriegsteilnehmer auf. So erschienen sie einander um zuvor verborgene Eigenschaften ergänzt. Nicht in den Inhalten, die Schmidt mitteilte, ist die ›politisch spielende‹ Qualität seiner Handlung zu suchen, sondern gerade in seinem Changieren in der Rolle und der Handlungsmodalität, etwas mitzuteilen, können Merkmale des *homo ludens* – nicht etwa eines *homo oeconomicus* oder *homo sociologicus* – wiedererkannt werden. Das freiwillige Herausstellen der Mitteilung vor allem gegenüber Breschnew, das nicht notwendig, aber um seiner selbst willen sinnvoll erschien, deutet ebenfalls Züge ›politisch spielenden‹ Handelns an. Dass ein Band zwischen den beiden Politikern entstehen konnte, kann indes nur indirekt auf Schmidts eigene Handlung zurückgeführt werden. Vielmehr hatte Breschnew aus seiner Freiheit he-

---

[35] Schmidt, 1987, S. 13. Zu seinen Vorbildern heißt es: „Von Kants kategorischem Imperativ und von Marc Aurels Selbstbetrachtungen bin ich stärker geprägt worden als von Lasalle, Engels oder Marx; am stärksten aber formten mich ältere sozialdemokratische Zeitgenossen." (A.a.O., S. 10)
[36] Vgl. hierzu und zum Folgenden: *Sequenz 4*.

raus etwas von Schmidt aufgenommen und angenommen. Es liegt daher nahe, davon auszugehen, dass jene respektvolle Verbindung nicht unter der Prämisse zustande gekommen wäre, dass Breschnew bei Schmidt Taktik oder Selbstinszenierung vermutete. Sie kam vielmehr gerade deshalb zustande, weil Breschnew in Schmidts Handeln Wahrhaftigkeit ohne gegen ihn gerichteten Zweck wahrnahm. Als solches würde in Schmidts Rede das Gelingen einer ›politisch spielenden‹ Handlung sich zeigen. Jedenfalls aber ist das in der Interaktion entstehende Neue weder mit einem *bargaining*, einem Rollenspiel der Macht oder einer politischen Inszenierung erklärbar. Viel näher liegt stattdessen, das Folgende zu vermuten:

> *Hier wurde politisch etwas gewonnen aufgrund der Annahme,*
> *dass jemand durch sein Handeln nichts*
> *gegen den anderen gewinnen wollte.*
> *Eine neue Bindung entstand,*
> *weil der Eindruck der Kalkulation,*
> *der Absicht, der Zweckverfolgung*
> *nicht entstand.*

Was sich ereignet zu haben scheint, ist ein unvorhersehbarer Akt des *Kennenlernens* zwischen Personen in ihrer Rolle als politische Amtsträger, der sich erst später als tragfähig erweisen wird. Vieles spricht vor dem Hintergrund der vorstehenden Analyse dagegen, dass das hier anklingende Phänomen berechenbar herstellbar gewesen wäre.

Abweichend zu der Tendenz Schmidts, die Begründung von politischer Partnerschaft vor allem *seiner* Haltung, *seinem* auf Ausgleich bedachten Handeln zuzuschreiben – mitunter wies er in *Menschen und Mächte* auf die Verwurzelung seines politischen Handelns in Kants kategorischem Imperativs,[37] deutet sich in der betrachteten Szene eher eine letztlich *zusammen* beförderte Bindung an, bei der Schmidt *nur der Beitrag eines Anfangens* zugeschrieben werden kann. Nicht die durch Schmidt *bewirkte* Einsicht Breschnews, „die Erinnerung an die Vergangenheit könne nur durch den Blick auf eine friedliche Zukunft gemildert werden", sehe ich als das abschließende Konstituens der neuen Verbindung zwischen den beiden Politikern an, sondern Breschnews eigene Überzeugung, dass Schmidts Botschaft, nur im Bemühen um eine „fried-

---

[37] *„[H]andle nur nach derjenigen Maxime, durch die du zugleich wollen kannst, daß sie ein allgemeines Gesetz werde"* (Kant, 1997a, S. 51; vgl. a. Schmidt, 1987, S. 10).

liche Zukunft" könne den Schrecken der Vergangenheit begegnet werden, „ernstgemeint war".[38] Diese Freiheit Breschnews war durch Schmidts Handlung unangetastet geblieben! Durch diesen *freiwilligen Annahmeakt Breschnews* – als Hypothese möge dies hier in den Raum gestellt bleiben – ist die Respekt*beziehung* entstanden; der Annahmeakt konnte nur deshalb freiwillig erfolgen, weil Schmidt nichts gefordert hatte.

2.3. Der Entstehungsprozess politischer Respektbeziehungen als ein in Frage kommender Ort ›politischen Spielens‹

Welche Untersuchungsergebnisse lassen sich im Lichte des im *Ersten Teil* mithilfe der Trias von ›Spielen‹, Spiel-Raum und Spiel-Welt verdeutlichte politische Exklusions- und Universalisierungsparadigmas der Spiel-Deutung einerseits und dem Allgemeinbegriff ›politische Spielens‹ andererseits benennen?

Der Situationswahrnehmung Schmidts folgend hat sich die *Bildung einer Respektbeziehung durch ein einander näher Kennenlernen* ‚ereignet'. Umrisse dieses Vorgangs ließen sich in der Begriffsperspektive ›politischen Spielens‹ verdeutlichen. Eine Handlungsweise wurde identifizierbar, durch die ein Prozess der politischen Vertrauensbildung in Gang gekommen zu sein scheint. Die politische Kreation dieser Handlung wurde von Schmidt selbst als *eine Beziehung des wechselseitigen Respekts* ausgewiesen. Ein Hinweis ist damit gegeben auf die Relevanz von Quellen und Modi der politischen Beziehungsstiftung, des *Beginnens* von Beziehungen, aus denen allgemein verbindliche Beschlüsse erwachsen können, die nur unter der Voraussetzung ihres Absehens von der Erfüllung einer Zweckabsicht Wirksamkeit entfalten. Weber vertrat in *Politik als Beruf* die Auffassung: „Es ist ja durchaus richtig, und alle geschichtliche Erfahrung bestätigt es, daß man das Mögliche nicht erreichte, wenn nicht immer wieder in der Welt nach dem Unmöglichen gegriffen worden wäre. Aber der, der das tun kann, muß ein Führer und nicht nur das, sondern auch – in einem sehr schlichten Wortsinn – ein Held sein."[39] Anhand der Betrachtungen zur ersten Begegnung von Schmidt und Breschnew können wir einen Politiker

---

[38] Vgl. o. *Sequenz 4*.
[39] Weber, 1993, S. 83.

– oder auch einen beliebigen anderen politischen Akteur –, der nach dem Unmöglichen – hier: einer Beziehung im Unverbundenen – greift, jedoch auch als einen *spielenden* Menschen denken, der, ohne ‚zuzugreifen',[40] *politisch* handelt.

In diesem Sinne kann daher vielmehr *Respekt* und damit eine nicht-emphatische Form des *Vertrauens* zu solchen Quellen bzw. Modi gezählt werden. Schmidt selbst stärkt diese Annahme im Rahmen eines Interviews, worin er die Frage: „Welche Rolle haben in ihrem Leben als Politiker Freundschaften gespielt?" wie folgt beantwortete:

„Persönliche Freundschaften und auch persönliche Beziehungen, es müssen nämlich nicht unbedingt Freundschaften sein, haben für mich und bei der Erfüllung meiner Pflichten eine erhebliche Rolle gespielt. [...] Der Leonid Breschnew und ich, wir kannten uns ganz gut. Und wir sprachen ziemlich offen miteinander. Und er hat mir einmal zu verstehen gegeben, dass er Angst habe vor einem Krieg [...] Das heißt, obwohl das keine Freundschaft war zwischen mir und Breschnew, war da Offenheit."[41]

Schmidt stellt heraus, dass er seine Beziehung zu Breschnew nicht als eine Vertrauensbeziehung im Sinne einer *Freundschaft* ansah. Wohl aber habe zwischen Breschnew und ihm eine Beziehung des „gegenseitigen Respekt[s]"[42] und darin „Offenheit"[43] geherrscht. Bezogen auf unser Fallbeispiel genauer gesprochen: Nur aufgrund des Glaubens, Schmidt habe nicht zweckrational-strategisch seine Kriegserfahrungen geschildert, konnte Breschnew jene Schilderung ernst nehmen; mit anderen Worten: Nur aufgrund solchen Glaubens bzw. Recht-Gebens (im Sinne der Berechtigung Schmidts, so zu sprechen) konnte Breschnew als Antwort auf jene Rede Schmidts *schweigen*.

In dem hier besprochenen Fallbeispiel zeichnete sich Politik als immerwährend fragiler Raum ab, der nicht als gesicherter Spiel-Raum oder als *Spielsphäre* gedacht werden kann. In diesem Raum waren Schmidt und Breschnew in ihren Politikerrollen gewandelt, indem sie in jenen Rollen persönliche Erfahrungen ans Licht holten. So waren sie einander als Personen begegnet. In der geschilderten Situation *ohne* Umhegung hat sich *durch* den darin aufgekom-

---

[40] Handke, vgl. o., S. 177.
[41] Schmidt, 2010, S. 12.
[42] Schmidt, vgl. o., S. 339.
[43] Schmidt, vgl. o.

Der Entstehungsprozess politischer Respektbeziehungen

Abb. 4: 4. Mai 1978: Bundeskanzler Helmut Schmidt (r.) führt in Schloss Gymnich ein Gespräch mit dem sowjetischen Staats- und Parteichef Leonid Breschnew. Im Mittelpunkt stehen ein Abkommen über wirtschaftliche Zusammenarbeit zwischen beiden Ländern mit einer Laufzeit von 25 Jahren sowie eine Deklaration zur Eindämmung des Wettrüstens und für den Ausbau der Ost-West-Entspannung © *Bundesarchiv.*

menen politischen Ernst, *durch* die politischen Rollen *hindurch* eine politisch bedeutsame menschliche Begegnung *ereignet.* Es machte sich eine Menschlichkeit geltend, die nicht *bewirkt* werden konnte, sondern auf gegenseitigem Ernstnehmen gründete; sie war nicht erzwingbar. Gerade deshalb kann hier ein Ereignis politischer Vertrauensbildung gesehen werden. Will man jenes als einen strategisch-kalkulierenden Vorgang verstehen, wird die Szene nichtig. Nimmt man sie ernst, wie Schmidt sie ernst nahm, kann ihre mögliche zweckgelöste Bedeutung zum Gegenstand des Fragens werden – z. B. im Begriffsrahmen ›politischen Spielens‹. In jenem betrachtet deutet sich im Bezug auf die hier besprochenen Situation eine letztlich gemeinsame Verwirklichung einer auf eine wandelbare Zukunft hinweisenden politischen Kreation in Form gegenseitigen Respekts an als ein begehbarer Brückenstein, der jenseits des nur schönen Scheins die Kluft überbrückt, die durch eine gegenwärtig gemachte

Geschichte der Feindschaft zu Bewusstsein gekommen ist. Dieses Gelingen einer neuen Bindung wird nur begreiflich, wenn man der Unwahrscheinlichkeit ihrer Realisierung innewird. Ein grundlos gewagtes Vertrauen in die Person des anderen, das Claus Offe zufolge als Quelle politischen Handelns unersetzbar ist, scheint hierzu eine sich als tragfähig erweisende Grundlage geboten zu haben.[44]

---

[44] Weil in der Politik „ständig mit der Eventualität zu rechnen ist, dass die Regeln verletzt werden, kann Vertrauen in *Personen* nicht (zumindest nicht völlig) durch die Zuversicht in Institutionen und ihren Bestand ersetzt werden" (Offe, 2001, S. 276).

3. ›Politisches Spielen‹ als ein Erkenntnisgegenstand der politikwissenschaftlichen Kreativitätsforschung

Unter der Überschrift *Politisches Handeln, ein Grundproblem der politischen Theorie* wurde am Beginn des 21. Jahrhunderts von Harald Bluhm und Jürgen Gebhardt eine Programmatik zur grundlagentheoretischen Stärkung des politischen Handlungsbegriffs entworfen.[1] Darin fungiert gerade der zutiefst problematische, weil zur Maßlosigkeit und überdies zum *Heilswort*[2] tendierende Begriff *Kreativität*[3] in zweierlei Hinsicht als ein heuristisch fruchtbarer Bezugspunkt: Zum einen ermöglicht er ein Akzentuieren der in der heutigen politischen Handlungsforschung nicht mehr selbstverständlich berücksichtigten freiheitlich-gestalterischen Kerndimension des Handlungsbegriffs, darin ein Bewusst-Halten der im „Maß des Menschlichen" geborgenen „nichtdeterminierte[n] Sphäre menschlicher Selbstgestaltung", einer „Wahlfreiheit von Ziel und Mittel", einer „Dimension von Freiheit und Geist".[4] Zum anderen bietet der Kreativitätsbegriff einen Leitfaden, um ein zur Deutung politischen Handelns heranzuziehendes „handlungstheoretische[s] Prinzipienwissen"[5] in Berücksichtigung von *politikeigentümlichen* Handlungsanforderungen und -zwängen zu reflektieren[6] und somit in eine Konzeption der *politischen* Handlungskreativität zu überführen, in der ein politischen Handlungsträgern verfügbarer Gestaltungsraum kenntlich wird – oder in den Worten Bluhms und Gebhardts: eine Antwort auf die Frage „nach verbliebenen Spielräumen und der Generierung von Spielräumen für politisches Handeln".[7]

---

[1] Bluhm/Gebhardt, 2001.
[2] von Hentig, 2000, S. 9–12 sowie Bluhm/Gebhardt, 2001, S. 12.
[3] Hierzu nähere Ausführungen in Abschnitt 3.3.
[4] Bluhm/Gebhardt, 2001, S. 9.
[5] Bluhm/Gebhardt, 2001, S. 11.
[6] Bluhm/Gebhardt, 2001, S. 10, 11–12, 15.
[7] Bluhm/Gebhardt, 2001, S. 18–19.

›Politisches Spielen‹ als ein politikwissenschaftlicher Erkenntnisgegenstand

In den beiden zuvor genannten politiktheoretischen Funktionsbestimmungen des Kreativitätsbegriffs spricht sich bereits die von Bluhm und Gebhardt erhobene methodische Forderung mit aus, dass die Begründung eines politischen Handlungsbegriffs sowohl handlungstheoretisch *integrativ* als auch politiktheoretisch *differenzierend* zu erfolgen habe. Darin bildet sie eine Wegmarke zu einem politiktheoretischen Ansatz, der politisches Handeln unter dem Schwerpunkt eines *Umgehen-Müssens mit vielseitig zu spezifizierenden Widerständen* zu verstehen sucht. Die zentrale Bedeutung einer so gerichteten politischen Handlungsauffassung für die Analyse und Kritik gegenwärtiger Politik erschließt sich vor dem Hintergrund eines allseits geschärften Bewusstseins für die wachsenden strukturellen Zwänge bzw. „neuen Grenzen" der Politik in heutigen modernen Industriestaaten,[8] in dem nicht zuletzt ein durch vielfältige Formen der „Politikverflechtung" bedingter Geltungsverlust der „Omnipotenzhypothese" des Politikerhandelns begründet worden ist,[9] der, trotz aller Vorzüge, auch sogenannter „Politikverdrossenheit"[10] Raum geschaffen haben mag. Bluhm und Gebhardt zufolge ist es verfrüht, solche Entwicklungen durch die Preisgabe eines gehaltvollen politischen Handlungsbegriffs zu kompensieren. Vielmehr die gegenläufige Aufgabe sei jenen zu entnehmen, denn sie enthüllten mit besonderem Nachdruck ein defizitäres Wissen der Politikforschung über den Eigencharakter politischen Handelns, seiner Kreativität,[11] und damit ein auch jenseits der aktuellen politischen Verhältnisse bestehendes „Grundproblem der politischen Theorie".[12] Daher gelte es zuallererst, im Zuge einer vertieften Rezeption von Theorien des menschlichen Handelns und ihrer „auch systematisch[en]"[13] Eingliederung in ein originär politisches Handlungsverständnis jene Beurteilungskriterien zu erarbeiten, die nötig sind, um *sowohl* das politisch Mögliche *als auch* das politisch Unmögliche im Wirkkreis des menschlichen Handelns zu ermessen.

---

[8] Bluhm/Gebhardt, 2001, S. 11.
[9] Scharpf, 1991, S. 630; vgl. a. a. a. O., S. 621–624
[10] Vgl. Schmidt, 2010, S. 541.
[11] Bluhm/Gebhardt, 2001, S. 11–12.
[12] Bluhm/Gebhardt, 2001.
[13] Bluhm/Gebhardt, 2001, S. 19.

›Politisches Spielen‹ als ein politikwissenschaftlicher Erkenntnisgegenstand

Zweifellos gilt das Spielvermögen als eine herausragende Kreativitätsquelle im Sinne einer „Möglichkeit jedes Menschen".[14] Wie auch im Zuge der hier präsentierten Untersuchung deutlich wurde, wird die *spielende* Kreativität des Handelns vielerorts jedoch gerade nicht in der Form und Bedeutung eines *Erzeugens* und *Durchsetzens* von *Neuem* gesehen. Stattdessen zeigt sie sich nichtteleologisch in einem verlaufsoffenen und insofern *gewagten* Sinne. Wie im Prinzip – allerdings unter den in meinem Untersuchungskontext fallen zu lassenden Vorzeichen der Separierung – bereits von Popitz in *Wege der Kreativität* vorgeführt worden ist, wäre spielendes Handeln und mit ihm auch ›politisches Spielen‹ somit in den Bahnen einer *Sonderform* bzw. *Sub-Ausprägung* des Kreativen zu interpretieren, die als solche neben anderen Quellen der menschlichen Handlungskreativität besteht.

Bluhm und Gebhardt zufolge soll jede Konzeption der Kreativität politischen Handelns Auskunft geben über den „kreativen Akteur", den „kreativen Prozess" sowie die „innovativen Produkte".[15] Im Folgenden möchte ich entlang dieser drei Schwerpunkte eine Verankerung des im vorliegenden Untersuchungsrahmen entwickelten Begriffs ›politisches Spielen‹ im Problemprofil der Kreativität politischen Handelns vornehmen. Hierzu kann teilweise an zeitgenössische Positionen in der politischen Handlungstheorie angeknüpft werden, teilweise wird sich stattdessen nahelegen, verschärfte Merkmalsabgrenzungen zu vollziehen. Da die so gerichteten Reflexionen den hier entfalteten Untersuchungsgang an ein baldiges Ende führen sollen, steht keine im Spielen begründete Konzeption der Kreativität politischen Handelns, sondern der bloße Entwurf einer Perspektive auf ›politisches Spielen‹ als ein zukünftiger Gegenstand der politischen Theorie an ihrem Zielhorizont. So wird nun zum Abschluss dieser Untersuchung gefragt: Wie und in welcher Bedeutung ist eine Erforschung ›politischen Spielens‹ in einer Programmatik der Kreativität politischen Handelns verankerbar?

---

[14] Heidemann, vgl. o., S. 101.
[15] Bluhm/Gebhardt, 2001, S. 12.

3.1. Der staatliche Amtsträger *in statu ludendi*

Kann der staatliche Amtsträger *in statu ludendi* gedacht werden? Keine Politik ohne Personen[16] – und ohne Menschenbilder.[17] Das Verhältnis von Person und Amt ist ein zentraler Topos des Staatsrechts:

„Kein Staat ohne Amt. [...] Im Amt und durch das Amt wird der Staat konkret faßbar, sichtbar und wirksam. Und nur über das Amt läßt sich der Staat ethisch in die Pflicht nehmen, rechtlich binden und politisch steuern."[18]

Alle Handlungsfähigkeit eines Staats setze die Handlungsfähigkeit seiner Amtsträger notwendigerweise voraus – und damit auch ihre Wahrnehmung als „natürliche Personen".[19] Aus aktueller politiktheoretischer Sicht hat Volker Gerhardt die Verwobenheit von gemeinwohlorientiertem Pflichtbewusstsein und individueller Gestaltungskraft in einer Formulierung prägnanten Ausdruck verliehen. So stellte Gerhardt die Fähigkeit des politischen Handlungsträgers heraus,

„die Zuständigkeit für seinesgleichen in die eigene Bestimmung aufzunehmen, ohne dass er darauf verzichtet, aus einer eigenen Mitte zu leben".[20]

Ein repräsentatives Handeln-Können wird hier angesprochen, in dem der verantwortungsbewusste Dienst an einer Beförderung des Gemeinwohls von personengebundenen Kompetenzen, Erfahrungen und Ideen getragen ist.

Bezieht man die soeben eingeführte Denkfigur in der Dimension der Rollengebundenheit politischen Handelns auf die politischen Handlungskonzeptionen von Schiller, Plessner und Huizinga, so tritt hier, *weil* sie in Denkmustern des zweckfrei-spielenden Handelns begründet sind, eine paradox anmutende Charakterisierung politischen Rollenspielens hervor:

---

[16] Buchheim, 1990.
[17] Meyer/Vorholt (Hg.), 2004.
[18] Depenheuer, 2005, S. 88.
[19] Depenheuer, 2005, S. 88.
[20] Gerhardt, 2004, S. 35–36.

In einer politischen Rolle man selbst sein und nicht nur man selbst sein,
zu handeln und darin auch nicht zu handeln,
Grenzen zu überschreiten und zugleich in Begrenzungen zu verbleiben,
den anderen anzunehmen und ihm doch Widerstand zu leisten,
nichts zu bewirken und doch etwas zu ermöglichen.[21]

3.2. Das Mehr des Weniger

In seinem Versuch, eine „Formalbestimmung politischen Handelns" unter dem Schwerpunkt seiner Kreativität zu formulieren, ging Ronald Hitzler von der Annahme aus, die originäre Qualität politischen Handelns liege darin, dass es stets „*herrschaftsinteressiertes Handeln*" sei.[22] Alles politische Handeln sei ein „Handeln, das darauf abzielt, wie auch immer und von wem auch immer Zustimmung zu erlangen dazu, seinen eigenen Willen wemgegenüber auch immer als natürlich möglichst *allgemein* verbindlich durchzusetzen".[23] Auch ohne ausdrückliche Nennung wird die Anlehnung an Webers Macht- und Herrschaftsbegriff deutlich.[24] Wie Weber, der auch gesagt hatte, dass „Politik" bedeute: sich „mit den diabolischen Mächten [...], die in jeder Gewaltsamkeit lauern", einzulassen,[25] betont auch Hitzler die dunkle Seite von Politik. Bestimmt ist die Bezogenheit auf Herrschaftsinteressen ein Aspekt, der nicht ausgeklammert werden kann, wenn politisches Handeln zum Gegenstand des Nachdenkens wird. Zur hier entworfenen allgemeinen Perspektive eines ›politischen Spielens‹ steht es jedoch in strengstem Gegensatz. Ich möchte behaupten: So sehr mit dem *homo oeconomicus* der stärkste Antagonist des *homo ludens* thematisch wird, so sehr verhält sich das herrschaftsinteressierte Handeln antagonistisch zum ›politisch spielend‹ vollführten Handeln.

Rückbezug auf Allgemeinbegriff ›politisches Spielen‹: Nicht nur bei Schiller und Huizinga, sondern sogar auch bei Plessner wird die originär politische Qualität menschlichen Handelns von einem „herrschaftsinteressierten Handeln" insofern klar abgegrenzt, dass alle drei Autoren betonen, dass die von ihnen jeweils gemeinte

---

[21] Vgl. o., S. 348.
[22] Hitzler, 2001.
[23] Hitzler, 2001, S. 47–48.
[24] Vgl. Weber, 1980, S. 28–29.
[25] Weber, 1993, S. 78.

Kreativität politischen Handelns gerade auf einem Ausscheren aus Zweck-Mittel-Relationen und überdies vor allem auf einer dem politischen Interaktionspartner entgegengebrachten *spielenden Zurückhaltung* im Hinblick auf ein Fixieren nur eigener Setzungen seinen Realisationsgrund findet. Auch die Betrachtung der Begegnung zwischen Schmidt und Breschnew förderte eben jenen Zug einer spielenden Politisierung bzw. eines politisch erweiterten ›Spielens‹ als Grundzug eines *kreativen politischen Prozesses* zutage – und damit weder eine „radikale" noch eine „relative Kreativität" des Handelns im Sinne von Waldenfels.[26]

3.3. Nicht das Neue, sondern der andere

Wie Hartmut von Hentig darlegte, hat der Kreativitätsbegriff erst in der zweiten Hälfte des 20. Jahrhunderts über das zuvor im Kontext der Rekrutenauswahl in den USA aufgekommene *creativity* – hier auf das Vermögen eines Menschen weisend, seinen Unwillen, sich nach einer „Vorlage" zu richten, mit der „Entfaltung eigener Vorlieben" zu verbinden[27] – im deutschen Sprachraum allmählich Verbreitung gefunden.[28] Wolfgang Leidhold zufolge spricht der Kreativitätsbegriff „die besondere Begabung desjenigen, der das Neue hervorbringt", an.[29] Im Bezug auf „das Neue", mit dem sich in der deutschen Sprachgeschichte der Hinweis auf das „Niedagewesene" verbindet,[30] schlägt Leidholds Akzentuierung des Kreativitätsworts eine Brücke zur vor ihm geläufigen Rede vom Schöpferischen.[31] Sie weist etymologisch auf das lateinische, in der christlichen Denktradition verankerte *creatio* als Bezeichnung eines „aus dem Nichts" erfolgenden göttlichen Schöpfungsakts *(creatio ex nihilo)* zurück,[32] von Clemens von Alexandrien auch als *creatio continua*, als zeitlich unbegrenztes Fortwirken der Schöpferkraft Gottes in der von ihm geschaffenen Welt, weitergedacht.[33]

---

[26] Waldenfels, vgl. o., S. 298.
[27] von Hentig, 2000, S. 20.
[28] von Hentig, 2000, S. 12–20, 31–33, 36; vgl. a. Bröckling, 2004, S. 141.
[29] Leidhold, 2001, S. 51.
[30] Rath, 1984, Sp. 727.
[31] von Hentig, 2000, S. 32, 36.
[32] Leidhold, 2001, S. 51–53 sowie Nethöfel, 1988, S. 70–72.
[33] Leidhold, 2001, S. 53.

Der Kreativitätsbegriff neigt zum einen stark zu *ergebnisorientierten* Bestimmungen von Handlungskreativität, indem er die Frage, was ist überhaupt neu, und mit ihr den Wunsch, dass *Innovatives* in der Politik sich ereigne, gegenüber einer prozessualen Sicht betont. Dass etwas politisch handelnd auf den Weg gebracht wird, wird so schnell zu einem Problem der Neuheit gewendet und darin begrenzt. Wenn gesagt würde: Spielend lässt sich politisch Neues hervorbringen, jedoch weder etwas Bleibendes noch zwingend grundlegend Neues noch etwas in irgendeiner Form Erwartbares oder gar Berechenbares, so mag es leicht als zu wenig relevant erscheinen, um politisch kreativ heißen zu können. Dies hängt wohl mit Weichenstellungen des Kreativitätsbegriffs selbst zusammen. Niklas Luhmann akzentuierte im politischen Handlungsbegriff das *Vorbereiten* kollektiv bindender Entscheidungen, d. h. eine

„Kommunikation […], die dazu dient, kollektiv bindende Entscheidungen durch Testen und Verdichten ihrer Konsenschancen vorzubereiten. Solche Aktivität setzt voraus, daß sie selbst noch keine kollektiv bindenden Wirkungen hat, aber sich gleichwohl schon dem Beobachtetwerden und damit einer gewissen Selbstfestlegung aussetzt."[34]

In der Perspektive ›politischen Spielens‹ wäre solche „Kommunikation" als ein ohne Zweckerfüllungsabsicht eröffneter Mitteilungsraum vorstellbar. Er müsste in einem ‚*schwebendem*‛, von Bewirkungsabsichten gelöstem Erscheinungsbild begriffen werden, in dem die Würde der Person des Konfliktgegners *gewahrt wird*, so dass sich *auch ihm ein Freiraum verwirklicht*, um auf das ihm Mitgeteilte *eine freie Antwort* zu *geben*.[35] Dies Schwebende ist, dies wurde bereits im vorangegangenen Abschnitt begründet, weder herrschaftsinteressiert noch als Herstellen begreifbar. Bluhm und Gebhardt haben einer modernen Kreativitätsforschung die Frage, wie Neues durchgesetzt werden kann, vorgelegt. In der verallgemeinerten Perspektive ›politischen Spielens‹ muss das kreative Resultat eher binnenperspektivisch gesehen werden – und hier im Lichte des sozialen Handelns als ein Orientieren eines „subjektiven Sinn[s]" am „Verhalten *anderer*".[36] So wird im Anschluss an Schiller, Plessner und Huizinga nicht ein eigener Raum *für etwas* sondern auch ein Raum *für jemanden* geschaffen. „Freiheit zu geben durch

---
[34] Luhmann, 2002, S. 377.
[35] Vgl. o., S. 331.
[36] Weber, vgl. o., S. 37.

Freiheit", so hieß es bei Schiller.[37] Das innovative Produkt politisch kreativen Handelns, das Bluhm und Gebhardt interessierte, kann folglich gar nicht ein Produkt des ›spielend‹ Handelnden sein. Wenn eines entstände, dann nur durch den Beitrag des anderen.

Aus den soeben erfolgten Betrachtungen eines am Leitfaden ›politischen Spielens‹ perspektivierten kreativen politischen Prozesses folgt, dass darin niemals das Neue, sondern stets der eigensinnige andere im Zentrum der Bemühungen steht. Im Zuge dieser Untersuchung wurde aus vielfältigen Theorieperspektiven ein spielendes Sich-Öffnen für die *Chance, gegen Widerstände eine Beziehung mit dem Unbekannten zu stiften*, thematisch. Demnach ist es möglich, die hier an ihr Ende gekommenen Betrachtungen zu ›politischem Spielen‹ unter dem Vorzeichen *innovativer politischer Handlungsprodukte* in der Frage nach Bedingungen und potentiellen Bedeutungen einer *politischen Kreativität der Freiwilligkeit* zu bündeln.

---

[37] Schiller, vgl. o., S. 223.

Schluss:
Für eine Erforschung des menschlichen
›Spielen‹-Könnens aus politischer Sicht

Menschen können ›spielen‹ – und sie können politisch handeln. Gegenläufig zu unserer allzu leicht vorherrschenden Intuition, beide Vermögen einer gestalterischen Weltzuwendung seien in einer konstruktiven Weise unvereinbar, können wir Schiller, Plessner und Huizinga zufolge jedoch auch auf vielfältige Arten ›politisch spielen‹. Zugleich aber darf im Lichte dieser Untersuchung auch davon ausgegangen werden, dass ›politisches Spielen‹ in einem *Individualität und Sozialität vereinenden politischen Handlungstypus,* einem des *diplomatischen Kampfs* sowie einem des *edlen Wettstreits* weder widersprüchlich noch erschöpfend beschrieben wird. So zeichnete sich in der zusammenschauenden Reflexion von spielsemantischen Differenzierungsmöglichkeiten und jener schon gebahnten integrativen Denkwege ein tiefer liegender konstruktiver Berührungspunkt zwischen ›Spielen‹ und politischem Handeln als ein ansatzübergreifender Grundgehalt ab. Bezöge man zur näheren Ausdeutung jenes Grundgehalts einerseits die Spielanthropologien von Buytendijk und Plessner, andererseits das politische Handlungsverständnis von Arendt ein, so könnte der *Versuch, gegen Widerstände mit jemandem etwas anzufangen,* als politische Qualität eines aus dem Vermögen zu ›spielen‹ schöpfenden Universalmodus des Handelns erscheinen.

Gerade für die aktuellen Bemühungen um ein Vertiefen unserer Einsichten in Quellen der Kreativität politischen Handelns müsste es von Interesse sein, Kenntnisse über so gerichtete konstruktive Relationen von ›Spielen‹ und politischem Handeln auf grundlagentheoretischem Niveau aufzunehmen und zu erweitern. Hierzu gälte es zuallererst, die tief im politischen Sprachgefühl verankerte Neigung zu Rückgriffen auf Spiel(e)-Vorbilder zu überwinden. Denn über das mit jenen Vorbildern verbundene Problem einer spielsemantischen Exklusion von Kernaufgaben politischen Handelns hinaus wird erst in der Ernstnahme des metamorphischen Wesens-

Schluss

zugs, wie er dem ›Spielen‹ von allen im vorliegenden Forschungskontext behandelten Spieltheoretikern zugeschrieben worden ist, jener Phänomenkreis zugänglich, in dem *politische Elementarbedeutungen* des menschlichen ›Spielen‹-Könnens gemäß der eingangs aufgestellten Definition politischen Handelns[1] vermutet werden können. Umso mehr scheint es vor dem Hintergrund dieser Annahme geboten, eine politologische Erforschungsweise des menschlichen ›Spielens‹ auszubauen, die sich über eine Reflexion von Grundvoraussetzungen einer bereichsspezifisch ausgelegten Methodik bestimmt. Unterstützt werden könnte dies durch eine mikropolitische Verankerung der Ansatzentwicklung im Rahmen einer qualitativ-empirischen Methodik, die es erlaubt, sprachliche und nonverbale Facetten konkreter Handlungsvollzüge systematisch zu erfassen und im Hinblick auf ihr Zusammenwirken in Prozessen zur Beförderung kollektiv verbindlicher Regelungen integrativ zu deuten.[2]

Den Begriff ›politisches Spielen‹ habe ich aus politikbezogenen und nichtpolitikbezogenen Theorien über das menschliche Spiel destilliert. Durch seine anthropologische Verankerung wird mit ihm ein analytisches Hilfsmittel für eine integrative Begriffsbildung an der Schnittstelle von Spiel- und politischer Handlungstheorie zur Diskussion gestellt, das in dem Sinne politisch differenzierend bleibt, dass in seinem Lichte weder alle Formen des Spielens als politisches Handeln noch alle politischen Handlungen als ein Spielen erscheinen können. Zugleich festigt die Wortverbindung ›politisches Spielen‹ einen synthetisierenden Zugriff auf spiel- und politiktheoretische Annahmen über menschliches Handeln im Bemühen um *semantische Balance:* Einerseits erfolgt dies auf der Basis einer *Grundauffassung des ›Spielens‹ als ein universal anwendbarer Handlungsmodus*, andererseits indem die Möglichkeit einer *zweieinheitlich gewobenen Vermittelbarkeit* von spielanthropologischen und politiktheoretischen Handlungsbegriffen als ein phänomengerecht bleibender Interpretationsweg wahrgenommen wird. Dieser triadisch gewobene politische Spiel-Begriffs-Zugang in den Grenzen ›politischen Spielens‹, den ich als handlungszentrierte Alternative zur politische Bezüge ausschließenden Spiel-Begriffs-Trias aus *Spiel-Handlung*, *Spiel-Raum* und *Spiel-Welt* sehe, müsste als ana-

---

[1] Vgl. o., S. 19–20.
[2] Vgl. z. B. Nullmeier u. a., 2008.

Für eine Erforschung des menschlichen ›Spielen‹-Könnens aus politischer Sicht

lytisches Hilfsmittel unabhängig davon anwendbar bleiben können, welche einzelnen Theorieansätze zur Materialbasis des Begriffsbildungsverfahrens gewählt werden. So sehe ich die Hauptbedeutung der hypothetischen Konzeption ›politischen Spielens‹ darin, mit den Vorzeichen des politischen Ernsts vollführtes ›Spielen‹ in der Politik und seine Bedeutungen „mit anderen Augen"[3] zu erkunden. Zur Erfüllung dieser heuristischen Funktion gilt es der im vorliegenden Untersuchungsrahmen entwickelten Argumentation zufolge jedoch auch, den Begriff ›politisches Spielen‹ in seinem Bezug auf die politische Handlungswirklichkeit korrekturoffen zu halten. In jedem Falle aber fordert das in ihm eingebundene Merkmalsdestillat zur Schärfung unseres Blicks für zweckgelöste und dadurch politisch sinnvolle Handlungen in der Politik heraus – Handlungen, die auf eine friedfertig bleibende Weise ein kommunikatives Potential zur Beförderung von noch nicht bestehenden Verbindungen zwischen politischen Verantwortungsträgern, Parteien und Interessengruppen, Staaten und Kulturen verwirklichen können. Andernfalls wäre die in den Blick genommene Handlung, soweit die nun an ihr Ende gekommenen Betrachtungen eine Beurteilung zulassen, vielleicht als eine *politische* zu klassifizieren – nicht aber als ein ›politisches *Spielen*‹.

---

[3] Plessner, vgl. o., S. 22.

Siglen

DWB   Grimm, Jacob und Wilhelm (Hg.) (1991): Deutsches Wörterbuch, Bd. 1–33, fotomechanischer Nachdruck der Erstausgaben (Leipzig 1854–1960), München: dtv.

LexAW   Andresen, Carl u. a. (Hg.) (1995): Lexikon der Alten Welt, 3 Bde., unveränderter Nachdruck der Erstausgabe von 1965, Augsburg: Weltbild.

Literaturverzeichnis

Accarino, Bruno (2003): Phantasia certissima facultas. Entfremdung und Phantasie in der philosophischen Anthropologie, in Joas, Hans/Fischer, Joachim (Hg.): Kunst, Macht und Institution. Studien zur Philosophischen Anthropologie, soziologischen Theorie und Kultursoziologie der Moderne. Festschrift für Karl-Siegbert Rehberg, Frankfurt/New York: Campus, S. 17–34.
Alemann, Ulrich von (1995): Grundlagen der Politikwissenschaft. Ein Wegweiser, 2. Auflage, Erstausgabe 1993, Opladen: Leske + Budrich.
Amann, Erwin (1999): Evolutionäre Spieltheorie. Grundlagen und neue Ansätze, Heidelberg: Physica-Verlag.
Arendt, Hannah (2007): Was ist Politik? Fragmente aus dem Nachlaß, hrsg. von Ursula Ludz, 3. Auflage, Erstausgabe 1993, München/Zürich: Piper.
Arendt, Hannah (1998a): Vita activa oder Vom tätigen Leben, 10. Auflage, amerik. Erstausgabe 1958 *(The Human Condition)*, München/Zürich: Piper.
Arendt, Hannah (1998b): Macht und Gewalt, aus dem Englischen übersetzt von Gisela Uellenberg, 13. Auflage, amerik. Erstausgabe 1970 *(On Violence)*, München/Zürich: Piper.
Aristoteles (2008): Poetik, in Flashar, Hellmut (Hg.): Aristoteles. Werke in deutscher Übersetzung, Bd. 5, aus dem Griechischen übersetzt und erläutert von Arbogast Schmitt, Darmstadt: Wissenschaftliche Buchgesellschaft.
Aristoteles (2006): Politik, hrsg. und aus dem Griechischen übersetzt von Olof Gigon, 10. Auflage, München: dtv.
Arnauld, Andreas von (Hg.) (2003): Recht und Spielregeln, Tübingen: Mohr Siebeck.
Bachmaier, Helmut (1995): Herodot, in Lutz, Bernd (Hg.): Metzler Philosophen Lexikon. Von den Vorsokratikern bis zu den Neuen Philosophen, Stuttgart/Weimar: J. B. Metzler, S. 386–388.
Bally, Gustav (1966): Vom Spielraum der Freiheit. Die Bedeutung des Spiels bei Tier und Mensch, Erstausgabe 1945 *(Vom Ursprung und von den Grenzen der Freiheit)*, Basel/Stuttgart: Schwabe & Co.
Baumanns, Peter (2007): Die Seele-Staat-Analogie im Blick auf Platon, Kant und Schiller, Würzburg: Königshausen & Neumann.
Beck, Ulrich (1993): Die Erfindung des Politischen. Zu einer Theorie reflexiver Modernisierung, Frankfurt a. M.: Suhrkamp.
Berger, Peter L./Luckmann, Thomas (1997): Die gesellschaftliche Konstruktion der Wirklichkeit. Eine Theorie der Wissenssoziologie, unv. Neuausgabe

der 5. Auflage (1977), amerik. Erstausgabe 1966 *(The Social Construction of Reality)*, Frankfurt a. M.: Fischer.
Berghahn, Klaus L. (2000): Nachwort, in Schiller, Friedrich: Über die ästhetische Erziehung des Menschen in einer Reihe von Briefen, hrsg. von Klaus L. Berghahn, Stuttgart: Reclam, S. 253–286.
Bloch, Ernst (1970): Das Prinzip Hoffnung, 3 Bde., Bd. 1, Erstausgabe 1959, Frankfurt a. M.: Suhrkamp.
Borel, Emile (1953): On Systems of Linear Forms of Skew Symmetric Determinant and the General Theory of Play, in Econometrica. Journal of the Econometric Society, Bd. 21, frz. Erstausgabe 1927 *(Sur les systèmes de formes linéaires à déterminant symétrique gauche et la théorie générale du jeu)*, aus dem Französischen übersetzt von Leonard J. Savage, Baltimore: Waverly Press., S. 116–117.
Bourdieu, Pierre (1993): Sozialer Sinn. Kritik der theoretischen Vernunft, frz. Erstausgabe 1980 *(Le sens pratique)*, Frankfurt a. M.: Suhrkamp.
Bluhm, Harald (2001): Hannah Arendt und das Problem der Kreativität des politischen Handelns, in Bluhm, Harald/Gebhardt, Jürgen (Hg.) (2001): Konzepte politischen Handelns. Kreativität – Innovation – Praxen, Baden-Baden: Nomos, S. 73–94.
Bluhm, Harald/Gebhardt, Jürgen (Hg.) (2001): Konzepte politischen Handelns. Kreativität – Innovation – Praxen, Baden-Baden: Nomos.
Bluhm, Harald/Gebhardt, Jürgen (2001): Politisches Handeln, ein Grundproblem der politischen Theorie, in dies. (Hg.): Konzepte politischen Handelns. Kreativität – Innovation – Praxen, Baden-Baden: Nomos, S. 9–19.
Bourdieu, Pierre (1993): Sozialer Sinn. Kritik der theoretischen Vernunft, frz. Erstausgabe 1980 *(Le sens pratique)*, Frankfurt a. M.: Suhrkamp.
Brasser, Martin (1999): Einleitung, in ders. (Hg.): Person. Philosophische Texte von der Antike bis zur Gegenwart, Stuttgart: Reclam, S. 9–28.
Breschnew, Leonid I. (1973): Auf dem Wege Lenins: Reden und Aufsätze, Bd. 3 (Mai 1970–März 1972), Berlin: Dietz.
Brockhaus' Conversations-Lexikon. Allgemeine deutsche Real-Encyklopädie (1885), 16 Bde., Bd. 10, 13., vollständig umgearbeitete Auflage, Leipzig: Brockhaus.
Brockhaus-Enzyklopädie (2006): 30 Bde., Bd. 25, 21., völlig neu bearbeitete Auflage, hrsg. von Annette Zwahr, Leipzig/Mannheim: Brockhaus.
Bröckling, Ulrich (2004): Kreativität, in ders./Krasmann, Susanne/Lemke, Thomas (Hg.): Glossar der Gegenwart, Frankfurt a. M.: Suhrkamp, S. 139–144.
Brodkorb, Birte (2003): Spielen – Lernen. Spielen als Muster sozialen Handelns, in Arnauld, Andreas von (Hg.): Recht und Spielregeln, Tübingen: Mohr Siebeck, S. 75–88.
Brunkhorst, Hauke (2007): Kommentar, in ders. (Hg.): Karl Marx, Der achtzehnte Brumaire des Louis Bonaparte, Frankfurt a. M.: Suhrkamp, S. 133–319.
Buchheim, Hans (1990): Person und Politik, in Gerhardt, Volker (Hg.): Der Begriff der Politik. Bedingungen und Gründe politischen Handelns, Stuttgart: Metzler, 95–108.

Buchstein, Hubertus (2009): Demokratie und Lotterie. Das Los als politisches Entscheidungsinstrument von der Antike bis zur EU, Frankfurt a. M./New York: Campus.
Burkard, Franz-Peter (1999): Artikel Person, in Prechtl/Peter, Burkard, Franz-Peter (Hg.): Metzler Philosophie Lexikon, 2. Auflage, Erstausgabe 1996, Stuttgart/Weimar: Metzler, S. 431–432.
Burkert, Walter (1997): Homo Necans. Interpretationen altgriechischer Opferriten und Mythen, 2. Auflage, Erstausgabe 1972, Berlin/New York: Walter de Gruyter.
Buytendijk, Frederik J. J. (1973): Das menschliche Spielen, in Gadamer, Hans-Georg/Vogler, Paul (Hg.): Neue Anthropologie, Bd. 4 (Kulturanthropologie), München: dtv/Stuttgart: Georg Thieme, S. 88–122.
Buytendijk, Frederik J. J. (1959): Das Spielerische und der Spieler, in Ausschuß deutscher Leibeserzieher (Hg.): Das Spiel, Frankfurt a. M.: Wilhelm Limpert, S. 13–29.
Buytendijk, Frederik J. J. (1933): Wesen und Sinn des Spiels. Das Spielen der Menschen und der Tiere als Erscheinungsform der Lebenstriebe, niederl. Erstausgabe 1932 *(Het spel van mensch en dier als openbaring van levensdriften)*, Berlin: Kurt Wolff/Der Neue Geist.
Caillois, Roger (1988): Das Spiel und das Heilige, in ders.: Der Mensch und das Heilige. Durch drei Anhänge über den Sexus, das Spiel und den Krieg in ihren Beziehungen zum Heiligen erweiterte Ausgabe, frz. Erstausgabe 1950 *(L'homme et le sacré)*, München/Wien: Carl Hanser, S. 202–216.
Caillois, Roger (1960): Die Spiele und die Menschen. Maske und Rausch, aus dem Französischen übersetzt von Sigrid v. Massenbach, frz. Erstausgabe 1958 *(Les jeux et les hommes [Le masque et le vertige])*, Stuttgart: Curt E. Schwab.
Certeau, Michel de (1988): Kunst des Handelns, aus dem Französischen übersetzt von Ronald Voullié, frz. Erstausgabe 1980 *(L'invention du quotidien. Arts de faire)*, Berlin: Merve.
Clausewitz, Carl von (2005): Vom Kriege, Erstausgabe 1832–1834, Frankfurt a. M./Leipzig: Insel.
Combs, James E. (2000): Play World. The Emergence of the New Ludenic Age, Westport Connecticut: Praeger Publishers.
Corbineau-Hoffmann, Angelika (1995): Artikel Spiel, in Ritter, Joachim/Gründer, Karlfried (Hg.): Historisches Wörterbuch der Philosophie, 13 Bde. (1971–2007), Bd. 9 (1995), Darmstadt: Wissenschaftliche Buchgesellschaft, Sp. 1383–1390.
Csikszentmihalyi, Mihaly (2008): Das *flow*-Erlebnis. Jenseits von Angst und Langeweile: im Tun aufgehen, 10. Auflage, amerik. Erstausgabe *1975 (Beyond Boredom and Anxiety – The Experience of Play in Work and Games)*, Stuttgart: Klett-Cotta.
Dahrendorf, Ralf (1974): Homo Sociologicus: Versuch zur Geschichte, Bedeutung und Kritik der Kategorie der sozialen Rolle, in ders.: Pfade aus Utopia. Arbeiten zur Theorie und Methode der Soziologie, Gesammelte Abhandlungen I, 3. Auflage, Erstausgabe 1967, München: Piper, S. 128–194.

Demandt, Alexander (1978): Metaphern für Geschichte. Sprachbilder und Gleichnisse im historisch-politischen Denken, München: Beck.

Depenheuer, Otto (2005): Das öffentliche Amt, in Isensee, Josef/Kirchhof, Paul (Hg.): Handbuch des Staatsrechts der Bundesrepublik Deutschland, Bd. 3, 3., völlig neubearbeitete und erweiterte Auflage, Heidelberg: C. F. Müller, S. 87–130.

Derrida, Jacques (1999): Die Struktur, das Zeichen und das Spiel im Diskurs der Wissenschaften vom Menschen, in Engelmann, Peter (Hg.): Postmoderne und Dekonstruktion. Texte französischer Philosophen der Gegenwart, frz. Erstausgabe 1979 *(La structure, le signe et le jeu dans le discours des siences humaines)*, Stuttgart: Reclam, S. 114–139.

Dewey, John (2007): Human Nature and Conduct: An Introduction to Social Psychology, amerik. Erstausgabe 1922, New York: Cosimo Classics.

Dewey, John (2005): Democracy and Education: An Introduction to the Philosophy of Education, amerik. Erstausgabe 1916, New York: Cosimo Classics.

Diehl, Paula/Koch, Gertrud (Hg.) (2007): Inszenierungen der Politik: Der Körper als Medium, München: Wilhelm Fink.

Diekmann, Andreas (2010): Spieltheorie. Einführung, Beispiele, Experimente, 2. Auflage, Erstausgabe 2009, Reinbek bei Hamburg: Rowohlt.

Diels, Hermann (1954): Die Fragmente der Vorsokratiker, hrsg. von Walther Kranz, 7. Auflage, Bd. 1, Erstausgabe 1903, Berlin: Weidmannsche Verlagsbuchhandlung.

Dienel, Peter C. (1978): Die Planungszelle. Der Bürger plant seine Umwelt. Eine Alternative zur Establishment-Demokratie, Opladen: Westdeutscher Verlag.

Dietze, Carola (2006): Nachgeholtes Leben. Helmuth Plessner 1892–1985, Göttingen: Wallstein Verlag.

Dostojewski, Fjodor M. (2001): Der Spieler. Aus den Aufzeichnungen eines jungen Mannes, russ. Erstausgabe 1921, aus dem Russischen übersetzt von Hermann Röhl, Frankfurt a. M./Leipzig: Insel.

Eichler, Gert (1979): Arbeit und Spiel. Zur Theorie der Freizeit, Stuttgart/Bad Cannstatt: Friedrich Frommann/Günther Holzboog.

Eigen, Manfred/Winkler, Ruthild (1996): Das Spiel. Naturgesetze steuern den Zufall, 4. Auflage, Erstausgabe 1975, München/Zürich: Piper.

Eisen, George (1993): Spielen im Schatten des Todes. Kinder im Holocaust, aus dem Englischen übersetzt von Friedrich Griese, amerik. Erstausgabe 1988 *(Children and Play in the Holocaust)*, München/Zürich: Piper.

Elias, Norbert (2000): Was ist Soziologie?, 9. Auflage, Erstausgabe 1970, Weinheim/München: Juventa.

Encyclopedia of International Relations and global politics (2005): Artikel Game Theory, hrsg. von Martin Griffiths, 1. Auflage, London u. a.: Routledge.

Erikson, Erik H. (1978): Kinderspiel und politische Phantasie. Stufen in der Ritualisierung der Realität, aus dem Englischen übersetzt von Hilde Weller, amerik. Erstausgabe 1977 *(Toys and Reasons. Stages in the Ritualization of Experience)*, Frankfurt a. M.: Suhrkamp.

Eßbach, Wolfgang/Fischer, Joachim/Lethen, Helmut (Hg.) (2002): Plessners „Grenzen der Gemeinschaft" – Eine Debatte, Frankfurt a. M.: Suhrkamp.
Etzrodt, Christian (2003): Sozialwissenschaftliche Handlungstheorien: Eine Einführung, Konstanz: UVK Verlagsgesellschaft.
Fetscher, Iring (1983): Arbeit und Spiel. Essays zur Kulturkritik und Sozialphilosophie, Stuttgart: Reclam.
Fink, Eugen (1960): Spiel als Weltsymbol, Stuttgart: Kohlhammer.
Fink, Eugen (1959): Das kindliche Spiel, in Ausschuß Deutscher Leibeserzieher (Hg.): Das Spiel, Frankfurt a. M.: Wilhelm Limpert, S. 109–111.
Fink, Eugen (1957): Oase des Glücks. Gedanken zu einer Ontologie des Spiels, Freiburg i. Br./München: Alber Verlag.
Fischer, Joachim (2002): Nachwort, in Plessner, Helmuth: Grenzen der Gemeinschaft. Eine Kritik des sozialen Radikalismus, Frankfurt a. M.: Suhrkamp, S. 135–142.
Fritz, Jürgen (2004): Das Spiel verstehen. Eine Einführung in Theorie und Bedeutung, Weinheim/München: Juventa.
Gadamer, Hans-Georg (2006): Die Aktualität des Schönen. Kunst als Spiel, Symbol und Fest, Erstausgabe 1975, Stuttgart: Reclam.
Gadamer, Hans-Georg (1990): Wahrheit und Methode. Grundzüge einer philosophischen Hermeneutik, in ders.: Gesammelte Werke, Bd. 1 (Hermeneutik I), 6. Auflage, Erstausgabe 1960, Tübingen: Mohr Siebeck.
Gaus, Günter (2006): Widersprüche. Erinnerungen eines linken Konservativen, Berlin: Ullstein.
Gaus, Günter (2001): Was bleibt, sind Fragen. Die klassischen Interviews, hrsg. von Hans-Dieter Schütt, 2. Auflage, Berlin: Das Neue Berlin.
Gebauer, Gunter/Wulf, Christoph (1998): Spiel – Ritual – Geste: mimetisches Handeln in der sozialen Welt, Reinbek bei Hamburg: Rowohlt.
Georges, Karl Ernst (1992): Ausführliches lateinisch-deutsches Handwörterbuch, Bd. 2, unv. Nachdruck der 8. Auflage, Darmstadt: Wissenschaftliche Buchgesellschaft.
Gerhardt, Volker (2009): „Die Politik ist die wahre Tragödie". Versuch, eine Bemerkung Platons zu verstehen, in Bohrer, Karl Heinz/Scheel, Kurt (Hg.): Merkur. Deutsche Zeitschrift für europäisches Denken, Jg. 63, Heft 12, Stuttgart: Klett-Cotta, S. 1097–1113.
Gerhardt, Volker (2004): Selbstbestimmung und Mitbestimmung. Zur Grundlegung einer Theorie der Politik, in Meyer, Thomas/Vorholt, Udo (Hg.): Menschenbild und Politik, Bochum/Freiburg i. Br.: Projekt, S. 32–52.
Gerhardt, Volker (2003): Die rationale Wendung zum Leben. Helmuth Plessner: ‚Die Stufen des Organischen und der Mensch', in Fischer, Joachim/Joas, Hans (Hg.): Kunst, Macht und Institution. Studien zur Philosophischen Anthropologie, soziologischen Theorie und Kultursoziologie der Moderne. Festschrift für Karl-Siegbert Rehberg, Frankfurt/New York: Campus, S. 35–40.
Gessmann, Martin (Hg.) (2009): Philosophisches Wörterbuch, begründet von Heinrich Schmidt, 23., vollständig neu bearbeitete Auflage, Stuttgart: Alfred Kröner.

Giammusso, Salvatore (1995): Politische Kultur als Spiel der Zivilisation. Eine Auslegung von Plessners frühem politisch-sozialphilosophischem Ansatz, in Reports on Philosophy (Krakow) 15 (1995), S. 91–108.

Giammusso, Salvatore/Lessing, Hans-Ulrich (2001): Einleitung, in Plessner, Helmuth: Politik – Anthropologie – Philosophie. Aufsätze und Vorträge, hrsg. von Giammusso, Salvatore/Lessing, Hans-Ulrich, München: Wilhelm Fink, S. 7–24.

Gierer, Alfred (1995): Biologie und Menschenbild, in Weiland, René (Hg.): Philosophische Anthropologie der Moderne, Weinheim: Beltz/Athenäum, S. 217–224.

Goethe, Johann Wolfgang von (2000): Der Sammler und die Seinigen, in ders.: Werke. Hamburger Ausgabe in 14 Bänden, Bd. 12 (Schriften zur Kunst und Literatur, Maximen und Reflexionen), Erstausgabe 1798, München: dtv, S. 73–96.

Gombrich, Ernst H. (1973): Huizinga's *Homo ludens*, in Koops, W. R. H. u. a. (Hg.): Johan Huizinga 1872–1972: Papers delivered to the Johan Huizinga Conference, Groningen, 11.–15. Dec. 1972, The Hague: Martinus Nijhoff, S. 133–154.

González García, José M./Konersmann, Ralf (1998): Artikel Theatrum mundi, in Ritter, Joachim/Gründer, Karlfried (Hg.): Historisches Wörterbuch der Philosophie, 13 Bde. (1971–2007), Bd. 10, Darmstadt: Wissenschaftliche Buchgesellschaft, Sp. 1051–1054.

Greiner, Bernhard (2012): Die Tragödie. Eine Literaturgeschichte des aufrechten Ganges. Grundlagen und Interpretationen, Stuttgart: Alfred Kröner.

Grewe, Wilhelm G. (1970): Spiel der Kräfte in der Weltpolitik. Theorie und Praxis der internationalen Beziehungen, Düsseldorf/Wien: Econ.

Groos, Karl (1973): Die Spiele der Menschen, Erstausgabe 1899, Hildesheim/ New York: Georg Holms.

Groos, Karl (1922): Das Spiel. Zwei Vorträge, Jena: Gustav Fischer.

Guardini, Romano (2007): Vom Geist der Liturgie, 21. Auflage, Erstausgabe 1918, Mainz/Paderborn: Matthias-Grünewald/Ferdinand Schöningh.

Guardini, Romano (1990): Von Goethe und Thomas von Aquin und vom klassischen Geist. Eine Erinnerung, in ders.: In Spiegel und Gleichnis. Bilder und Gedanken, Mainz/Paderborn: Matthias-Grünewald/Ferdinand Schöningh, S. 20–25.

Gundert, Hermann (1967): Wahrheit und Spiel bei den Griechen. Homer – Tragödie – Platon, in Marx, Werner (Hg.): Das Spiel. Wirklichkeit und Methode, Freiburger Dies Universitatis, Bd. 13, Freiburg i. Br.: Hans Ferdinand Schulz, S. 13–34.

Habermas, Jürgen (1988): Exkurs zu Schillers Briefen über die ästhetische Erziehung des Menschen, in ders.: Der philosophische Diskurs der Moderne. Zwölf Vorlesungen, Frankfurt a. M.: Suhrkamp, S. 59–64.

Habermas, Jürgen (1984): Hannah Arendts Begriff der Macht, in ders.: Philosophisch-politische Profile, 2. Auflage, Erstausgabe 1981, Frankfurt a. M.: Suhrkamp, S. 228–248.

Handke, Peter (2001): Die drei Versuche: Versuch über die Müdigkeit – Versuch über die Jukebox – Versuch über den geglückten Tag, Frankfurt a. M.: Suhrkamp.
Haucke, Kai (2000): Plessner zur Einführung, Hamburg: Junius.
Hebberle, Rudolf (1967): Hauptprobleme der politischen Soziologie, Stuttgart: Ferdinand Enke.
Heidemann, Ingeborg (1968): Der Begriff des Spieles und das ästhetische Weltbild in der Philosophie der Gegenwart, Berlin: Walter de Gruyter & Co.
Heidemann, Ingeborg (1959): Freiheit und Bindung im Spiel, in Ausschuß deutscher Leibeserzieher (Hg.): Das Spiel, Frankfurt a. M.: Wilhelm Limpert, S. 81–86.
Hennis, Wilhelm (2004): „Diese ganze Generation ist eine Fehlbesetzung", online abrufbar im Archiv des *Stern* unter: http://www.stern.de/politik/deutschland/interview-diese-ganze-generation-ist-eine-fehlbesetzung-5195 10.html.
Hennis, Wilhelm (2000): Politik und praktische Philosophie. Eine Studie zur Rekonstruktion der politischen Wissenschaft", Erstausgabe 1963, in ders.: Politikwissenschaft und politisches Denken. Politikwissenschaftliche Abhandlungen II, Tübingen: Mohr Siebeck, S. 1–126.
Henricks, Thomas (2007): Artikel Play, in Ritzer, George (Hg.): The Blackwell Encyclopedia of Sociology, Bd. 7, Malden/Oxford/Carlton: Blackwell, Sp. 3413–3417.
Hentig, Hartmut von (2000): Kreativität. Hohe Erwartungen an einen schwachen Begriff, Erstausgabe 1998, Weinheim/Basel: Beltz.
Herlth, Alois (1995): Artikel Spiel, in Görres-Gesellschaft (Hg.): Staatslexikon. Recht – Wirtschaft – Gesellschaft, 7 Bde., Bd. 5., Freiburg i. Br./Basel/Wien: Herder, S. 111–112.
Herodot (1971): Historien. Deutsche Gesamtausgabe, hrsg. von Hans Wilhelm Haussig, aus dem Griechischen übersetzt von August Horneffer, Stuttgart: Alfred Kröner.
Herz, Dietmar/Blätter, Andreas (Hg.) (2002): Simulation und Planspiel in den Sozialwissenschaften. Eine Bestandsaufnahme der internationalen Diskussion, Münster/Hamburg/London: LIT.
Hetzel, Andreas (2005): Der Mensch als praktischer Anspruch. Zum Primat des Politischen in Helmuth Plessners Anthropologie, in Gamm, Gerhard u. a. (Hg.): Zwischen Anthropologie und Gesellschaftstheorie. Zur Renaissance Helmuth Plessners im Kontext der modernen Lebenswissenschaften, Bielefeld: transcript, S. 233–258.
Hildebrandt, Walter (1987): Homo ludens. Die Spiele des Menschen in der Sicht der Anthropologie, in Kaltenbrunner, Gerd-Klaus (Hg.): Im Anfang war das Spiel, München: Herder, S. 90–107.
Hitzler, Ronald (2001): Eine formale Bestimmung politischen Handelns, in Bluhm, Harald/Gebhardt, Jürgen (Hg.): Konzepte politischen Handelns. Kreativität – Innovation – Praxen, Baden-Baden: Nomos, S. 43–50.
Hitzler, Ronald (1995): Der Kampf um Macht. Zu einer Anthropologie politischen Handelns nach Plessner, in Friedrich, Jürgen/Westermann, Bernd

(Hg.): Unter offenem Horizont. Anthropologie nach Helmuth Plessner, Frankfurt a. M./Berlin u. a.: Peter Lang, S. 286–298.

Hobbes, Thomas (1998): Leviathan oder Stoff, Form und Gewalt eines kirchlichen und bürgerlichen Staates, engl. Erstausgabe 1651 *(Leviathan, Or The Matter, Form, and Power Of A Common-Wealth Ecclesiastical And Civil)*, Frankfurt a. M.: Suhrkamp.

Hondrich, Karl Otto (2002): ‚Grenzen der Gemeinschaft', Grenzen der Gesellschaft – heute, in Eßbach, Wolfgang/Fischer, Joachim/Lethen, Helmut (Hg.): Plessners „Grenzen der Gemeinschaft": eine Debatte, Frankfurt a. M.: Suhrkamp, S. 294–321.

Honneth, Axel (2002): Plessner und Schmitt. Ein Kommentar zur Entdeckung ihrer Affinität, in Eßbach, Wolfgang/Fischer, Joachim/Lethen, Helmut (Hg.): Plessners „Grenzen der Gemeinschaft": eine Debatte, Frankfurt a. M.: Suhrkamp, S. 21–28.

Huizinga, Johan (2004): Homo Ludens. Vom Ursprung der Kultur im Spiel, aus dem Niederländischen übersetzt von Hans Nachod, 19. Auflage, niederl. Erstausgabe 1938 *(Homo Ludens)*, Reinbek bei Hamburg: Rowohlt.

Huizinga, Johan (1948a): Im Schatten von Morgen, in ders.: Schriften zur Zeitkritik, Ausarbeitung eines Vortrags aus dem Jahr 1935, aus dem Niederländischen übersetzt von Werner Kaegi, Zürich/Bruxelles: Occident/Pantheon, S. 7–149.

Huizinga, Johan (1948b): Geschändete Welt, in ders.: Schriften zur Zeitkritik, aus dem Niederländischen übersetzt von Wolfgang Hirsch, Zürich/Bruxelles: Occident/Pantheon, S. 151–329.

Huntington, Samuel P. (1998): Kampf der Kulturen. Die Neugestaltung der Weltpolitik im 21. Jahrhundert, amerik. Erstausgabe 1997 *(The Clash of Civilizations and the Remaking of World Order)*, München: Goldmann.

Husserl, Edmund (1996): Die Krisis der europäischen Wissenschaften und die transzendentale Phänomenologie. Eine Einführung in die phänomenologische Philosophie, hrsg. von Elisabeth Ströker, 3. Auflage, Erstausgabe 1936, Hamburg: Felix Meiner.

Iser, Wolfgang (1993): Das Fiktive und das Imaginäre. Perspektiven literarischer Anthropologie, Frankfurt a. M.: Suhrkamp.

Joas, Hans (1996): Die Kreativität des Handelns, Erstausgabe 1992, Frankfurt a. M.: Suhrkamp.

Kaegi, Werner (1973): Vom Begriff der Kulturgeschichte. Zum hundertsten Geburtstag Johan Huizingas, Universitaire Pers Leiden.

Kant, Immanuel (2000): Anthropologie in pragmatischer Hinsicht, hrsg. von Reinhard Brandt, Erstausgabe 1798, Hamburg: Felix Meiner.

Kant, Immanuel (1997a): Grundlegung zur Metaphysik der Sitten, in ders.: Kritik der praktischen Vernunft. Grundlegung zur Metaphysik der Sitten, hrsg. von Wilhelm Weischedel, 3. Auflage, Erstausgabe 1788, Frankfurt a. M.: Suhrkamp, S. 7–102.

Kant, Immanuel (1997b): Kritik der praktischen Vernunft, in ders.: Kritik der praktischen Vernunft. Grundlegung zur Metaphysik der Sitten, hrsg. von Wilhelm Weischedel, 3. Auflage, Erstausgabe 1785, Frankfurt a. M.: Suhrkamp, S. 103–302.

Kant, Immanuel (1994): Was ist Aufklärung? Aufsätze zur Geschichte und Philosophie, hrsg. von Jürgen Zehbe, 4. Auflage, Erstausgabe 1784 *(Über die Frage: was heißt aufklären?)*, Göttingen: Vandenhoeck & Ruprecht.
Kaube, Jürgen (2014): Spielt Putin Schach? Ein falsches Bild und die Grenzen der Spieltheorie, in Frankfurter Allgemeine Zeitung vom 27.03.2014, S. 9.
Kauffmann, Clemens (2001): Konzepte politischen Handelns in der griechischen Philosophie, in Bluhm, Harald/Gebhardt, Jürgen (Hg.): Konzepte politischen Handelns. Kreativität – Innovation – Praxen, Baden-Baden: Nomos, S. 117–145.
Kauffmann, Clemens (1993): Ontologie und Handlung. Untersuchungen zu Platons Handlungstheorie, Freiburg i. Br./München: Karl Alber.
Kemp, Wolfgang (1989): John Ruskin (1819–1900), in Starbatty, Joachim (Hg.): Klassiker des ökonomischen Denkens, Zweiter Band, München: C. H. Beck, S. 36–58.
Knebel, Sven K. (1995): Artikel Spielraum, in Ritter, Joachim/Gründer, Karlfried (Hg.): Historisches Wörterbuch der Philosophie, 13 Bde. (1971–2007), Bd. 9 (1995), Darmstadt: Wissenschaftliche Buchgesellschaft, Sp. 1390–1392.
Kolb, Michael (1990): Spiel als Phänomen – Das Phänomen Spiel: Studien zu phänomenologisch-anthropologischen Spieltheorien, Sankt Augustin: Academia-Verlag Richarz.
Konersmann, Ralf (1994): Der Schleier des Timanthes. Perspektiven der historischen Semantik, Frankfurt a. M.: Fischer.
Krämer, Sybille (2005): Die Welt, ein Spiel? Über die Spielbewegung als Umkehrbarkeit, in Deutsches Hygiene Museum (Hg.): Spielen, Ostfildern-Ruit: Hatje Cantz, S. 11–17.
Kramme, Rüdiger (1989): Helmuth Plessner und Carl Schmitt. Eine historische Fallstudie zum Verhältnis von Anthropologie und Politik in der deutschen Philosophie der zwanziger Jahre, Berlin: Duncker & Humblot.
Krockow, Christian Graf von (1983): Gewalt für den Frieden? Die politische Kultur des Konflikts, München: Piper.
Krüger, Hans-Peter (2001): Zwischen Lachen und Weinen, Bd. 2 (Der dritte Weg Philosophischer Anthropologie und die Geschlechterfrage), Berlin: Akademie Verlag.
Krüger, Hans-Peter (1999): Zwischen Lachen und Weinen, Bd. 1 (Das Spektrum menschlicher Phänomeine), Berlin: Akademie Verlag.
Kühme, Dorothea (1997): Bürger und Spiel. Gesellschaftsspiele im deutschen Bürgertum zwischen 1750 und 1850, Frankfurt a. M./New York: Campus.
Kujawa, Gerhard von (1940): Ursprung und Sinn des Spiels. Eine kleine Flugschrift versehen mit Randbemerkungen eines Schildbürgers, Leipzig: E. A. Seemann.
Langbehn, Claus (2007): Artikel Theater, in Konersmann, Ralf (Hg.): Wörterbuch der philosophischen Metaphern, Darmstadt: Wissenschaftliche Buchgesellschaft, S. 443–458.
Lazarus, Moritz (1883): Über die Reize des Spiels, in Auszügen abgedruckt in Scheuerl, Hans (Hg.) (1991): Das Spiel, Bd. 2 (Theorien des Spiels), 11.,

überarbeitete und ergänzte Neuausgabe, Erstausgabe 1955, Weinheim/Basel: Beltz, S. 64–66.
Leidhold, Wolfgang (2001): Das kreative Projekt: Genealogie und Begriff, in Bluhm,Harald/Gebhardt, Jürgen (Hg.): Konzepte politischen Handelns. Kreativität – Innovation – Praxen, Baden-Baden: Nomos, S. 51–72.
Lessing, Gotthold Ephraim (1997): Die Erziehung des Menschengeschlechts, Erstausgabe 1780, München: dtv.
Lorenz, Kuno (2006): Spielen – Das Tor zum Kennen und Erkennen *(Play – The Gateway to Acquaintance and Knowledge)*, in Carnegie Hall (New York) u. a. (Hg.): Hanspeter Kyburz, Reinach: Grollimund, S. 112–132.
Lorenz, Kuno (2004): Artikel Spiel, in Jürgen Mittelstraß (Hg.): Enzyklopädie Philosophie und Wissenschaftstheorie, Bd. 4, unv. Sonderausgabe der Erstauflage von 1996, Stuttgart/Weimar: J. B. Metzler, S. 35–36.
Lorenz, Kuno (1990): Einführung in die philosophische Anthropologie, Darmstadt: Wissenschaftliche Buchgesellschaft.
Luhmann, Niklas (2002): Die Politik der Gesellschaft, hrsg. von André Kieserling, Frankfurt a. M.: Suhrkamp.
Lüthy, Herbert (1970): Die Mathematisierung der Sozialwissenschaften, Zürich: Die Arche.
Mackensen, Lutz (1985): Artikel Spiel, in ders.: Ursprung der Wörter. Etymologisches Wörterbuch der deutschen Sprache, Wiesbaden: VMA, S. 363.
Mannheim, Karl (1995): Ideologie und Utopie, Erstausgabe 1929, 8. Auflage, Frankfurt a. M.: Vittorio Klostermann.
Marcuse, Herbert (1967): Triebstruktur und Gesellschaft. Ein philosophischer Beitrag zu Sigmund Freud, amerik. Erstausgabe 1955 *(Eros and Civilization. A philosophical inquiry into Freud)*, Frankfurt a. M.: Suhrkamp.
Matuschek, Stefan (1998): Literarische Spieltheorie. Von Petrarca bis zu den Brüdern Schlegel, Heidelberg: Universitätsverlag Winter.
Menge-Güthling, Hermann (Hg.) (1992): Langenscheidts Großwörterbuch Lateinisch, 24. Auflage, Erstausgabe 1911, Berlin u. a.: Langenscheidt.
Merseburger, Peter (2006): Willy Brandt 1913–1992. Visionär und Realist, München: Deutsche Verlags-Anstalt.
Meyer, Thomas (2006): Was ist Politik?, Auflage, Erstausgabe 2003, Wiesbaden: VS.
Meyer, Thomas (1998): Politik als Theater. Die neue Macht der Darstellungskunst, Berlin: Aufbau-Verlag.
Meyer, Thomas (1992): Die Inszenierung des Scheins. Voraussetzungen und Folgen symbolischer Politik. Essay-Montage, Frankfurt a. M.: Suhrkamp.
Meyer, Thomas/Vorholt, Udo (Hg.) (2004): Menschenbild und Politik, Bochum/Freiburg i. Br.: Projekt.
Morgenstern, Oskar (1956): Artikel Spieltheorie, in Beckerath, Erwin u. a. (Hg.): Handwörterbuch der Sozialwissenschaften (zugleich Neuauflage des Handwörterbuch für Staatswissenschaften), Bd. 9, Stuttgart: Gustav Fischer/Tübingen: Mohr Siebeck/Göttingen: Vandenhoeck & Ruprecht, S. 706–713.
Morozow, Michael (1973): Leonid Breschnew: Biographie, Stuttgart u. a.: Kohlhammer.

Mouffe, Chantal (2007): Über das Politische. Wider die kosmopolitische Illusion, amerik. Erstausgabe 2005 *(On the Political)*, Frankfurt a. M.: Suhrkamp.

Müller-Seidel, Walter (2009): Friedrich Schiller und die Politik. Nicht das Große, nur das Menschliche geschehe; München: C. H. Beck.

Münch, Richard (2007a): Die Kreativität des Handelns: Hans Joas, in ders.: Soziologische Theorie, Bd. 2 (Handlungstheorie), Frankfurt a. M./New York: Campus, S. 329–345.

Münch, Richard (2007b): Die Dramaturgie der strategischen Kommunikation: Erving Goffman, in ders.: Soziologische Theorie, Bd. 2 (Handlungstheorie), Frankfurt/New York: Campus, S. 283–308.

Nethöfel, Wolfgang (1988): Creatio, Creatura, Creativitas. Im Spannungsfeld zwischen Schöpfungslehre und Kreativitätsforschung, in Colpe, Carsten u. a. (Hg.): Berliner Theologische Zeitschrift, 5. Jg., Heft 1, Berlin: Wichern-Verlag, S. 68–84.

Neuberger, Oswald (1998): Artikel Spiel, in Heinrich, Peter/Schulz zur Wiesch, Jochen (Hg.): Wörterbuch zur Mikropolitik, Opladen: Leske + Budrich, S. 259–262.

Neuberger, Oswald (1992): Spiele in Organisationen, Organisationen als Spiele, in Küpper, Willi/Ortmann, Günther (Hg.): Mikropolitik: Rationalität, Macht und Spiele in Organisationen, 2. Auflage, Erstausgabe 1988, Opladen: Westdeutscher Verlag, S. 53–86.

Neuenfeld, Jörg (2005): Alles ist Spiel. Zur Geschichte einer Auseinandersetzung mit einer Utopie der Moderne, Würzburg: Königshausen & Neumann.

Neumann, John von (1928): Zur Theorie der Gesellschaftsspiele, in Klein, Felix (Hg.): Mathematische Annalen, Bd. 100, Berlin: Julius Springer, S. 295–320.

Neumann, John von/Morgenstern, Oskar (1973): Spieltheorie und wirtschaftliches Verhalten, hrsg. von Friedrich Sommer, aus dem Englischen übersetzt von M. Leppig, 3. Auflage, Erstausgabe 1944 *(Theory of Games and Economic Behavior)*, Würzburg: Physica.

Nullmeier, Frank (2000): Politische Theorie des Sozialstaats, Frankfurt a. M./New York: Campus.

Nullmeier, Frank u. a. (2008): Entscheiden in Gremien. Von der Videoaufzeichnung zur Prozessanalyse, Wiesbaden: VS.

Offe, Claus (2001): Wie können wir unseren Mitbürgern vertrauen?, in Hartmann, Martin/Offe, Claus (Hg.): Vertrauen. Die Grundlage des sozialen Zusammenhalts, Frankfurt/New York: Campus, S. 241–294.

Ortmann, Günther (1992): Macht, Spiel, Konsens, in Küpper, Willi/Ortmann, Günther (Hg.): Mikropolitik: Rationalität, Macht und Spiele in Organisationen, Erstausgabe 1988, Opladen: Westdeutscher Verlag, S. 13–26.

Palonen, Kari (1998): Das ‚Webersche Moment'. Zur Kontingenz des Politischen, Opladen/Wiesbaden: Westdeutscher Verlag.

Papineau, David (2005): Die Evolution des Zweck-Mittel-Denkens, in Perler, Dominik/Wild, Markus (Hg.): Der Geist der Tiere. Philosophische Texte zu einer aktuellen Diskussion, Frankfurt a. M.: Suhrkamp, S. 244–291.

Patzelt, Werner J. (2013): Einführung in die Politikwissenschaft. Grundriss des Faches und studiumbegleitende Orientierung, 7. Auflage, Erstausgabe 1992, Passau: wissenschaftsverlag richard rothe.

Peirce, Charles Sanders (2009): Die Festlegung einer Überzeugung (amerik. Erstausgabe 1877: *The Fixation of Belief*), in Martens, Ekkehard (Hg.): Philosophie des Pragmatismus. Ausgewählte Texte von Ch. S. Peirce, W. James, F. C. S. Schiller, J. Dewey, Stuttgart: Reclam, S. 61–98.

Perler, Dominik/Wild, Markus (Hg.) (2005): Der Geist der Tiere. Philosophische Texte zu einer aktuellen Diskussion, Frankfurt a. M.: Suhrkamp.

Pfeifer, Wolfgang (Hg.) (1993): Artikel Spiel, in Etymologisches Wörterbuch des Deutschen, 2. Auflage, Erstausgabe 1989, Berlin: Akademie Verlag, S. 1324–1325.

Pieper, Josef (1987): Grundformen sozialer Spielregeln, 7., völlig veränderte Auflage, Erstausgabe 1933, München: Kösel.

Platon (2005): Symposion, in ders.: Werke, hrsg. von Gunther Eigler, Bd. 3, aus dem Griechischen übersetzt von Hieronymus Müller und Friedrich Schleiermacher, Darmstadt: Wissenschaftliche Buchgesellschaft, S. 209–393.

Platon (2005): Kratylos, in ders.: Werke, hrsg. von Gunther Eigler, Bd. 3, aus dem Griechischen übersetzt von Hieronymus Müller und Friedrich Schleiermacher, Darmstadt: Wissenschaftliche Buchgesellschaft, S. 395–575.

Platon (2005): Politeia, in ders.: Werke, hrsg. von Gunther Eigler, Bd. 4, aus dem Griechischen übersetzt von Hieronymus Müller und Friedrich Schleiermacher, Darmstadt: Wissenschaftliche Buchgesellschaft.

Platon (2005): Politikos, in ders.: Werke, hrsg. von Gunther Eigler, Bd. 6, aus dem Griechischen übersetzt von Hieronymus Müller und Friedrich Schleiermacher, Darmstadt: Wissenschaftliche Buchgesellschaft, 403–579.

Platon (2005): Philebos, in ders.: Werke, hrsg. von Gunther Eigler, Bd. 7, aus dem Griechischen übersetzt von Hieronymus Müller und Friedrich Schleiermacher, Darmstadt: Wissenschaftliche Buchgesellschaft, 255–443.

Platon (2005): Nomoi Buch I-VI, in ders.: Werke, hrsg. von Gunther Eigler, Bd. 8.1, aus dem Griechischen übersetzt von Hieronymus Müller und Friedrich Schleiermacher, Darmstadt: Wissenschaftliche Buchgesellschaft.

Platon (2005): Nomoi Buch VII-XII, in ders.: Werke, hrsg. von Gunther Eigler, Bd. 8.2, aus dem Griechischen übersetzt von Hieronymus Müller und Friedrich Schleiermacher, Darmstadt: Wissenschaftliche Buchgesellschaft.

Plessner, Helmuth (2001a): Spiel und Sport, in ders.: Politik – Anthropologie – Philosophie. Aufsätze und Vorträge, hrsg. von Salvatore Giammusso und Hans-Ulrich Lessing, Erstausgabe 1966, München: Wilhelm Fink, S. 199–209.

Plessner, Helmuth (2001b): Unsere Begegnung, in ders.: Politik – Anthropologie – Philosophie. Aufsätze und Vorträge, hrsg. von Salvatore Giammusso und Hans-Ulrich Lessing, Erstausgabe 1957, München: Wilhelm Fink, S. 311–319.

Plessner, Helmuth (1968): Der kategorische Konjunktiv. Ein Versuch über die Leidenschaft, in ders. (2003): Gesammelte Schriften, hrsg. von Günter Dux u. a., Bd. 8, Frankfurt a. M.: Suhrkamp, S. 338–352.

Plessner, Helmuth (1967a): Der Mensch im Spiel, in ders. (2003): Gesammelte Schriften, hrsg. von Günter Dux u. a., Bd. 8, Frankfurt a. M.: Suhrkamp, S. 307–313.

Plessner, Helmuth (1967b): Der Mensch als Lebewesen. Adolf Portmann zum 70. Geburtstag, in ders. (2003): Gesammelte Schriften, hrsg. von Günter Dux u. a., Bd. 8, Frankfurt a. M.: Suhrkamp, S. 314–327.

Plessner, Helmuth (1961b): Die Frage nach der Conditio Humana, in ders. (2003): Gesammelte Schriften, hrsg. von Günter Dux u. a., Bd. 8, Frankfurt a. M.: Suhrkamp, S. 136–217.

Plessner, Helmuth (1960a): Das Problem der Öffentlichkeit und die Idee der Entfremdung, in ders. (2003): Gesammelte Schriften, hrsg. von Günter Dux u. a., Bd. 10, Frankfurt a. M.: Suhrkamp, S. 212–226.

Plessner, Helmuth (1960b): Soziale Rolle und menschliche Natur, in ders. (2003): Gesammelte Schriften, hrsg. von Günter Dux u. a., Bd. 10, Frankfurt a. M.: Suhrkamp, S. 227–240.

Plessner, Helmuth (1957): Ausdruck und menschliche Existenz, in ders. (2003): Gesammelte Schriften, hrsg. von Günter Dux u. a., Bd. 7, Frankfurt a. M.: Suhrkamp, S. 435–445.

Plessner, Helmuth (1956a): Artikel Spiel, in Beckerath, Erwin u. a. (Hg.): Handwörterbuch der Sozialwissenschaften (zugleich Neuauflage des Handwörterbuch für Staatswissenschaften), Bd. 9, Stuttgart: Gustav Fischer/Tübingen: Mohr Siebeck/Göttingen: Vandenhoeck & Ruprecht, S. 704–706.

Plessner, Helmuth (1956b): Die Funktion des Sports in der industriellen Gesellschaft, in ders. (2003): Gesammelte Schriften, hrsg. von Günter Dux u. a., Bd. 10, Frankfurt a. M.: Suhrkamp, S. 147–166.

Plessner, Helmuth (1953a): Mit anderen Augen, in ders. (2003): Gesammelte Schriften, hrsg. von Günter Dux u. a., Bd. 8, Frankfurt a. M.: Suhrkamp, S. 88–104.

Plessner, Helmuth (1953b): Deutsches Philosophieren in der Epoche der Weltkriege, in ders. (2003): Gesammelte Schriften, hrsg. von Günter Dux u. a., Bd. 9, Frankfurt a. M.: Suhrkamp, S. 263–299.

Plessner, Helmuth (1950): Das Lächeln, in ders. (2003): Gesammelte Schriften, hrsg. von Günter Dux u. a., Bd. 7, Frankfurt a. M.: Suhrkamp, S. 419–434.

Plessner, Helmuth (1948): Zur Anthropologie des Schauspielers, in ders. (2003): Gesammelte Schriften, hrsg. von Günter Dux u. a., Bd. 7, Frankfurt a. M.: Suhrkamp, S. 399–418.

Plessner, Helmuth (1947): Gibt es einen Fortschritt in der Philosophie?, in ders. (2003): Gesammelte Schriften, hrsg. von Günter Dux u. a., Bd. 9, Frankfurt a. M.: Suhrkamp, S. 169–191.

Plessner, Helmuth (1941): Lachen und Weinen. Eine Untersuchung der Grenzen menschlichen Verhaltens, in ders. (2003): Gesammelte Schriften, hrsg. von Günter Dux u. a., Bd. 7, Frankfurt a. M.: Suhrkamp, S. 201–387.

Plessner, Helmuth (1937): Die Aufgabe der Philosophischen Anthropologie, in ders. (2003): Gesammelte Schriften, hrsg. von Günter Dux u. a., Bd. 8, Frankfurt a. M.: Suhrkamp, S. 33–51.

Plessner, Helmuth (1934): Das Geheimnis des Spielens, in Geistige Arbeit, Zeitung aus der wissenschaftlichen Welt, 05.09.1934, S. 8.

Plessner, Helmuth (1931): Macht und menschliche Natur. Ein Versuch zur Anthropologie der geschichtlichen Weltansicht, in ders. (2003): Gesammelte Schriften, hrsg. von Günter Dux u. a., Bd. 5, Frankfurt a. M.: Suhrkamp, S. 135–234.

Plessner, Helmuth (1928): Die Stufen des Organischen und der Mensch. Einleitung in die Philosophische Anthropologie, in ders. (2003): Gesammelte Schriften, hrsg. von Günter Dux u. a., Bd. 4, Frankfurt a. M.: Suhrkamp.

Plessner, Helmuth (1925): Die Deutung des mimischen Ausdrucks. Ein Beitrag zur Lehre vom Bewußtsein des anderen Ichs, in ders. (2003): Gesammelte Schriften, hrsg. von Günter Dux u. a., Bd. 7, Frankfurt a. M.: Suhrkamp, S. 67–129.

Plessner, Helmuth (1924a): Grenzen der Gemeinschaft. Eine Kritik des sozialen Radikalismus, in ders. (2003): Gesammelte Schriften, hrsg. von Günter Dux u. a., Bd. 5, Frankfurt a. M.: Suhrkamp, S. 7–133.

Plessner, Helmuth (1924b): Die Utopie in der Maschine (1924), in ders. (2003): Gesammelte Schriften, hrsg. von Günter Dux u. a., Bd. 10, Frankfurt a. M.: Suhrkamp, S. 31–40.

Plessner, Helmuth (1918): Zur Geschichtsphilosophie der bildenden Kunst seit Renaissance und Reformation, in ders. (2003): Gesammelte Schriften, hrsg. von Günter Dux u. a., Bd. 7, Frankfurt a. M.: Suhrkamp, S. 7–49.

Pohlmann, Friedrich (2006): Heinrich Popitz – sein Denken und Werk, in Popitz, Heinrich: Soziale Normen, hrsg. von Friedrich Pohlmann und Wolfgang Eßbach, Frankfurt a. M.: Suhrkamp, S. 7–57.

Pons Globalwörterbuch Lateinisch – Deutsch (1990): hrsg. von Rita Hau, korr. Nachdruck der 2. Auflage, Stuttgart: Klett.

Popitz, Heinrich (2000): Wege der Kreativität, 2. Auflage, Erstausgabe 1997, Tübingen: Mohr Siebeck.

Popitz, Heinrich (1994): Spielen, Göttingen: Wallstein Verlag.

Rahner, Hugo (1990): Der spielende Mensch, 10. Auflage, Erstausgabe 1948, Freiburg i. Br.: Johannes Verlag Einsiedeln.

Rapoport, Anatol (1976): Kämpfe, Spiele und Debatten. Drei Konfliktmodelle, Erstausgabe 1960 *(Fights, Games, and Debates)*, Darmstadt: Darmstädter Blätter.

Rapoport, Anatol (1957): Lewis F. Richardson's Mathematical Theory of War, in Journal of Conflict Resolution. A Quarterly for Research Related to War and Peace, Bd. 1, University of Chicago Press, S. 244–299.

Rath, Norbert (1984): Artikel Neu, das Neue, in Ritter, Joachim/Gründer, Karlfried (Hg.): Historisches Wörterbuch der Philosophie, 13 Bde. (1971–2007), Bd. 9 (1995), Darmstadt: Wissenschaftliche Buchgesellschaft, Sp. 725–731.

Rawls, John (1979): Eine Theorie der Gerechtigkeit, aus dem Englischen übersetzt von Hermann Vetter, amerik. Erstausgabe 1971 *(A Theory of Justice)*, Frankfurt a. M.: Suhrkamp.

Renn, Joachim (2008): Gesellschaftsspiele. Vom strategischen zum kooperativen Umgang mit sozialen Regeln, in Allolio-Näcke, Lars/Zurek, Adam (Hg.): Psychologie & Gesellschaftskritik, 32. Jg., Nr. 125, Heft 1, Lengerich: Pabst Science Publishers, S. 7–37.

Richter, Norbert Axel (2005): Grenzen der Ordnung. Bausteine einer Philosophie des politischen Handelns nach Plessner und Foucault, Frankfurt/New York: Campus.
Riedel, Wolfgang (2004): Kommentar, in Schiller, Friedrich: Sämtliche Werke, Bd. 5 (Erzählungen – Theoretische Schriften), München: dtv, S. 1151–1341.
Riedel, Rupert (1995): Charles Darwin und der Darwinismus, in Weiland, René (Hg.): Philosophische Anthropologie der Moderne, Weinheim: Beltz Athenäum, S. 68–77.
Rigotti, Francesca (1994): Die Macht und ihre Metaphern. Über die sprachlichen Bilder der Politik, Frankfurt a. M./New York: Campus.
Rittelmeyer, Christian (2005): „Über die ästhetische Erziehung des Menschen": Eine Einführung in Friedrich Schillers pädagogische Anthropologie, Weinheim/München: Juventa.
Rohe, Karl (1994): Politik: Begriffe und Wirklichkeiten. Eine Einführung in das politische Denken, 2. Auflage, Erstausgabe 1978, Stuttgart u. a.: W. Kohlhammer.
Runkel, Gunter (2003): Das Spiel in der Gesellschaft, Münster u. a.: Lit-Verlag.
Salomo (2004): Die Sprüche, in Die Bibel, Elberfelder Übersetzung, 4. Auflage, Wuppertal: R. Brockhaus, S. 764–796.
Schabert, Tilo (2002): Wie Weltgeschichte gemacht wird. Frankreich und die Deutsche Einheit, Stuttgart: Klett-Cotta.
Schäfer, Rieke (2008): Die Metapher des Spiels im politischen Denken Ulrich Becks, in Berliner Debatte Initial e. V. (Hg.): Berliner Debatte Initial, 19. Jg., 6, Berlin: WeltTrends e. V., S. 95–105.
Scharpf, Fritz W. (2006): Interaktionsformen. Akteurzentrierter Institutionalismus in der Politikforschung, aus dem Englischen übersetzt von Oliver Treib, Wiesbaden: VS.
Scharpf, Fritz W. (1990): Games Real Actors Could Play: The Problem of Mutual Predictability, in James S. Coleman (Hg.): Rationality and Society, Bd. 2.1, Beverly Hills u. a.: Sage, S. 471–494.
Scharpf, Fritz W. (1991): Die Handlungsfähigkeit des Staates am Ende des zwanzigsten Jahrhunderts, in Politische Vierteljahresschrift, 32, Nr. 4, Baden-Baden: Nomos, S. 621–634.
Scheler, Max (2007): Die Stellung des Menschen im Kosmos, hrsg. von Manfred S. Frings, 17. Auflage, Erstausgabe 1928, Bonn: Bouvier.
Scheler, Max (1994): Der Mensch als symphones Kunstwerk, in ders.: Schriften zur Anthropologie, hrsg. von Martin Arndt, Erstausgabe 1926, Stuttgart: Reclam, S. 122–125.
Schelling, Thomas C. (1958): The strategy of conflict. Prospectus for a reorientation of game theory, in Journal of Conflict Resolution. A Quarterly for Research Related to War and Peace, Bd. 2.2, University of Chicago Press, S. 203–264.
Schelling, Thomas C. (1957): Bargaining, Communication, and Limited War, in Journal of Conflict Resolution. A Quarterly for Research Related to War and Peace, Bd. 1.3, University of Chicago Press, S. 19–36.
Schenk-Mair, Katharina (1997): Die Kosmologie Eugen Finks. Einführung in das Denken Eugen Finks und Explikation des kosmischen Weltbegriffs an

den Lebensvollzügen des Wachens und Schlafens, Würzburg: Königshausen & Neumann.
Scheuerl, Hans (Hg.) (1991): Das Spiel, Bd. 2 (Theorien des Spiels), 11., überarbeitete und ergänzte Neuausgabe, Erstausgabe 1955, Weinheim/Basel: Beltz.
Scheuerl, Hans (1991): Einführung, in ders. (Hg.): Das Spiel, Bd. 2 (Theorien des Spiels), 11., überarbeitete und ergänzte Neuausgabe, Erstausgabe 1955, Weinheim/Basel: Beltz, S. 9–12.
Scheuerl, Hans (1990): Das Spiel, Bd. 1 (Untersuchungen über sein Wesen, seine pädagogischen Möglichkeiten und Grenzen), 11., überarbeitete Neuausgabe, Erstausgabe 1954, Weinheim/Basel: Beltz.
Scheuerl, Hans (1988): Alte und neue Spieltheorien, in Flitner, Andreas (Hg.): Das Kinderspiel, Erstausgabe 1973, München/Zürich: Piper, S. 32–52.
Scheuerl, Hans (1959): Zur Phänomenologie des Spiels, in Ausschuß deutscher Leibeserzieher (Hg.): Spiel und Wetteifer, Frankfurt a. M.: Wilhelm Limpert, S. 29–43.
Schiller, Friedrich (2004): Über die ästhetische Erziehung des Menschen in einer Reihe von Briefen, in ders.: Sämtliche Werke, hrsg. von Wolfgang Riedel, Bd. 5 (Erzählungen – Theoretische Schriften), Erstausgabe 1795, München: dtv, S. 570–669.
Schirrmacher, Frank (2013): Ego. Das Spiel des Lebens, München: Karl Blessing.
Schmidt, Helmut (2010): Gipfelgespräch: „Sei Beispiel und Vorbild", in mobil. Das Magazin der Deutschen Bahn, Nr. 9/2010, Gütersloh: Mohn, S. 6–14.
Schmidt, Helmut (1987): Menschen und Mächte, Berlin: Siedler.
Schmidt, Manfred G. (2010): Wörterbuch zur Politik, 3. Auflage, Erstausgabe 1995, Stuttgart: Alfred Kröner.
Schmitt, Arbogast (2008): Die Moderne und Platon. Zwei Grundformen europäischer Rationalität, Stuttgart/Weimar: J. B. Metzler.
Schmitt, Carl (2002): Der Begriff des Politischen, 7. Auflage, Erstausgabe 1927, Berlin: Duncker & Humblot.
Schmitt, Carl (1998): Politische Romantik, 6. Auflage, Erstausgabe 1919, Berlin: Duncker & Humblot.
Schmölders, Günter (1972): Das Bild vom Menschen in der Wirtschaftstheorie, in Gadamer, Hans-Georg/Vogler, Paul (Hg.): Neue Anthropologie, Bd. 3 (Sozialanthropologie), München: dtv/Stuttgart: Georg Thieme, S. 134–167.
Seel, Martin (1995): Versuch über die Form des Glücks. Studien zur Ethik, Frankfurt a. M.: Suhrkamp.
Shubik, Martin (1965): Spieltheorie und die Untersuchung des sozialen Verhaltens: Eine einführende Darstellung, in ders. (Hg.): Spieltheorie und Sozialwissenschaften, engl. Erstausgabe 1964 (*Game Theory and Related Approaches to Social Behavior*), Frankfurt a. M.: Fischer, S. 13–85.
Simmel, Georg (1993): Zur Philosophie des Schauspielers, in Rammstedt, Otthein (Hg.): Georg Simmel Gesamtausgabe, Bd. 8 (Aufsätze und Abhandlungen 1901–1908), Bd. 2, hrsg. von Alessandro Cavalli und Volkhard Krech, Erstausgabe 1908, Frankfurt a. M.: Suhrkamp, S. 424–432.

Simmel, Georg (1922): Lebensanschauung. Vier metaphysische Kapitel, 2. Auflage, Erstausgabe 1918, München/Leipzig: Duncker & Humblot.
Snell, Bruno (Hg.) (2007): Heraklit. Fragmente, 14. Auflage, Erstausgabe 1983, Zürich/München: Artemis & Winkler.
Sonderegger, Ruth (2000): Für eine Ästhetik des Spiels. Hermeneutik, Dekonstruktion und der Eigensinn der Kunst, Frankfurt a. M.: Suhrkamp.
Spencer, Herbert (1855): The Principles of Psychology, in Auszügen abgedruckt in Scheuerl, Hans (Hg.) (1991): Das Spiel, Bd. 2 (Theorien des Spiels), 11., überarbeitete und ergänzte Neuausgabe, Erstausgabe 1955, aus dem Englischen übersetzt von Hans Scheuerl, Weinheim/Basel: Beltz, S. 55–57.
Stahlhut, Marco (2005): Schauspieler ihrer selbst. Das Performative, Sartre, Plessner, Wien: Passagen.
Steinbrück, Peer (2008): „Ich bevorzuge offene Partien". Finanzminister Peer Steinbrück über seine Liebe zum Schach, mögliche Parallelen zur Politik und seine Angst vor Deep Fritz, in Süddeutsche Zeitung, 19.08.2008, Nr. 192,9.
Stöver, Bernd (2013): Geschichte des Koreakriegs. Schlachtfeld der Supermächte und ungelöster Konflikt, München: C. H. Beck.
Strube, Rolf (1995a): Friedrich Schiller. Vollzug der doppelten Natur des Menschen im Spiel, in Weiland, René (Hg.): Philosophische Anthropologie der Moderne, Weinheim: Beltz Athenäum, S. 39–47.
Strube, Rolf (1995b): ‚Homo ludens': Das Spiel als Kulturfaktor, in Weiland, René (Hg.): Philosophische Anthropologie der Moderne, Weinheim: Beltz Athenäum Verlag, S. 184–194.
Süskind, Patrick (2005): Ein Kampf, in ders.: Drei Geschichten und eine Betrachtung, Zürich: Diogenes, S. 17–37.
Terrell, Peter u. a. (Hg.) (1999): Großwörterbuch Deutsch – Englisch/English – German für Experten und Universität, Neubearbeitung, Stuttgart: Klett.
Tönnies, Ferdinand (1923): Zweck und Mittel im sozialen Leben, in Palyi, Melchior (Hg.): Hauptprobleme der Soziologie. Erinnerungsgabe für Max Weber, Bd. 1, München/Leipzig: Duncker & Humblot, S. 235–270.
Trier, Jost (1947): Spiel, in Frings, Theodor (Hg.): Beiträge zur Geschichte der deutschen Sprache und Literatur, Bd. 69, Halle (Saale): Max Niemeyer, S. 419–462.
Tugendhat, Ernst (2010): Anthropologie statt Metaphysik, Erstausgabe 2007, München: C. H. Beck.
Turner, Victor (1989): Vom Ritual zum Theater. Der Ernst des menschlichen Spiels, aus dem Englischen übersetzt von Sylvia M. Schomburg-Scherff, amerik. Erstausgabe 1982 *(From Ritual to Theatre. The Human Seriousness of Play)*, Frankfurt a. M./New York: Campus.
Vajda, Steven (1962): Theorie der Spiele und Linearprogrammierung, aus dem Englischen übersetzt von Hanno Kesting und Horst Rittel, engl. Erstausgabe 1956 *(The Theory of Games and Linear Programming)*, Berlin: de Gruyter.
Voegelin, Eric (2002): Ordnung und Geschichte, Bd. 6 (Platon), hrsg. von Peter J. Opitz und Dietmar Herz, amerik. Erstausgabe 1957 *(Order and History, Vol. III: Plato and Aristotle)*, München: Wilhelm Fink.

Literaturverzeichnis

Vollrath, Ernst (1982): Ein philosophischer Begriff des Politischen?, in Bubner, Rüdiger u. a. (Hg.): Neue Hefte für Philosophie, Heft 21 (Politikbegriffe), Göttingen: Vandenhoeck & Ruprecht, S. 35–46.

Waldenfels, Bernhard (1999): Symbolik, Kreativität und Responsivität. Grundzüge einer Phänomenologie des Handelns, in Straub, Jürgen/Werbik, Hans (Hg.): Handlungstheorie: Begriff und Erklärung des Handelns im interdisziplinären Diskurs, Frankfurt a. M./New York: Campus, S. 243–260.

Weber, Max (1993): Politik als Beruf, Erstausgabe 1919, Stuttgart: Reclam.

Weber, Max (1992): Die ‚Objektivität' sozialwissenschaftlicher Erkenntnis, in ders.: Soziologie – Universalgeschichtliche Analysen – Politik, hrsg. von Johannes Winckelmann, 6. Auflage, Erstausgabe 1904, Stuttgart: Alfred Kröner, S. 186–262.

Weber, Max (1980): Wirtschaft und Gesellschaft: Grundriß der verstehenden Soziologie, hrsg. von Johannes Winckelmann, 5. Auflage, Erstausgabe 1922, Tübingen: Mohr Siebeck.

Weizsäcker, Carl Friedrich von (1977): Der Garten des Menschlichen. Beiträge zur geschichtlichen Anthropologie, Frankfurt a. M. u. a.: Büchergilde Gutenberg.

Wenz, Karin (2001): Einleitung: Spiele und Spielen, in dies. (Hg.): Zeitschrift für Semiotik, Bd. 23, Heft 3–4, Tübingen: Stauffenburg, S. 269–283.

Wetzel, Tanja (2003): Artikel Spiel, in Barck, Karheinz u. a. (Hg.): Ästhetische Grundbegriffe, Bd. 5, Stuttgart/Weimar: J. B. Metzler, S. 577–618.

Winnicott, Donald W. (2006): Vom Spiel zur Kreativität, 11. Auflage, aus dem Englischen übersetzt von Michael Ermann, engl. Erstausgabe 1971 *(Playing and Reality)*, Stuttgart: Klett-Cotta.

Wittgenstein, Ludwig (1977): Philosophische Untersuchungen, Erstausgabe 1953, Frankfurt a. M.: Suhrkamp.

Wolters, Gereon (2004): Artikel Spielraum, in Mittelstraß, Jürgen (Hg.): Enzyklopädie Philosophie und Wissenschaftstheorie, Bd. 4, unv. Sonderausgabe der Erstauflage von 1996, Stuttgart/Weimar: J. B. Metzler, S. 36–37.

Wulf, Christoph (2005): Spiel. Mimesis und Imagination, Gesellschaft und Performativität, in Bilstein, Johannes u. a. (Hg.): Anthropologie und Pädagogik des Spiels, Weinheim/Basel: Beltz, S. 15–22.

Zimmermann, F. W. R. (1923): Artikel Spiel, in Herre, Paul (Hg.): Politisches Handwörterbuch, Leipzig: Kochler, S. 657–658.

Zinterer, Tanja (2002): Artikel Wissenspolitologie, in Nohlen, Dieter/Schultze, Rainer-Olaf (Hg.): Lexikon der Politikwissenschaft. Theorien, Methoden, Begriffe, Bd. 2, München: C. H. Beck, S. 1097–1098.